복지와 사상

복지국가 이데올로기의 역사적 전환

김윤태 엮음
비판과 대안을 위한 사회복지학회 기획

한울
아카데미

이 도서의 국립중앙도서관 출판예정도서목록(CIP)은 서지정보유통지원시스템 홈페이지(http://seoji.nl.go.kr)와
국가자료공동목록시스템(http://www.nl.go.kr/kolisnet)에서 이용하실 수 있습니다.
CIP제어번호: CIP2016018199(양장), CIP2016018202(학생판)

차례

책을 펴내며

 이 책은 복지와 사상에 관한 다양한 논문을 모은 책이다. 지난 20년 동안 한국에서 사회정책과 복지국가에 관한 학문적·대중적 관심은 커졌지만, 복지와 사상의 관계를 다룬 책은 거의 없었다. 이 주제가 매우 학제적인 연구임에도 불구하고 복지에 관한 철학적·사회학적·사상사적 접근이 소개되지 않은 현실은 아쉬운 일이다. 실제로 사회정책과 복지국가의 전환은 사회경제적 구조의 변화, 기술의 변화, 정치적 역학관계, 선거제도, 정당, 노동조합, 시민사회 조직의 상호 복합적 관계에 의해 결정되는 동시에 사람들의 가치, 이데올로기, 담론, 이론적 논쟁의 영향을 크게 받았다. 이런 점에서 복지와 사상의 관계를 연구하는 노력은 매우 중요한 학문적·실천적 의미를 지닌다.

 사상 또는 이데올로기는 사회현상을 바라보는 관점과 틀(프레임)을 제시한다. 사상이 제시하는 관점에 따라 빈곤과 복지에 대한 전혀 다른 분석과 해결 방법이 만들어질 수 있다. 역사적으로 보면 복지에 관한 다양한 사상은 산업혁명과 함께 본격적으로 등장했다. 전통 사회에서 복지는 대부분 종교적 자선의 영역으로 간주되었다. 그러나 18세기 서구에 산업사회가 등장하면서 개인의 능력과 성취를 강조하는 사고가 널리 확산되었다. 고전적 자유주의는 개인의 노력과 생산력의 향상으로 복지 혜택이 점차 증가할 것이라고 예상했다. 반면에 사회주의는 빈곤이 사유재산제에서 비롯되었다고 보았으며 경제 체계의 급진적 개혁을 강조했다. 특히 마르크스주의는 자본주의 경제에서 자본가와 노동자의 사회적 관계가 빈곤을 만드는 원인이라고 보았다. 이런 점에서 인간의 복지는 궁극적으로 사회주의혁명을 통해 실현될 수 있다고 믿었다.

20세기 이후 복지를 둘러싼 사상적·이론적 논쟁이 치열해졌다. 먼저 사회민주주의는 마르크스주의와 달리 자본주의 제도를 폐지하는 대신 정치적 참여를 통해 점진적으로 노동자의 복지를 확대할 수 있다고 생각했다. 케인스주의는 자본주의를 합리적으로 개혁하는 정부의 역할을 강조했으며, 완전고용과 사회복지를 지지했다. 개인의 자유와 공동체의 이익이 조화를 이루어야 한다고 주장한 사회적 자유주의는 자본주의와 복지국가의 결합을 지지했다. 20세기 후반의 위대한 철학자 존 롤스 John Rawls 의 『정의론 A Theory of Justice』은 복지의 사상에 커다란 영향을 미쳤다. 아마르티아 센 Amartya Sen 의 '역량' 접근법도 빈곤의 원인과 해법에 관한 사고의 전환을 촉구했다. 다른 한편으로 페미니즘과 포스트모더니즘도 복지에 관한 새로운 급진적 관점을 제시했다.

오늘날 복지에 관한 사상 가운데 현실적으로 영향력이 가장 큰 이데올로기는 신자유주의다. 1980년대 이후 전 세계에 영향을 미쳐온 신자유주의는 정부의 시장 개입이 빈곤을 심화한다고 반박하며 복지국가에 대한 이념적 공격을 감행했다. 영국의 마거릿 대처 Margaret Thatcher 정부와 미국의 로널드 레이건 Ronald Reagan 행정부가 등장하면서 신자유주의 이데올로기는 전 세계적으로 강력한 영향력을 행사했다. 국제통화기금 IMF 과 세계은행 WB 등 국제 경제 기구도 감세, 탈규제, 공기업의 사유화, 자유무역의 정책을 추구하면서

'워싱턴 합의'라 불리는 신자유주의 경제정책이 각국 정부에 널리 확산되었다. 그러나 신자유주의가 위세를 떨쳤던 지난 30년 동안 각국의 사회경제적 불평등이 커졌고 빈곤은 심화되었다. 오늘날 신자유주의의 시대에서 복지는 이념적·정치적 공격의 집중적 대상이 되었다. 다른 한편 신자유주의에 반대하는 다양한 이론적 주장이 새로운 대안을 제시하는 논쟁을 벌이고 있다.

이 책은 복지의 역사를 사상과 이데올로기의 관점에서 바라보고자 한다. 여기서 다루는 다양한 이론과 주장은 복지에 관한 매우 다른 관점을 제시한다. 각 이론은 모두 나름의 사회경제적 맥락을 지녔으며, 정치인 또는 정치세력과 밀접한 관련이 있다. 이처럼 복지는 오랜 역사를 거치는 동안 다양한 이데올로기적 입장을 반영하며 전개되었다. 복지의 역사를 제대로 이해하고 복지 정책의 변화를 체계적으로 분석하기 위해서는 복지에 영향을 미친 다양한 인간의 사고 체계, 사상, 담론, 이데올로기를 이해하는 것이 필수적이다. 아울러 현실 속의 다양한 실천에 대한 평가를 통해 인간의 사상 체계는 새롭게 변화한다. 이론 없는 실천이 없고, 실천 없는 이론이 없기 때문이다. 그런 점에서 이 책이 소개하는 복지에 관한 다양한 사상이 사회정책과 복지국가, 나아가 대중의 복지 태도와 복지 정치의 역동성을 이해하는 데 중요한 토대가 되기를 기대한다.

이 책의 출간은 2015년 비판과 대안을 위한 사회복지학회가 기획한 월례 강좌에서 비롯되었으며, 특히 회장을 맡으신 이태수 교수의 도움이 컸다. 그리고 월례 강좌를 제안한 고 백인립 교수가 초기 단계에서 중요한 역할을 수행했다. 월례 강좌를 운영하는 데 큰 도움을 주었던 최혜지 교수와 권미리 간사에게 감사드린다. 무엇보다 월례 강좌에 기꺼이 시간을 내어 학생들에게 좋은 강연을 해주시고, 귀한 원고를 보내주신 모든 선생님에게 깊이 감사드린다. 그리고 이 책을 엮으면서 월례 강좌 발표문 이외에도 새로운 논문을 추가했는데, 기고해주신 신정완 교수와 이상호 교수에게도 깊은 감사를 드린다. 각 분야에서 전문적 연구를 수행한 분들의 글을 한자리에 모으는 것이 쉽지 않았지만, 이 책이 사회과학계에서 보기 드문 시도였다는 점에 중요한 의미가 있다고 생각한다. 끝으로 이 책의 편집 과정에서 도움을 준 고려대학교 대학원생 김희정 연구조교, 배혜원 연구조교에게도 감사드린다. 또한 이 책을 출간하기로 결정한 한울엠플러스(주)와 윤순현 차장님, 그리고 원고를 훌륭하게 편집해준 편집부에게도 감사드린다. 부디 이 책이 복지국가를 공부하는 학자뿐 아니라 학생과 시민사회의 활동가에게도 도움이 되기를 바란다.

2016년 8월

김윤태

케인스주의와 복지
베버리지와 케인스

이정우

1. 머리말

　20세기는 복지국가의 시대였다. 지금도 복지국가는 변형·발전하고 있다. 복지국가를 형성하는 데 크게 기여한 여러 나라, 여러 학파의 여러 사상가가 존재하지만, 그중에서 결코 빠뜨릴 수 없는 사람이 영국의 윌리엄 헨리 베버리지William Henry Beveridge 와 존 메이너드 케인스John Maynard Keynes 다. 두 사람은 크게 봐서 케인스주의라는 사상 틀에 넣어 분류할 수 있다. 네 살 차이인 두 사람은 동시대를 살았고, 친근한 관계를 유지했으며, 같은 이상을 향해 긴밀히 협력하는 관계였다. 두 사람의 일생은 서로 많이 달랐지만 크게 보면 복지국가라는 목표를 향해 평생 연구하며 노력했다고 말해도 좋다. 두 사람 모두 극단적 사고를 싫어하고 중도적·실용적 사고를 좋아했다. 자기 생각을 현실적으로 실현하기 위해 때로는 논쟁하고 때로는 타협할 줄도 알았다.

　지금이 케인스주의 시대는 분명 아니다. 케인스주의는 오래전의 사상이다. 그러나 지금도 현실의 정치와 경제정책에 중요한 영향력을 행사하고 있는 점은 부정할 수 없다. 한때 전성기를 누렸던 케인스주의가 다시 원형대로 돌아오지는 않겠지만 미래의 세상이 케인스주의의 영향을 완전히 벗어나기는 어려울 것이다. 케인스는 수십 년 전 먼 나라의 사상가·정책가였지만 우리가 관심을 갖고 궁리해야 하는 이유가 여기에 있다.

이 장에서는 베버리지와 케인스의 생애와 주요 이론·사상을 검토하고, 그것이 20세기 복지국가에 끼친 영향을 분석해보고자 한다. 먼저 베버리지의 생애와 사상, 업적을 논의하고 이어서 케인스의 생애, 이론, 업적을 검토한 뒤 두 사람의 공통점과 차이점을 알아본다. 끝으로 제2차 세계대전 이후 케인스주의가 어떻게 실현되었으며, 그것이 어떻게 변용·발전·해체의 길을 걸었는지 살펴보기로 한다.

2. 베버리지의 생애

영국 복지국가의 아버지로 칭송받는 베버리지(1879~1963)는 1879년 인도에서 출생했다. 그는 1901년에 옥스퍼드Oxford 대학교를 졸업했는데, 수학과 고전을 전공했다. 대학을 졸업한 뒤 1903년에는 빈민촌 밀집 지역이던 런던 이스트엔드East End에 있는 토인비 홀Toynbee Hall에서 복지사 겸 연구원으로 일했다. 런던의 이스트엔드는 현재 금융 중심지이지만 100년 전에는 빈민촌으로 유명했다. 케임브리지 대학교 경제학과의 아서 C. 피구Arthur C. Pigou가 교수 취임 강연에서 학생들에게 경제학을 공부하는 여러 동기를 나열한 뒤 모두 훌륭하지만, 그중에서도 혹시 오늘 아침 이스트엔드의 빈민촌을 지나면서 빈민의 참상을 목격하고 그들의 고통을 덜어주기 위해 경제학을 공부해야겠다고 결심해 여기에 앉아 있다면 그것은 경제학을 배우는 가장 훌륭한 동기라고 한 연설이 유명하다.

당시 케임브리지 대학교의 경제학 교수는 한 명밖에 없었고〔물론 경제학 교수는 다수였지만 그 직함이 리더(reader), 펠로(fellow) 등이었으며 프로페서(professor)는 한 명뿐이었다는 뜻이다. 지금은 교수의 호칭이 모두 프로페서가 되었다〕 교수는 종신직이므로 경제학 교수 취임 강연은 몇십 년에 한 번 있는 보기 드문 행사였으며, 큰 강당을 가득 메운 학생과 교수 앞에서 하는 취임 강연은 자못 큰 역사적 의미를 지니고 있었다. 피구의 스승이자 전임자로서 케임브리지 대학교의 경제학 교수로 취임했던 앨프리드 마셜 Alfred Marshall 역시 취임 강연에서 경제학도의 자세로 "차가운 두뇌와 따뜻한 심장cool head and warm heart"이라는 유명한 말을 남겼는데, 이 말은 현재 경제학뿐 아니라 다른 학문에서도 공부하는 사람이 지녀야 할 모범적 자세로 기억되고 있다.

베버리지는 1907년 영국 페이비언 사회주의의 지도자 비어트리스 웹Beatrice Webb 의 소개로 정치가 윈스턴 처칠 Winston Churchill 을 만났다. 그 뒤 처칠과는 평생 가까이 알고 지냈는데, 나중에 보게 되듯이 '베버리지 보고서'에 대한 처칠의 냉대가 처칠의 정치적 생명을 단축시켰다는 점은 아주 역설적이다. 베버리지는 시드니 웹 Sidney Webb 과 비어트리스 웹 부부가 창설한 런던 정경대학 London School of Economics and Political Science: LSE 에서 학생들을 가르쳤고, 1919년부터 1937년까지 무려 18년 동안 학장을 지냈다. 1937년에는 자리를 옮겨 옥스퍼드 대학교 유니버시티 칼리지 University College 학장을 역임했다.

그 뒤 베버리지는 정부에 들어가 노동부에서 근무했는데, 당시 노동부 장관 어나이린 베번 Aneurin Bevin 과는 사이가 나빴다. 베버리지는 1941년에 영국의 사회보장을 총괄적으로 연구하는 위원회의 책임자로 임명되었다. 어떻게 보면 상당히 명예로운 자리였지만, 처음에 그는 베번 장관이 자신을 노동부에서 쫓아내기 위해 위원회에 임명했다고 크게 화를 냈으며, 전혀 일을 하지 않았다고 한다. 그러다 마음을 다잡고 보고서 완성에 힘을 쏟은 결과 1942

년 말에 드디어 완성한 보고서(통칭 '베버리지 보고서')로 일약 세상에 이름을 떨치고 영국 복지국가의 아버지로 칭송받게 된 것을 생각하면 "인간만사는 새옹지마"라는 말이 떠오른다.

베버리지는 개인적으로 성격이 괴팍한 데가 있고 지적 오만이 있어 다른 사람들과 쉽게 사귀는 편이 아니었으며, 보기 드물게 우생학을 신봉하기도 했다고 한다. 그는 1963년 84세를 일기로 세상을 떠났는데, 사망 직전 "나는 할 일이 천 개나 있다"라는 말을 마지막으로 남겼다고 하니 어지간히 일 욕심이 많았던 모양이다.

3. 베버리지 보고서

1941년 6월 영국의 연립정부는 "산재보험 및 기타 기존의 국가보험과 그 관련 서비스의 상호 관계를 비롯한 실태를 조사하고 필요한 권고를 제시할 것"을 임무로 하는 위원회를 위촉했고, 그 위원장은 베버리지가 되었다. 이 위원회의 임무는 여러 부처에 걸쳐 흩어져 있는 사회보험 등 사회보장 업무를 통합·정리하는 것이었다. 1941년 당시 다양한 필요에 따라 사회적 약자에게 현금을 지원해주는 업무를 관장한 정부 부처는 자그마치 일곱 군데나 되었다. 사회보장 체계가 너무 복잡해서 숱한 중복이 발생한 반면, 지원을 받을 필요가 있는데도 못 받는 사회적 약자가 다수 존재했다. 특히 어린이와 노인이 그런 문제가 심각했다. 그래서 1930년대 내내 영국의 많은 복지 전문가가 사회보장 체계의 문제점을 비판했는데, 베버리지도 그중 한 사람이었다(Harris, 1977: 378~382).

사회보장 체계 개혁의 필요성은 전쟁의 발발로 더욱 강하게 제기되었다.

바야흐로 사회복지 개혁을 위한 절호의 기회가 오고 있었다고 할 수 있다. 이 시기에는 영국뿐 아니라 미국, 캐나다, 호주 등 세계 여러 나라에서 비슷한 사회보장 개혁 조처가 이루어졌는데, 그것은 전쟁과 밀접한 관련이 있다. 오랜 전쟁에 지친 각국 정부는 전쟁이 끝나면 세상이 좀 더 살기 좋고 편안해져야 한다는 암묵적 합의에 도달해 있었다(George, 1968: ch.1).

예를 들어 1940년에 발표된 '대서양헌장' 제5조는 "전쟁이 끝난 뒤 국제연합 회원국의 경제정책 목표는 만인에게 보다 나은 노동기준을 제공하고 경제진보와 사회보장을 제공해야 한다"라고 천명한다. 프랭클린 루스벨트Franklin Roosevelt 대통령은 1941년 1월 4일에 발표한 유명한 연두교서에서 "전후 세계는 4대 자유에 기반을 두어야 한다"라고 주장했는데, 이는 미국뿐 아니라 유럽에도 큰 영향을 미쳤다.[1] 베버리지 위원회는 전쟁이라는 결정적으로 중요한 시대적 배경 속에서 발족했으며, 그 내용에도 전쟁 시기의 분위기가 반영되어 있다. 예를 들어 이 보고서의 마지막 문장은 다음과 같다.

지금과 같은 비상한 위기 상황에서 영국 국민은 용기, 신념, 국가적 통일이 부족하지 않고, 사회보장과 국가 간 정의의 승리(이 위에서 비로소 사회보장도 가능하다)를 실현하려는 물질적·정신적 힘이 부족하지 않다는 사실을 믿는 사람에 의해 이 보고서의 사회보장 계획은 제출되었다.

베버리지 위원회가 발족한 지 1년 반 만인 1942년 말에 드디어 보고서가 완성되었다. 1942년 12월에 역사적인 베버리지 보고서 『사회보험과 관련

---

1 루스벨트가 말하는 4대 자유는 ① 언론의 자유, ② 신앙의 자유, ③ 궁핍으로부터의 자유, ④ 공포로부터의 자유다.

서비스Social Insurance and Allied Services』가 출간되었다. 이 보고서는 원래 정부 11개 부처의 공동 작품으로 기획되었고, 보고서 내용도 실제로 정부의 공동 작품으로 완성되었으나 책이 나온 뒤에는 정부 각 부처가 실행 책임을 뒤집 어쓸까 봐 두려워해서 모두 발을 빼는 바람에 결과적으로 베버리지 단독 저술처럼 되었다. 그런데 이것이 오히려 전화위복이 되어 베버리지에게 크나큰 영광을 독점하도록 해주었다.

예상 밖으로 이 책은 대중적 인기가 높아서 추운 겨울 날씨에도 시민들이 책을 사기 위해 정부간행물 출판사 앞에 장사진을 이루었다고 한다. 베버리지는 하루아침에 유명 인사가 되어 이른바 "자고 일어나니 유명해졌더라"라는 말의 전형적인 예가 되었다. 그는 '인민의 윌리엄people's William'이란 별명을 얻었고 영국 복지국가의 창설자라는 평가를 받았는데, 정작 그 자신은 이런 평가를 별로 좋아하지 않았다고 한다. '베버리지 보고서'는 1944년까지 무려 20만 부가 팔렸으니 딱딱한 정부 보고서치고는 엄청나게 많이 팔린 셈이다.

이 책에서 베버리지의 목적은 이른바 '5대 거악five giants'의 일소였다. '5대 거악'이란 궁핍want, 질병disease, 무지ignorance, 불결squalor, 실업idleness의 다섯 가지 사회문제였다. 그는 이 중에서 궁핍을 가장 중요하고 시급히 해결을 요하는 문제로 파악해 궁핍의 해결을 이 보고서의 연구 목적으로 삼았다. 베버리지는 사회보장을 다음과 같이 정의했다. "사회보장은 사람이 굶어죽는 것을 예방하는 제도만이 아닌 우리가 항상 얻으려고 투쟁해온 의식주, 의료뿐 아니라 건강, 교육, 여가, 문화까지 포함하는 완전한 생활full life을 보장하는 제도를 말한다"(Beveridge, 1942: 170). 이 개념은 너무 좁다는 비판을 받았는데, 그는 이러한 비판에 대해 자신은 5대 거악 중에서 가장 중요한 궁핍을 해소하는 것만 우선 목적으로 하며, 따라서 자기의 계획은 사회정책 일반의 일부에 불과하다고 스스로를 변호했다.

이 보고서에 나온 표현 중 "요람에서 무덤까지 from Cradle to Grave"라든가, "모두가 돈을 내고, 모두가 혜택을 본다 All pay, all benefit"라는 구호는 누구에게나 쉽게 이해되고 호소력 있는 표현으로서 보고서에 대한 국민의 지지를 얻어내는 원동력이 되었다. 이 보고서는 그 인기가 하도 높아 결국 제2차 세계대전 이후 영국 복지국가 건설의 청사진이 되었다. 베버리지 보고서의 내용은 크게 완전고용, 사회보험, 가족수당, 국민부조, 국민의료서비스 National Health Service: NHS 의 다섯 가지로 구성되어 있다.

보고서에서 베버리지의 가장 큰 관심은 어떻게 궁핍을 해소할 것인가 하는 점이다. 베버리지에 따르면 빈곤은 소득분배가 잘못되어 나타나는 사회문제로, 자유시장에 맡겨두면 저절로 해결되는 성질이 아니다.

점증하는 번영과 임금의 상승은 궁핍을 감소시켰으나 궁핍을 없애지는 못했다. 우리가 얻는 교훈은 번영을 보다 폭넓게 전파하는 새로운 수단이 필요하다는 것이다. 사회보장 계획은 바로 이러한 목적을 충족하기 위해서 고안되었다 (Beveridge, 1942: 166).

베버리지 보고서를 관통하는 하나의 개념이 있는데, 그것은 국민최저선 national minimum 의 확립이다(드 슈바이니츠, 2001: 383~386). 즉, 모든 국민에게는 노령, 질병, 실업, 기타 어떤 위험에 처해 있더라도 최소한 인간답게 살아갈 권리가 있다는 것이다. 이는 최근에 세계적으로 주목받고 있는 기본소득 basic income 개념과 유사한 것으로, 그런 의미에서 베버리지는 기본소득 사상의 선구자 중 한 사람으로 평가받아도 좋을 것이다. 베버리지는 국민최저선을 화폐로 환산하기 위해 식품, 주거, 의류, 광열, 기타 필수품의 비용을 일

일이 계산하는 작업을 수행했다.

베버리지에 따르면 어떤 사람이 궁핍한지 아닌지의 기준은 건강한 생존을 위해 필요한 소득의 보유 여부다. 베버리지는 그러한 소득에 미달하는 사람을 궁핍하다고 분류하므로 요즘 개념으로 말하면 '절대적 빈곤'의 개념에 가깝다. 절대적 빈곤은 영국의 사업가이자 사회 개혁가인 벤저민 S. 라운트리 Benjamin S. Rowntree가 처음 제시한 개념이다. 라운트리는 1899년에 첫 조사를 한 이래 총 세 차례에 걸쳐 자기 고향인 요크 시의 빈곤을 전수조사했다. 초기에는 절대적 빈곤 개념의 기준을 육체적 최저 생존에 가까운 쪽으로 아주 엄격하게 잡았으나, 마지막 조사였던 1936년에는 그간의 전반적인 생활수준 향상을 반영한 것인지 상당히 높고 유연한 기준을 잡았다. 베버리지는 라운트리의 초기 개념에 가까운 엄격한 빈곤 개념을 갖고 있었던 것으로 보이며, 그 뒤에 나온 '상대적 빈곤' 개념은 아직 인식하지 못했던 듯하다.

베버리지는 '소득 가득 능력의 중단이나 상실interruption or loss of earning power' 이 빈곤 원인의 4분의 3을 설명한다고 해석하는데(Beveridge, 1942: 7), 이후에 이는 빈곤의 원인을 지나치게 좁게 파악한 것이라고 비판받았다. 즉, 소득의 중단이 노동자 계급에게는 궁핍의 주요 원인이라 할 수 있겠지만 그 이외의 다양한 사람들에게 궁핍의 원인은 다종다기하기 때문이다. 예를 들어 당시 다수의 여성은 아직 취업 기회를 얻지 못했는데, 소득 중단이 아니라 아예 소득 기회를 얻지 못하는 것이 궁핍의 원인이었다. 또한 노령이나 장애도 분명 궁핍의 중요한 원인인데, 이를 소득 중단이라고 볼 수는 없다. 이런 문제에 대해 베버리지는 별로 관심을 기울이지 않았다. 결국 베버리지의 관심의 초점은 한 자녀와 아내를 둔 노동자 가구에서 발생하는 빈곤을 어떻게 해소할 것인지에 있었다. 보고서에서 자녀수당을 둘째 자녀부터 지급하기로 한 것도 이런 사고방식에서 연유하며(물론 사회보장 예산을 조금이라도 절감해

보고서에 대한 반대를 무마하려는 목적도 있었다), 베버리지의 빈곤관은 다소 비판받을 여지가 있다.

어쨌든 베버리지가 궁핍을 해결하는 방법은 재력 조사means test에 기초한 선별적 지원이 아니라 국가가 관리하는 보편적·기여적 사회보험이다. 베버리지가 재력 조사에 반대하는 이유는 그것이 행정적으로 복잡하고 비용이 많이 들 뿐 아니라 대상자에게 인간적으로 모욕을 준다는 데 있다. 따라서 그는 사회보험을 통한 빈곤 감소에 주목했으며, 사회보험에 대해 몇 가지 원칙을 천명했다. 사회보험은 보편성, 의무성, 기여성, 그리고 만인 균등성을 원칙으로 해야 한다는 것이다.

사회보험의 보편성이란 실업, 노령, 질병, 상해 등 사회적 위험은 어떤 사람에게나 닥칠 수 있기 때문에 만인이 사회보험의 대상이 되어야 한다는 뜻이며, 이러한 공통적 위험에 대한 대비를 사적으로 하는 것보다 사회적으로 하는 것이 더 효과적이라는 뜻을 내포한다. 또한 보편성은 보호 대상자가 만인이라는 뜻도 포함한다. 즉, 위험에 많이 노출된 취약계층뿐 아니라 모든 국민이 사회보험의 대상으로 편입되고 보험료를 납부해야 한다는 뜻이다.

의무성이란 개인의 호불호와 상관없이 모든 사람이 사회보험의 대상자가 된다는 뜻이다. 물론 개인의 취향에 따라 사적 보험에 가입하는 것은 자유지만 사적 보험은 어디까지나 사회보험에 대해 보완적 성격을 갖는 것일 뿐 주가 될 수는 없다.

사회보험의 기여성은 만인이 적은 액수라도 보험료를 납부해야 한다는 뜻이다. 그래서 사회보험은 정부가 세금을 거두어 가난한 집단을 돕는 공공부조와 성질이 다르다. 사회보험에서 각자는 능력에 따라 보험료를 납부하고, 위험에 노출되면 보험금을 수령한다. 베버리지는 개인이 보험료를 낸다는 점에서 제도에 기여하고, 그 기여에 입각해 보험금을 수령할 권리를 갖게 된

다는 뜻에서 보험적 성격을 강조했다. 즉, 사회보험은 "게으름에 대한 보상
이 되어서는 안 되고, 무한한 지갑에서 돈이 나오는 것으로 간주해서도 안
된다"(Beveridge, 1942: 22)는 것이다. 베버리지는 빈곤 퇴치를 위한 사회보
험이 결코 개인의 창의력과 책임의 원리를 훼손하면 안 된다고 강조했으며,
이런 생각은 보고서 이후에 나온 그의 저작에서 더욱 두드러지게 나타난다.

마지막으로 균등성 원칙은 사회보험의 보험료 납부와 보험금 수령이 소득
의 일정 비율로 정해져야 한다는 뜻이다. 기여와 수령은 모두 소득의 일정
비율로 정해지는데, 사회보험은 인간의 최저 생존 수준을 보장한다는 취지
를 지녔기 때문이다. 만일 그 이상의 소득 보장을 원하는 사람이 있으면 그
사람은 추가적으로 사적 보험에 가입하면 된다. 만인이 가입하는 사회보험
은 최소한의 보장 기능만 갖추고 있으며, 따라서 일정 비율의 기여와 혜택의
원리에 따라 움직인다.

〈표 1〉은 주요 국가에서 5대 사회보험(산재, 의료, 연금, 실업, 가족수당)이
도입된 시점을 보여주고 있다. 다 알다시피 사회보험은 1880년대 독일의 철
혈재상 오토 폰 비스마르크Otto von Bismarck에 의해 처음 도입되었다. 비스마
르크는 한편으로 사회주의자 탄압법을 만들어 좌파와 노동자를 혹독하게 탄
압하면서 다른 한편으로는 그들을 회유할 정책을 도입했으니, 채찍과 당근
을 동시에 쓴 대표적 정치가라 할 만하다. 독일 노동자에게 3대 사회보험,
즉 의료보험, 산재보험, 연금이 도입된 것은 1880년대로, 세계 역사상 최초
의 일이었다. 흥미로운 것은 이런 제도의 도입을 주장할 만한 사회당이 오히
려 비스마르크의 사회정책을 정권 유지에 급급한 '국가만능주의'라고 비난하
며 법안에 반대했다는 사실이다. 복지국가라는 것이 반드시 진보파와 좌파
에 의해 이루어지는 것이 아니라는 사실을 알 수 있다.

비스마르크는 사회보험을 통틀어 자칭 '국가사회주의Nazional-Sozialismus'라

〈표 1〉 OECD 국가의 사회보험 도입 시기

구분	산재	의료	연금	실업	가족수당
벨기에	1903	1894	1900	1920	1930
네덜란드	1901	1929	1913	1916	1940
프랑스	1898	1898	1895	1905	1932
이탈리아	1898	1886	1898	1919	1936
독일	1871	1883	1889	1927	1954
아일랜드	1897	1911	1908	1911	1944
영국	1897	1911	1908	1911	1945
덴마크	1898	1892	1891	1907	1952
노르웨이	1894	1909	1936	1906	1946
스웨덴	1901	1891	1913	1934	1947
핀란드	1895	1963	1937	1917	1948
오스트리아	1887	1888	1927	1920	1921
스위스	1881	1911	1946	1924	1952
호주	1902	1945	1909	1945	1941
뉴질랜드	1900	1938	1898	1938	1926
캐나다	1930	1971	1927	1940	1944
미국	1930	-	1935	1935	-

자료: Pierson(2006: 110).

고 불렀다.[2] 이로써 사민당원들의 환심을 사고, 노동자들의 혁명을 예방할 목적이었다. 그는 "노후에 생활 안정을 보장해주는 연금을 받는 사람은 그런 보장이 없는 사람과 달리 만족하면서 그럭저럭 쉽게 지내려고 할 것이다"라고 말했다. 그는 사회보험을 '좋은 투자' 정도로 생각했다. 비스마르크의 전

---

2 '국가사회주의'라는 말은 나중에 아돌프 히틀러(Adolf Hitler)에 의해 차용되어 히틀러의 정당이 나치라고 불리는 배경이 되었다.

기 작가 A. J. P. 테일러A. J. P. Taylor는 "그 철저한 보수주의자가 가장 혁신적인 개혁주의자가 되었다"라고 평했다. 비스마르크의 사회보험은 노동운동을 온건화하고 사회주의적 혁명을 저지하는 것이 목적이었다.

독일에서 시작된 사회보험은 그 뒤 유럽 각국에 빠른 속도로 전파되었다. 영국에서는 제1차 세계대전 이전에 이른바 자유주의 개혁liberal reform을 통해 사회보험이 도입되었고, 그 뒤 전간기 시대에 조금씩 발전했다. 각국에서 제일 늦게 도입된 사회보험은 실업보험이었다. 국가가 실업자를 지원하는 것이 게으른 노동자들, 즉 '도움받을 만한 자격이 없는 빈민the undeserving poor'에 대한 지원이라는 생각에서 반대가 심했기 때문이다. 〈표 1〉에서 보듯 실업보험은 대부분 20세기 들어 시간이 한참 지난 뒤에야 비로소 각국에 도입되기 시작했다.

실업보험보다 더 늦게 도입된 것은 가족수당이다. 〈표 1〉에서 두드러지는 또 하나의 특징은 미국의 사회보험 도입이 선진국 중에서도 유난히도 가장 늦었다는 사실이다. 1930년대에 루스벨트의 뉴딜 정책으로 비로소 사회보험이 미국에 등장했으며, 뉴딜의 본질은 규제의 제도화와 복지의 제도화로 요약할 수 있다. 미국에서 사회보험의 도입은 다른 나라들보다 반세기 정도 늦었는데, 의료보험은 100년이나 지각을 해서 버락 오바마Barack Obama 정권이 최초로 도입했고, 가족수당의 도입에서도 주요 선진국 중 유일한 예외가 미국이다.

1942년 12월 1일, 역사적인 '베버리지 보고서'가 나오자 국민들은 열광적으로 환영했는데, 정계의 반응은 극명하게 둘로 갈라졌다. 원래 베버리지와 가까웠으며 베버리지를 추천하기도 했던 처칠은 보고서 내용에 반감을 품고 있었다. 보고서의 완성 단계에서 베버리지가 만나자고 거듭 요청해도 만나주지 않았다. 1945년 총선 공약에서도 이 보고서에 대해 대단히 미온적인 태도를 보였다. 반면에 노동당은 적극적으로 보고서의 내용을 당의 공약으로 채택했다. 그 결과 총선은 만인의 예상을 깨고 노동당의 압승으로 끝났다. 당시 예상은 제2차 세계대전 기간에 나라를 이끌었던 보수당 처칠이 전쟁 직후 치러지는 첫 번째 총선에서 당연히 압승하는 것이었다. 이는 누구나 수긍할 수 있는 상식적인 결론이다. 그러나 처칠은 '베버리지 보고서'를 싫어하고 반대하는 바람에 엄청난 역풍을 만나 정권을 잃는 불운을 겪었다. 노동당은 총선에서 예상 밖의 압승을 거두었을 뿐 아니라 전쟁 전에 30%였던 노조 가입률이 40%로 높아지는 등 순풍에 돛을 단 형세였다. 오래 지속된 전쟁으로 국민들 사이에 절로 공동체 정신이 고양된 것은 노동당에 유리한 측면으로 작용했고, 노동당 지도자들이 처칠의 거국 내각에 각료로 참여한 경험도 국민의 신뢰를 얻는 데 보탬이 되었다. 게다가 처칠이 하루아침에 국민적 영웅이 된 베버리지의 보고서를 철저히 무시한 것은 결정적 패착이 되었다.

4. 케인스의 생애

20세기 가장 위대한 경제학자로 칭송받는 케인스(1883~1946)는 경제학자인 아버지 존 네빌 케인스John Neville Keynes 와 여성 최초로 케임브리지 시의원과 시장을 지낸 어머니 플로런스 에이다 브라운Florence Ada Brown 사이에서 출생했다. 그가 태어나고 오래 살았던 케임브리지의 하비 로드 6번지는 케임브리지 대학교에서 걸어서 10분 거리에 있는 곳이다.

젊은 시절부터 케인스의 친구였고, 케인스의 전기를 썼던 영국의 경제학자 로이 해로드Roy Harrod 는 '하비 로드의 전제The Presuppositions of Harvey Road'라는 말을 만들어냈는데, 이 말은 케인스가 "영국 정부는 논리와 설득을 무기로 하는 지식계급이 지배하고 있었으며 앞으로도 그러리라고 생각"했다는 뜻이다. 영국을 실질적으로 지배하는 것은 정치인이나 관료가 아니고, 케임브리지, 옥스퍼드 등 일류 대학을 졸업하고 대학교수 등 전문직에 종사하는 소수의 '지적 귀족'이라는 것이다.

> 일반 대중보다 뛰어난 지성과 식견을 가진 그들이 영국 전체의 이익을 생각하고 또한 미래 자손에 대한 영향까지도 충분히 고려하면서 정치적인 결정을 해왔다는 것이다. 이렇게 함으로써 영국은 과거에 훌륭한 정치적·경제적 발전을 이루어왔다는 것이 '하비 로드의 전제'다(클라크, 2010: 43; 우자와, 2013: 92~93).

케인스는 어릴 때부터 총명했고, 그의 부모는 아들을 영국의 수재들이 다니는 이튼 스쿨에 보냈다. 그 뒤 케인스는 케임브리지 대학교를 졸업했는데, 학부에서 전공한 것은 경제학이 아니라 수학이었다. 아이작 뉴턴 Isaac Newton 이 케임브리지에서 가르친 이래 수학 과목은 케임브리지의 간판 과목으로 자리 잡았다. 그래서 20세기 가장 위대한 경제학자로 불리는 케인스에게는 기이하게도 경제학 학위가 없다.[3] 그는 케임브리지 대학교 경제학의 권위자 앨프리드 마셜에게서 1주일에 한 시간씩 딱 8주간 개인지도를 받았는데, 이것이 케인스가 받은 경제학 수업의 전부였다. 케인스 집안과 가까웠던 마셜은 케인스를 총애했고, 케인스가 제출한 레포트에 "너는 장차 경제학자가 되지 않을 수 없을 것이다"라고 썼다.

---

3   미국의 로널드 레이건(Ronald Reagan) 대통령은 유명한 경제학자 케인스에게 경제학 학위가 없다는 사실을 매우 흥미롭게 생각했다고 한다.

마셜은 케인스가 경제학 연구에 집중하기를 원했으나 케인스의 관심과 재능은 한곳에 머물러 있으려 하지 않았다. 케인스는 대학 졸업 후 공무원 시험에 응시해 차석으로 합격했다. 수석 합격자는 옥스퍼드 졸업생 오토 니마이어Otto Niemeyer 였는데, 그가 재무부를 지원했기 때문에 케인스는 차선책으로 인도청 근무를 희망해 21개월간 근무했다. 그 후 인도청을 사직하고 마셜의 지원하에 케임브리지 대학교의 펠로가 되어 그 직위를 종신 유지했다.[4] 나중에 케인스는 재무부에 들어가 재무부를 대표하는 경제학자로 활동했는데, 시험 때 라이벌이던 니마이어와 생각이 달라 자주 대립했다. 케임브리지 대학교에서는 케인스와 라이벌이던 피구가 상아탑을 지키는 순수 학자의 풍모를 띠고 있었으며, 그래서 케임브리지 대학교 경제학 교수의 영예는 피구에게 돌아갔다. 나중에 두 사람은 대공황의 원인과 대책을 놓고 정면으로 대립하게 된다.

케인스의 관심은 경제학에만 머물러 있지 않았다. 그는 인문사회 일반에 관한 토론 그룹인 블룸즈버리 그룹Bloomsbury Group 의 회원으로서, 광범위한 인사들과 교류하며 문화·예술에 관해 토론하는 것을 좋아했다. 특히 그는 문화·예술의 애호가 및 후원자였을 뿐 아니라 상당한 안목을 갖춘 미술품 수집가로도 유명하다. 제2차 세계대전 중에 파리가 독일에 점령되기 직전 케인스가 영국 대표로서 파리 미술관에 보관 중이던 인상파 화가들의 그림 상당량을 헐값에 매점했던 행동은 지탄받을 만한 것이었다. 이 사건은 거의 영구 비밀이 될 뻔했으나 당시 블룸즈버리 그룹에서 케인스가 이 사실을 자랑스럽게 이야기하는 것을 들은 작가 버지니아 울프Virginia Woolf 가 일기에 적

---

4 케인스는 이 무렵 친구에게 보낸 편지에서 "가르치는 일은 세상에서 제일 어려운 일이야. 나는 시급 얼마를 받고 경제학을 파는 기계가 되고 있어"라고 썼다(클라크, 2010: 49).

어놓은 덕분에 역사에 기록되었으며, 케인스가 죽은 뒤 이 그림들은 케임브리지 대학교에 유증되었다(우자와, 2013: 95).

케인스는 평생 케임브리지 대학교를 떠나지 않았지만, 경제학 교수의 직위 없이 대학의 펠로로서 강의했다. 또한 대학의 재무관으로서 주식 투자를 통해 대학 재산을 늘리는 임무를 맡았는데, 때로는 주식 종목을 잘못 선택해서 대학에 큰 손실을 끼치기도 했다. 케인스는 케임브리지 대학교에서 발간하는 세계적 권위의 경제학 학술지 ≪이코노믹 저널 Economic Journal ≫의 편집인을 오래 맡았기 때문에 실질적으로는 경제학 교수 이상의 영향력을 행사했다. 그는 상아탑을 지키는 순수 학자는 아니었고 세상일에 관심이 많은 실무형 인간이었다. 그는 평생 다양한 일에 종사했는데, 주로 재무부를 위해 많은 일을 했고, 주식 투자로 돈을 모으기도 했다〔유명한 경제학자 중 주식 투자로 돈을 번 사람은 19세기 초의 데이비드 리카도(David Ricardo)와 20세기의 케인스, 두 사람밖에 없다〕. 케인스는 순수 경제학자가 아니었지만 비범한 능력으로 평생 남긴 경제학 저술이 모두 30권을 넘는다. 그는 학계, 정부, 국제관계에서 광범위한 공적을 쌓았고, 그 공로를 인정받아 케인스 경 Lord Keynes of Tilton 이라는 작위를 받았다.

젊은 시절 케인스가 동성애적 성향을 보였다는 사실은 과거에는 쉬쉬하는 비밀에 싸여 있었으나 이제는 널리 알려져 있다. 그의 젊은 시절 당시에는 영국에 동성애자가 상당히 많았고, 블룸즈버리 그룹 회원들 간의 광범위한 동성애가 다른 기록에 자세히 나와 있다. 과거에는 동성애가 법적 처벌을 받는 범죄로 간주되었기 때문에 비밀을 유지할 필요가 있었다. 일찍이 케인스의 전기를 쓴 해로드는 그의 동성애에 대해 알쏭달쏭한 표현으로 넘어갔다. 그는 이 문제에 대해 질문을 받자 자기 책의 행간을 잘 읽어보면 알 수 있다고 대답했다. 케인스는 42세라는 아주 늦은 나이에 8살 연하의 미모의 러시아 발레리나 리디아 로포코바Lydia Lopokova와 결혼한 뒤 동성애 경향이 많이 줄어들었다. 케인스를 아꼈던 마셜 부인은 그가 결혼한다는 소식을 듣고 케인스가 평생 중요한 일을 많이 했지만 그중에서도 제일 훌륭한 일이 바로 결혼이라며 칭찬했다고 한다.

케인스와 아내 사이에 자녀는 없었다. 50대 이후 케인스의 건강에 문제가 생겼다. 54세에 심장병이 발병했고, 결국 장수하지 못한 채 1946년 63세의 이른 나이로 세상을 떠났다. 그가 사망했을 때 부모는 아직 생존해 있었다. 케인스는 자기가 죽으면 케임브리지 대학교에 묻어달라고 부탁했었는데, 동생 제프리 케인스Geoffrey Keynes가 깜박하고 화장해 유골을 틸턴에 뿌리는 바람에 케임브리지 대학교로 돌아가지 못했다. 케인스는 요즘 돈 가치로 200억 원이 넘는 큰 유산을 남겼는데, 유서에서 재산 관리는 승수이론을 발견한 유명한 제자 리처드 칸Richard Kahn에게 맡겼다. 로포코바는 남편보다 수십 년을 더 살아서 마거릿 대처Margaret Thatcher가 총리가 되는 것을 보았다. 대처에 의해 케인스주의가 파괴되는 것을 목격하고 죽었다는 뜻이다.

5. 케인스의 기여

케인스는 평생 많은 공적을 쌓았으나 그의 가장 큰 기여는 다음의 세 가지라고 생각된다. 첫째, 제1차 세계대전이 끝나고 베르사유 궁전에서 열린 파리평화회의에서 영국 대표단의 일원으로 활동한 일이다. 이 회의에서 연합국 측은 전쟁을 일으킨 독일에 대해 다시는 전쟁을 일으키지 못하도록 엄청난 액수의 배상금을 물리기로 결정했다. 엄청난 전쟁 피해 때문에 각국 대표들은 격앙되어 있었고, 독일을 단단히 손봐야 한다는 분위기가 지배적이었다. 예를 들어 로이드 조지Lloyd George 정권의 에릭 게디스Eric Geddes 장관은 이렇게 말했다. "마지막 한 방울까지 레몬을 쥐어짜듯이 우리는 독일을 쥐어 짜고 또 짜내고 말 것이다. 그 안의 씨가 으스러지는 소리가 들릴 때까지"(클라크, 2010: 72~73).

케인스는 이러한 방침에 반대했으나 말석에 앉아 있는 소장 경제학자로서 이를 가로막기에는 역부족이었다. 그는 베르사유 조약이 체결되기 석 달 전에 그 결정에 항의하는 뜻으로 사표를 던지고 귀국해 자신의 주장을 펴는 팸플릿을 저술했다. 그 작은 책이 그를 일약 세계적으로 유명하게 만들었다.[5] 바로 『평화의 경제적 귀결The Economic Consequences of Peace』이었다. 그는 과도한 배상금이 독일 경제에 부담을 줄 것이며 나쁜 결과를 가져올 것이라고 예측했는데, 그 뒤의 사태는 정확히 케인스가 예상한 대로 흘러갔다. 케인스가 계산한 적정 배상금은 20억 파운드였으나 실제로 결정된 액수는 그보다 33배 많은 660억 파운드였다. 독일은 과도한 배상금을 물기 위해 돈을 계속 찍어냈고, 그 결과가 1921~1924년의 초인플레이션hyper-inflation이었다. 당시 독일의 통화량과 물가는 거의 천만 배가 올라 하룻밤 사이에 물가가 뛰었으며, 오전 물가와 오후 물가가 다르다고 하는 믿을 수 없는 사태가 전개되었다.

이런 미증유의 인플레이션은 당연히 엄청난 경제 혼란을 가져왔고, 그 혼란을 틈타 야금야금 세력을 키워 기어코 바이마르 공화국을 붕괴시킨 이가 히틀러였다. 돌이켜보면 파리평화회의에서 연합국들이 감정을 억제하고 케인스의 주장을 채택했더라면 히틀러의 등장은 없었을 것이고, 제2차 세계대

---

5 케인스는 학자란 모름지기 현실 문제를 분석하는 팸플릿을 많이 저술해야 한다고 주장
   했고, 스스로도 그렇게 했다. 요즘 한국 학계에서는 순수 저술만을 연구 업적으로 인정
   하는 경향이 강한데, 케인스는 학자의 현실 참여를 중시했다.

전도 피할 수 있었을지 모른다. 역사에 가정은 없다고 하지만 이런 가정을 해보면 케인스의 선견지명이 실로 놀랍다고 하지 않을 수 없다.

둘째, 『고용, 이자, 화폐에 관한 일반이론The General Theory of Employment, Interest, and Money』(1936)의 저술이다. 이 책은 대공황의 한복판에서 출간되었고, 나오자마자 경제학에 혁명을 가져왔다. 이 책은 미국 뉴딜 정책의 기초가 되었으며 국가 개입주의로서의 케인스주의를 확립한 바탕이 되었다. 대공황은 1929년에 발발했고 이 책이 나온 1936년 당시에는 이미 7년이 경과했으나 정통 경제학은 여전히 대공황의 원인에 대해 올바른 진단을 내리지 못했고, 그 대책도 내놓을 수가 없었다. 미국의 실업률은 최고 25%에 달했으며 다른 나라의 상황도 대동소이했으니 자본주의 경제는 전반적으로 위기 상황이었다. 이런 상황에서 경제학은 아무런 대책도 제시하지 못한 채 수수방관하고 있었으니 케인스의 수제자라 할 수 있는 경제학자 조앤 로빈슨Joan Robinson 의 말을 빌리자면 당시 상황은 "경제위기이자 경제이론의 위기"이기도 했다.

당시 정통파 경제학(케인스의 어법으로는 고전파 경제학)은 대량 실업의 원인을 노동시장의 경직성, 즉 실업이 발생하면 당연히 임금이 인하되어 수급이 자동적으로 조절되어야 하는데, 노조의 힘이 작용한다든가 하는 이유로 임금 인하가 이루어지지 않고 있다는 데서 찾았다. 그들은 시장에 맡겨두면 장기적으로 수요·공급의 힘에 의해 균형이 회복될 것이라는 막연한 낙관주의에 빠져 아무런 처방도 제시하지 않고 있었다. 케인스는 정통파 경제학자들의 이러한 유유자적한 태도를 못마땅하게 여겨 "장기에는 우리 모두 죽을 뿐이다In the long run we are all dead"라는 유명한 말을 남겼다.[6]

---

6 나중에 마거릿 대처 총리는 케인스의 유명한 이 말을 반박하면서 "이런 생각을 갖고 있는 사람은 나무를 심지 않는다"라고 한마디 했다.

이런 사고방식을 가진 고전파 경제학자들이 제시하는 실업 해법은 기껏해야 임금 인하, 직업소개소 설치 등 소극적인 것들이었고, 이런 대책으로 당시의 대량 실업이 해소될 리 만무했다. 케인스는 대공황과 대량 실업의 원인을 정통파 경제학자들(그 대표가 아서 C. 피구 교수였다)처럼 노동시장에서 찾지 않고, 생산물 시장의 수요 부족에서 찾았다. 즉, 생산물 시장에서 소비수요가 부족하니 물건이 팔리지 않고 쌓이며, 기업은 생산을 줄이게 되고, 그 결과가 노동시장에서 실업으로 나타난다는 것이다. 따라서 실업 대책도 노동시장에서 나오는 것이 아니라 생산물 시장에서 유효수요를 진작시키는 것이 된다.

유효수요 중 한 항목인 소비수요는 소득에 종속되어 뒤따라가는 소극적 성격이다. 또 다른 항목인 투자수요는 미래에 대한 전망에 좌우되는데, 대공황기에는 미래에 대한 전망이 좋을 수가 없으므로 아무리 금리를 인하해줘도 투자가 일어나기를 기대할 수 없다. 그러므로 유효수요를 늘리기 위해서는 결국 최후의 보루인 정부가 직접 지출을 늘리는 수밖에 없다는 것이 케인스의 생각이었다. 케인스는 심지어 땅에 돈을 파묻어놓고 다른 사람이 와서 파내 가도록 하는, 일견 바보 같은 짓도 안 하는 것보다는 하는 게 낫다고 이야기했다. 상황이 하도 절박하니 정부가 수수방관하면 안 되고 이런 것이라도 할 각오를 가져야 한다고 강조한 것이다.

케인스의 유효수요 이론은 지금 보면 누구나 쉽게 알 수 있는 상식에 불과하지만 대공황 당시의 경제학 수준에서는 완전히 새로운 관점이었다. 당시 경제학자들은 "공급은 그 스스로의 수요를 창조한다"라는 장바티스트 세이 Jean-Baptiste Say 의 법칙을 신봉하면서 물건이 팔리지 않고 쌓이는 것은 있을 수 없다고 보았는데, 이는 현실과 거리가 먼 공리공담에 불과했다. 경제학자들이 기존 경제학의 패러다임에 사로잡혀 현실을 직시하지 못했으니 식자우

환이 아닐 수 없다. 케인스가 말한 바, 실로 어려운 것은 새로운 이론을 만드는 것이 아니라 우리 머리를 지배하는 낡은 이론으로부터 탈출하는 것임을 알 수 있다.

셋째, 제2차 세계대전 말에 이루어진 전후 국제경제 질서 창조에 대한 기여다. 1944년 미국의 브레턴우즈에 44개국 대표가 모여 전쟁이 끝난 뒤 창조해야 할 새로운 국제경제 질서에 대해 회담을 열었다. 모인 나라는 많았지만 사실상 미국과 영국, 두 나라의 대결이었다. 미국 대표는 재무부의 해리 덱스터 화이트Harry Dexter White 였고, 케인스가 영국 대표로 참석했다. 여기서 미국의 안과 영국의 안이 대립했다. 화이트는 국제안정기금International Stabiliztion Fund 의 창설을 주장했고, 케인스는 국제청산동맹International Clearing Union 의 창설을 주장했다(히가시타니 사토시, 2014: 76~80). 화이트의 안에 따르면 국제결제를 위한 통화는 따로 없고 강대국의 국내 통화가 그대로 국제통화가 되는데, 그것은 물론 미국 달러다. 케인스는 국제결제를 위한 청산동맹을 창설하고 방코르bankor 라는 이름의 새로운 국제통화를 만들자고 제안했다. 국제무역에서 적자나 흑자가 발생하면 모든 결제는 방코르를 통해 계좌 대 계좌의 교환 방식으로 이루어지는데, 이는 국제간 가상적 계산 단위로만 사용되며 실제 유통되는 통화는 아니다.

케인스의 제안은 지극히 합리적인 것이었으나 세상일은 이치에 의해 정해지기보다는 힘에 좌우되는 경우가 더 많다. 제2차 세계대전을 고비로 세계의 패권은 확실히 미국 쪽으로 기울었다. '팍스 브리타니카'의 시대는 가고 '팍스 아메리카나'의 시대가 오고 있었다. 브레턴우즈 회담에서는 케인스와 화이트의 치열한 논쟁 끝에 미국의 화이트가 낸 안이 최종 채택되었다.[7] 현

---

7 케인스의 적수였던 미국의 화이트도 오래 살지 못했다. 화이트는 전후 세계를 미국과

재의 세계은행-IMF 체제가 바로 브레턴우즈 회담의 산물이며, 미국 달러가 국제통화로 기능하는 것 역시 그 결과다. 현재의 국제경제 질서를 흔히 브레턴우즈 체제라고 부르는데, 이는 1944년 브레턴우즈에서 성립한 미국 중심의 국제경제 질서를 말한다.

그러나 한 나라의 통화가 국제통화로 사용되면 여러 모순이 발생한다. 이것이 유명한 '트리핀의 딜레마Triffin's dilemma'다. 로버트 트리핀Robert Triffin에 따르면 한 나라의 통화가 국제통화로 사용될 때 그 통화의 공급이 충분해야 세계 교역을 위한 결제가 원활하게 이루어질 것인데, 통화 공급이 과다하면 그 통화의 가치가 떨어져 보유 욕구가 떨어지고 국제적 신인도가 하락할 것이다. 반대로 통화 공급이 부족하면 통화가치가 올라가고 보유 욕구가 커지며 국제적 신인도가 올라가지만, 통화 공급 부족으로 국제결제가 원활하게 이루어지지 못한다는 딜레마에 빠진다. 이래도 문제, 저래도 문제다. 세계는 아직도 트리핀의 딜레마를 근본적으로 해결하지 못하고 간헐적으로 국제경제 질서의 위기에 봉착하고 있으니, 우리는 케인스의 선견지명에 다시 한 번 놀라지 않을 수 없다.

6. 케인스와 복지국가

케인스는 평생 수많은 저술을 남겼는데, 정작 복지나 복지국가에 대해서

소련이 이끌어야 한다고 생각하고 소련에 대한 차관을 적극 추진했다. 그는 공산주의자와 거리가 멀었으나 1948년에 용공분자를 색출한다는 명목으로 열린 의회의 매카시 위원회로부터 출두를 요청받고 강심제 디기탈리스를 과다복용하는 바람에 심장마비로 사망했다.

는 별로 저술한 것이 없다. 그런데도 케인스주의 복지관을 논할 수 있는 것은 그의 이론과 사상이 간접적으로 복지국가에 크게 기여했기 때문이다. 케인스 경제학이 복지국가에 친화적인 것은 무엇보다 그의 이론 틀 중 소비이론 때문이다. 케인스는 『고용, 이자, 화폐에 관한 일반이론』에서 소비가 소득에 따라 좌우되는 소극적·안정적 성질을 지녔다고 보았다. 반면 투자는 미래에 대한 전망과 금리에 의해 좌우되는데, 미래에 대한 전망은 대단히 불확실하므로 투자가 기업가들의 '동물 본능animal spirits'에 의해 결정된다고 보았다. 이는 투자를 매우 불안정하게 만든다. 특히 대공황기처럼 불황이 심할 때는 미래 전망이 비관적이라 투자를 기대하기 어렵다. 그래서 케인스는 소비·투자 대신 제3의 유효수요 요소로서 정부 지출을 확대할 것을 주장했다.

소비에 대해 설명한 이론은 케인스가 최초였는데, 그의 소비이론에 따르면 소비는 소득에 따라 결정되고 소득이 증가하면 소비도 증가한다. 그러나 소득 증가가 모두 다 소비 증가로 나타나는 것은 아니며 일부만 소비되고 나머지는 저축된다. 소득 증가분 중 소비되는 비율을 한계소비성향marginal propensity to consume이라고 부르는데, 이 값은 0보다 크고 1보다 작다. 이 값은 가난할수록 높고, 부유할수록 낮을 것으로 예상할 수 있다. 빈자는 소득이 늘 때 살 것이 많지만, 부자는 이미 다 갖고 있으므로 살 것이 별로 없기 때문이다. 이는 상식에 부합하는 관찰인데, 이러한 계층 간 소비성향의 차이를 감안하면 총소비를 늘리기 위해 부자보다는 빈자의 소득을 늘리는 것이 좋다는 결론에 도달하게 된다.

케인스는 불황을 타개하기 위해 정부 지출을 늘릴 것을 강조했는데, 불황기에는 투자나 소비의 증가를 기대하기 어렵다고 보았기 때문이다. 따라서 케인스 이론에 입각해 조금이라도 소비를 증가시키는 것이 경기회복에 도움이 될 것이며, 이를 위해 부자의 소득을 빈자에게 재분배하는 것이 유용할 수 있다. 케인스의 소비이론은 그 후 경제학에서 절대소득가설로 불린다. 즉, 소비를 결정하는 것은 소득의 절대수준이라는 뜻이다.

제2차 세계대전 이후 경제학계에서는 몇 가지 새로운 소비이론이 탄생했다. 자기의 현재 소득뿐 아니라 과거 소득, 그리고 다른 사람의 소득과의 상대적 관계가 중요하다고 보는 제임스 S. 듀젠베리James S. Duesenberrry 의 상대소득가설, 소비는 현재 소득보다 장기적 평생 소득의 영향을 받는다고 보는 밀턴 프리드먼Milton Friedman 의 항상소득가설, 한 사람의 생애주기 life-cycle 에서 어떤 시점에 있느냐가 중요하다고 보는 프랑코 모딜리아니 Franco Modigliani 의 생애주기가설 등이다. 부자에게서 빈자로 소득재분배가 되면 소비가 증가할 것이라고 보는 가설은 케인스의 절대소득가설이다. 따라서 케인스 이론은 복지국가와 상당한 친화성을 지녔다. 케인스 자신은 직접 이러한 정책적 권고를 하지 않았으나 그의 이론 체계는 소득재분배와 복지국가를 지지하는 성향이 있다.

한편 '베버리지 보고서'에 대한 케인스의 기여는 다음과 같다. 앞서 '베버리지 보고서'의 작성 단계에서 정부 각 부처는 발을 빼려 했고, 그래서 공동 저작이 아니라 베버리지 단독 저작으로 출판되었다는 것을 이야기했다. 그러나 책이 나오고 난 뒤에도 정부 부처의 협조는 아주 인색했다. 특히 재무부는 예산 담당 조직으로서 '베버리지 보고서'가 실행되면 엄청난 예산이 소요될 것으로 보고 부담스럽게 여겨 비협조적 태도를 취하고 있었다. 이때 베버리지를 도와준 사람이 케인스였다(스키델스키, 2009: 1130~1131).

재무부의 주요 경제학자로 오랫동안 활동했던 케인스는 베버리지와 여러 차례 만나 의논했고, '베버리지 보고서'에서 제시한 정책들이 실현될 수 있도록 각종 아이디어를 냈다. 그는 1942년 7월 베버리지와의 오찬 만남에서 베버리지 보고서의 재정 조달을 검토할 소위원회 구성을 제안했고, 베버리지는 이에 동의했다. 또한 자신과 경제학자 라이어널 로빈스Lionel Robbins, 정부 회계사 조지 엡스George Epps 의 3인 위원회를 만들어 세 차례 회동했다. 케인스는 베버리지 계획의 초기 비용을 원래의 연간 7억 파운드에서 4억 5000만 파운드로 낮추는 구상을 제시했는데, 그럴 경우 기존의 사회보장 비용인 3억 1500만 파운드보다 조금 높은 정도에 불과했다.

케인스는 그 밖에도 보고서의 정책을 실현하는 데 소요되는 예산이 과도하지 않도록 여러 타협안을 제시했고, 베버리지가 그것을 적극 수용함으로써 베버리지의 아이디어가 세상에서 빛을 보는 데 큰 도움을 주었다. 예를 들어 아동수당을 첫째 자녀에게 주지 않고 둘째 자녀 이후에만 준다든가, 연금제도의 도입을 당장 하지 않고 20년의 시간을 두고 점진적으로 도입한다든가 하는 아이디어다. 베버리지는 학문적으로 고고한 태도를 갖고 있어 좀처럼 남과 타협할 줄 모르는 사람이었지만 정책의 실현 가능성을 높이기 위해 케인스와 의논할 때는 상당히 유연한 태도를 보였다. 이는 결국 그의 사상이 영국의 전후 복지국가 건설에서 청사진 역할을 할 수 있도록 만든 계기가 되었다고 할 수 있다.

7. 베버리지와 케인스의 비교

베버리지와 케인스는 케인스주의 복지국가 사상의 기초를 마련했다는 점에서 쌍벽을 이룬다고 할 수 있다. 두 사람은 사이가 좋았으며, 많은 공통점이 있었지만 다른 점도 많았다. 공통점은 완전고용 문제에 관심을 쏟고 주요 저작을 남겼다는 점이다. 베버리지는 초기 저술에서 주로 고용 문제에 집중했고, 케인스는 주저 『고용, 이자, 화폐에 관한 일반이론』를 물론 대공황 당시의 대량 실업을 해결하기 위해 썼다. 둘째, 두 사람은 당시 영국에서 상당한 영향력을 갖고 있던 자유방임laissez-faire 사상을 믿지 않았으며, 선의의 정부가 개입해 경제적·사회적 문제 해결에 나서야 한다고 보았다(케인스, 2009: 11장 참조). 케인스는 다음과 같이 말한다.

이 세상은 천상에 의해 지배되는 곳이 아니기 때문에 개인적 이익과 사회적 이익이 늘 일치할 수는 없다. 이곳 속세는 개인적 이익과 사회적 이익이 일치하도록 통치되지 않는다. 계몽된 이기주의는 언제나 공익에 유리한 쪽으로 움직인다는 것은 경제학의 원리에서 나오는 올바른 추론이 아니다. 이기주의가 대체로 계몽되어 있다는 말도 진실이 아니다. 자기 자신의 목적을 개별적으로 추구하고 있는 개인들은 너무 무식하거나 허약하여 그 목적마저 달성하지 못할 때가 자주 있다(케인스, 2009: 151~152).

케인스와 베버리지는 무조건 시장 기구를 신뢰하고 정부 개입을 반대하는 고전적 자유방임을 반대했다. 두 사람은 기본적으로 정부 개입에 찬성하되, 다만 정부의 개입은 꼭 필요한 문제에 한정해야 하며, 결코 과도하게 이루어져서는 안 되고, 필요한 최소의 범위에 그쳐야 한다고 생각했다. 만일 정부가 지나치게 개입하면 자본주의의 기초를 이루는 개인의 자유를 침해하고 창의성이나 책임감을 훼손할 우려가 있다고 보았다. 이런 점에서 두 사람은 자유주의자와 집산주의자의 양면을 갖고 있었는데, 그래서 토니 커틀러Tony Cutler, 카렐 윌리엄스Karel Williams, 존 윌리엄스John Williams는 두 사람의 사상을 자유집산주의liberal collectivism라고 규정한다. 커틀러 등에 따르면 베버리지와 케인스, 두 사람의 자유집산주의는 다음과 같은 내용을 공통점으로 지닌다(Cutler, Williams and Williams, 1986: 9).

① 사회생활의 어떤 기본 조건은 반드시 보장되어야 한다. 예를 들어 빈곤과 경제적 불안정은 자본주의 질서에 반기능적이며, 궁극적으로 그 존재 자체를 위협할 것이다.

② 사회생활의 이런 조건을 유지하는 것은 엄격한 자유방임 정책이 추구되는 한 자유시장에서는 달성이 불가능하다. 예를 들어 빈곤의 통제는 일종의 국가적 사회보장을 요구하며, 경제적 불안정을 해소하는 것도 마찬가지다.

③ 국가의 개입은 바람직하지 않은 것이 아니라 오히려 필수 불가결하다. 사회생활의 기본 조건에 관한 규범은 국가의 개입 없이는 불가능하기 때문이다.

④ 국가 개입은 최소한이어야 하며, 반드시 필요한 것에 한정해야 한다. 국가 개입은 그 성격과 범위에서 제한적이어야 하며, 자본주의의 정치적·경제적 자유를 될 수 있는 한 간섭하지 않아야 한다.

⑤ 국가 개입은 자본주의의 기본적 자유를 최소한으로 억압하면서 자본주의의 효과적 기능을 재확립할 수 있어야 한다. 예를 들어 한 영역에서 국가 규제가 있더라도 경제의 다른 영역에서는 시장의 선택이 규제받지 않고 보장되어야 한다.

결국 두 사람의 철학은 자본주의적 개인주의를 최대한 보장하기 위해 상당한 정도의 집산주의를 찬성한다는 점에서 자유주의와 집산주의의 두 날개를 가졌다. 현실 정치에서 보면 두 사람은 자유당 Liberal Party 지지자였다(케인스, 2009: 12장 참조). 케인스는 노동당 좌파를 '재앙의 정당 party of catastrophe' 이라고 부르면서 동의하지 않았고, 마찬가지로 보수당 일부에 대해서는 '골수 완고정당 die-hard party'이라며 싫어했다. 케인스는 자유당이 "그래도 미래

발전을 위한 최선의 도구"라고 믿는 쪽이다(케인스, 2009: 168).

두 사람의 차이점으로는 방법론을 들 수 있다. 케인스는 연역적 사고를 좋아한 반면 베버리지는 심할 정도로 귀납법을 좋아했다. 베버리지는 런던 정경대학 학장으로 있을 때 연구방법론을 놓고 귀납적 방법만 고집하는 바람에 해럴드 라스키 Harold Laski 등의 교수들과 심각한 갈등을 일으키기도 했다.

8. 케인스주의 복지국가의 흥망

제2차 세계대전이 끝난 뒤 베버리지와 케인스의 사상은 영국에서 구체적인 정책으로 실현되었다. 1945년부터 1951년까지 집권한 노동당 정부는 클레먼트 애틀리 Clement Attlee(1883~1967) 총리가 이끌었는데, 그는 베버리지의 옥스퍼드 대학교 후배일 뿐 아니라 베버리지가 젊은 시절에 일했던 토인비홀의 후배이기도 하고, 런던 정경대학의 후임 교수이기도 한 밀접한 인연이 있었다. 그는 '베버리지 보고서'가 나오자마자 전폭적으로 지지해 노동당의 강령으로 받아들였고, 이것이 1945년 총선 승리의 계기가 되었음은 앞에서 언급한 바와 같다. 전쟁이 끝난 직후 영국 정치계의 판도는 지금과는 천양지차라 자유방임을 믿는 사람이 거의 없었고, 주요 재산의 국유화와 복지국가 건설에는 노동당과 보수당 사이에 큰 이견이 없었다. 다만 그 속도 및 정도와 관련한 의견에서 다소 차이가 있었을 뿐이다.

1946년 국민보험이 통합되어 국민최저선이 처음으로 보장되었다. 1948년에는 국민부조 National Assistance 제도라는 일종의 공공부조가 도입되어 빈곤층을 구제하게 되었다. 베버리지는 기본적으로 재력 조사에 기초한 공공부조 정책에 반대했으나 국민부조 제도는 그 뒤 오랫동안 살아남았고, 나중에는 보충급여Supplementary Benefits로 이름이 바뀌어 시행되었다. 1945년에는 가족수당 제도가 도입되어 둘째 아이부터 지급받았다. 가족수당을 첫째 아이부터 지급할 것이냐, 둘째 아이부터 지급할 것이냐를 두고 케인스와 베버리지 사이에 논의가 있었는데, 최종적으로 결정된 것은 둘째 아이부터 지급한다는 원칙이었다.

또한 1946년에는 국민의료서비스 제도가 시작되었다. 이는 보건복지부 베번 장관의 회심작이었다〔자세한 내용은 이창곤(2014) 참조〕. 이 제도는 자본주의 국가의 의료 제도 중에서도 가장 사회주의에 가까운 제도로서 재원을 전적으로 세금에 의존하며, 동네마다 정해진 가족 주치의가 건강을 점검하고, 의사는 국가에서 봉급을 받는 독특한 제도다. 지금 다른 면에서 영국은 복지국가의 발달이 상대적으로 낮은, 이른바 영미형 잔여주의 복지국가에 속하는데, 의료 제도 하나만큼은 북유럽의 사민주의 국가를 능가할 정도로 사회화되어 있다.

제2차 세계대전 이후 30년은 이른바 '자본주의의 황금기 The golden age of capitalism'라고 해서 분배·고용·성장이 다 순조롭던 시기인데, 이 시기는 영국뿐 아니라 세계 자본주의 진영 전반에서 케인스주의의 전성기였다고 할 수 있다. 정부 당국은 케인스가 『고용, 이자, 화폐에 관한 일반이론』에서 제창한 거시경제정책으로 완전고용을 실현할 수 있다고 믿었고, 자본주의의 장기적 번영은 확실해 보였다. 영국의 유력지 ≪타임스 The Times≫는 「우리는 이제 모두 케인지안이 되었다 We are all Keynesians now」라는 제목의 글을 실었는데, 이 말을 처음 한 사람은 평생 케인스주의에 반대하고 그것을 파괴하는 데 전력을 다했던 시카고 대학교의 밀턴 프리드먼이었다. 프리드먼은 구체적으로 이렇게 말했다. "우리는 이제 모두 케인지언이다. 그러나 실제로 아무도 케인지언이 아니다."

케인스주의는 전후 복지국가의 사상적 기초를 제공한 경제철학으로서 30년 동안 전성기를 맞았으나 1970년대에 오면 여러 위기 징후가 나타난다. 영국 정부는 경기순환에 따라 호경기가 지나쳐 경기과열이 오면 긴축정책을 쓰고, 반대로 불황이 심하면 확장정책을 쓰는 이른바 스톱고stop-go 정책을 반복했는데, 온탕과 냉탕을 왔다 갔다 하는 이런 정책이 단기적인 반짝 효과는 있었으나 장기적 지속 가능성은 의심스러웠다. 적자 재정 정책을 반복한 끝에 국가의 부채가 누적되어 더 이상 스톱고 정책을 지속하기 어려웠던 것이다. 게다가 1974년에 제1차 석유위기가 왔고, 유가 인상으로 인한 세계적 물가 상승이 경기 침체와 더불어 나타나는 이른바 스태그플레이션stagflation 현상이 일어났다. 이는 종래의 케인스주의로는 해결하기 어려운 숙제를 제시했다. 즉, 과거에는 불황이 닥치면 확장적 금융 또는 재정 정책을 써서 총수요를 증가시키고, 반대로 물가가 오르는 경기과열기에는 긴축정책을 써서 총수요를 감소시켰다. 그러나 스태그플레이션이라 함은 불황 속에서 물가가 오르는 상반된 두 가지 현상이 동시에 나타나는 것으로서 확장과 긴축, 어느 것도 곤란한 진퇴양난의 상황에 처한 것이다. 스태그플레이션은 안 그래도 스톱고 정책의 모순이 누적되어 위기 상황에 있던 케인스주의에 결정타를 날렸다.

문제는 현실 정치에서 어느 정부가 케인스주의의 공식 폐기를 선언하느냐 하는 것이었다. 이는 영국에서 왔다. 1978~1979년 영국에 이른바 '불만의 겨울'이 찾아왔다. 강성 노조가 파업을 일으켜 국가의 주요 기능이 마비되었다. 병원에서는 수술이 뒤로 밀리고, 청소 노동자들의 파업으로 쓰레기가 길거리에 산을 이루었다. 국민의 불만은 커질 수밖에 없었는데, 마거릿 대처 총리가 나타나 노조에 강경하게 대처했다. 대처의 등장은 시장만능주의의 탄생을 의미했고, 동시에 그것은 케인스주의의 사망선고였다.

이듬해인 1980년 미국에서는 비슷한 사상을 가진 로널드 레이건이 대통령에 당선된다. 대처와 레이건은 앞서거니 뒤서거니 하면서 작은 정부, 감세, 규제 완화, 친기업, 반노조 정책을 밀어붙였다. 대처와 레이건은 오누이같이 친하게 지내며 대서양 건너 긴밀한 정책 공조를 과시했다. 이 시기를 케인스 반혁명이라 부른다. 케인스 반혁명은 이론적으로 프리드리히 하이에크Friedrich Hayek와 밀턴 프리드먼에 의해 일어났지만, 현실적으로 케인스주의에 사망선고를 내린 이는 대처와 레이건이었다. 이로써 영국과 미국에서 케인스형 복지국가는 후퇴 일로를 걸었다. 영국과 미국은 선진 자본주의 국가 중에서 복지가 많이 발달한 나라는 아닌데, 케인스 반혁명으로 인해 복지가 가장 크게 후퇴했다. 그리하여 북유럽의 사민주의, 유럽 대륙의 담합주의와 영미형 잔여적 복지국가 사이의 거리는 더욱 멀어졌다.

이로써 케인스주의는 영구히 끝난 것처럼 보였는데, 세상일은 돌고 또 도는 모양이다. 미국의 케인스 반혁명이 도를 지나쳐 2008년 금융위기를 몰고 왔다. 미국 공화당의 감세, 작은 정부, 규제 완화, 친기업, 반노조 도그마가 지나친 나머지 월Wall 가에서 그 부작용이 폭발한 것이다. 2008년 위기 이후 세상은 다시 케인스를 불러내고 있다. 2008년 위기가 오자마자 언론은 이제 다시 케인스가 필요하다고 주장하고 있다. 은행에 대한 규제가 필요하며, 국가의 적절한 개입이 필요하다는 것이다. 앞으로 세상이 어디로 흘러갈지는 좀 더 시간을 두고 지켜봐야 할 것 같다. 케인스주의의 전성기, 케인스 반혁명, 그리고 다시 시장만능주의의 위기와 케인스에 대한 향수. 역사는 반복이 없다고 하지만 또 어느 정도 반복하는 것도 사실이 아닌가. 미래를 예측하는 것은 참으로 어렵다.

9. 맺음말

　케인스주의 복지관은 20세기의 아주 짧은 시간 동안 형성되었다. 그 주역은 베버리지와 케인스 두 사람이다. 두 사람은 대학에서 수학을 전공했고, 계몽된 이성이 세상을 지배해야 한다는 생각을 갖고 있었다. 둘 다 자유방임을 싫어했고, 시장에 대한 국가의 적절한 개입이 필요하다고 보았다. 그러나 두 사람은 국가의 지나친 개입이 개인의 창의성과 책임감을 훼손해 자본주의 체제를 위협할 것이라 보고 경계했다. 정치적으로는 자유당을 지지했다.

　제2차 세계대전이 끝난 뒤 30년 동안은 케인스주의 복지국가의 전성기였다. 베버리지와 케인스의 사상이 모든 자본주의 국가에서 정책으로 실현되기 시작했다. 경제성장·고용·분배가 다 좋아서 자본주의의 미래는 밝았고, 모든 것이 장밋빛으로 보였다. 그러나 장밋빛 세상은 오래 가지 않았다. 케인스주의가 빚은 스톱고 정책은 부작용을 나타냈고, 국가 부채의 누적으로 그 지속 가능성이 의심받기 시작했다. 그러다 1970년대 중반에 닥친 석유위기가 가져온 세계적 스태그플레이션은 케인스주의의 무능을 여지없이 드러냈다. 사상 초유의 경제 현상 앞에서 케인스의 처방은 힘을 잃었다.

　경제학계에서는 케인스에 반대하는 하이에크와 프리드먼을 필두로 하는 시장만능주의 학파가 점차 힘을 얻어가고 있었으며, 현실 정치에서는 대처와 레이건이 대서양을 사이에 두고 나란히 집권해 작은 정부, 감세, 규제 완화, 친기업, 반노조 정책을 추진함으로써 케인스주의의 종언을 가져왔다. 영국과 미국뿐 아니라 거의 모든 나라에서 케인스 정책은 폐기되고 시장만능주의 정책이 채택되었다. 세상은 완전히 바뀐 것처럼 보였다. 그러나 누가 알았으랴. 2008년 미국 월 가에서 시작된 금융위기는 지나친 시장만능주의가 잘못되었다는 사실을 가차 없이 폭로했다. 세상이 다시 몸살을 앓으면서 시장만능주의에 대한 반성이 일어나고, 그 반향으로 케인스 사상의 부활이 논의되는 중이다. 앞으로 세상이 어느 쪽으로 발전할지는 좀 더 두고 봐야 할 것 같다. 그러나 케인스주의의 원형이 다시 세상을 지배하는 일은 없을 것이다. 수정·변형된 케인스주의가 다시 도입되어 시장만능주의를 교정한 새로운 자본주의가 나타나지 않겠는가. 케인스가 『고용, 이자, 화폐에 관한 일반이론』에서 웅변적으로 말했듯이 세상을 지배하는 것은 기득권이 아니라 오래전의 사상·이론일지도 모른다. 그래서 케인스주의는 여전히 유효하고 중요하다.

참고문헌

드 슈바이니츠, 칼(Karl De Schweinitz). 2001. 『영국 사회복지 발달사』. 남찬섭 옮김. 인간과복지.

스키델스키, 로버트(Robert Skidelsky). 2009. 『존 메이너드 케인스』. 고세훈 옮김. 후마니타스.

_____. 2010. 『케인스에게 다시 경제를 묻다』. 곽수종 옮김. 한국경제연구원

우자와 히로후미(宇沢弘文). 2013. 『경제학이 사람을 행복하게 할 수 있을까?』. 차경숙 옮김. 파
    라북스.

이창곤. 2014. 『복지국가를 만든 사람들: 영국편』. 인간과복지.

케인스, 존 메이너드(John Maynard Keynes). 2009. 『설득의 경제학』. 부글북스.

클라크, 피터(Peter Clarke). 2010. 『케인스를 위한 변명』. 이주만 옮김. 랜덤하우스.

히가시타니 사토시(東谷曉). 2014. 『경제학자의 영광과 패배』. 신현호 옮김. 부키.

Beveridge, William Henry. 1942. *Social Insurance and Allied Services*. HMSO.

Cutler, Tony, Karel Williams and John Williams. 1986. *Keynes, Beveridge, and Beyond*.
    Routledge & Kegan Paul.

George, Vic. 1968. *Social Security: Beveridge and Beyond*. Routledge.

Harris, Jose. 1977. *William Beveridge, A Biography*. Oxford University Press.

Keynes, John Maynard. 1936. *The General Theory of Employment, Interest, and Money*.
    Macmillan.

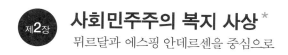

제2장

사회민주주의 복지 사상 *
뮈르달과 에스핑 안데르센을 중심으로

신광영

삶의 위험을 제거하도록 조직된 사회에서는 모험이나 드라마가 부족하여 사람들이 정신적으로 좌절감을 갖고 불행하다. 복지국가의 병폐를 다루는 이론이 그렇게 전개된다. 솔직히 이것은 말도 안 되는 소리다.

이 논리는 너무도 분명하게 신 포도(sour grape)의 논리로 부러움을 합리화하고 보상하려는 논리다. …… 스웨덴의 풍요가 미국인들로 하여금 스웨덴의 문제를 끄집어내게 하는 감정적인 동기를 제공한다(Myrdal, 1972: 29).

불쌍한 드와이트 아이젠하워Dwight Eisenhower는 "우호적인 사회주의 국가"는 복지국가로 인해 불행 중에서도 자살이 만연하는 벌을 받는다고 말했다. 액면 그대로 통계를 받아들여도, 이는 명백한 오류다. 공식 통계에 따르면 핀란드, 헝가리, 서독, 오스트리아, 동독 같은 많은 나라의 자살률이 스웨덴보다 높다. 복지국가의 발전으로 자살률이 높아지고 있지도 않다(Myrdal, 1972: 29).

---

* 이 장은 필자가 발표한 논문 「사회민주주의 복지사상: 뮈르달 부부와 에스핑 앤더슨을 중심으로」, ≪스칸디나비아 연구≫, 17호(2016), 249~274쪽을 다시 게재한 것이다.

1. "과학이 정치를 지배해야 한다"

오늘날 복지국가를 떠올리면 으레 스칸디나비아 국가들을 떠올린다. 영국의 윌리엄 헨리 베버리지William Henry Beveridge가 주장한 "요람에서 무덤까지"라는 복지국가의 구호를 가장 잘 실현시킨 나라들은 영국이 아니라 북유럽 국가들이기 때문이다. 복지국가나 복지제도에 대해서 더 많은 지식이 있는 사람들에게 스칸디나비아 국가들은 그냥 복지국가가 아니라 사회민주주의 복지국가로 더 잘 알려져 있다. 덴마크 출신의 사회학자 요스타 에스핑 안데르센Gøsta Esping-Andersen의 저서 『복지자본주의 세 가지 형태The Three Worlds of Welfare Capitalism』(1991)가 복지국가에 대한 새로운 인식을 크게 넓혔고, 이후 거의 모든 복지국가와 관련된 연구에 새로운 패러다임을 제공한 덕택이다.

에스핑 안데르센이 주장하는 사회민주주의 복지국가의 특징 중 하나는 노동력의 '탈상품화decommodification'다. 탈상품화는 노동을 제공하고 그 대가로 임금을 얻는 자본주의 사회에서 노동자가 고용주의 임금에 의존하는 정도가 약화되는 변화를 의미한다. 시장 임금 대신에 국가가 복지 형태로 제공하는 대안적 생계 수단이 있을 때 고용주에 의존하는, 상품으로서 노동력의 의미는 약화되기 때문이다. 그리하여 노동의 대가로 주어지는 시장 임금과 대비되는, 국가가 복지 형태로 제공하는 대안적 생계 수단을 사회적 임금social wage이라고도 부른다.[1]

스칸디나비아 국가들에서 본격적인 복지제도의 도입은 20세기 중반부터

---

1   사회적 임금은 개인에게 현금이나 바우처(voucher)로 제공되는 공적 이전(public transfer)뿐 아니라 의료나 교육처럼 국가가 무료로 제공하는 각종 서비스를 포함한다.

시작되었다. 스웨덴의 경우, 스웨덴 모델의 틀을 구성하는 본격적인 복지제도의 도입은 제2차 세계대전 이후에 이루어졌다. 1932년 사민당이 선거에서 승리해 집권하면서 사회민주주의 복지국가 실험을 시작할 수 있는 여건이 마련되었고, 이후 가장 오랫동안 사회민주주의 실험이 이루어지면서 오늘날에는 복지국가의 상징이 되었다.

1930년대 사회민주주의 복지국가의 이념을 좀 더 체계적인 이론으로 제시한 사람은 스웨덴의 경제학자 군나르 뮈르달Gunnar Myrdal 이었다. 아내인 알바 뮈르달Alva Myrdal 과 함께 활발한 사회민주주의 이론가이자 운동가였기에, 복지와 관련해서는 '뮈르달 부부'로 더 많이 알려져 있다. 군나르 뮈르달은 1974년에 노벨 경제학상을 수상했다. 프리드리히 하이에크와 공동 수상이었는데, 하이에크와 같은 반동적인 경제학자와 공동으로 수상할 수 없다며 수상식에 불참한 일은 뮈르달의 성격을 잘 드러내는 매우 유명한 일화다.

뮈르달이 사회경제학적 관점에서 복지국가의 필요성을 역설했다면, 에스핑 안데르센은 보다 마르크스주의적인 관점을 복지국가 논의에 도입했다. 뮈르달이 정통 경제학에서 출발해 정통 경제학을 비판하는 관점에서 복지국가를 논의했던 반면, 에스핑 안데르센은 한편으로 마르크스주의 관점을 비판하면서 다른 한편으로는 마르크스의 개념을 복지국가 논의에 부분적으로 적용해 복지국가에 대한 새로운 이해를 제시했다. 결과적으로는 뮈르달과 에스핑 안데르센 모두 열렬한 사회민주주의자이자 복지국가 옹호론자였던 동시에, 복지국가 일반에 관한 사회과학적 논의를 새롭게 개진해 일반적인 수준에서 복지국가 논의를 발전시키는 데 기여했다.

뮈르달과 에스핑 안데르센은 전공 영역이 경제학과 사회학으로 서로 달랐지만 사회민주주의 복지국가의 이론적 틀을 구축하는 데 기여했다는 점에서 공통점을 지녔다. 그리고 그들의 이론은 이념적 가치를 내세우기보다는 사회과학적 분석을 통해 왜 사회민주주의적인 복지국가가 우월한 체제인지를 밝히고 있다. 그들의 논의는 스칸디나비아 복지국가에 대한 이론적 옹호에 그치지 않고, 비교적인 관점에서 복지국가에 대한 이해를 높이는 데도 크게 기여했다. 특히 복지국가에 대해서 국가가 어려운 사람을 도와주는 것으로 생각해왔던 한국의 연구자들이나 복지를 비효율적인 필요악이라고 생각해온 한국의 정책 담당자들에게 평등과 효율(경제성장), 그리고 민주주의와 연대를 동시에 구현할 수 있는 복지 정책에 관한 새로운 인식을 제공해주었다는 점에서 한국 사회에 미치는 영향도 매우 컸다고 볼 수 있다.

2. 두 명의 열렬한 사회민주주의자: 뮈르달과 에스핑 안데르센

사회민주주의 복지국가는 스칸디나비아에서 꽃을 피웠다. 모든 혁신적인 제도와 체제의 구축에는 행위자로서의 사람들이 있다. 궁극적으로는 정치에 의해 매듭지어지지만, 정치적 차원의 법과 제도가 만들어지려면 대중의 지지를 얻어 특정 방식으로 제도를 바꾸거나 새로운 제도의 도입을 정당화하는 이론과 사상이 필요하다. 그런 점에서 복지 사상은 새로운 복지 체제의 충분조건은 아니지만, 중요한 필요조건이다.

스칸디나비아 사회민주주의의 복지 사상과 이론에 관련해서는 군나르 뮈르달과 요스타 에스핑 안데르센의 사회민주주의 이론과 사상이 중요하다. 뮈르달과 에스핑 안데르센은 49년의 차이를 두고 태어났다. 뮈르달은 1898년 스웨덴 구스타프에서 태어났고, 에스핑 안데르센은 덴마크 네스트베드에서 태어났다. 뮈르달은 스톡홀름 대학교에서 법학을 공부하고, 1927년에 법학 박사 학위를 받았다. 반면 에스핑 안데르센은 덴마크 코펜하겐 대학교에서 사회학을 공부하고, 1975년에 미국 위스콘신 대학교에서 사회학 박사 학위를 받았다. 뮈르달은 스웨덴에서 학위를 받았지만, 이후 미국에 머물면서 미국 사회과학의 영향을 많이 받았다. 전공과 경력의 차이에도 불구하고 두 사람은 복지를 낭비가 아니라 경제와 사회를 발전시키는 핵심 요인으로 인식했다는 점에서 공통점을 보인다. 뮈르달은 복지가 단순히 재분배에 그치는 것이 아니라 국민경제를 발전시킬 수 있는 정책이라고 주장했다. 에스핑 안데르센(Esping-Andersen, 1985)은 사회민주주의 복지의 사회 투자적 성격을 강조하고 있다. 뮈르달과 에스핑 안데르센은 복지의 생산적인 기능을 공통적으로 인식하고 있고, 이러한 인식은 스칸디나비아 복지국가의 제도를 뒷받침하는 핵심적 이념의 바탕이 되었다.

그러나 두 사람이 직면한 경제적·정치적·사회적 환경은 대단히 달랐다. 뮈르달은 1920~1930년대 대공황이라는 경제위기와 저출산으로 인한 인구 위기를 경험했다. 또한 이 시기 러시아 공산주의, 독일 파시즘, 영미식 자본주의 등이 모두 위기를 겪고 있었기 때문에 유럽 사회민주주의 정당들은 독자적인 대안을 찾아야만 했다. 이러한 상황에서 평등과 효율을 동시에 이룰 수 있는 정책이 요구되었다. 에스핑 안데르센은 1970년대 자본주의의 위기와 복지국가의 위기를 경험했다. 복지국가의 황금기라고 할 수 있는 1960년대가 지나고, 석유파동으로 인한 자본주의의 위기와 좌·우파의 복지국가 비판이 점증하는 상황에서 에스핑 안데르센은 사회민주주의 복지국가를 체계적으로 옹호하는 데 기여했다.

1) 자본주의 위기와 인구 위기

1930년대는 대공황으로 인해 스웨덴도 경제 불황을 면치 못하던 시기였다. 1925~1930년에 뮈르달은 독일, 영국, 미국을 방문하면서 자본주의 사회들의 현실을 더욱 잘 알게 되었다. 특히 1929~1930년에 록펠러 재단의 장학금을 받아 미국에 체류하는 동안 미국 사회의 불평등과 빈곤 문제를 직접 경험했다. 이러한 경험은 이후 1938년에 뮈르달이 카네기 재단의 지원을 받아 미국의 빈곤 문제와 흑백 문제를 연구하는 토대가 되었다. 연구 결과는 1944년에 『미국의 꿈 The American Dream: The Negro Problem and Modern Democracy』으로 출간되어 인종 문제를 본격적으로 다룬 고전적인 연구가 되었다.

복지 문제에 대한 뮈르달의 관심은 정치경제학에서 시작되었다. 그는 인구가 고전적인 정치경제학 주제였지만 20세기 정치경제학 논의에서 간과되고 있음을 강조하며, 정치경제학의 출발은 인구라는 차원에서 인구·경제와 복지의 관계를 다루었다. 인구 문제에 관한 뮈르달의 논의는 현대 사회정책에서 최초로 사회과학적 논의가 정책에 개입한 사례였다는 점이 큰 의의를 지닌다(Carlson, 1990: x). 구체적으로 뮈르달은 알바 뮈르달과 함께 스웨덴의 인구정책을 바꾸는 데 있어서 사회과학적 지식과 연구 결과의 힘을 실제로 보여주었다. 뮈르달이 스웨덴의 복지 정책 논쟁에 개입한 것은 1919~1939년이었다. 인구 문제는 지금도 논란이 되지만, 그 당시 신맬서스주의자들neo-Malthusians은 인구의 감소가 평균적인 생활수준을 높일 것이라고 주장했다. 뮈르달은 이러한 주장에 반대해 인구 감소가 궁극적으로 경제위기를 가져올 것이라고 보았다.

1920년대와 1930년대의 인구 문제는 여러 정치 세력 간의 서로 다른 견해를 낳은 문제 중 하나였다. 1934년에 알바 뮈르달과 함께 집필한 『인구의 위기 Kris I befolkningsfrågon』는 인구 위기가 민주주의와 관련된 문제라는 점을 강조했다. 뮈르달은 인구만큼 민주주의의 미래에 치명적인 요소는 없다며, 인구 문제를 해결하지 못하면 민주주의는 없다고 극단적으로 주장했다. 인구 감소는 전체적으로 저축의 감소를 가져오고, 이는 투자와 소비의 축소로 이어지며, 투자되지 않은 저축은 손실을 가져와 실업과 고령 인구의 증가로 귀결되고, 이는 결국 청년의 승진과 경력 축적에 장애를 낳아 사회 위기를 초래한다고 보았다.

1930년대 인구 위기는 유럽 전역에서 나타났다. 그러나 인구 위기에 대응하는 유럽 여러 정권의 이념은 매우 달랐다. 이탈리아의 파시스트 정권이나 독일의 나치 정권은 인종적 순수성의 유지와 전통적인 가족의 가치를 강조하며 신혼부부에게 금전적 지원을 해주고 출산을 장려하는 정책을 실시했다. 그러나 대공황이 불어닥치면서 실업이 만연하고 결혼을 못하는 청년이 급증하며 출산율도 급감했다. 1930년대 중반 유럽 전역은 대공황과 더불어 인구 재앙의 위기감에 휩싸였다.[2] 전반적으로 19세기 말에 비해 유럽의 출산율이 절반 정도로 낮아졌지만, 스웨덴의 출산율은 스칸디나비아 국가들 가운데서도 가장 낮은 수준을 보여주었다.

뮈르달 부부는 인구 문제의 핵심이 정상적인 자녀 수를 유지하면서 일정 수준의 생활을 꾸려가기 어려운 현실에 있다고 보았으며, 자녀가 있는 가정의 요구를 충족시킬 사회정책이 필요하다고 주장했다. 즉, 출산율 저하에 따른 우려를 해소하고 출산율을 높이기 위한 정책의 필요성을 인정하면서, 젊은 사람들은 결혼해 자녀를 낳고도 경제활동에 참여해야 빈곤에서 벗어날 수 있으므로 여성의 사회활동을 가능케 하는 것이 출산율을 높일 수 있는 길이라고 보았다. 이는 가족을 대상으로 한 복지 정책의 도입이다. 노동시장

---

2 이 시기 유럽과 스웨덴의 출산 촉진 정책에 관해서는 D. V. Glass, *Population Policies and Movements in Europe* (Oxford: Clarendon Press, 1940)과 Allan Carlson, *The Swedish Experiment in Family Poilitcs: The Myrdals and the Interwar Population Crisis* (London: Transaction Publishers, 1990), ch.2~3 참조.

〈표 2〉 유럽 여러 나라의 조출산율(1899~1937)

국가	1899/01	1909/11	1919/21	1929/31	1931/35	1936	1937
벨기에	29.1	23.4	20.2	18.4	16.8	15.2	15.3
덴마크	29.8	27.5	24.0	18.4	17.7	17.8	18.0
독일	35.4	29.8	23.7	17.2	16.6	19.0	18.8
잉글랜드와 웨일스	28.7	24.2	22.6	16.1	15.0	14.8	14.9
핀란드	32.4	29.9	23.1	22.3	19.5	19.1	19.9
프랑스	21.7	19.3	18.4	17.7	16.5	15.0	14.7
이탈리아	33.1	32.5	27.8	25.7	23.8	22.4	22.9
네덜란드	32.1	28.7	26.7	22.7	21.1	20.2	19.8
노르웨이	29.8	26.3	24.3	17.0	15.2	14.6	15.1
스위스	28.9	24.9	20.1	17.0	16.4	15.6	14.9
스웨덴	26.8	24.7	21.6	15.2	14.1	14.2	14.4

자료: Kalvemark(2008: 39)에서 재인용.

정책에서 출산휴가 제도와 부부 개별 과세 등의 조세제도도 가족을 대상으로 한 것이므로 뮈르달 부부가 강조한 인구 문제 해결책과 밀접한 관련을 맺고 있다. 독일과 이탈리아는 가족의 전통적 역할을 강조하면서 이러한 역할의 약화가 결혼과 출산을 기피하는 원인이라 보고 그것을 다시 회복시키려 했던 반면, 스웨덴의 뮈르달 부부는 전혀 다른 관점에서 양성평등과 가족복지가 출산율을 높일 수 있는 가장 효과적인 방법이라고 주장한 것이다.

인구 위기를 해결하기 위한 뮈르달 부부의 주장은 새로운 인구 논쟁으로 확대되었다(Carlson, 1990: 99~128). 그들의 주장은 보수적인 학자들뿐 아니라 좌파 사회주의자들에게도 비판의 대상이 되었다. 우파 학자들은 보육과 출산을 촉진하기 위한 국가의 개입이 개인의 자유로운 선택을 약화한다고 비판했다. 공공보육은 아이를 부모로부터 분리해 '사회의 자녀'로 만든다고 비판받았다(Carlson, 1990: 103). 이는 독일의 아돌프 히틀러Adolf Hitler나 이탈리아의 베니토 무솔리니Benito Mussolini 같은 전체주의적 사고의 산물이라는 주장에 근거한 것이었다. 교회 목사들은 저출산을 경제적 원인의 결과로 보는 견해를 비판하고, 출산은 도덕의 문제라고 주장했다. 일부 좌파 사회주의자들도 뮈르달이 빈곤층에게 더 많은 자녀를 낳도록 강요한다고 비판했으며, 다른 좌파 사회주의자들은 더 나아가 인구 증가를 내세우는 것이 군사적·팽창주의적 사고를 반영한다고 비판하기도 했다(Carlson, 1990: 106, 120).

그러나 사민당 지도부에서는 뮈르달 부부의 문제 제기와 대안을 받아들였다. 1928년에 사민당 당수인 페르 알빈 한손Per Albin Hansson이 주장한 '인민의 집Folkhemet' 노선과 맞물려 인구 위기에 대한 정책적 대응은 스웨덴 가족 복지 정책의 핵심적인 원리가 되었다(Carlson, 1990: 25~26). 스웨덴 사민당은 1928년 선거의 패배 원인을 분석하면서 당시까지 농업 노동자와 농민을 간과하고 노동조합에만 지나치게 의존하는 전통적 계급 노선을 추구한 것의 한계를 인식했다. 한손의 '인민의 집' 담론은 이러한 상황에서 새로운 변화를 모색하기 위한 새로운 비전으로 제시되었다. '인민의 집' 담론은 노동자뿐 아니라 농민과 자영업자를 포함한 모든 스웨덴 국민이 스웨덴이라는 커다란 가정의 울타리 속에서 평등하게 대접받고, 서로 배려하며, 협력하는 가족 구성원이 될 수 있는 스웨덴 사회를 만들겠다는 비전을 담고 있었다. '인민의 집' 담론은 프롤레타리아트 중심의 계급투쟁이 아니라 사회 구성원 모두가 오붓한 가정 속에서 조화를 이루고 서로 연대 의식을 공유하며 공생하는 따뜻한 가정을 새로운 스웨덴 사회의 미래상으로 제시한 것이다.

한손은 1936년 청년 세대를 대상으로 한 선거 캠페인에서 인구 감소가 여러 세대의 복지 증진을 위협하는 요소이며, 사민당은 이러한 상황에 대응하기 위해 아동과 어머니를 위한 대대적 지원을 할 것이라고 선언했다. 가족의 안전과 복지를 인구 위기의 해결을 위한 핵심적 요소로 본 것이다. 1936년 선거에서 사민당은 '인민의 집' 속에 자녀, 어머니와 가족이 누릴 수 있는 복지를 내세워 승리를 거두었다(Carlson, 1990: 171~172). 인구 위기를 극복하기 위한 뮈르달의 복지 정책 제안은 결과적으로 스웨덴 사민당의 집권에 기여했고, 스웨덴 사회민주주의 복지의 틀을 마련하는 기본적 이론이 되었다.

2) 자본주의 위기와 복지국가의 위기

1970년대 서구 자본주의는 두 차례의 석유파동으로 급격한 위기에 빠졌다. 두 차례의 중동전쟁이 발발하면서 값싼 석유에 기대어 성장했던 서구 자본주의는 큰 위기에 처하게 되었다. 값싼 석유 에너지에 의존했던 제조업이 큰 타격을 받자 경제 전체가 극심한 침체에 빠지게 되었다. 정부의 재정이 직접 타격을 받자 1960년대 황금기를 이루었던 복지국가에 대한 비판이 좌우파에서 동시에 등장했다. 좌파의 비판은 복지국가의 구조적 모순에 초점을 맞추고 있었다. 좌파는 복지국가를 부르주아 자본주의의 재생산을 위한 위기관리 시스템으로 보았고, 위기관리로 인해 점증하는 재정 수요와 동원 가능한 복지 재정의 한계 사이에서 발생하는 구조적 모순을 중심으로 '복지국가의 재정위기론'(Block, 1981; Gough, 1983; O'Connor, 1973; Offe, 1985)이 등장했다. '생활세계의 식민화'(Habermas, 1973)처럼 복지국가의 내재적 원리에 대한 비판도 등장했다. 반면 우파에서는 자유주의적 경제 이념과 정치 원리에 근거한 비판이 주류를 이루었다. 우파는 복지국가가 국가의 과도한 분배 개입을 가져와 경제의 비효율을 낳는다고 비판했으며, 경제위기의 해결책은 시장의 역할을 회복하는 것이라고 주장했다(Joseph, 1976). 실업과 질병에 대한 집단적인 정책적 대응은 개인의 자율성을 훼손하고 선택의 자유를 억압하므로 복지국가는 개인의 자유를 억압한다고 비판받았다(Hayek, 2007). 우파의 이러한 복지국가 비판 논리는 영국의 보수당 마거릿 대처 Margaret Thatcher와 미국의 공화당 로널드 레이건Ronald Reagan의 신자유주의로 구체화되었다. 영국과 미국의 신자유주의가 내세운 구체적인 정책은 복지국가를 되돌리는 탈복지 정책이었다. 감세와 더불어 복지 지출을 삭감하는 정책 담론을 통해 복지제도를 재편하는 것이었다.[3]

에스핑 안데르센의 복지국가 논의는 두 가지 점에서 복지국가 위기론에 대한 대응이었다고 볼 수 있다. 첫째는 우파의 복지국가에 대한 비판에 대응한 것이었다. 복지국가에 대해 대처와 레이건이 주도한 신자유주의적 공격은 주로 복지국가가 비생산적이고 경제성장에 장애가 된다는 점에 초점을 맞추고 있지만, 이는 바로 영미식 복지국가만의 속성이라고 반박했다. 상대적으로 열악한 복지국가인 잔여적 복지국가the residual welfare state에서 복지는 생산적 기여를 하지 못한다는 것이다. 그러나 사회민주주의적인 복지국가에서 복지는 경제성장에 기여하며, 좀 더 풍요로운 사회를 만들어나가는 핵심적 기능을 하는 제도라고 주장한다. 복지를 통해 더 많은 여성이 경제활동에 참여할 수 있으며, 건강하고 교육을 잘 받은 인력이 양성되기 때문에 복지는 경제성장에 기여한다는 것이다.

둘째로 좌파에 대한 대응에서 사회민주주의 복지국가가 노동계급의 저항

---

[3] 영국과 미국에서 이루어진 신자유주의적 복지국가 개편이 실질적인 복지 지출 삭감으로 나타나지는 않았다. 복지 프로그램 간의 복지 지출 변화가 있었지만 전체적인 복지 지출의 비중은 크게 변하지 않았다. 폴 피어슨(Paul Pierson)은 이러한 현상에 대해 복지국가 형성기의 정치와는 다른 이해 집단이 형성되었으므로 정치적 이유에서 복지제도 개편을 추구하는 정치 세력이 그것을 관철시키기가 어려웠기 때문이라고 주장했다. Paul Pierson, *The New Politics of the Welfare State* (Oxford: Oxford University Press, 2001).

을 회유하기 위한 정책적 산물이 아니라 노동계급의 투쟁을 통해 이루어낸 성취물이라는 점을 밝히고 있다. 복지국가에 대한 비교 연구를 통해 복지국가를 여러 하위 유형으로 분류하고, 스칸디나비아의 사회민주주의 복지국가들은 오랜 계급투쟁의 성과물로서, 그렇기 때문에 복지국가를 통한 평등과 연대의 제도화에 성공했다고 주장했다. 에스핑 안데르센은 복지국가 유형론을 통해 영미식 복지국가의 문제를 제기하며, 사회민주주의 복지국가의 우월성과 진보성을 이론적으로, 또한 경험적으로 밝히고 있다.

3. 민주주의, 복지와 사회문제

뮈르달의 정치 이념은 민주주의에 뿌리를 두고 있다. 오늘날 민주주의 사회에서는 강제적 방법을 동원할 수 없기 때문에 사회정책이 필요하다는 것이다. 권위주의 사회에서는 정부가 국민의 뜻과 무관하게 강제로 특정 정책을 실시할 수 있지만, 민주주의 사회에서는 그런 것이 불가능하다고 보았다. 민주주의 사회의 기본 원리는 정부가 정책을 강제할 수 없다는 점에 있다고 본 것이다. 그러므로 민주주의 사회에서는 사회정책이 더욱 중요해진다고 주장했다. 따라서 뮈르달은 사회정책이 민주주의 원칙에 기초해 "다수 인구의 물질적·정신적 복지를 증진하기 위해 취해진 정치적 수단의 총체"라고 보았다(Myrdal, 1940: 28~29).

정부의 사회정책은 예산과 관련이 있다. 정부가 세금으로 거둬들인 돈을 어디에 쓸 것인가는 사회정책에 영향을 미친다. 어디에 예산을 쓸지는 한 사회가 직면한 시대 상황과 그 사회의 정치적 이상에 따라 달라질 것이다. 시대 상황은 각 사회가 처한 경제문제나 사회문제의 내용과 정책적 대응을 요구하는 집단 또는 국민의 요구 수준에 따라 달라진다. 저출산 문제는 가장 심각한 문제로 인식될 수도 있고, 여러 문제 중 하나로 단순하게 인식될 수도 있다. 군비 지출이 중요하다고 생각하는 국민이 있는가 하면, 낭비라고 생각하는 국민도 있다. 그야말로 그 나라 국민의 수준과 정치적 이상에 따라 현실은 다르게 인식된다.

뮈르달은 1967년 미국 워싱턴에서 미국계획연구소the American Institute of Planners가 개최한 컨퍼런스 기조연설을 통해 미국에 대한 그의 생각을 공개적으로 드러냈다. 미국은 달을 개척하기 위해 천문학적인 돈을 소비하는 것을 포기하고 미국을 포함해 인간이 사는 지구의 생활환경을 개선하는 데 돈을 써야 한다고 주장했으며, 월남전 같은 전쟁과 전쟁 준비로 엄청난 돈을 쓰는 대신 미국 내 대도시에 형성된 슬럼을 없애고, 낙후된 나라들을 돕는 데 그 돈을 써야 한다고 주장했다(Myrdal, 1972: 124). 미국 정부가 엄청난 규모의 우주개발비와 군비를 자국 내 빈곤 문제를 해결하는 데 쓰라는 주장이었다.

뮈르달은 비생산적인 군비 지출과 우주개발 대신 사람에 대한 투자를 강조했다. 국민의 복지에 전혀 기여하지 못하는 이러한 비합리적 지출이 체제의 우수성을 보여주기 위한 전형적인 비생산적 지출이라고 비판했다. 훨씬 더 적은 비용으로 빈곤 아동 교육이나 빈민의 직업능력 개발에 투자하면 실질적으로 빈곤 문제를 해결할 수 있다고 보았다. 노동 투입량의 질적·양적 증가가 빈곤에서 벗어날 수 있게 하는 반反빈곤 정책의 핵심이며, 이는 노동의 질을 높이기 위한 교육과 노동에 참여할 수 있도록 지원하는 다양한 복지 프로그램을 통해 이루어질 수 있다고 보았다. 뮈르달은 복지가 대단히 생산적인 사회 투자라고 본 것이다.

사회정책은 사회문제에 대한 단편적 대응이 아니라 국민 전체의 삶의 질을 높이기 위한 정책이다. 뮈르달은 인구 위기가 좁은 주거 환경, 부적절한 영양, 나쁜 건강 상태, 실업, 경제적 불안정 등 모든 문제와 관련이 있기 때문에 인구 위기를 해결하기 위해서는 총체적인 사회정책적 접근이 필요하다고 보았다. 노동시장, 주거, 식사와 건강 등이 모두 관련되어 있다는 인식은 복지가 어떤 정책보다 포괄적이고 광범위한 접근을 필요로 한다는 인식에 토대를 두고 있다. 건강한 가족과 건강한 사회는 평등하고, 또한 사회적 위험에서 벗어나 일과 가족생활을 즐길 수 있을 때만 가능하다는 것이었다. 사회민주주의적 이념은 추상적 논리가 아니라 구체적인 삶 속에서 실현되는 평등주의와 연대 의식에 기반을 둔 사회 건설을 강조한다는 점에서 뮈르달은 인구 문제에 대한 자신의 접근을 '사회주의적'이라고 규정했다.

인구 위기를 극복하기 위한 뮈르달의 사회정책은 '탈시장화'와 '탈가족화'라는 특징을 보인다. 자유주의자들은 국가가 시장을 대신해 가족의 생계와 가족 구성원의 삶에 개입하는 '탈시장화'가 개인주의에 기초한 시장 원리에 반하는 것이라고 비판했다. 그리고 보수주의자들은 '탈가족화'에 초점을 맞추어 공공보육이 국가가 부모로부터 어린이를 납치하는 것이라고 맹비난했다. 그리고 자유주의자들과 보수주의자들은 인구 위기를 해결하기 위한 국가의 개입이 소련식 계획경제체제하에서 개인과 가족 모두 국가에 종속되는 전체주의 사회로 나아가는 길이라고 비판했다.

에스핑 안데르센은 복지국가를 국민이 시장과 독립되어 생계를 유지할 수 있도록 공적 자원을 제공하는 국가로 인식했다. 그는 복지를 사회권적 시민권이라고 주장한 토머스 험프리 마셜Thomas Humphrey Marshall의 논의(Marshall, 1950)가 추상적이라고 지적하며, 복지국가란 국가의 지원에 의해 노동력이 상품으로서의 지위가 약화되는 '탈상품화'를 핵심적 원리로 한 국가라고 보았다(Esping-Andersen, 1990: 21~23). 즉, 탈상품화는 자유주의자들이 비판한

'탈시장화'로서, 이를 복지국가의 중요한 요소로 본 것이다. 또한 복지국가를 그 자체로 계층 체제라고 보며, 복지 정책의 차원뿐만 아니라 계층 구조에 미치는 복지제도의 영향을 고려해 복지자본주의를 세 가지 유형으로 구분했다. 그는 서구 18개 국가들의 탈상품화 정도와 사회정책의 결과로 나타나는 계층 체제를 중심으로 서구의 복지자본주의를 자유주의 복지자본주의, 보수적 복지자본주의, 사회민주주의 복지자본주의로 구분했다(Esping-Andersen, 1990: 26~29).[4] 자유주의 복지국가liberal welfare state는 영국이나 미국과 같은 복지국가로, 자산 조사를 통해 제한된 사람들을 대상으로 복지가 주어지고, 국가의 복지는 시장을 보완하는 수준에서 이루어지므로 사적 보험이 발달한 것이 특징이다. 보수적 복지국가는 프랑스나 독일과 같은 대륙 국가들이 해당되며, 가장 두드러진 특징은 복지제도를 통해 계층 체제를 유지한다는 점이다. 국가가 시장을 대체해서 복지를 제공하기 때문에 사적인 복지는 제한적이지만, 계층 체제를 유지하는 방식으로 복지가 제공되므로 재분배 효과는 제한적이다. 마지막으로, 사회민주주의 복지국가는 보편주의적 원리에 기초해 모든 사람이 복지 혜택을 받고 복지 재정에 기여하는 방식으로 재정 조달이 이루어진다. 이때 복지를 통한 재분배 효과가 크기 때문에 복지는 계층 체제를 약화하는 효과가 있다. 그러므로 사회민주주의 복지국가에서는 노동의 탈상품화 정도가 높고, 계층 간 불평등의 정도도 낮다. 시장 의존도 뿐 아니라 가족 의존도도 낮은 것이 특징이다. 세 가지 복지자본주의는 유럽과 미국을 중심으로 한 논의라는 점에서 복지자본주의 일반에 관한 논의라

---

4 여기에서 사용된 용어는 정치철학에서 사용되는 용어와 의미가 다르다. 예를 들어 보수주의란 과거의 가치를 중요하게 생각하는 것이지만, 보수적 복지국가에서는 기존의 계층 체제가 정년 이후에도 지속된다는 의미가 있다. 독일이 전형적인 보수주의 복지국가의 모습을 보여준다.

고 보기는 힘들지만, 적어도 복지가 상대적으로 발전된 서구 사회의 복지 체제를 이론적 논의와 경험적 분석을 바탕으로 논의한다는 점에서 복지국가 논의의 새로운 지평을 열었다고 볼 수 있다.[5]

이러한 세 가지 유형의 복지국가는 어떻게 형성되었는가? 에스핑 안데르센은 복지국가의 형태가 정치적 연합의 형성에 따라 달라졌으며, 노동계급이나 농민과 같은 단일한 계급의 권력 자원이 아니라 계급 동맹을 통한 권력 자원의 축적으로 이루어졌다고 주장했다. 구체적으로 사회민주주의 복지국가의 형성에서는 노동계급의 힘이 아니라 노동계급과 농민의 동맹(적녹동맹)이 결정적으로 중요했다고 보았다. 독일이나 이탈리아에서 노동조합과 좌파 정당은 농민에게 위협적인 존재로 받아들여졌고, 농민은 보수 세력에 의해 포섭되었다. 반면 스칸디나비아 지역에서는 좌파 정당들이 농민에 대한 보조를 받아들이고, 농민은 보편적 복지제도를 받아들이면서 노동자와 농민의 동맹이 성공을 거둘 수 있었다는 것이다. 에스핑 안데르센은 농민을 누가 어떻게 끌어들이는지가 복지국가 형성의 중요한 요소가 되었다고 판단했다 (Esping-Andersen, 1990: 30~31).

복지국가는 사회문제에 대한 집단적인 대응 방식 중 하나다. 뮈르달의 경우 인구 문제가 당시 중요하게 인식된 사회문제였지만, 에스핑 안데르센에게는 시장의 위험으로부터 개인과 가족을 보호하는 것이 중요한 사회문제였다. 사회가 변하면서 사회문제와 그 성격도 바뀌고 있다. 에스핑 안데르센은 사회민주주의 복지국가가 고정된 형태로 존재하는 것이 아니라 사회 변화에

---

5 에스핑 안데르센의 책 『복지자본주의 세 가지 형태』의 영향력은 구글 'Scholar Citation' 의 인용 횟수를 통해 간접적으로 확인할 수 있다(http://scholar.google.com). 인용 횟수는 2016년 1월 31일 현재 2만 4119회로 사회과학 분야 최고의 인용 횟수를 보여주고 있다.

따라 지속적으로 진화했다고 보았다. 그에 따르면 산업 부문에서는 농업이 지속적으로 축소되며, 산업이 고도화되고, 서비스업이 대두되었으며, 노동 계급의 경우 농민보다는 새로운 중간계급인 화이트칼라 계층과의 연대가 더 중요해졌다. 그 결과 전통적인 적녹연합의 정치적 효과가 약화되었고, 적백 연합이 요구되었다. 에스핑 안데르센은 "스칸디나비아 모델은 거의 전적으로 새로운 중간계급을 새로운 복지국가로 끌어들일 수 있는 사민당의 능력에 의존했다"라고 평가했다(Esping-Andersen, 1990: 31). 앵글로 색슨 모델에서는 새로운 중간계급을 국가로 끌어들이지 못해 그들을 대상으로 하는 사보험이 더 지배적인 형태가 되었고, 유럽 대륙의 경우 새로운 중간계급이 보수정당들에 의해 포섭되면서 기존의 계층 질서를 유지하는 방식으로 통합되어 오히려 계층별 사회보험 체계가 강화되었다는 것이다(Esping-Andersen, 1990: 32~33, 58~65).

20세기 자본주의 사회가 급격히 변하면서 전후에 형성된 정치체제나 정책의 효과는 크게 약화되었다. 새로운 사회변동에 따른 사회문제들이 대두되는 가운데 복지제도도 여러 한계를 드러냈다. 에스핑 안데르센은 고전적인 사회민주주의 복지국가가 과거에 많은 문제를 해결했지만 새로운 문제를 많이 만들어냈기 때문에 새로운 형태의 또 다른 사회민주주의 복지국가가 필요하다는 주장에 동의하며, 새로운 복지국가를 모색하는 작업을 하기도 했다(Esping-Andersen(ed.), 1996, 2002, 2009). 그는 현재 우리가 역사적 전환을 겪는 것이라 보고, 핵심적인 사회적 변화를 세 가지로 정리했다. 첫째, 인구와 가족의 변화다. 여성의 역할이 바뀌고 결혼과 출산이 필연이 아니라 선택이 되면서 선택의 자유가 신장된 동시에 사회적 위험도 증가했다. 둘째, 세계화와 더불어 테크놀로지의 변화로 과거처럼 안정되고 높은 수준의 보상이 주어지는 일자리가 줄어들면서 저임금과 실업, 불안정 고용 같은 사회적 배제가 더 심화되어 1930년대 논쟁을 이끌었던 '사회문제'가 다시 등장하고 있다. 셋째, 새롭게 등장하는 서비스 경제가 사회 양극화를 낳고 있다. 숙련·전문직 일자리가 늘어났지만 저임금 단순 서비스 노동도 늘어나면서 고용의 양극화가 나타났다. 이러한 변화들은 전통적인 복지제도의 효과를 크게 약화시켰고, 새로운 복지국가의 모색을 필요로 한다(Esping-Andersen, 2002: 2~3). 여기에 대응하는 신자유주의의 대안은 개인의 책임과 시장의 역동성을 강조하는 것인데, 에스핑 안데르센은 이것이 불평등을 심화하고 빈곤층을 양산해 문제를 더 악화시켰다고 보았다. 앤서니 기든스Anthony Giddens가 제시한 '제3의 길'도 과거와의 단절을 강조했지만 개인의 역량을 강조하는 정책이 중심이었기 때문에 대부분의 유럽 국가에서 환영받지 못했다고 진단했다.

복지국가의 재편은 정부, 가족, 시장의 역할을 어떻게 재조정하느냐는 문제와 직결되어 있다. 이는 누가 개인의 복지를 책임지는가라는 책임 주체의 문제와도 연관된다. 전통 사회에서 모든 책임은 가족이나 마을에 있었다. 가족원의 복지는 가족 구성원의 공동 책임으로 인식되었고, 가족의 책임을 넘어서는 경우에는 지역공동체가 도와주는 방식으로 복지가 해결되었다. 산업 사회에서 가족의 복지는 주로 고용을 통해 이루어졌다. 노동시장에서 고용을 통한 소득이 가족 구성원의 생활을 가능케 하는 경제적 자원이 되었고, 특히 남성 가장을 중심으로 하는 가족에서 남성 가장의 고용은 대단히 중요하게 인식되었다. 노동계급의 힘이 강한 곳에서는 실업으로 인한 가족의 위험을 노동조합이나 국가가 주체가 되어 보호해주는 실업보험이 등장했다. 노동계급의 힘이 약한 곳에서는 여전히 시장에 의해 모든 것이 좌우되는 상황을 크게 벗어나지 못했고, 빈곤과 불평등이 만연하는 결과를 가져왔다. 이러한 곳에는 극빈층에 대한 지원이 도입되었지만 구조적인 불평등과 빈곤을 해소하지 못해 빈곤층이 만성적으로 존재한다.

에스핑 안데르센은 전후 자본주의 체제에서 일어난 변화가 세 가지 복지 공급 주체의 역할에 관한 새로운 논의를 요구한다고 주장했다(Esping-Andersen, 2002: 17~18). 이러한 변화는 주로 가족이나 여성의 역할과 관련된다. 변화를 요약하면 다음과 같다(Esping-Andersen, 2002: 19~20).

첫째, 전후 사회정책을 뒷받침했던 가족 구조인 남성 가장 가구가 더 이상 타당하지 않다.

둘째, 자녀를 둔 여성의 고용은 나이 어린 자녀를 보호할 새로운 제도를 필요로 한다.

셋째, 청년 실업이 만연하고 집을 마련하는 것이 어려워서 청년이 가족을 이루지 못하고 있다.

넷째, 가족은 점차 불안정해지고 이러한 불안정은 빈곤으로 이어진다.

다섯째, 아동기의 질이 이후 생활 기회에 더 중요해졌다.

에스핑 안데르센은 이러한 변화를 중심으로 복지국가에 관한 논의를 재구성하고자 했다. 그리하여 2000년대 들어 에스핑 안데르센은 1930년대에 뮈르달이 관심을 기울였던 '인구 문제' 중에서 특히 '여성의 문제'에 초점을 맞춰 새로운 복지국가에 관한 논의를 발전시켰다. 그는 현대사회에서 일어나는 가장 큰 혁명적 사회변동이 여성의 역할 변화라 보고 이를 '젠더 혁명gender revolution'(Esping-Andersen, 2002: 20) 또는 '미완의 혁명the incomplete revolution'(Esping-Andersen, 2009: 3)이라고 불렀다. 이러한 변화와 관련해 그는 페미니스트들이 가족 내 혹은 사회 수준에서 양성평등을 부르짖지만 좀 더 근본적인 불균형 상태가 사회 전반에 만들어진다고 보았다. 전통적인 핵가족은 소수가 되고, 비정형적인 가족(동거, 독신, 한부모 가족 등)이 크게 증가하고 있으며, 스칸디나비아 지역과 미국에서처럼 부부의 절반은 이혼을 경험하고 있다. 과거에 남성 가장 가구가 다수의 가족 모형이었다면 이제는 더 이상 그렇지 않게 되었다. 또한 이전에는 독신이 주로 사별 때문이었다면 현재는 독립과 자율을 선호하는 사람들의 선택에 의한 것이라는 점에서 독신 가구의 성격도 완전히 달라졌다. 이는 주로 여성의 경제활동 참여가 높아지면서 나타난 결과다. 그리고 이러한 변화는 여성의 경제활동 참가를 가능케 할 새로운 복지제도를 필요로 한다는 것이 에스핑 안데르센의 핵심적인 주장이다. 1930년대 인구 위기에 대응하는 새로운 가족복지 정책이 필요했던 것처럼, 21세기 가족과 여성의 역할 변화는 전면적으로 새로운 복지제도의 개편을 필요로 한다는 것이다. 이러한 변화는 전후 형성된 복지국가가 추구했던 이상과 전혀 다른 사회를 만들어내고 있기 때문이다.

에스핑 안데르센은 그러한 변화로 인해 맞벌이 가구, 홑벌이 가구, 독신 가구, 실업 가구 등 다양한 가족 형태가 만들어지면서 가족 형태에 따른 불평등이 더 커지는 결과가 나타나고 있음을 밝혔다. 그러므로 전통적인 남성 가장 가구를 전제로 하는 핵가족에 기초한 복지 시스템은 더 이상 불평등을 약화시키지 못한다고 강조한다. 또한 이러한 가족 형태의 다양화로 자녀 교육의 문제가 대두되며, 유아기와 청년기의 교육과 기술 습득이 평생의 생활 기회에 영향을 미친다. 따라서 불평등과 빈곤 문제를 해결하려면 가족 정책이 국가 복지 정책의 중심적 대상이 되어야 한다고 보았다. 에스핑 안데르센은 빈곤 아동에게 투자하는 것이 불평등을 약화할 수 있는 핵심적인 정책 수단이라고 생각했다. 그는 아동기 불평등이 기회의 불평등을 낳는 핵심 요소이며, 지식경제 시대에 아동기 교육 기회의 불평등은 성인기 불평등을 더 심화할 수 있으므로 아동기에 정부가 개입해 인지적 능력cognitive skills과 비인지적 능력non-cognitive skills 을 배양할 수 있는 교육 기회를 평등하게 제공하는 것이 중요하다고 강조했다.[6]

에스핑 안데르센은 이러한 논의가 지식경제 시대에 더더욱 중요하다는 점을 강조했다. 지식경제 시대의 불평등은 '무지의 바다 위에 탁월한 섬', 즉 다수의 저숙련 인구와 소수의 지식 엘리트로 구성된 미래 사회에 비유되지만, 그가 보기에 대부분의 사람들은 무식한 사람이 소수이고 평균적으로 높은 수준의 지식을 지니는 사람이 다수인 사회를 원할 것이며, 아동기 교육 투자가 이러한 대안적 사회를 구현하는 중요한 정책적 개입이라고 주장했다 (Esping-Andersen, 2009: 113~117). 그는 이러한 개입을 '사회 투자 전략a social investment strategy'이라고 불렀다(Esping-Andersen, 2009: 130~140). 구체적으로 가족이 자녀의 교육에 투자할 수 있도록 정부가 가족을 지원하는 것이 중요하다고 본 것이다. 따라서 부모의 소득에 따른 자녀의 성장 환경 차이를 줄이기 위해 아동 빈곤을 제거하는 재분배 전략이 필요하며, 아동의 교육 환경 격차를 줄이기 위해 양질의 아동 보육과 유치원 교육이 중요하고, 어머니의 고용을 높이는 동시에 그로 인한 자녀 교육의 문제를 해결하기 위해 양질의 보편적인 아동 보육 제도가 구비되어야 한다고 주장했다(Esping-Andersen, 2009: 130~144).

에스핑 안데르센이 강조하는 중요한 사회변동 가운데 뮈르달이 경험하지

---

6 2000년 노벨 경제학상을 수상한 제임스 헤크먼(James Heckman)은 일란성 쌍둥이를 연구해 생물학적으로 동일한 조건을 지닌 아이들이 각기 다른 환경 속에서 대단히 다른 성인으로 성장한다는 것을 경험적으로 밝혔다. 또한 그는 국가가 빈곤 아동에 투자하는 것이 성인이 되었을 때의 범죄를 줄일 수 있고, 소득을 높이며, 교육 수준을 높이고, 더 건강하게 만들기 때문에 사후적으로 성인 빈곤층이 되었을 때 복지 지원을 하는 것보다 훨씬 비용이 적게 든다는 점을 경험적으로 밝혔다. 이에 대한 논의는 Heckman (2008)과 Campbell et al.(2014) 참조.

못한 또 하나의 큰 사회변동은 고령화다. 고령화 문제는 앞에서 다룬 결혼제도의 약화와 관련된 저출산과 직접 연관이 있다. 약간의 출산율 저하는 향후 엄청난 결과를 낳는다는 점에서 결코 사소한 문제가 아니다. 저출산으로 인해 인구구조상 고령 인구가 유권자의 다수를 차지하는 상황이 도래하면서 고령층이 정치적으로 더 큰 영향력을 행사하는 변화가 나타난다. 오늘날의 고령화는 속도가 빠르고, 수명이 늘며, 퇴직 시기와 고령 연령이 일치한다는 점에서 과거의 고령화와 다르다(Esping-Andersen, 2009: 147). 에스핑 안데르센은 고령화에 대응한 사회정책이 '세대 간 공정성'과 '세대 내 공정성'을 동시에 고려해야 한다고 강조했다. "내일의 퇴직자들 내의 복지 분배는 무엇보다도 오늘날 어린이들 사이의 생활 기회 불평등에 달려 있다"라는 점에서 미래의 평등한 은퇴에 관심을 가져야 한다(Esping-Andersen, 2009: 163). 구체적으로 높아지는 퇴직 연령뿐 아니라 연공서열 임금제도로 고령층이 훨씬 높은 임금을 받아서 세대 간 공정성을 위반할 수 있기 때문에 임금제도의 조정도 필요하다고 보았다.[7]

4. 맺음말: 사회과학과 복지국가

뮈르달과 에스핑 안데르센은 모두 사회과학자로서 경험적 연구에 바탕을 둔 사회정책을 모색했다는 공통점이 있다. 일찍이 1930년대에 과학이 정치

---

7 프랑스는 60세 퇴직 제도를 도입하고 있으나 연공서열 임금제도가 유지되면서 60세의 노동자가 35세의 노동자에 비해 40% 더 높은 임금을 받고 있기 때문에 세대 간 공정성이 크게 훼손되고 있다(Esping-Andersen, 2009: 164).

를 이끌어야 한다고 주장한 뮈르달은 도덕적 주장이나 이데올로기를 내세우는 복지 논의의 한계를 제시하고, 엄밀한 사회과학적 연구를 통해 사회문제를 해결하려는 노력이 사회민주주의 복지 논의의 핵심임을 스스로 보여주었다. 두 사람은 모두 정치적 이념과 가치에 엄밀한 사회과학 논의를 결합해 사회민주주의 복지국가론을 만들었다는 점에서 큰 기여를 했다.

시대적 환경은 서로 달랐지만, 뮈르달과 에스핑 안데르센이 보여준 좀 더 사회민주주의적인 복지국가 논의는 복지국가를 구현하려 하는 한국 사회에 여러 시사점을 던진다. 첫째, 복지 정책 논의는 한국 사회의 현실에 대한 면밀한 분석과 더불어 미래 사회에 대한 예측에 기초해야 한다는 점을 보여준다. 1930년대 인구 위기에 관한 뮈르달의 연구나 1990년대 복지국가의 위기에 대한 에스핑 안데르센의 논의는 모두 매우 엄격한 경험적 연구에 기반을 두고 있다. 물론 두 사람은 평등주의와 연대주의라는 가치를 내세운 사회민주주의자였지만, 복지국가 논의는 철저하게 엄밀한 경험적 분석에 바탕을 두고 있다는 점에서 "과학이 정치를 지배해야 한다"는 뮈르달의 주장이 공유된 것으로 볼 수 있다. 그리고 이러한 점은 한국 사회의 복지국가 논의에서도 꼭 필요하다고 볼 수 있다.

둘째, 사회변동의 방향에 대한 전망과 관련해서 사회변동에 따른 사회문제를 예측하고 그것에 정책적으로 대응하는 '선제적 정책 전략'의 중요성이다. 인구의 변화나 가족의 변화에 따른 복합적 사회변동에 관한 두 사람의 논의는 '사회학적 상상력'을 통해 제기된 논의에 바탕을 두고 있다. 찰스 라이트 밀스Charles Wright Mills가 강조한 상호 연관성의 산물로서의 사회현상에 대한 접근을 통해 현재의 사회문제뿐 아니라 미래의 사회문제를 예측하고 대응할 수 있다는 것을 뮈르달과 에스핑 안데르센은 잘 보여주고 있다.

셋째, 뮈르달과 에스핑 안데르센은 가치의 차원에서 민주주의 사회의 가능한 사회정책이란 무엇이며 어떤 가치에 기반을 두어야 하는지 잘 보여준다. 민주주의, 평등주의와 연대의 가치를 동시에 이룰 수 있는 제도와 정책에 대한 고려는 뮈르달과 에스핑 안데르센이 공유한 특징이다. 그러므로 형식적 민주주의를 넘어 실질적 민주주의를 구현하는 것은 복지를 통해서만 가능하다는 점 또한 잘 나타낸다. 평등주의만을 강조할 경우 소련식 사회체제가 될 수 있고, 민주적 자유만을 강조할 경우 영미식 자본주의 사회가 될 것이다. 개인의 자유, 평등과 연대를 동시에 이루는 것은 오직 복지제도를 통해 가능하다는 점에서 뮈르달과 에스핑 안데르센의 논의는 복지국가를 모색하는 한국 사회에 중요한 시사점을 제시한다고 볼 수 있다.

참고문헌

Barber, William J. 2008. *Gunnar Myrdal: An Intellectual Biography*. London: Palgrave Macmillan.

Carlson, Allan. 1990. *The Swedish Experiment in Family Politics: The Myrdals and the Interwar Population Crisis*. London: Transaction Publisher.

Block, Fred. 1981. "The Fiscal Crisis of the Capitalist State." *Annual Review of Sociology*, 7, pp.1~27.

Esping-Andersen, Gøsta. 1985. *The Politics against Market*. New Jersey: Princeton University Press.

_____. 1990. *The Three Worlds of Welfare Capitalism*. New Jersey: Princeton University Press.

_____. 1996. *Welfare States in Transition: National Adaptatons in Global Economies*. London: Sage.

_____. 2002. *Why We Need a New Welfare State*. Oxford: Oxford University Press.

_____. 2009. *The Incomplete Revolution: Adapting to Women's New Roles*. Cambridge: Polity.

Campbell, Frances et al. 2014. "Early Childhood Investments Substantially Boost Adult Heanth." *Science*, 343(6178), pp.1478~1485.

Gough, Ian. 1979. *The Political Economy of the Welfare State*. London: Macmillan.

_____. 1983. "The Crisis of the British Welfae States." *International Journal of Health Service*, 13(3), pp.459~477.

Habermas, Jurgen. 1973. *Legitimation Crisis*. New York: Beacon Press.

Hayek, Friedrich. 2007. *The Load to Serfdom*. Stanford University Press.

Heckman, James. 2008. "Schools, Skills and Synapses." *Economic Inquiry*, 46, pp.289~324.

Joseph, Keith. 1976. "Monetarism Is Not Enough." S*tockton Lecture*. Centre for Policy Studies (1976.4.5).

Kalvemark, Ann-Sohie. 2008. *Sweden in the 1930s: Population development, population debate and policy implications*. Helsinki: Almqvist & Wiksell.

Marshall, Thomas Humphrey. 1950. *Citizenship and social class and other essays*. Cambridge: Cambridge University Press.

Myrdal, Gunnar. 1940. *Population: A Problem for Democracy*. Cambridge: Harvard University Press.

_____. 1953. *The Political Element in the Development of Economic Theory*. London: Routledge & Kegan Paul.

_____. 1972. "What is Wrong with the Welfare State." in 岡田目奎美(ed.). *Essays and Lectures*. 京都: 啓文社.

O'Connor, James. 1973. *The Fiscal Crisis of the State*. New York: St. Martin Press.

Offe, Claus. 1985. *Contradictions of the Welfare State*. Cambridge, MA: MIT Press.

제3장 마르크스주의와 복지

홍훈

이 장은 카를 마르크스Karl Marx 와 마르크스주의를 인간의 복지에 대한 사상으로 해석해 현대 경제사회의 복지에 대한 함의를 끌어내는 데 목표를 두고 있다. 이 목표를 위해 첫째, 마르크스의 관점에서 정의와 복지를 문제로 설정했다. 둘째, 과거 마르크스주의에서 자본주의의 복지와 복지국가를 어떻게 파악해왔는지 요약했다. 셋째, 자본주의에 대한 마르크스의 설명과 비판에 근거해 정의와 복지의 방향을 논의했다. 끝으로 이 논의에서 한국 사회의 복지에 대한 함의를 끌어내려고 시도했다.

1. 마르크스의 관점에서 보는 정의와 복지

복지나 좋은 삶에 대한 사상은 자본주의에 관한 사상에서 파생된다. 자본주의에 대한 입장은 프리드리히 하이에크Friedrich Hayek 나 밀턴 프리드먼Milton Friedman 등의 시장주의, 정부의 정책에 의존하는 케인스주의, 자본주의를 비판하면서 계획에 의존하는 마르크스의 사회주의로 나뉜다.

시장주의자들은 시장이 현실이자 이상이라고 생각한다. 이들에 따르면 가격기구와 인간의 합리성은 완벽에 가까우므로 시장 자체 내에서 복지와 후생을 누릴 수 있다. 따라서 정부의 정책적 개입을 최소화할 것을 주장한다. 이 입장에서 복지 정책은 시장경제의 운행에서 발생한 부차적인 일탈이나 착오, 그리고 부작용을 치유하는 데 그친다.

가령 실업은 마찰적이거나 일시적인 현상이고, 자발적이며 자연스러워 당연히 견뎌야 하므로 고용정책은 노동의 산업 간 이동이나 재취업을 도와주는 것에 집중된다. 나아가 이러한 입장에서는 실업, 의료, 은퇴 등의 문제를 해결하는 데 시장과 함께 가는 사회 안전망과 개인이 선택한 자선으로 충분하다. 따라서 복지 정책은 단기적이고 선별적이며, 소득이나 노동과 연계되어 있다. 아울러 과도한 복지는 당사자에게 낙인을 찍는다(Myles, 1996: 118~121).

존 메이너드 케인스John Maynard Keynes와 케인스주의는 시장의 불완전함과 불안정성, 그리고 인간의 비합리성을 인정하므로 보다 폭넓게 정부의 정책을 허용한다. 특히 자본주의 경제에서 경기 변동과 실업은 만성적이라고 보기 때문에 경기 침체와 실업을 줄이기 위한 총수요 정책을 주장한다. 아울러 최저임금이나 노사 협상 등과 관련된 법 또는 정책을 지지한다. 이 입장은 국가의 두터운 복지 정책에 부합된다.

마르크스는 자본주의 경제의 불안정과 불완전함을 내적인 모순으로 발전시켰다. 자본주의는 내적 모순을 스스로 해결하지 못할 뿐 아니라 국가나 정부의 정책을 통해서도 구출될 수 없다. 이러한 입장에서 자본주의의 복지 정책은 사회 구성원이나 노동자의 복지가 아니라 자본축적에 초점을 맞추고 있다. 따라서 좀 더 근원적인 사회 개혁이 필요하다. 시장이나 공장뿐 아니라 정부에 대해서도 신뢰가 없다는 점에서 마르크스는 케인스와 다르다.

복지와 관련해 영미형, 독일형, 남부 유럽형 등 자본주의의 유형들이 의미를 지닌다. 더 직접적으로는 에스핑 안데르센이 제시한 자유주의, 보수주의, 사회민주주의라는 세 가지 복지자본주의도 고려해야 한다(Esping- Andersen, 1999: 73~86). 이들을 자본주의에 대한 입장 차이와 연결해 정리할 필요가 있다.

우선 시장주의 이념은 자유로운 시장에 근거하는 영미형 자본주의를 대변하며, 자유주의적인 복지로 이어진다. 시장주의는 선별적이고 개별적인 복지를 추구하고 잔여적인residual 성격의 복지국가를 내세운다(Esping-Andersen, 1999: 75~76). 여기서는 일대일 대응이 성립한다. 자유주의 복지는 사회부조나 사회보장에 의존할 뿐 시민권에 근거한 보편적 복지를 추구하지 않는다(Myles, 1996: 118; Huber, 1996: 145, 159).

반면 보편적 복지를 추구하는 사회민주주의는 북구형 경제를 대변하며, 좌파적이지만 마르크스의 입장과 일치하지 않는다. 또한 둘의 중간에 위치한 대륙 유럽의 보수주의 복지는 조합주의, 사회적 시장경제, 가족자본주의를 포함하며, 반드시 케인스주의와 일치하지는 않는다. 기존 경제학의 입장이 시장과 국가의 두 가지 축으로 규정되는 데 비해 복지는 시장, 국가, 가정의 세 가지 축에 의존한다는 차이 때문에 이러한 불일치가 생긴다(Esping-Andersen, 1996b).

그러므로 전후 자본주의를 대표하는 케인스주의적 복지국가는 특정 복지자본주의에 부합된다기보다는 영미식을 포함해 완전고용을 추구한 여러 유형의 복지자본주의를 포괄한다. 이런 특징을 공유하면서도 국가들은 노동, 교육, 의료, 주거에 있어서 다양한 제도를 지닌 여러 유형의 복지 체제를 유지했다.

이런 배경 이외에 첫째, 마르크스와 경제학에서 흔히 말하는 복지 사이의 연결고리를 찾아야 한다. '복지'나 '후생'이라고 하면 시장주의가 내세우는 사회적 안전망과 자선 또는 케인스주의의 복지를 연상하게 된다. 그러나 마르크스는 복지보다 정의를 내세우며, 정의가 복지나 행복과 반드시 일치하는 것은 아니기 때문이다.

예를 들어 매국노가 누리는 부귀영화는 정의롭지 못하므로 진정한 복지가 아니다. 동시에 부당한 권력에 맞서는 투사는 정의롭지만 행복하기 힘들다. 따뜻한 인간관계는 행복감을 주지만 정실에 따른 부정과 비리를 낳을 수 있다. 한국 사회에서도 유사 가족 관계가 편안함으로 이어지면서 부정의를 낳기도 했다. 복지 체제를 구분하는 데 자본과 국가뿐 아니라 가정이 하나의 축을 이룬다는 점도 정의와 복지가 일치되지 않는다는 증거다.[1]

또한 마르크스는 감성적인 상태보다 실천 등 이성적 활동이 인간 본연의 모습이라고 생각했으므로 복지에 관해서도 주관적 측면보다 객관적 조건에 관심을 두었다. 이 때문에 그는 제러미 벤담 Jeremy Bentham 의 공리주의를 곳곳에서 비판했다(Marx, 1967: 176). 이는 복지와 행복에 대한 최근의 연구들이 공리주의에 친화력을 지니는 것과 대비된다. 마르크스는 주관적인 복지나 효용보다 객관적인 자원과 역량을 강조한다(신정완, 2014: 31~42, 216~230). 노동자가 임금 소득으로 얻는 효용보다 임금이 자원으로서 지니는 중요성, 이에 근거해 수행하는 노동능력, 그리고 계급의식에 근거한 실천 능력을 강조했다.

이 점에서 마르크스는 공리주의보다 아리스토텔레스 Aristoteles 에 가깝다

---

1 원만(圓滿)하면서도 정직(正直)하거나 정의(正義)롭기는 "원(圓)과 같은 면적의 정사각형(正四角形)을 구하는 것(squaring the circle)"만큼 어렵다. "정의가 끝나는 데서 자선이나 자비가 시작된다(Benevolence begins where Justice ends)"라는 경구는 정의와 자선의 갈등을 웅변한다.

(홍훈, 2006). 그는 특히 이상적인 사회를 그린 초기작에서 인간다운 욕망 또는 필요와 인간다운 활동 및 기능을 내세우며 아리스토텔레스에 근접한다 (Nussbaum, 1988). 인간의 감성을 배제한 복지를 생각하기 어렵지만 그는 이 것에 방점을 두지 않았다.

나아가 마르크스는 인간이 사회구조와 사회관계를 벗어날 수 없다고 생각 했으므로 정의뿐 아니라 복지에 대해서도 사회성을 강조한다. 그런데 사회 성과 관련해 그가 강조한 자본주의의 고유성이나 종별성과 함께 보편적인 사회성을 놓치지 않아야 한다. 특히 복지와 관련해서는 자본주의에 국한되 지 않는 사회성이 적지 않다.

우선 경제의 운행 법칙을 논의할 때는 자본이나 기업의 신진대사나 회전 주기가 중심이 되지만, 복지나 행복에 관한 한 사회 구성원의 일생이라는 주 기가 중심을 이룬다. 생로병사生老病死의 인생 주기를 자연적 또는 생물적 요 인으로 환원하는 것은 오류이지만, 이것을 완전히 자본주의적인 사회성으로 규정하기도 힘들다.

예컨대 경제활동인구와 인구는 다르다. 경제활동인구는 노동시장 진입과 은퇴로 결정되는 데 비해 인구는 출산과 사망, 혹은 삶과 죽음으로 규정된 다. 나아가 빈곤, 노령화, 질병, 출산, 결혼, 이혼, 수명 등의 결정 요인에는 자본주의적 사회성과 보편적 사회성이 겹쳐 있다. 달리 말해, 마르크스의 산 업예비군 이론으로 토머스 맬서스Thomas Malthus의 인구론을 대신할 수 없다.

복지는 개별적이고 구체적인 상황 속에 있는 사람을 염두에 두기 때문에 사회제도로 완전히 규정되지 않는다. 추상적인 개념이나 익명적인 법규는 복지의 필요조건일 뿐 충분조건이 아니므로 존 스튜어트 밀John Stuart Mill이 강조한 바와 같이 개인의 자유나 행복, 다양성을 고려해야 한다. 개별적인 상황에 대한 배려나 애정이 정의로움에 수반된 냉정함을 완화할 때 복지가 가능하다.

정의와 복지, 주관과 객관, 사회와 개인을 아우르기 위해서는 첫째, 효용·후생·행복보다 좋은 삶good life 을 중심에 놓을 필요가 있다. 아리스토텔레스에게 삶life 은 생계와 관련되지만, 좋은 삶은 동물과 구분되는 인간의 가치들을 포함한다. 이를 위해서는 마르크스가 고려한 좋은 삶을 가능케 하는 사회경제적 조건이나 구조와 함께 인간·사회관계, 그리고 사회적으로 규정되는 인간의 욕구와 필요를 고려해야 한다.

둘째, 이를 구체화하는 데 있어 좋은 사회와 좋은 삶을 실현하기 위해 마르크스가 제시한 사회주의 체제를 대안으로 고집하기보다는 자본주의에 대한 그의 비판에 중점을 두는 편이 낫다. 그렇지만 경제사회체제를 주어진 것으로 보지 않는 것이 마르크스의 입장이므로 체제 자체에 대한 제도적·정책적 개혁을 사양하지 않아야 한다. 또한 자본주의가 실현했거나, 실현하겠다고 표방했으나 실현하지 못한 보편적 가치들도 근거로 삼아야 한다. 자본주의 체제가 자신의 기본 가치나 이념으로 내세우는 자유, 평등, 박애, 정의, 효율 등이 이에 해당된다.

물론 자본주의 체제를 그대로 두고 거기서 발생하는 여러 문제를 사후적으로 완화하거나 미세한 사회공학을 통해 복지를 달성할 수 있다고 보는 견해를 마르크스와 조화시킬 수는 없다. 그렇지만 케인스주의를 포함해 다양한 체제나 접근이 그의 자본주의 비판과 부합하는지 검토할 필요가 있다.

셋째, 마르크스는 총체주의를 표방했으므로 복지에 대해서도 경제 이외의 차원들을 고려해야 한다. 지배적인 자본주의에서조차 경제적 차원이 다른 모든 차원을 흡수했다고 볼 수 없기 때문이다. 쉽게 말해 모든 사람의 소득이 증가하거나 소득의 불평등이 해소된다고 해서 사회의 복지가 달성된다는 보장이 없다. 따라서 사회정의, 민주화, 시민이나 노동자의 권리, 그리고 생태계를 고려해야 한다. 또한 법, 정부의 정책, 각급 조직의 지배 구조, 윤리나 행위 규칙 등을 고려해야 한다.

2. 현실의 복지와 복지국가에 대한 마르크스적 진단

20세기 서양 사회의 역사를 흔히 제1차 세계대전 이전, 양차 세계대전 사이, 제2차 세계대전 이후, 1970년대 이후로 나눈다(Gough, 1979: 32). 소득 분배 혹은 경제적·정치적 양극화, 신자유주의, 세계화 등에서 이러한 시기 구분은 유효하다.[2] 이에 따라 제2차 세계대전 이후부터 1970년대까지 케인스주의적인 복지국가가 지배했다(이태수, 2011).

케인스주의 복지국가의 역할이 증대되면서 복지국가는 재정위기를 맞았고, 1970년대 이후 좌우로부터 공격을 받았다. 좌파는 자본주의 국가의 한계를 지적했고, 우파는 시장에 대한 정부의 간섭을 비판했다. 물론 1990년에 사회주의 체제가 붕괴한 이후 현재까지 우파의 입장인 신자유주의가 관철되고 있다. 이때 등장한 복지국가에 대한 좌파의 설명은 세 가지 정도다(O'Connor, 1973; Gough, 1979; Offe, 1984).

---

[2] 제1차 세계대전 이전과 1970~1980년대 이후의 시기는 모두 세계화와 신자유주의, 경제적 불평등, 정치적 양극화를 특징으로 삼는다. 두 시대의 경계를 이루는 것으로 달러화의 태환 종식, 변동환율제로의 전환, 브레턴우즈 체제의 붕괴, 스태그플레이션, 통화주의의 부상, 유류 파동, 마거릿 대처(Margaret Thatcher)와 로널드 레이건(Ronald Reagan)의 집권 등이 있다. 제1차 세계대전 이전과 1970년대 이후는 언제나 중요하다. 가령 토마 피케티(Thomas Piketty)에게 제1차 세계대전 이전과 1970년대 이후는 동일하고, 양차 세계대전 사이와 제2차 세계대전 이후가 합쳐져 있다.

1) 오코너: 국가의 재정적 위기

제임스 오코너James O'Connor는 독점자본주의 이론에 근거해 국가의 재정적 위기를 지적했다. 미국 경제는 독점 부문과 경쟁 부문으로 구성되어 있는데, 국가는 독점 부문과 유착되었다. 경쟁 부문은 독점 부문이 만들어내는 잉여노동을 흡수·방출해 독점 부문의 완충장치로 기능했다. 이같이 독점 부문의 기업과 조직화된 노조가 유착되어 경쟁 부문의 기업과 노동자를 희생시켰다.

자본주의 국가는 자본축적을 도울 뿐 아니라 자신의 정당성을 확보해야 한다. 이 때문에 연방정부가 경쟁 부문과 노동자의 요구까지 들어주다 보니 재정위기가 발생했다. 정부의 지출은 축적에 기여하는 사회적 자본과 국가에 정당성을 부여하는 사회적 비용으로 구성되어 있다. 사회적 자본은 다시 직접적으로 축적에 기여하는 사회적 투자(산업공단 또는 간접적으로 기여하는 사회간접자본)와 간접적으로 기여하는 사회적 소비(복지제도)로 구성된다. 사회적 투자는 물적 자본(도로)과 인적 자본(교육, 기술 개발)으로 구성되어 있다. 사회적 소비는 노동자에 대한 공공재(도로, 공원, 대중교통, 병원)와 노동자의 사회적 보험(의료·실업보험)으로 나눌 수 있다.

따라서 정부 예산 중 사회적 자본과 사회적 비용의 비중이 커졌다. 또한 독점기업이 납품하는 군사 장비 등과 연관된 국방비도 늘어났다. 이로 인해 사회산업복합체와 군산복합체가 형성된다. 역사적으로 국가의 조세 체계는 계급 대립을 반영하므로 세입 구조, 세제, 지출 방식이 자본 위주로 편성되어 있다. 이와 동시에 정당성을 확보하기 위해 계급적 성격을 은폐하는 이념이 형성된다.

2) 고프: 자본주의 재생산의 어려움

이언 고프Ian Gough는 자본주의의 재생산이라는 관점에서 사회복지 정책을 설명했다. 이에 따르면 자본주의 국가의 복지 정책이 지닌 목표는 자본축적, 노동력의 재생산, 국가의 정당성 확보다. 특히 노동력과 관련한 복지 항목은 실업, 빈곤 및 급식, 의료, 은퇴, 교육, 탁아, 주거, 교통 등이다. 실업수당이나 최저임금은 노동자의 생계를 유지해 노동력을 재생산한다. 의료는 노동자의 정신과 신체를 유지시켜 노동력의 안정적인 공급에 기여한다. 노동자 가정에 대한 복지는 노동력의 재생산과 함께 미래 노동자의 육성을 도와준다. 교육과 학교 급식은 숙련된 노동력을 육성한다. 빈곤층에 대한 구호나 연금은 국가의 중립성과 정당성을 확보한다.

자본주의 복지국가는 시장의 맹목적 힘을 억제해 노동자의 복지를 향상시키는 동시에 노동자 계급을 억압한다는 점에서 모순적이다. 이러한 복지국가의 모순은 자본주의의 모순에서 비롯된다. 자본축적이 국가의 움직임에 구조적 제약을 가하지만, 이 제약 안에서 국가는 자율성을 지닌다. 국가는 자본주의 체계가 요구하는 바를 기계적으로 반영하기보다는 이를 매개한다. 노동자 계급의 투쟁 방식과 정도도 정책을 결정하는 데 영향을 미치므로 계급 갈등과 이에 대한 국가의 대응이 복지국가의 사회경제정책을 결정한다. 역사적으로도 노조가 결성되어 활발해지고 이에 대응하는 국가의 권력이 중앙에 집중되면서 국가와 노조가 사회정책을 결정했다.

자본주의 체제가 요구하는 바는 노동자 계급의 형성으로 인한 사회보장, 기술 변동에 따른 근로조건에 관한 입법, 분업의 발달로 인한 교육, 도시화에서 비롯된 법규였다. 노동자의 저항을 줄이고 경쟁에서 살아남기 위해 기업이 추진하는 기술 발전 때문에 작업장에서의 안전, 노동시간, 아동 노동등의 근로조건을 입법화할 필요도 있었다. 20세기 중에 분업의 발달로 인해 요구되는 기술이나 능력이 바뀌면서, 영국의 경우 1870년, 1902년, 1963년에 각각 초등교육, 중등교육, 고등교육의 확산을 위한 입법이 마련되었다. 끝으로 자본주의의 발달에 따른 도시화가 진행되면서 주거, 위생, 소방과 관련해 도시계획 등의 법규가 필요했다.

고프는 노동력의 재생산과 비취업 인구의 생계유지를 강조했다. 이 두 가지는 인간 사회가 충족시켜야 할 보편적인 요건들이다. 또한 노동자의 자녀는 미래의 노동자이고 실업자는 산업예비군이므로 양자는 서로 연결되어 있다. 노동력의 재생산을 위해 소비할 사용가치들에 관해서 정부가 영향을 미치는 경로는 조세나 사회보장제도를 통한 화폐임금의 변경, 사용가치의 성격에 대한 제한(식료의 첨가물), 특정 사용가치에 대한 보조(주거), 정부의 특정 사용가치 제공(우편 서비스) 등이다. 이것은 오코너의 사회적 소비에 해당된다.

비취업 인구에는 노동자의 가족, 병자, 노인, 실업자, 소수 인종, 여성이 포함된다. 이들을 보호하는 데는 전통적으로 가정과 친족이 중요했다. 자본주의 사회관계가 등장해 가정이 해체되면서 점차 복지국가가 이들을 대신하고 있다. 이것은 오코너의 사회적 비용에 해당된다.

복지자본주의는 경제성장, 정치적 권리, 사회적 권리라는 세 가지를 획득하는 데 도움을 주었다. 그러나 이제는 그중 어느 하나를 포기해야 하는 상황으로 진입하고 있다. 결과는 계급투쟁에 따라 달라진다.

3) 오페: 복지자본주의의 모순

클라우스 오페 Claus Offe 는 시민들의 요구 증가와 정부의 재정적 위기를 복지국가의 '관리 불가능성'으로 규정했다. 복지국가는 자본축적의 조건을 제공하기 위해 상품관계를 넓히면서도, 여기서 발생하는 부작용을 해소하려는 노력 등으로 공적 영역을 늘려 탈상품화로 나아가는 모순을 안고 있다. 특히 상품 형태가 지배적이지 않은 학교, 병원, 군대, 교도소 등에서 시장 영역과 공적 영역이 조화를 이루지 못해 위기나 공황이 발생한다. 공황은 내적 경향에 의해 발생하지만 경제적인 계기와 정치 행정적인 계기의 관계 속에서 발생하므로 정치적이다.

1970년대 이후 경쟁적 다당제가 관료화 등으로 인해 점차 민의를 대변하지 못하게 되었다. 복지국가도 높은 실업률과 물가 상승, 재정적 위기 등으로 어려움에 처하게 된다. 오페는 좌우의 유사성을 지적하며 신자유주의, 신조합주의, 분권화된 조직들의 연대 등을 대안으로 고려했다. 반면 그는 모순에도 불구하고 복지국가의 견고함을 믿었기에 당시 이미 등장한 대처와 레이건의 신자유주의에 큰 의미를 부여하지 않았다.

복지국가에 대한 이런 거시적인 설명이 최근에는 많은 호응을 얻지 못하고 있다. 신자유주의의 확산으로 인해 좌파와 우파 사이가 아니라 중도파와 우파 사이에서 논의가 전개되고 있기 때문이다. 복지와 관련해서도 시장주의의 확산, 세계경제의 상호 의존성 증대, 고령화, 가족제도 변화, 고용 행태의 변화, 노동시장의 양극화 등이 이러한 경향을 낳고 있다(Esping-Andersen, 1996a). 그렇더라도 복지국가가 추구해온 이상이나 목표는 여전히 중요하다. 이를 고려해 마르크스의 입장에서 좀 더 미시적으로 복지의 내용과 방향을 그려보자.

3. 마르크스가 바라본 정의와 복지의 기준

1) 형식적인 평등, 실질적인 불평등, 계급

자본주의 복지국가가 추구한 일차적 가치는 동등성이나 형평성이었다. 이 때문에 복지국가의 여러 모습을 동등성에 대한 여러 입장으로 이해할 수 있다(Esping-Andersen, 1999: 6, 32). 마르크스가 지적한 자본주의의 전제로서, 1789년 프랑스 혁명으로 봉건주의적 신분이 폐지되며 얻은 부르주아적인 권리도 사회 구성원의 동등성이다. 결과적으로 근대 자본주의 사회의 구성원들은 신과 법 앞에서 동등할 뿐 아니라, 기회의 균등 등을 통해 정치의 장과 시장에서도 동등하다고 자부한다. 시장의 교환과 계약도 이러한 믿음에 근거한다.

그런데 마르크스는 자본주의에서 형식적이거나 절차적인 동등성과 실체적이거나 내용적인 동등성이 서로 모순된다는 점을 지적했다. 형식적 동등성이 내용적 동등성을 보장하지 않으며 심지어 실질적 불평등을 은폐한다는 것이다. 봉건적 신분은 폐지되었지만 자본에 착취당하는 노동자 계급이 등장한 것이 이를 말해준다. 이는 자본주의 체제 스스로 표방하는 원리가 절차적 차원에 머물러 실질적으로 구현되지 않고 있음을 의미한다.

구체적으로 정치의 장, 재판장, 시장, 극장에서 형식적으로는 모든 사람이 동등하나 실질적으로는 권력, 발언권, 소득, 문화 향유 등에서 불평등하다.[3]

---

3 리처드 헨리 토니(Richard Henry Tawney)는 동등성을 정치적인 권력, 경제적인 재산이나 소득, 문화로 나누어 규정했다(Tawney, 1965). 외견상 참정권이 동등하고 문화의 다양성이 당연시된다면, 문제는 재산이나 소득이다.

법은 권력과 돈 없는 자보다 권력과 돈 많은 자에게 더 관대하다. 특히 시장과 경제에서 소득과 재산의 차이, 그리고 생산수단의 소유 여부 등으로 재력, 금력, 구매력, 발언권에 차이가 생긴다. 민주주의의 일인일표一人一票와 시장의 일불일표一弗一票, 주주총회의 일주일표一株一票와 협동조합의 일인일표는 실질적 동등성과 형식적 동등성의 차이를 보여준다.

자본주의에서는 착취와 불평등이 확대 재생산된다. 1970년대의 복지국가는 이러한 계급 모순을 둔화시켜 민주적인 계급투쟁으로 대체했다(Esping-Andersen, 1999: 10, 15). 그런데 피케티가 지적했듯이, 1980년 이후 세계 주요 국가에서 불평등이 증가하고 있다(Piketty, 2013; 홍훈, 2014a). 소득이나 자산의 불평등으로 인한 양극화가 지속되면서 1980년대 이후 선진국에서도 하층민이 새로 형성되고 있다.

소득이 어느 정도 확보되고 소득 불평등이 크지 않을 때 사회 구성원들은 동등할 수 있고 계급 모순도 생기지 않으므로 실질적인 동등성의 확보가 사회복지의 필요조건이다. 시장에 맡기는 복지 체계는 계층/계급, 공식 부문/비공식 부문, 국립/사립, 도시/농촌 등의 구분에 따라 분화될 수 있다. 따라서 마르크스의 입장은 선별적 복지가 아니라 재분배 기능이 강한 보편적 복지에 부합한다(Huber, 1996).

유산은 시장에서 본인의 활동을 통해 획득한 것이 아니고, 원래 본인의 소유도 아니다. 따라서 사유재산을 인정하는 경우에도 부와 신분의 세습은 적극적 의미에서 기회균등의 원리에 위배된다. 최소한 능력주의나 응분desert의 원칙을 지키고 세대 간 형평성을 유지하려면 유산에 대한 중과세가 불가피하다. 가족을 하나의 단위라고 주장해 유산을 정당화할 수도 있다. 그러나 시장주의가 신봉하는 개인주의의 관점에서 자식을 부모의 일부로 보기는 힘들다(신정완, 2014: 71). 자식에 대한 애정은 인지상정이므로 상속을 허용하지 않으면 저축이나 경제성장이 둔화된다는 주장은 정당하지 않다.

교육 기회의 확대는 복지국가의 중요 목표 중 하나였다(Esping-Andersen, 1999: 30). 가정과 국가의 매개체로서 학교가 평등화의 장치였기 때문이다. 현대 자본주의에서는 자본소득과 노동소득의 격차뿐 아니라 노동자 사이의 임금격차도 심화되고 있다. 특히 20세기 후반에 이르러 최고경영자의 보수가 급격히 상승했다.

마르크스주의는 교육과 경험으로 인한 차이를 인정하지만 한계생산성이론을 인정하지 않는다. 이러한 입장에서 최고경영자의 높은 연봉은 생산에 대한 공헌이 아니라 증식된 가치 중 경영자가 자신의 몫으로 만든 것이다. 이 때문에 교육의 실질적인 기회균등이 더욱 중요하다. 그런데 사립학교와 국공립학교의 차이 및 진학률, 학교 간 서열 등이 부모의 재산·권력·신분에 따라 강화되면 학교는 불평등을 악화시킨다. 가령 미국의 사립대학은 높은 등록금을 지불할 수 있는 고소득자에게만 열려 있다.

유산이 현금이고 물적 자본인 데 비해 부모의 교육비 제공은 교육 서비스라는 현물에 가깝고 인적 자본을 낳는다. 유산과 달리 인적 자본의 형성에는 당사자의 능력과 노력도 영향을 미친다. 그렇더라도 자식 세대에서 교육 수준은 유산보다 더 근원적인 불평등을 낳을 수 있다. 강남의 과외 공부와 해외 유학이 이를 말해준다. 더구나 교육에서는 본인이 아니라 부모의 재산이나 능력이 영향을 미친다. 나아가 어떤 부모에게 어떤 자식이 태어나는지는 부모와 자식의 선택이나 노력과 무관하게 우연히 결정된다.

전체적으로 당사자의 노동에 근거한 소득은 다른 소득에 비해 정당하다. 그다음으로 당사자의 노동에 근거해 획득한 자산에서 나오는 소득이 정당성을 지닌다. 이러한 소득이나 자산에 근거해 형성된 인적 자본과 여기서 발생하는 소득은 앞의 경우보다 덜하지만 그래도 정당하다. 부모의 소득에 근거해서 형성된 인적 자본과 이에 근거한 소득은 유산과 비슷한 수준으로 정당하지 않다. 따라서 교육 기회의 실질적 평등은 유산에 대한 중과세보다 더욱 정당하다.

2) 상품, 화폐, 사용가치

고대부터 서양인이 가장 중시한 가치는 자유다. 따라서 자유는 좋은 삶이나 복지의 바탕을 이룬다(센, 1999). 노예제, 신분제, 독재, 집단, 관계, 생계 등은 과거나 현재에서 자유의 속박 요인이다. 마르크스의 관점에서는 돈이나 자본의 노예가 되는 것이 가장 심각한 속박이다. 자본주의에서 자유로운 존재는 자본이며 인간은 자본에 속박되어 있다. 사람들이 자아를 실현하는 대신 돈벌이에 열중하고, 생계 때문에 자본과 자본가에게 착취당하며, 물질적인 향락에 빠져 있기 때문에 자본주의의 인간은 자유롭지 못하다.

생산수단의 소유 여부나 소득수준과 무관하게 자본주의의 인간은 화폐와 자본에 속박되어 정신적 빈곤에 허덕인다. 마르크스에게 사회주의는 모두가 자유로워지기 위한 방책이었다. 게오르크 지멜Georg Simmel과 밀턴 프리드먼에 따르면 돈만 있으면 누구라도 시장의 교환을 통해 선택의 자유를 비롯한 자유를 누릴 수 있다.[4]

---

4 자동차를 모는 사람이 걷는 사람보다 훨씬 빨리 달리고 있는데 오히려 (혹은 아마도 그렇기 때문에) 운전자가 보행자보다 더 조급하다. 돈에 대한 집착도 이와 비슷하다. 하이에크나 프리드먼 같은 경제학자보다 더 돈을 예찬한 사람은 사회학자 지멜이다. 『돈의 철학(Philosophie des Geldes)』에 따르면 성매매도 돈으로 처리하면 깔끔하고, 돈의 지출이 아니라 소유 자체가 사람들을 자유롭게 만든다. 마르크스는 지멜이 화폐의 가장 근원적인 숭배자라고 생각할 것이다.

반면 마르크스주의의 입장에서는 선택할 수 있는 개인의 자유가 시장과 자본의 힘을 재생산한다. 또한 더 많은 돈을 추구하다 보면 삶이 변형되어 인간이 거꾸로 돈의 노예가 된다. 마르크스가 화폐와 관련해 지적한 것을 정리하면 ① 상품화폐관계의 지배, ② 자본과 소득의 불평등에 따른 세력 관계, ③ 극단적인 화폐 결핍으로 인한 절대빈곤, ④ 화폐로 인한 거시경제의 불안정과 자원 낭비, ⑤ 상품 소유자와 화폐 소유자의 우열이다.

우선 소득의 불평등이 누가 얼마만큼 가지느냐, 즉 선택의 범위와 관련된다면 상품화폐관계는 어디까지 돈으로 살 수 있느냐와 관련된다. 마르크스에게는 선택의 자유나 선택 범위보다 상품화폐관계의 범위나 돈의 힘이 더 근원적이다. 그리고 이는 화폐가 만물의 척도, 선택의 기준, 통약의 단위라는 점을 거부하는 것이다. 이러한 거부를 사회 전체가 아니라 특정 영역에 적용하는 방식으로 완화해 수용할 필요가 있다. 최근에는 존 오닐John O'Neill도 오토 노이라트Otto Neurath에 근거해 화폐가 환경의 가치와 인간의 복지를 제대로 반영할 수 없다고 주장했다(넬슨·티머만 엮음, 2013: 131~132).[5]

이 입장에 따르면 어떤 사회적 좋음social good에서는 상품과 화폐의 지배를 허용하지 않아야 한다. 돈으로 살 수 없는 대상이나 돈이 지배할 수 없는 영역을 법으로 정해 교환을 금지 또는 제한함으로써 공공재나 사용가치로 만들 필요가 있다. 1970년대 케인스주의적인 국가는 시장이 아니라 국가나 가정에 의존해 복지를 제공했다. 국가는 현금이 아니라 교육, 의료 등을 현물로 제공하며, 사회적 위험은 개인에게 분산되지 않고 국가나 가정이 짊어

---

5 오닐에 따르면 노이라트는 노동뿐 아니라 화폐도 유일한 통약의 단위가 될 수 없다며 루트비히 폰 미제스(Ludwig von Mises)를 비판했고, 여러 단위의 공존을 허용하며, 관습·습관에 의존하는 생산 공동체를 제창했다.

진다(Esping-Andersen, 1999: 36~44, 78~79). 정부도 현물이 아니라 현금과 사용가치의 중간 형태인 현물청구서 바우처를 활용할 수 있다.

시장에서 의식주를 구입하지 않거나 직장을 선택하지 않기란 어렵다. 이에 비해 인간, 정치적 영향력과 권리, 형사적인 사법, 언론·집회·결사 등의 기본권, 결혼과 출산에 대한 권리, 정치공동체를 떠날 권리, 군 복무나 증언의 면제, 관직, 경찰 등 기본 복지, 생존을 위한 궁박한 거래, 상장과 표창, 신의 은총, 사랑과 우정, 위협과 같은 범죄 등은 사용가치로 만들 수 있다(Walzer, 1983: 100~103).

이러한 탈상품화는 국가나 가정뿐 아니라 비영리단체, 지역공동체, 생산자 관리 기업, 협동조합 등을 통해 가능하다. 특히 사회적 경제와 사회적 기업 등 제3 부문이 이 역할을 수행할 수 있다(Monzón and Chaves, 2012). 이는 시장에서 거래되는 사적 재화(자차 운전)나 정부가 제공하는 공공재(대중교통) 이외에 관계적인 재화나 선물(이웃 사이의 아기 돌보기, 카셰어링)을 중시하는 것이 된다.

선물교환은 인간 사이의 교환뿐 아니라 인간과 자연의 관계에도 적용된다(넬슨·티머만 엮음, 2013). 인간관계뿐 아니라 인간과 자연의 관계에서도 착취가 발생하기 때문이다. 공해, 광우병, 원전 등이 그러한 예다. 이윤 극대화를 위해 자연을 착취하는 대신 자연이 주는 만큼 돌려준다는 관점에서 화석연료 소비와 이산화탄소 배출을 조절해야 한다. 선물교환과 물물교환은 화폐 환산이 아니라 현물 환산으로 이어진다(넬슨·티머만 엮음, 2013). 지역화폐도 시장의 독성을 중화할 수 있다.

기본소득제도basic income는 상품, 시장, 화폐, 가격 중 어떤 것의 존재 자체도 부정하거나 비판하지 않는다(곽노완, 2007). 그런데도 기본소득은 소득분배를 개선할 뿐 아니라 사람들의 선택을 통해 화폐경제와 노동시장에 대한 의존도를 줄임으로써 상품관계와 노자관계의 역할을 제한할 수 있다. 시장경제에서 활용해왔던 가격상하한제는 그 한계에도 불구하고 자본주의 사회관계에서 벗어나는 데 도움이 된다.

소득 불평등의 기준에 대해서는 사회적 합의가 필요하다. 그런데 노동가치론과 노동에 대한 마르크스의 집착은 노동이 소득분배의 기준이 되어야 한다는 상식과 통한다. 이는 자본이나 토지의 소유에서 비롯된 불로소득에 대한 부정으로 이어진다. 특히 그는 자본이 어느 수준 이상으로 커지면 스스로를 확대 재생산한다고 생각했다. 그렇다면 소득세보다는 근본적으로 (피케티가 제안한 것과 같이) 자본세 등을 통해 불로소득의 근원을 억제할 필요가 있다. 자본세 이외에도 상속세의 강화나 중위소득과 비교해 비율을 제한하는 방식으로 최고경영자의 연봉에 대한 상한 설정 등이 필요하다(홍훈, 2014a).

소득 불평등은 정의, 참여, 복지 모두에 영향을 미친다. 행동경제학에 따르면 자신의 소득에 대한 적응adaptation과 사회적 비교social comparison로 인한 상대적 박탈감이 불평등으로 인한 불행을 가중시킨다(프라이, 2008). 또한 소득이나 자산의 극단적인 결핍은 생계에 위협이 될 뿐만 아니라 시장경제가 강조하는 합리적 판단과 선택을 불가능하게 만들 수 있다. 가령 실직 때문에 자신의 자산을 헐값에 팔아야 한다거나, 협상의 여지 또는 시장가격에 대한 고려 없이 노동력을 판매하는 것은 시장 원리 자체에도 모순될 수 있다. 자본주의에서 주기적으로 나타나는 불황과 실업은 소득 상실과 생계의 위협을 넘어 활동과 참여의 중단이라는 의미를 지닌다.

교환관계에 있는 상품 소유자와 화폐 소유자 사이에도 우열이나 비대칭이 있다. 미시적으로, 시장에서 상품의 생산자나 소유자는 구호를 외치면서 상품을 팔기 위해 노력하는 데 비해 돈을 가진 자는 침묵하면서도 우위를 보인다. 거시적으로, 공황이 발생하면 가격이 폭락하는 상품과 희소하고 이자율이 폭등하는 화폐의 우열이 확연해진다. 거래되는 상품이 노동력인 경우나 상품이 재화가 아니라 서비스라면 이러한 우열이 강화된다.

신고전학파에 따르면 거래 관계에는 모두가 동등하게 참여하며 노동이나 자본의 생산성에 상응해 시장에서 소득을 얻었으므로 이를 근거로 향유하는 선택의 자유와 힘은 정당하다. 이에 비해 마르크스는 능력에 따라 소득이 분배되었더라도 자신의 상품이나 노동력을 팔 수밖에 없는 상품화폐관계와 이에 근거한 사회구조 자체를 비판했다. 상품과 화폐의 우열이 이를 보여준다.

무엇보다 자본주의하에서는 어떤 상품도 선택하지 않겠다거나 어떤 기업에서도 일하지 않겠다고 선택할 수 없다. 또한 시장의 평판 때문에 노동자가 회사를 옮긴다는 것도 쉽지 않을 수 있다. 나아가 위계적 조직인 기업에서 일하는 동안 노동자는 권위에 복종해야 하므로 선택의 여지를 갖지 못한다. 특히 노동시장과 생산과정에서 산 노동이 죽은 노동과 동등한 수준에서 교환되거나 결합된다. 인간이 물체와 교환·결합되는 가운데 동등할 수 없는 인간과 물체가 동등하게 취급되는 것이다.

계획경제 대신 자가소비나 협동조합처럼 소비자와 생산자가 결합하면 부분적으로 시장에서 벗어날 수 있다. 또한 기본소득제도가 실시되면 일하지 않겠다는 선택이 가능하다. 나아가 기업의 조직 자체를 협동조합, 노동자 자주관리, 사회적 기업 등으로 변형시킨다면 착취, 소외, 물화 등을 완화할 수 있다.

상품화폐관계의 일부로서 가격 규제나 가격 보조 등은 빈곤층의 복지와 환경보호에 기여한다(Huber, 1996: 142). 이윤을 목표로 경쟁이 벌이지는 익명성 높은 시장에서는 다양한 재화가 싼 가격에 공급되기보다 품질이 저하되거나 불량품이 나올 수 있다. 농산물(농약이 들어간 식재료, 광우병 쇠고기), 음식(햄버거와 같은 패스트푸드), 돌봄 서비스 등이 그런 예다. 제품이 불량하다면, 소비자의 소득수준과 합리성 정도와 관계없이 선택의 자유가 무의미해진다. 물론 정의와 복지에도 위반된다. 사용가치의 내용을 확보하기 위해서는 소비자 협동조합이나 사회적 품질 시장이 요구된다(자마니·부르니, 2004: 312~319).

마르크스에게 환경문제는 교환가치보다 사용가치, 그리고 특정 사용가치의 내용과 관련되며, 사회관계에 앞서 인간과 자연의 관계와 관련된다(넬슨·티머만 엮음, 2013). 또한 생산관계가 가치, 가치증식과정과 연결된다면 인간과 환경 또는 자연의 관계는 노동과정, 생산력, 그리고 생산조건과 연결된다(O'Connor, 1988: 22). 생산조건이란 자본주의의 생산과정을 통해 가치를 지닌 상품으로 생산되지는 않지만 생산에 필요한 토지나 환경 등의 자연, 신체로 본 노동자의 노동력, 물리적인 공간 등을 말한다. 자본은 자신의 생산조건인 노동자의 건강을 손상시키고, 도시의 계획과 안전을 파괴할 수 있으며, 지구온난화나 산성비 등을 가져온다.

사용가치의 내용과 환경문제에도 사회적 측면이 적지 않다. 우선 서비스(교육, 돌봄)에는 재화보다 인간 사이의 접촉이 많으므로 이러한 문제에 인간관계가 개입되어 있다. 또한 유해식품이나 불량품이 시장경제에서 양산되면서 낮은 가격을 바탕으로 저소득층의 선택 대상이 되고, 양질의 상품(유기농식품, 제대로 된 의료)은 고소득층의 선택 대상이 되는 측면도 있다. 법을 통해서 빈부와 무관하게 모든 시민이 유해식품이나 불량한 의료 서비스를 피할 수 있는 권리를 가져야 한다.

자유주의적인 자본주의의 전제는 개인의 신체와 재산이다. 마르크스의 비판은 재산뿐 아니라 신체로 연장될 수 있다. 자유지상주의는 신체에 대한 개인의 절대적인 통제권과 처분권을 내세운다. 그런데 신체에 대한 통제권은 신체의 보존을 전제로 한다. 자본의 힘은 재산에 그치지 않고 신체와 정신에도 영향을 미친다. 신체는 의료와 관련되고 정신은 교육과 관련된다. 그리고 의료와 교육은 정의뿐 아니라 복지와 일상적인 삶에서도 중요한 구성부분이다.

인적 자본 개념은 자본이 교육을 통해 노동자를 자신의 일부로 만들고 있다는 증거일 수 있다. 신체는 노동 현장이나 의료뿐 아니라 자연 생태나 환경과 연관된다. 오늘 내가 먹은 음식, 마신 물과 공기가 나의 신체를 보존해 준다는 보장이 없다. 더구나 유기농, 맑은 물과 공기는 자본에 의해 생산되고 소득의 차이에 따라 분배될 것이므로 건강을 유지하는 데 차등이 생긴다. 자동차의 매연을 배출할 수 있는 힘의 차이도 소득의 차이로 결정된다.

익히 알려진 바와 같이 환경보호와 분배의 정의를 실현하는 방법은 휘발유 등에 대해 높은 가격을 책정하되, 저소득층에는 최소한도의 연료를 배급하거나 보조하는 것이다. 식품, 물, 공기에 대해서는 소득이나 자산에 따른 차등이 어떤 경우에도 정당하지 않다. 농산물 등 식품에 대한 우려를 해소하고 환경을 보호하는 데는 협동조합운동 등을 통해 생산과정과 유통과정을 소비자가 관리 또는 감시하는 방법이 유효할 수 있다.

3) 물적인 관계, 사회관계, 인적인 관계

화폐를 통한 관계는 인종·성별·국가·지역을 넘어서는 익명성을 지닌다. 긍정적으로 보면 익명성은 비인격성이나 객관성으로서 화폐뿐만 아니라 법, 관료 조직, 정부의 정책 등에 반영되어 있다. 마르크스의 관점에서 이는 상품·화폐·자본의 물적인 관계가 인간관계를 지배한다는 뜻이다. 익명적이고 물적인 관계에서는 인간 자체가 아니라 인간이 가진 것에 관심을 둔다. 자본주의 사회의 구성원들이 존중하는 것은 가진 것이나 주고받을 것이지 인간 자체로서의 상대방이 아니다. 주고받는 대상은 상품에 국한되지 않는다. 권력, 친절, 아첨, 몸과 마음 등이 포함되며, 그 주고받음이 장기간의 시차를 두고 반복해 나타날 수 있다.[6] 이는 타인에 대한 철저한 무관심이기도 하다.

마르크스는 자본주의의 착취관계와 교환관계를 인간 본연의 관계로 바꾸어야 한다고 생각했다. 적어도 인간관계를 물적인 관계로부터 어느 정도 느슨하게 만들어야 한다. 물론 객관성·공정성을 보장하는 익명성과 화폐·자본에 대한 물신을 분리해야 한다.

아리스토텔레스에 따르면 인간은 사회적 동물이고 사회관계는 인간의 존재를 규정할 정도로 근원적이다. 이에 따라 인간관계를 실용적 측면에서 강조하는 사회자본이나 연결망 이론보다는 인간관계가 인간의 존재 근거라고 보는 입장이 더 타당하다(Deci and Ryan, 2000; Gui, 2000; Zamagni, 2005; Sacco, Vanin and Zamagni, 2006). 나아가 네다섯 명의 친지가 좋은 삶의 필수요건이라고 주장하는 심리학자와 경제학자가 적지 않다. 동양 사회에서는 더욱 그러하다.

마르크스의 교환관계와 착취관계는 물화 또는 공식화되어 있으므로 사회의 변혁을 통해서만 인간적인 관계로 전환될 수 있다. 이에 비해 사회자본은 물적이면서, 동시에 인적인 관계와 연결망에 의존한다(Weiss, 1995; Coleman, 1988; Portes, 1998; Brewer and Gardner, 1996). 또한 사회자본과 물적 자본은 서로를 확대 재생산하고 있다. 마르크스도 물적인 관계로부터 풀려난 인간관계를 지향했다. 사회자본은 생산성을 증대할 뿐 아니라 흔히 사회적 부조

---

6 마르크스뿐만 아니라 아리스토텔레스와 게리 베커(Gary Becker)가 서로 반대의 입장에서 이 점을 지적했다(Becker, 1975).

등을 통해 행복이나 복지를 증진시킬 수 있다. 그러므로 복지와 관련해서 사회관계에 대한 마르크스의 개념을 완화해 사회자본과 결합할 필요가 있다.

인간관계의 회복이 서비스 산업에서는 특히 중요하다. 유형적인 상품이나 재화와 달리 서비스에서는 인간관계가 사용가치와 불가분의 관계에 있다. 재화의 경우 내용이나 형태는 인간관계에 영향을 미치지 않거나 간접적으로만 영향을 미친다. 이에 비해 교육, 의료, 돌봄을 비롯한 서비스의 내용과 형태는 인간관계와 분리되기 힘들다. 서비스 산업의 비중이 점점 커지고 있다는 사실에 비추어볼 때 이 점은 더욱 중요하다.

서비스 산업에서 형성되는 인간관계는 소비자와 노동자 사이에 직접 발생하며, 소비자가 서비스의 직접적인 관리자가 되기도 한다.[7] 이같이 서비스에서는 소비자와 노동자의 권익이 충돌할 수 있으므로 시장경제에서 서비스 산업의 기업들이 소비자 위주로만 경영되는 것도 재고할 필요가 있다. 날선 소비자의 요구가 둔화되어야 식당, 은행, 호텔 등에서 노동자가 겪는 고통과 착취가 줄어들 것이다.

대다수 소비자가 노동자라는 점을 고려하면 소비자로서 얻은 서비스의 생산성이 노동자로서 겪는 감정적 또는 신체적 고통보다 나은지 따져 보아야 한다. 자신의 고된 노동을 가공적인 외식 등과 이를 위한 타인의 고된 노동으로 보상받기보다는 협약 등을 통해 모든 이의 고된 노동을 줄이는 편이 나을 수 있다(넬슨·티머만 엮음, 2013: 182~185). 또한 소비와 노동의 이분법을 약화하기 위해 식당 등은 셀프서비스self-service를 늘려 소비자의 역할을 노동

7 　서비스 산업에서는 특정 수량의 화폐가 지니는 가치가 재화의 수량이 아니라 종업원의 노동시간으로 규정될 수 있으므로 지배노동 개념이 유효해진다. 애덤 스미스(Adam Smith)가 지배노동을 논의하면서 토머스 홉스(Thomas Hobbes)의 권력을 언급한 것은 그만큼 인적인 관계가 중요하다는 것을 시사한다.

자의 역할로 전환할 필요가 있다. 그럴 경우 화폐소득이 줄어들지만 재화가격도 줄어들기 때문에 실질소득은 줄지 않는다. 또한 화폐와 시장에 대한 의존을 줄일 수 있다.

넓게 보면 생산과정과 교환과정으로 구성된 경제 전체의 흐름과 그 안에 참여하는 소비자나 노동자 등 경제주체의 역할에 대한 개혁 또는 변형이 가능하다. 시장에 존재하는 기존의 교환관계를 협동조합 등의 생산조직이나 소비조직의 내부로 흡수할 수 있다. 그럴 경우 경제 과정이 변형되고 소비자와 생산자의 역할이 결합된다.

인간관계를 회복하기 위해서는 사용가치의 교환 비율인 가격의 결정을 전적으로 시장에 맡기지 않고 가격 변동을 일정 수준으로 제한할 필요도 있다. 생필품 가격이나 임금을 결정할 때는 생계, 관례나 관습, 공정성, 평등, 빈자나 약자를 배려해야 한다. 경제학이 수용하는 효율임금가설을 적극적으로 해석함으로써 경기 변동에 따른 임금 변동을 둔화하는 추가적 근거로 삼을 수 있다.

물신숭배는 인간을 물건과 동일시하는 것이기도 하다. 자본주의에서는 사람들이 자신에게 이윤이나 효용을 낳기만 하면 물건인지 인간인지를 가리지 않는다. 물건에 대한 욕구와 다른 사람에 대한 욕구도 명확히 구분되지 않는다. 이는 사람이 물건이 되기도 하고 물건이 사람이 되기도 한다는 것을 의미한다.

인간성을 회복하려면 사람과 물건을 동일하게 취급하지 않아야 한다. 우선 동식물이라는 생명체를 물건과 구분해야 한다(신정완, 2015). 무엇보다 인간과 분리되지 않는 노동력을 일반 상품과 동일시하지 말아야 한다. 이를 위해서는 물건 또는 가계와 노동자를 모두 비용 조건으로 간주하는 자본가나 경영자의 관행에 제한을 가해야 한다. 이 역시 복지자본주의의 목표였다.

자본주의의 현실 속에서 착취의 다양한 모습과 근거를 고려할 필요가 있다. 먼저 물적 자산과 관련된 자본주의적 착취뿐 아니라 신체와 정신에 대한 기본권이나 인적 요소와 관련된 봉건적인 착취, 능력의 차이에 따른 착취를 고려해야 한다(Roemer, 1982). 또한 나이, 성별, 종교, 국적 등 포괄적인 의미에서 신분에 근거한 착취를 고려해야 한다(Van Parijs, 2003: 176). 아울러 노동가치를 고집하지 말고 착취를 평등성이나 공정성과 연결할 필요도 있다. 나아가 물적 관계가 아니라 인적 관계가 지배적인 서비스 산업에서 등장하는 감정노동에 대한 착취를 중시해야 한다(홍훈, 2011).

교환관계와 관련해서도 상품일 수 없는 존재들이 상품화되어 시장이나 암시장에서 화폐가격에 거래되고, 화폐로 환산되면서 부가가치와 국민소득으로 나타나는 문제를 지적해야 한다. 자연환경, 돌봄 노동, 신체, 장기, 성, 아기, 대리모, 마약 문제 등이 그런 예다(Heynen and Robbins, 2005).

그렇다면 상품화를 거부하는 사람들이 미시적 차원에서 이를 개선할 방법이 있을까? 상품화에는 상품, 가격, 화폐, 경쟁, 교환, 시장이 관련되어 있다. 그런데 마르크스와 달리 칼 폴라니 Karl Polanyi 는 이들이 서로 분리될 수 있다고 주장했다(폴라니, 2009). 이들 중 어느 것도 없으면 자가소비이고, 이들이 모두 결합되면 화폐적인 시장의 교환이다. 양극단의 중간에는 가격이 붙지만 가격이 고정되거나 안정된 물건의 교환, 가격이 붙지 않은 물건을 대상으로 하는 물물교환이나 선물교환, 경쟁이 없는 시장에서의 거래가 있다.[8]

아파트에서 서로 돌아가며 아기를 돌보거나 모임에서 돌아가며 음식을 준비하는 것은 화폐의 매개 없이 서비스를 주고받는 것이다. 이처럼 노동 또는

---

[8] 극도로 가난한 사회에서는 식량과 성이 교환되는 경우도 있다. 김동인의 「감자」에 묘사된 것이나 과거 한국에 흔했던 첩살이가 이에 해당된다.

활동과 그것의 결과가 쉽게 분리되지 않는 서비스에서는 질적 측면이 중요하므로 선물교환이 더 효율적일 수 있다. 가령 돌봄 등의 서비스에서는 질과 이에 대한 신뢰가 중요하므로 익명적 거래보다 인격적 관계에 근거한 거래가 요구된다. 관계경제학이 서비스와 관련해 사회적 품질을 강조하는 이유도 여기에 있다. 같은 맥락에서 국가 수준의 화폐보다 지역화폐가 적절할 수도 있다.[9]

자본주의 경제에서도 조직 내부의 거래에는 상품, 가격, 화폐가 개입되어 있지 않다. 이때 조직은 넓은 의미에서 기업에 국한되지 않으며 비영리법인과 협동조합 같은 생산조직, 생산조직이 아닌 가정, 관료, 교회, 병원 등을 포함한다. 이러한 조직을 시장에 가깝게 변경하는 것이 아니라 그대로 유지하거나 반대 방향으로 변화시킬 수 있다.

조직 내부에서 경쟁과 실적주의를 통해 효율성을 강화하기보다는 협동과 형평을 강화하는 것이 그런 방향이다. 내적으로는 협동조합처럼 일인일표를 지향하는 것이나 내부 구성원들 사이에서 임금에 최저치를 설정하는 것 또는 임금격차에 최대한도를 부과하는 것 등이 포함된다. 과거의 연봉제는 이런 성격을 지녔으나 최소한의 형평이나 화합이라는 소극적 목표를 지향한다. 더 적극적으로는 조직이 외적으로 수익 또는 이윤을 목표로 하지 않은 채 손실이 나지 않는 생존을 최소 요건으로 정하고 활동 자체를 목적으로 삼을 수 있다.

---

9   실제로 한국의 소비자협동조합 아이쿱(iCOOP)에서는 서비스뿐 아니라 식품을 비롯한 재화에 대해서도 지역화폐를 활용하고 있다.

4) 노동의 결과와 과정

마르크스가 지적한 바와 같이 자본주의 경제에서 사람들은 자신이 생산했거나 소유한 상품을 통해 시장에서 간접적으로 평가받는다(홍훈, 2014a). 노동이나 활동 자체가 아니라 노동의 결과가 중요하고, 그 결과에 대해 시장이 부여하는 가격이라는 평가가 중요하다(홍훈, 1998).[10] 따라서 자본주의의 구성원은 노동이나 활동이 아니라 가격으로 표현된 노동의 결과를 통해 자신의 사회적 존재를 확인한다.

상품을 통한 시장의 평가는 인간의 활동 자체나 이에 수반된 과정을 경시하게 만든다. 그런데 삶의 매 순간을 비가역적으로 경험하는 인간에게는 결과보다 활동이나 실천 자체가 중요하다. 이러한 관점은 생산과 실천적 행동에 대한 아리스토텔레스의 구분에 부합된다. 생산poesis은 그 목적이 활동praxis의 외부나 결과에 있고, 행동은 그 목적이 활동의 내부에 있어 행동 자체가 목적이다(홍훈, 2006). 아리스토텔레스가 말했듯, 행복은 문자 그대로 삶 자체의 풍요로움eudaimonia flourishing이다. 그리고 결과주의에서 벗어나 노동의 속도가 둔화될 때 비로소 자연 친화적인 삶도 가능하다(넬슨·티머만 엮음, 2013: 179).

이처럼 과정이나 참여는 사회정의뿐 아니라 좋은 삶을 위해서도 중요하다. 마르크스의 『공산당 선언Manifest der Kommunistischen Partei』에서 "시인이 아니면서 시를 쓰고 어부가 아니면서 낚시하는 사회"로 그려진 이상적 사회가

---

10 공리주의의 결과주의는 주지의 사실이다. 또한 노동가치론과 반대되는 한계생산성이론은 이런 현실을 긍정적으로 수용해, 결과는 한계생산물(marginal physical product)로, 시장의 결과는 한계가치생산물(marginal value product)로 각각 규정한다.

여기에 부합한다. 그리고 이는 노동가치가 노동, 그리고 활동으로 되살아나야 가능하다. 서비스 산업에서는 노동이 그것의 결과가 아니라 그 자체로 제공되기 때문에 노동과 노동의 결과가 쉽게 분리되지 않으며 활동이 그 자체로 중요해진다.

착취 노동이나 소외 노동뿐 아니라 삶을 노동 자체로 전락시키는 노동도 인간 본연의 활동일 수 없다(넬슨·티머만 엮음, 2013: 95~98). 마르크스는 생계를 위한 노동과 이런 노동의 반복을 위한 여가나 휴식의 이분법을 거부하고 인간적인 활동의 회복을 지향했다. 그러한 관점에서 소외된 노동이나 착취 노동의 시간을 줄이고 여가 시간을 늘리는 것이 노동의 성격을 인간의 활동으로 바꾸는 데 기여할 수 있다.[11] 마르크스에 따르면 노동은 삶의 일부일 뿐 삶 자체일 수 없다. 이는 사회 구성원이나 시민이 소비자뿐만 아니라 노동자로도 환원되지 않는 것을 의미한다. 그와 비슷한 맥락에서 삶이 입시 공부와 동일시되지 않아야 한국의 학생들은 행복해질 수 있다.

물론 과정을 결과와 완전히 분리할 수는 없다. 특정 시점에서 바라본 소득재분배는 결과에 대한 개혁이므로 그 자체가 마르크스에게 궁극적 중요성을 지니지는 않는다. 그렇지만 소득재분배를 통해 어느 정도의 소득이 확보되면 사회 구성원이 결과를 유일한 목표로 삼는 교환관계나 착취관계에서 벗어날 수 있다. 또한 동태적으로 삶과 활동의 기회를 늘릴 수 있다(Myles, 1996: 133). 소득분배의 이러한 측면은 존 롤스John Rawls의 주장이나 기본소득제도에도 등장한다.

아리스토텔레스주의자인 마사 누스바움Martha Nussbaum이나 아마르티아

---

11 가령 2 대 1과 같은 노동과 휴식의 비율을 신중하게 고려할 필요가 있다(Walzer, 1983: 188).

센Amartya Sen은 활동을 가능케 하는 역량capability과 기능function을 중시한다 (Sen, 1987; Nussbaum, 2003). 생산과 소비의 역량·기능은 물질적 풍요나 효용 또는 주관적 후생subjective wellbeing 등의 소극적인 좋음보다 자유와 자아실현을 위한 적극적인 활동을 낳는다. 가령 사회보장을 통해 유지되는 건강과 의무교육을 통해 육성된 사고 능력은 자신이 원하는 인생의 계획을 실현하는 기반이 된다.

마르크스에게는 상품시장보다 노동시장이 더 문제였고 복지도 상품시장보다 노동시장과 더 밀접하게 연관되어 있다(Myles, 1996: 118). 노동시장에서 사고팔리므로 노동력도 상품이지만 여러 측면에서 일반 상품들과 다르다 (Offe, 1984: 92~100). 상품과 기계와 달리 노동력은 시민인 노동자와 불가분의 관계에 있으며, 장시간 생산과정에 묶여 있다. 또한 노동력의 생산과 재생산은 공장이 아니라 가정에서 이루어진다. 이는 마르크스와 폴라니가 공유하는 측면들이다.

인간에게 역량이 요구되는 이유는 인간이 욕구를 지닌 데 있다. 따라서 좋은 삶을 위해서는 제대로 된 욕구를 갖추고 있어야 한다(홍훈, 2015a). 욕구를 개발하고 관리하지 않으면 자원에 대한 정의로운 분배의 기준에 사회 전체가 합의했더라도 자원을 각자 어디에 어떻게 활용할지 모를 수 있다. 마르크스에게도 정의와 복지의 거리를 메우고 이들을 매개하는 것은 인간의 욕구와 욕망이다.

그에 따르면 인간의 욕구는 사회적이면서도 다양한 주관과 감성을 허용한다. 그런데 인간의 욕구는 시장과 자본에 의해 재생산되므로 욕구와 이에 근거한 선택의 여과·관리·통제가 행복을 위한 요건이다. 이를 위해서는 필요와 욕구를 공리주의처럼 쾌락과 고통에 근거해 파악하는 것이 아니라 역량이나 기능과 연결해 개념화할 필요가 있다.

마르크스의 관점에서는 자본주의가 부추기는 욕망이 문제다. 이는 의식주에 대한 기본적 필요를 넘어서는 화폐증식이나 축재, 그리고 사치에 대한 욕망이다. 가령 가치증식을 위해 기업이 벌이는 광고에 이끌려 선택한 스마트폰, 자동차, 유럽 여행이 복지를 늘린다는 보장이 없다. 이는 행동경제학도 지적하는 바다.

욕구와 역량의 육성·관리에는 배움이 요구된다. 배우지 않으면 이용당하고 착취당하기 쉽다. 사회 현장에서의 실천 및 경험과 함께 학교교육도 중요하다. 물론 마르크스의 관점에서 자본주의의 학교는 생산능력, 자유정신, 사고 역량뿐만 아니라 자본주의 이념을 육성한다. 그렇지만 중등교육과 대학교육이 상대적 자율성을 지닌다면 학교교육에 대한 개혁은 나름대로 의미가 있다. 특히 자본주의 이념과 밀접하게 연관된 신고전학파 이론에 관한 대안적인 경제학과 경제 교육이 필요하다.[12]

학교에서는 많은 사람이 많은 시간을 보내므로 복지 차원에서도 학교교육을 개혁할 필요가 있다. 한국처럼 교육이 입시나 취직 등의 결과를 지향하고 이로 인해 치열한 경쟁을 유발할 경우, 배움이 주는 즐거움은 반감된다. 배움이 좋은 삶의 일부가 되기 위해서는 노동과 마찬가지로 배움도 결과가 아니라 참여하는 과정으로 거듭나야 한다.

행동경제학과 심리학은 외적 유인에 치중하는 노동이나 학습에 한계가 있다는 점을 지적하며 내적 동기를 부각시킨다(Csikszentmihalyi, 1999; Iyengar and Lepper, 1999). 내적 동기를 존중하는 것이 좋은 결과도 낳을 수 있다

---

12 최소한 가격기구에 의존하는 시장이 외부효과나 경기불황 등의 비효율성 이외에도 많은 경제사회 문제들을 해결할 수 없다는 것, 그리고 인간이 늘 이기적이거나 합리적이지는 않으며, 이기적인 것이 언제나 합리적인 것은 아니라는 점을 전달할 필요가 있다.

(Frey, 1994; Bénabou and Tirole, 2003). 나아가 미시 단위와 거시 체제에서의 민주적 절차는 결과와 관계없이 참여·포섭·공정성을 보장하는 요건이다(Frey and Stutzer, 2005).

노동이 활동이 되고 활동을 벌이는 일자리가 삶에서 임금 획득 이상의 의미를 지니려면 노동에 대한 평가에도 변화가 있어야 한다. 마르크스가 이론화했듯이 노동시장에서는 여러 노동이 동질화되는 경향이 있다. 시장의 동질화를 방치하기보다는 노동의 질이나 단조로움, 고통이나 위험 등을 구성원들에게 물어서 사회적 합의를 도출할 필요가 있다.

구체적으로 직책의 소유자는 임금 이외에 일이 주는 보람, 신분, 권력관계 등을 얻는데, 이런 것들은 임금에 반영되어 있지 않다. 반면 힘들고 누구나 하기 싫어하지만 사회적으로 필요한 노동에는 낮은 임금과 경멸이 수반되는 경향이 있다. 고된 노동에 비해 즐거운 노동은 같은 시간에 임금을 적게 받도록 만들 필요가 있다. 질적 차이나 단조로움, 고통 및 위험의 차이를 임금, 여가, 문화 등을 통해 보상할 수 있다. 이것이 어려우면 노동(집 안 청소) 자체를 교대로 수행할 필요가 있다(Walzer, 1983: 165~183; Van Parijs, 2003: 58~84).[13]

이렇게 해야 모두가 싫어하는 일을 하는 사람이 적은 소득과 낮은 사회적 지위를 지닌 채 생명에 대한 위험이 높아지는 상황을 벗어날 수 있다. 이를 통해 서로가 협조적으로 변하고, 노동에 대한 자긍심이 증가하며, 작업의 안전도도 향상될 것이다. 여기서는 시장의 평가, 고시 등 시험에 의한 능력주

---

13 순환이나 교체를 필요로 한다는 점에서 가사는 권좌와 비슷하다. 최상위의 권력은 누구나 일단 차지하면 놓지 않으려는 독재의 위험이 있기 때문이고, 최하위의 노동은 누구나 싫어하기 때문이다.

의가 적용되지 않는다.

권력과 돈의 분배가 불평등하지 않더라도 상품 생산과 결과주의에 지배되는 사회에서 사람들은 행복하기 힘들다. 다수의 사람이 평생 많은 시간을 기업 등의 생산조직과 학교에서 지내기 때문에 이 점은 더욱 중요하다. 미시적으로는 기업을 비롯한 단위 조직의 지배 구조에 대한 개혁을, 거시적으로는 경제사회의 체제에 대한 개혁을 필요로 한다.

5) 자본주의의 무정부성과 불확실성

사람은 평생 유년·소년·청년·장년·노년을 거치면서 여러 위험이나 불확실성에 노출된다. 출생의 불운, 가정의 불화나 파탄, 학업, 직장, 소득, 권력, 명예, 환경오염, 질병, 교통사고, 자연재해 등이 그것이다. 후생厚生보다 복지福祉나 행복幸福이 이것을 더 정확하게 표현하고 있다.[14] 소득으로 좁힐 경우, 동일한 평균소득이라도 일생을 통해 변동의 폭이나 편차에 따라 삶의 질이 달라진다. 나아가 그러한 변동이 생계를 위협하는 수준에 이르면 그 시점 이후의 삶이 파괴될 수도 있다.

시장의 변동은 일차적으로 성인에게 영향을 미치고 가정을 통해서 아동에게 영향을 미친다. 이 때문에 실업수당이나 의료보험 등으로 위험과 불확실

---

14 인간이 완전히 통제할 수 없어 기도(祈禱)를 드려야 하는 자의적이거나 임의적(random) 상황은 시장경제와 경제학 모두의 불완전성을 대변한다. 프리드리히 엥겔스(Friedrich Engels)는 이미 잔차(residual)가 신과 통한다고 지적했다. 데이비드 흄(David Hume) 이래 경제학은 완벽한 이론이 불가능하다고 전제해왔으므로 이는 통계학과 계량경제학이 강조하는 잔차와 통한다. 이와 비슷하게 경제학자들은 시장경제가 최상이므로 보편적 복지를 거부하지만 시장경제가 완벽하지는 않으므로 무복지가 아니라 잔여적 복지를 주장한다.

성을 줄이면 복지가 늘어난다. 소득재분배가 주어진 시점에서 사회계층 간 차이를 줄여 사회정의를 실현한다면, 사회적 보험은 시장경제의 위험을 집결시킴으로써 특정인에게 닥치는 변동의 폭을 줄이고 극단적 변동에 대비케 한다.

물론 소득분배와 보험은 서로 무관하지 않다. 돈이 없는 사람은 의료보험에 들기도 힘들어 병에 걸리면 더욱 심각한 위기에 빠질 수 있다. 또한 그 역도 성립한다. 그렇지만 분배와 보험은 개념적으로 분리될 여지가 있다. 아울러 위험과 이에 대비한 보험은 반드시 사회정의와 연결되지 않으면서도 복지에 영향을 미칠 수 있다.

마르크스의 관점에서 인간이 삶을 통해 겪는 변화는 자본주의의 시대구분이나 진화와 일치하지 않는다. 독점·금융·국가독점 자본주의의 구분이나 진화는 한 개인의 삶보다 긴 세월이다. 에르네스트 만델Ernest Mandel 등이 활용했던 콘드라티에프Kondratiev 경제변동의 주기만 해도 50년이다. 또한 특정 개별 자본의 순환기간이 특정인의 인생 주기와 일치하지도 않는다. 따라서 자본주의의 사회 구성원이 일생을 통해 자본주의의 진화를 그대로 경험하지는 않는다. 그러나 마르크스의 입장에 따르면 인간이 일상적 삶 속에서 겪는 위험이나 불확실성은 사회적이며, 자본주의 고유의 사회성을 지닌다.

시장의 교환관계와 기업의 착취관계는 불확실성의 근원이다. 우선 마르크스는 생산의 무정부성과 경쟁으로 인해 자본주의가 동태적이라는 점을 누구보다도 명확하게 인식하고 있었다. 또한 생산과 착취가 진행되는 공장에는 계약의 이행, 직무 수행의 정도, 기술혁신 등에 따른 불확실성이 따라다닌다. 그리고 1970년 초부터 시작되어 1990년 이후 가속화되고 있는 세계화와 금융시장의 변화로 인해 불확실성은 더욱 증가했다. 자본주의의 불확실성은 인적인 위계나 권위로 규정된 봉건 체제의 불확실성과 성격이 다르다.

이조 시대의 왕, 한국의 대통령, 장관, 사장 등 조직의 장 또는 집안의 어른이 내리는 지시나 감정의 불확실성은 봉건적이다.

마르크스의 입장에서 자본주의의 불확실성은 경제사회 관계와 경제사회의 구조 및 그것의 변동에서 발생하므로 개인이 원인도 아니고 책임질 수도 없다. 이는 위험이나 불확실성이 연관 산업이나 기업들의 협력 관계 등으로 인해 서로 독립적이지 않고 연계되어 있으며 연쇄적이라는 것을 의미한다. 또한 개인이 개별적으로 특정 위험에 처한다기보다 여러 개인이 동시에 동일한 위험에 처한다는 점을 의미한다(신정완, 2014: 138~139).

불확실성의 관계성은 누구보다도 사회관계를 강조했던 마르크스에 부합된다. 시장에서 받은 충격을 자본가는 노동자에게, 모기업은 협력 업체에 전가할 수 있다. 또한 자본가와 노동자, 부자와 빈자, 대기업과 중소기업은 위험 흡수 능력에 차이가 있다. 가령 평균수입만이 아니라 수입의 변동 폭에도 차이가 있다. 이렇게 되면 불확실성은 복지뿐 아니라 공정성이나 정의와도 연결된다.

1929년 대공황, 1997년 한국의 외환위기, 2008년 미국의 비우량주택담보대출 위기 등을 통해 공통적으로 확인된 기업들의 연쇄도산에서 불확실성의 관계성과 총체성을 살펴볼 수 있다. 마르크스(와 케인스)에 따르면 자본주의에서는 위험보다 불확실성이 문제이고, 개별적인 위험이 아니라 체제적인 위험이 중요하다.[15]

이런 관점에서는 불확실성uncertainty과 위험risk을 구분할 필요도 있다. 불확실성은 위험과 달리 확률분포를 모르는 상황을 나타낸다. 불확실성은 체

---

15 하이먼 민스키(Hyman Minsky)가 지적했듯이 이러한 생각은 상당 부분 케인스에게도 등장하며, 프랭크 나이트(Frank Knight)의 분류에도 등장한다.

제적·비가역적·누적적이며, 보험의 대상으로 전환시킬 수 없다. 반면 신고 전학파는 시장경제에서 위험을 개별화하고 개인의 책임으로 간주하며 확률 분포도 알고 있어, 완전히 보험의 대상으로 전환할 수 있는 위험에 초점을 맞춘다.

자본주의 경제는 시장에 근거해 불확실성이 높지만, 금융자본주의하에서 는 투기가 심화되어 사회경제 전체 수준에서 불확실성이 더욱 높아진다. 또 한 같은 자본주의 체제에서도 노동자의 일생 전체의 임금의 분포는 노동시 장의 제도들에 의해 결정된다. 노동시장을 보다 유연하게 만들거나 대외개 방이 증대하면 불확실성은 더욱 증가한다. 거시적으로는 공황이 발생하면 구조적 불확실성이 극대화된다. 1997년 한국의 외환위기에서는 이러한 불 확실성이 아동의 복지에 심각한 손상을 가했다.

위험의 원인이 외견상 사회와 무관해 보이는 경우에도 실제로는 사회적일 수 있다. 광우병은 이윤을 극대화하려는 자본주의의 고유성이 낳은 위험이 다. 일본의 후쿠시마 원전 사고는 쓰나미 자체가 아니라 원자력 발전이라는 사회문제가 원인이다. 또한 원인이 실제로 비사회적이더라도 위험이 전파 또는 확산되는 방식이나 정도는 사회적으로 결정된다. 이윤 극대화와 경비 절감을 위해 정부나 기업이 지진이나 태풍, 원자력 발전소, 선박 사고, 전염 병의 위험에 충분히 대비하지 않았다면 피해는 더 커진다. 이는 자본주의의 고유성과 연결된다.

마르크스의 입장에서는 불확실성이 사회관계와 사회구조에서 발생하므로 이를 완화하기 위한 보험도 개인의 선택과 시장에 맡길 수 없다. 사회나 국 가가 떠맡아야 한다. 그런데 이는 주어진 경제사회체제의 보존을 전제하지 않는다. 먼저 자본주의와 금융자본주의에 대한 적극적인 개입을 필요로 한 다. 케인스의 거시경제정책은 불확실성을 완화해 거시적인 비효율성을 줄일 뿐만 아니라 불확실성을 낮출 수 있다. 조세정책과 재분배적인 복지 정책에 내장된 안정성도 이와 비슷한 효과를 지닌다.

좀 더 근원적으로는 자본주의 체제 자체를 규제나 기타 방법을 통해 교정하는 것이 마르크스의 정신에 부합된다. 노동시장의 유연화는 임금을 낮추었을 뿐 아니라 임금의 불안정성을 높였다. 나아가 비우량주택담보대출 위기에서 드러난 것처럼 금융시장의 자유화와 진화로 인해 위험과 불확실성은 더욱 증가했다. 그리고 이는 노동시장의 유연화와 결합해 자본소득이나 금융자본 소득에 비해 임금 소득을 불안정하게 만드는 결과를 가져왔다. 노동시장과 금융시장에 대한 제도적 보완이 시급하다.

6) 영역별 정의와 기본소득제도

마르크스처럼 자본주의를 거부하지 않지만 자본주의를 둔화시키려는 원리로 영역별 정의spheres of justice와 기본소득제도를 들 수 있다. 공동체주의에 속하는 영역별 정의에 따르면 상품·화폐·가격의 작동을 억제하기 위해서는 사회 전체의 여러 영역이 제공하는 다양한 사회적 좋음에 대해 하나의 평등과 분배의 원리를 획일적으로 적용하지 않아야 한다.[16] 영역별로 별도의 원리를 허용해 하나의 좋음(돈, 권력, 학력)이 다른 좋음(공직, 명예, 문화)을 압

---

[16] 마이클 월저(Michael Walzer)는 공동체주의자로 분류되고 공동체주의는 마르크스주의와 충돌하는 부분이 많다(신정완, 2014: 96~97). 그런데 월저에게 영역은 지역이나 역사문화권이라기보다 특정 사회의 정치, 경제, 교육 등을 지칭하므로 상대주의를 어느 정도 피할 수 있다. 가령 교육에서는 한국이든 미국이든 시장의 경쟁이나 돈의 힘이 지배적 원리가 되지 않아야 한다. 오코너가 지적했듯이 이는 마르크스와 폴라니의 공통 부분이다. 월저는 예상보다 빈번하게 마르크스를 인용하고 있다.

도하지 못하도록 차단할 필요가 있다. 이는 단순한 평등이 아니라 복잡한 평등을 추구하는 것이 된다(Walzer, 1983; 신정완, 2014: 96~104, 2015).

우선 재화나 자유 또는 기본권 등 좋음은 그 자체로 존재하지 않고 사람들이 공유하는 사회적 의미에 근거한다. 사회적 의미는 인간이 어딘가에 소속되어 인간관계나 사회관계에 의존하는 데서 생겨난다(Walzer, 1983: 6~26, 31~63). 재화의 가격도 양적으로 표현된 사회적 의미다. 사람들은 사회적 좋음을 일상적으로 개념화하고 창출·소유·활용하면서 구체적인 정체성을 지니게 된다. 따라서 사회적 좋음은 인간관계에 봉사한다.

사회적 의미와 사회적 좋음의 분배 원리는 역사적으로 변동하며 영역마다다르다. 시장, 정치, 의료, 교육, 관료, 군대, 가정은 각기 자율적인 분배와 평등의 원리를 따른다. 마르크스가 이미 지적했듯이 능력과 필요에 따른 분배를 고려해 자유로운 교환, 응분, 필요 등의 기준을 생각할 수 있다. 지도자의 직책을 순환 보직으로 만들고, 시민권은 이와 달리 자격 요건에 따라 부여하며, 관료 등의 직책은 선발 시험에 의존한다. 자본의 힘이나 정치적 권력이 미치지 않는 가정에서는 인간적인 관계 또는 친지들 사이의 호의와 애정, 정실, 소유자의 재량, 인척들의 유대가 근거가 된다. 이런 점에서 가정은 복지국가의 축소판과 같다(Walzer, 1983: 155~164, 227~248).

나아가 도시를 특정인이 지배할 수 없다면, 기업도 특정인이 지배할 수 없으므로 노동자가 관리해야 한다. 사회 구성원은 동등한 사람으로 인정받고 이에 근거해 자긍심을 지녀야 한다. 그리고 이러한 좋음은 반드시 상대적이거나 희소한 것이 아니다. 복지국가의 일자리 확보나 사회보장은 소득 보전이나 소득 보조에 그치지 않고 사회 구성원이 경제사회적으로 추방되지 않았다는 점을 확인시켜 자긍심과 정체성을 부여한다(Walzer, 1983: 278~281).

반면 국가권력이 토론이나 교육의 내용을 결정하거나 가정사에 끼어든다면 사회의 정의와 복지를 보장할 수 없다. 또한 극단적인 시장주의나 자유지상주의가 주장하듯이 돈으로 정치나 교육을 해결하려 들면 심각한 문제가 발생한다. 특정 영역에서의 독점보다 영역을 넘어 특정 분배 원리를 적용하는 지배나 전단이 더 심각한 문제다. 평등의 원리도 이와 같다. 이러한 관점에서 분배의 궁극적 원리는 영역들 사이의 경계를 어디에 설정하느냐.

이보다 훨씬 간단한 기본소득제도는 시민인 모든 사회 구성원에게 조건 없이 일정액의 소득을 주는 제도다(Van Parijs, 2003). 여기서 조건이 없다는 것은 기존의 생산적 복지 등에서처럼 일자리를 찾으려 노력했다거나 소득 등 자신의 빈곤함에 대한 증명을 요구하지 않음을 의미한다. 이 점에서 기본소득은 보편적 복지다. 또한 조세에 근거한 사후 교정을 핵심으로 삼는 복지국가 모형과 구분된다.

필리프 판 파레이스Philippe Van Parijs에 따르면 이 제도는 전통적으로 서양 사회가 추구해왔던 자유, 평등, 효율이라는 가치를 종합적으로 촉진한다(홍훈, 1994). 그는 이 세 가지를 변형해 보장, 자기 소유, 그리고 가능한 한 최대의 실질적 기회로 규정했다. 먼저 모든 사회 구성원에 대한 기본권 혹은 형식적 자유를 보장한다. 또한 자신의 정신, 신체, 시간을 자신이 관리하도록 허용한다. 그리고 사회 최하위층의 기회가 가장 많이 늘어나도록 만들어 사회 구성원 모두에게 삶의 실질적 기회들을 최대화한다(Van Parijs, 2003: 25).

물론 기본소득은 현세대뿐 아니라 이후 세대에도 지속될 수 있는 수준이어야 한다. 이러한 조건들을 충족하는 기본소득을 가능한 한 최대로 만든다. 기본소득의 액수는 경제의 발전 정도에 따라 달라지지만 선진국의 경우에는 생계수준을 넘어선다. 청년기에는 이를 의지박약으로 탕진할 가능성이 있으므로 기본소득을 한꺼번에 주기보다는 일정 기간 단위로 분할해 지급한다.

기본소득은 형식적 자유가 아니라 실질적 자유를 보장한다. 그런데 자유는 기회를 제공할 뿐 이 기회를 활용한 행위의 결과, 특히 후생이나 효용의 수준까지 보장하지는 않는다. 또한 기본소득은 정의로운 사회를 이룩할 뿐 좋은 사회를 보장하지 않는다. 좋은 사회가 되기 위해서는 정의로움 이외에 좋은 인간관계 등 다른 조건들이 갖추어져야 한다.

기본소득은 생계를 위한 강제노역이나 노예노동을 방지하려는 취지를 담고 있어 비자발적 실업뿐 아니라 비자발적 취업도 억제한다. 완전고용을 목표로 삼았던 케인스적인 복지국가는 노동을 우선시한다. 기존의 시장경제체제도 노동에 우위를 부여해 어떤 직장을 선택하는지에 집중한다. 이에 비해 기본소득은 고용을 조건으로 삼지 않고 여가나 실업에 비해 노동을 우위에 두지 않기 때문에 고용 관계의 속박을 완화한다.

기본소득은 사람들이 원한다면 여가를 즐기거나 자발적 실업을 하는 등 좋은 삶에 대한 다양한 견해와 활동을 허용하고, 특정 견해나 활동에 대해 불이익을 주지 않는다. 사람들은 기본소득에 의존함으로써 직장을 선택하는 데 비금전적 유인도 고려할 수 있다. 기호의 다양성과 여러 노동에 수반된 고통이나 질을 보상하기 위해 다양성을 고려한 상태에서 최고로 높은 기본소득을 확보하려 노력한다.

생산수단의 공유를 내세우지 않으며 현금 급여를 통해 선택의 자유와 가격·교환의 원리를 존중한다는 점에서 기본소득은 마르크스와 차이가 있다. 또한 기본소득은 시장과 가격을 중시하고, 경매를 환영하며, 화폐의 존재도 부정하지 않는다. 그렇지만 기본소득을 제공함으로써 임금노동을 통해 화폐를 획득해야 한다는 속박을 둔화하려고 노력한다. 자신이 원하는 바에 따라 임금노동을 통해 돈을 더 벌 수도 있고, 놀 수도 있으며, 자영업·협동조합·노동자관리기업 등을 선택할 수도 있다.

이와 조금 다르지만 프랑스 혁명의 이념을 중시하는 프랑스의 세르주 크리스토프 콤Serge-Christophe Kolm은 피케티보다 앞서 진보적인 소득공유제를 제시했다. 그는 노동가치론을 주창하는 대신 노동량을 소득(재)분배의 근거로 내세웠다. 전체 노동시간 중 약 3분의 1에 해당되는 여러 사람의 소득을 완전히 평등하게 나누는 반면, 나머지는 완전히 각자의 몫으로 삼는 이분법적인 분배 체계를 제시했다(Kolm, 2004). 전체 소득 중 얼마만큼의 비율을 공유할지는 각 사회가 결정해야 한다.

4. 한국 사회의 정의와 복지

1) 역사적인 조망

20세기 한국 사회의 변동은 서양 사회의 변동이나 이에 근거한 시기 구분과 완전히 일치하지 않는다. 일제의 합병 이전은 제1차 세계대전에 상응하고, 이후는 양차 대전의 사이에 해당된다. 해방으로 제2차 세계대전 이후는 일치하나 분단과 전쟁의 특수성이 있다. 신자유주의와 불평등의 추세는 서양보다 늦게 진행되었다. 1992년의 자본자유화로 세계 금융시장의 영향을 받기 시작했고, 1997년 외환위기 이후에 신자유주의가 도입되면서 소득 불평등이 증가하고 비정규직이 확산되었다.

무엇보다 선진국 경제사회를 대변하는 케인스적 복지국가가 지배적이던 1960~1970년대에 남한은 개발독재의 시기를 지나고 있었다. 전후 선진국 경제의 호황, 케인스적인 복지국가의 등장, 그리고 1970년대 복지국가 위기 등의 시기에 한국 경제는 정부 주도로 수출 위주의 산업화를 위해 노력했다. 국가의 힘이 확대되었지만 그것이 복지로 이어진 것이 아니라 독재와 수출 주도 경제개발로 이어졌다.

한국 경제는 고도성장을 기록했지만 상당 기간은 복지를 고려할 만큼 소득수준이 높아지지 않았다. 선진 경제에서 케인스적인 총수요 정책이 현실적 문제였던 데 비해 한국에서는 생산능력을 키우는 성장 정책과 산업 정책이 지배적이었다. 일상적으로도 먹고살기 바쁘고, 수출 전쟁과 입시 전쟁을 치르는 상황에서 인간적인 생활이나 복지, 그리고 자연환경 보호를 생각하기란 힘들었다.

산업화가 이루어진 상황에서 국가가 개입해 시장과 자본을 도와주는 동시에, 복지를 위해서 이들을 제한하는 모순과 갈등, 그리고 국가의 재정적 위기가 복지국가의 위기다. 이에 비해 한국에서는 개발독재로 인해 국가가 이미 복지와 무관하게 성장과정 자체에 개입했으며, 이러한 개입은 산업화를 위해 시장이나 자본을 관리하는 수준이었다.

또한 한국 등 동아시아 국가에서 복지는 가정이나 회사 차원에서 제공된 경향이 강했기 때문에 1980년대에 들어서야 복지국가가 태동했다(Esping-Andersen, 1996a: 10). 현재도 한국의 복지 수준은 낮다. 2006년에 정부 예산에서 복지 재정이 차지하는 비중을 보면, 독일이 60%를 넘고 미국도 40%에 가깝다. 이에 비해 2009년에 한국은 적게 보면 20%를 간신히 넘기고, 많게 보아도 30%를 넘지 않는다(이태수, 2014: 219). 복지에 대한 국민의 욕구가 과도하다고 볼 수도 없다. 따라서 한국에서 복지국가의 모순이나 이로 인한 국가의 재정적 위기는 이제부터 등장할 문제다.

이제 한국의 모든 정권이나 정당이 정당성을 확보하기 위해 복지 정책을 내세우는 상황에 이르렀다. 이 점에서는 마르크스주의의 지적이 타당하다. 그런데 한국 사회에서 복지의 확산은 신자유주의의 확산과 시기적으로 일치한다. 이 때문에 두터운 복지를 기대할 수 없었다. 이는 김대중 정부의 상황과 정확히 부합된다. 오랜만에 한반도에 그나마 약간 진보적인 정부가 출범한 시기와 외환위기가 발생한 시기가 일치하면서 진보적인 정부는 신자유주의를 구현하려고 노력했다. 결과적으로 복지 수준을 높여야 하는 상황에서 보편적 복지와 선별적 복지의 논쟁이 진행되고 있다.

독점 부문과 경쟁 부문에 대한 구분은 완전경쟁에 대한 비판이자 한국 경제의 상황과도 부합하는 논리다. 사회적 자본, 그중에서도 사회적 투자를 검토할 필요가 있다. 가령 국민총소득 중 연구개발비 비중에서 한국은 2013년에 4.2%를 기록해 세계 최고 수준이다(장금영, 2015). 이 연구개발비가 어느 정도로 대기업에 집중되고 있는지 검토해야 한다.

오페의 논리는 1997년 외환위기 이후 한국에서 진행된 구조조정이 지닌 모순과 비슷하다. 거시적인 긴축정책과 함께 진행된 이 구조조정에서 투명한 회계제도, 은행에 대한 BIS 비율, 사외이사 제도 등을 통해 도입된 규정들의 취지는 시장경제의 확대였다. 그런데 이러한 제도의 도입 주체는 정부였다. 이에 따라 정부의 힘은 더욱 커지거나 줄지 않는 모순이 발생한다.

그렇더라도 오페의 이론은 1970년대의 한국이 아니라 1990년대 이후의 한국에서 설명력을 지닐 수 있다. 특히 자본축적을 도와주면서도 정당성을 확보해야 하는 국가의 모순은 이제 한국 사회에서 현실이 되어가고 있다. 또한 자본가 계급의 논리가 곧 현실이 된다는, 자본주의의 이념에 대한 그의 지적은 중시해야 한다(Offe: 151, 200).

2) 특징

한국 사회에서 인간관계는 중요하다. 특히 지연·혈연·학연에 근거한 인간관계가 사회를 지배하고 있다. 한국 사회는 관계적일 뿐 아니라 집단적이고 위계적이므로 가족이나 국가, 조직에 대한 소속도 강조한다. 이는 우리 사회의 이상은 아닐지라도 현실이다. 그중에서도 학연과 학벌은 가장 복잡한 경제사회적 특징이다. 1970년대 이후의 경제성장과 민주주의의 회복도 이러한 인간관계와 결합되어 있다. 인간관계를 중시하기 때문에 한국 사회에서 사회자본은 중요하다(Markus and Kitayama, 1991).

1997년 외환위기 이전에는 한국 사회의 복지도 이러한 인간관계에 의존하는 바가 컸다. 그리고 일본뿐 아니라 한국에서도 국가나 시장이 아닌 가정에 대한 복지 의존도가 높다. 외환위기 이후에도 이 같은 연緣의 복지는 완전히 사라지지 않은 듯하다. 정신적이거나 물질적인 어려움을 극복하는 데 친척, 고향 친구, 학교 동창은 여전히 도움이 되고 있다.

서양에는 시장과 국가 사이에 시민사회가 있다. 그런데 이러한 시민사회가 한국 사회에서는 굳건하지 못하다는 것이 일반적인 평가다. 그 대신 한국에는 연에 근거한 인간관계가 시장과 국가 사이에 존재한다. 그 소재지는 가정, 학교, 지역사회라고 생각된다. 한국 사회의 인간관계는 좋은 측면과 나쁜 측면이 함께 있어 이중적이다. 정확히 말해 한국의 인간관계는 상당 부분 상품관계나 교환관계에서 벗어나 있지만, 동시에 시민사회와 부합하지 않는 부분을 지니고 있다.

인간관계의 따뜻함이나 좋음은 정실이나 부정을 낳아 수시로 정의 또는 법과 충돌한다. 동창생을 만나 우정을 나누지만, 동창생이기 때문에 국회의원으로 선택한다. 개인의 자율성과 선택을 존중해야 하므로 간섭할 수 없지만, 이러한 선택이 낳는 사회적 결과가 정당하거나 효율적이라고 주장할 수는 없다.

한국의 인간관계가 지닌 문제는 마르크스주의가 지적하는 복지국가의 모순과 다르다. 복지국가의 모순은 국가의 복지가 상품관계와 자본축적을 도와주는 동시에 상품관계와 충돌한다는 데 있다. 한국의 인간관계가 지닌 문제는 상품관계에서 벗어나면서 동시에 시민관계와 충돌하거나, 개인의 복지에 부합되지만 사회정의와 충돌한다는 점이다. 관계의 경제학을 내세우는 학자들은 인간관계와 시민정신이 쉽게 결합될 수 있다고 전제하는데, 한국 사회는 이런 상황과 거리가 있다(자마니·부르니, 2004; 홍훈, 2015b).

특히 학연·학벌에는 동양 사회의 역사적 특징이 담겨 있다(홍훈, 2014b). 학연·학벌은 공개적인 시험과 경쟁을 거치므로 지연이나 혈연과 달리 근대성을 담고 있다. 또한 학연·학벌은 사회적 자본인 동시에 인적 자본이다(Bourdieu, 1980, 1986). 그런데 학연·학벌은 사회적 자본이지만 사회적 해악이기도 하다. 필사적인 입시 경쟁과 동창회가 만들어내는 폐해는 한국인이라면 누구나 알고 있다. 학연·학벌이 정의와 복지에 미치는 영향도 이중적이다.

한국의 인간관계는 복지에 긍정적 영향을 미치지만, 정의에는 부정적 영향을 미친다. 서양에서 정의가 복지의 필요조건이라면 한국에서는 정의와 복지가 충돌하는 경우가 많다. 정의와 복지를 함께 추구하려면 인간관계를 시민정신과 결합시켜야 한다. 또한 그렇게 해야 단순한 화목이나 복이 아니라 진정한 인간관계와 복지가 생겨날 것이다.

한국 사회에서 동등성이라는 가치는 현실과 큰 간극이 있다. 한국을 비롯한 동아시아에서는 복지와 관련해서도 집단·위계·교육이 중심이 된다는 것은 주지의 사실이다(Goodman and Peng, 1996: 195~196; 커밍스, 2001: 15). 특히 갑을 관계에서 약자는 표면적으로나 법적으로 서로의 관계를 변경할 대안이 있어 자유로워 보이지만 실질적으로는 대안이 배제되어 속박을 받고 있다. 이로 인해 불공정, 불평등, 착취가 발생한다. 발주자와 수주자, 모기업과 하청업체, 고용주와 종업원, 주무 관청과 산하단체, 스승과 제자 등의 관계가 그런 예다.

그런데 한국의 갑을 관계에는 마르크스가 지적한 상품과 화폐의 비대칭성이나 노자관계에 위계적·권위적 인간관계가 결합되어 있다. 상품화폐관계가 물적인 성격이 강하다면, 갑을의 순서로 표현되는 위계는 인적 요소가 강하다. 그리고 이러한 인적 요소는 반복적인 거래에서 비롯되는 장기적 관계를 통해 형성된다. 인적 요소가 강하므로 갑을 관계는 자본의 소유나 재산의 차이, 독과점 등으로 환원되지 않으며, 추상적이고 물적인 체계가 아니라 신분에 근거한 여러 종류의 폐해나 착취를 낳는다.

에스핑 안데르센에 따르면 남유럽이나 일본의 복지는 가정을 중시한다. 또한 동아시아는 교육에 대한 의존도가 높다. 나아가 전 세계적인 수준에서도 탈산업화로 인해 경제가 서비스업 위주로 개편되면서 능력의 차이가 더욱 중요해졌다. 이를 극복하려면 교육이 전제되어야 한다(Esping-Andersen, 1999: 182~184). 더불어 월저는 가정과 국가, 유년과 성년 사이에 학교를 배치해 중시하고 있다.

한국 사회에서도 가정이 중심이 되는 교육과 가족주의의 연장에 가까운 학벌이 중요하므로 이를 고려해야 한다. 그러려면 한국의 복지와 정의를 논의할 때 가정, 지역사회, 학교, 국가, 시장, 기업을 다원적으로 고려할 필요가 있다. 따라서 경제사회의 정의와 관련해 이미 주된 사회 의제가 되어 있는 입시 교육과 학벌 사회를 복지의 관점에서도 재검토해야 한다.

한국의 교육은 외견상 개인의 선택과 능력에 지배되는 것처럼 보인다. 그렇지만 한국의 교육에는 구조적 제약에 따른 실질적 속박이 견고하게 자리 잡고 있다. 더구나 한국의 교육은 분배 원리로서 다른 영역까지 지배하는 경향이 있다. 교육을 많이 받고 좋은 학교를 나온 사람은 모든 차원에서 능력이 있을 것으로 기대된다. 한국 사회에서는 돈이나 자본의 힘만큼이나 학벌의 힘이 강하다.

한국의 경우 사교육 등을 통한 입시 경쟁에서 부모의 재산과 소득의 차이가 확실히 불평등을 조장하고 있다. 이는 학생의 지능이나 수학 능력 또는 노력과 무관하게 성립되는 논리다. 학교의 서열에 근거한 학연과 학벌은 사회 속에서 좀 더 적극적인 불평등과 배제를 낳는다. 분명 교육의 실질적인 기회균등은 불평등과 사회적 불만을 해소할 것이다.

교육의 실질적인 기회균등이 경제사회의 정의와 관련된다면 학벌 사회와 입시 경쟁은 복지나 행복과 직접 연결된다. 학벌 사회를 약화하고 입시 경쟁을 둔화하는 것이 학생과 부모의 삶을 풍요롭게 만들어 복지를 향상시킬 것이다.[17] 학생의 복지에서는 우리 농산물 무상 단체급식 등과 함께 공교육과 사교육 등 입시 교육의 고통을 고려해야 한다. 학생들이 졸업 후 학벌 사회에서 겪는 사회 구성원으로서의 차별·소외·배제와 이로 인한 고통도 감안해야 한다.

한국 사회의 지난 반세기는 경제에서 성장과 수출 경쟁, 교육에서 입시 경쟁으로 점철되어 있다(홍훈, 2015a: 64). 운동선수의 메달뿐 아니라 음악가의 경연 또는 교수의 학위나 논문도 그러한 메달이었다. 이는 화폐로 환산되든 점수로 환산되든 모두 극단적인 결과주의다. 따라서 결과주의를 약화시키는 일이 한국 사회의 정의와 한국인의 복지를 위해 시급하다. 더구나 한국에서는 치열한 경쟁이 사용가치의 질을 불량하게 만든 경우가 많은데, 교육이 그 단적인 예다.

---

17 이 부분에서 정의와 복지는 거리를 보인다. 학생들이 밤새 공부하고 성적을 비관해 자살하는 것이 능력주의나 기회균등 등 사회정의의 부산물로서 불가피하다고 주장할 한국인들이 적지 않다. 물론 이들의 주장은 옳지 않다. 그렇지만 설령 이들이 옳다고 하더라도, 이들이 주장하는 정의를 줄여서라도 어린 학생들의 복지를 증진시켜야 한다.

마르크스에 따르면 노동자와 관련된 측면들로 노동자에 대한 착취, 노동 조합 등을 통한 노동자의 투쟁과 저항, 노동력의 매매, 노동력의 재생산과 노동자의 소비 등을 들 수 있다. 이를 보완하려면 노동자의 (재)생산 또는 출산, 노동력 또는 '인적 자본'의 형성 등을 추가해야 한다. 이 모든 것에는 국가와 시장이 개입되어 있다. 이 중 노동력의 재생산·출산, 노동력의 형성에서는 이에 더해 가정이 관련되고, 노동력의 형성에서는 다시 학교까지 관련된다.

출산은 미래의 노동자나 생산능력에 영향을 미친다. 노동력의 형성은 노동 공급의 질과 양에 영향을 미치고, 생산성을 결정하며, 고용에 영향을 미친다. 노동력의 재생산은 가정의 가사노동과 돌봄 서비스에 의존한다. 가사노동은 시장에서 거래되지 않고 그 대가로 화폐임금이 지불되지 않지만, 노동력의 재생산에 필수적이며 사회 전체의 후생에서 중요한 부분을 이룬다. 이는 가정이 소비의 주체일 뿐만 아니라 생산의 주체임을 보여준다.

가정은 재화나 사용가치(김치)뿐만 아니라 인간관계에 의존해 서비스(자녀 돌보기)를 제공한다. 더 근원적으로 가정은 상호성을 바탕으로 시장·사회의 무정함에 소모된 노동자의 육체와 손상된 정신 및 감정을 회복시켜준다. 이는 노동력의 재생산이 신체적이거나 물질적인 측면뿐 아니라 정신적인 측면을 지니고 있으며 가정이 이 모든 것에 봉사해왔음을 의미한다.

또한 한국 사회에서는 가정이 입시 경쟁으로 소모된 자녀의 체력과 손상된 정신 및 감정도 치유해야 한다. 결과적으로 한국의 가정은 노동력과 함께 학습 능력의 재생산에 봉사해왔다. 한국 사회에서 인적 자본과 사회자본은 학교를 통해 형성되는 경우가 압도적이므로 가정은 인적 자본과 사회자본의 형성에 기여하고 있다(홍훈, 2012).

더구나 가정에서 제공되는 재화나 서비스 중에는 국가나 시장이 대체재를 제공하기 어려운 경우가 많다. 식당의 식사는 가정의 식사보다, 외부인의 돌봄은 가족의 돌봄보다 열등하다. 나아가 부부나 남녀, 그리고 부모·자식의 애정에 대한 대체재를 국가나 시장이 제공할 수 없다. 이런 종류의 서비스에는 인간관계가 개입되며, 저렴한 가격이나 많은 수량보다 사회적 품질이 더 중요하다(자마니·부르니, 2004: 312~319). 가정이 정의와 거리를 둘 수는 있지만 복지나 행복과는 가깝다.

물론 1960년대 이후 많은 국가의 여성이 가사노동을 제공하는 전통적인 생활 방식에서 벗어나 시장의 노동자로 변신하고 있다(Esping-Andersen, 1999: 47~72). 그리고 여기에는 여성이 가정의 속박에서 벗어나 성적으로나 경제적으로나 남성과 동등해진다는 긍정적 측면이 있다. 그런데 출산율, 가사노동, 시장의 노동 공급은 서로 연결되어 있다. 출산은 거시적으로 인구를 늘려 미래의 생산능력을 증대할 뿐 아니라 양육을 위한 서비스를 필요로 한다. 이러한 양육 서비스를 국가나 시장 또는 친지가 제공하지 않는다면 산모가 직장을 가질 수 없어 여성 노동이 공급될 수 없다.

자본주의 사회에서 가정은 시장이나 자본에 의해 지배된다고 보는 것이 마르크스의 입장이라면, 그 규범적 함의는 가정의 해체라기보다 이러한 지배로부터 가정을 회복시키는 것일 수 있다. 더구나 통상적인 생각과 달리 산업 발전 때문에 가정이 해체된다고 단정하기도 힘들며, 남유럽을 비롯한 유럽이나 미국에도 가족기업과 자영업이 적지 않다(홍훈 외, 2013). 이러한 맥락에서 국가와 시장뿐 아니라 가정을 사회의 핵심적인 구성요소로 간주할 필요가 있다. 물론 가정이 부과하는 구속, 가정 내 권위, 불평등, 그리고 폭력을 제거해야 한다는 만만치 않은 조건들이 붙어 있다.

서양의 정의·복지·경제에 관한 이론은 모두 사회 구성원이 자신의 욕구에 충실하다고 전제한다. 한국인의 경우 과연 그런지에 대한 성찰이 필요하다. 좋은 삶을 누리기 위해 한국인은 돈·명예·권력에 대한 욕구를 각자의 인생 설계에 부합하는 욕구로 전환해야 하고, 이러한 욕구를 성취하기 위한 능력을 갖추어야 한다. 자원과 소득이 공정하게 분배되었더라도 이를 적절히 활용하지 못한다면 의미가 없다.

그리고 이를 위해서는 특정 상황에서 '진정으로 내가 원하는 것이 무엇인가?'를 수시로 물어보아야 한다(홍훈, 2015a). 이러한 훈련을 통해 상류층과 부유층의 욕구나 서양인의 욕구 등에 대한 모방, 갖가지 허위 욕구, 사회의 전통과 권위가 부과하는 욕구의 억압 등을 극복해야 한다. 우리의 승진, 입시 교육과 외국 유학, 음주 등에 대한 욕구도 과연 정상인지 물어야 한다. 또한 교육을 중심으로 부모가 자식에게 갖는 대리 욕구를 재고해야 한다. 그리고 이 욕구들을 변화시키려면 가정, 학교, 자본, 국가 중 어떤 것이 변해야 하는지 따져야 한다.

참고문헌

곽노완. 2007. 「기본소득과 사회연대소득의 경제철학: 빠레이스, 네그리, 베르너에 대한 비판과 변형」. ≪시대와 철학≫, 18권 2호, 183~218쪽.

넬슨(Anitra Nelson)·티머만(Frans Timmerman) 엮음. 2013. 『화폐 없는 세계는 가능하다』. 유나영 옮김. 서해문집.

센, 아마르티아(Amartya Sen). 1999. 『자유로서의 발전』. 김원기 옮김. 갈라파고스.

신정완. 2014. 『복지국가의 철학』. 인간과복지.

_____. 2015. 맑스 코뮤날레 토론문(미발표).

이태수. 2011. 「복지국가란 무엇인가? 왜 보편주의 복지국가인가?」. ≪복지동향≫, 4월호, 4~11쪽.

_____. 2014. 『복지경제학』. 학지사.

자마니(Stefano Zamagni)·부르니(Luigino Bruni). 2004. 『21세기 시민경제학의 탄생』. 제현주 옮김. 북돋움.

장금영. 2015. 『한국의 경제·산업정책』, 산업통상자원부.

커밍스, 브루스(Bruce Cumings). 2001. 『한국현대사』. 김동노 외 옮김. 창작과 비평사.

폴라니, 칼(Karl Polanyi). 2009. 『거대한 전환: 우리시대의 정치경제적 기원』. 홍기빈 옮김. 길.

프라이, 부르노(Bruno S. Frey). 2008. 『행복, 경제학의 혁명』. 유정식·홍훈·박종현 옮김. 부키.

홍훈. 1994. 「경제민주화의 사상적 배경」. ≪연세경영연구≫, 31호(별책), 13~77쪽.

_____. 1998. 「현대적인 기업이론과 맑스인 관점」. ≪산업노동연구≫, 34권 1호, 229~254쪽.

_____. 2006. 「아리스토텔레스의 도덕적인 가계경제와 마르크스의 자본주의 생산경제」. ≪서양고전학연구≫, 26집, 153~191쪽.

_____. 2011. 「마르크스의 착취관계와 소비 및 동양의 인간관계」. ≪마르크스주의연구≫, 8권 1호, 12~39쪽.

_____. 2012. 「4장: 한국경제사회, 한국인, 한국교육: 한국형 모델의 이론적인 구성요소들」. 『한국형 모델』. 유정식 외 지음. 연세대학교 출판문화원.

_____. 2014a. 「피케티의 소득분배 가설에 대한 이론사적인 조망」. ≪사회경제평론≫, 45호, 133~159쪽.

_____. 2014b. 「베버의 『유교와 도교』: 한국경제사회에 주는 함의」. ≪한국경제학보≫, 21권 2호, 173~205쪽.

_____. 2015a. 「욕망의 정치경제학과 한국인의 욕망」. 맑스코뮤날레 집행위원회 엮음. 『다른 삶은 가능한가』. 한울.

_____. 2015b. 「서평 『21세기 시민경제학의 탄생』: 개인인가 관계인가?」. ≪아이쿱 생협평론≫, 19호(여름), 131~136쪽.

홍훈·박종현. 2014. 『미국의 고등교육』. 길.

홍훈·신태영·박종현·이상훈. 2013. 「한국의 기술발전과 사회경제적인 구조: 삼성반도체를 중심으로」, ≪정책연구≫, 2013-30호, 과학기술정책연구원.

Becker, G. S. 1975. *Human Capital*. Chicago: The University of Chicago Press.

Bénabou, R. and J. Tirole. 2003. "Intrinsic and Extrinsic Motivation." *Review of Economic Studies*, 70(3), pp.489~520.

Beveridge, William Henry. 1942. *Social Insurance and Allied Services*. HMSO.

Bourdieu, P. 1980. "Le capital social, notes provisoires." *Actes de la recherche en sciences sociales*, 31, pp.2~3.

_____. 1986. "The Forms of Capital." translated by R. Nice. *Handbook of Theory of Research for the Sociology of Education*. Greenwood Press.

Brewer, M. B. and W. Gardner. 1996. "Who is This 'We'? Levels of Collective Identity and Self Representations." *Journal of Personality and Social Psychology*, 71(1), pp.83~93.

Bruni, L. and S. Zamagni. 2009. *Civil Economy: Efficiency, Equity and Public Happiness*. Peter Lang AG, International Academic Publishers.

Castles, F. G. 1996. "Needs-Based Strategies of Social Protection in Australia and New Zealand." in G. Esping-Andersen(ed.). *Welfare States in Transition*. London: Sage Publications.

Coleman, J. 1988." Social Capital in the Creation of Human Capital." *American Journal of Sociology*, 94, pp.S95~S120.

Collins, R. 1979. *The Credential Society*. New York: Academic Press.

Csikszentmihalyi, M. 1999. "If We Are So Rich, Why Aren't We Happy?" *American Psychologist*, 54(10), pp.821~827.

Csikszentmihalyi, M. and J. LeFevre. 1989. "Optimal Experience in Work and Leisure." *Journal of Personality and Social Psychology*, 56(5), pp.815~822.

Cutler, Tony, Karel Williams and John Williams. 1986. *Keynes, Beveridge and Beyond*. Routledge & Kegan Paul.

Deci, E. and R. Ryan. 2000. "The 'What' and 'Why' of Goal Pursuits: Human Needs and the Self-Determination of Behavior." *Psychological Inquiry*, 11(4), pp.227~268.

Esping-Andersen, G. 1996a. "After the Golden Age? Welfares States in Dilemmas in a Global Economy." in G. Esping-Andersen(ed.). *Welfare States in Transition*. London: Sage Publications.

_____. 1996b. "Welfare States without Work: the Impasse of Labor Shedding and Familialism in Continental European Social Policy." in G. Esping-Andersen(ed.). *Welfare States in Transition*, London: Sage Publications.

_____. 1999. *Social Foundations of Postindustrial Economies*. Oxford University Press.

Frey, B. 1994. "How Intrinsic Motivation is Crowded Out and In." *Rationality & Society*, 94(6), pp.334~352.

Frey, B. and A. Stutzer. 2005. "Beyond Outcomes: Measuring Procedural Utility." *Oxford Economic Papers*, 57(1), pp.90~111.

George, Vic. 1968. *Social Security: Beveridge and Beyond*. Routledge.

Goodman, R. and I. Peng. 1996. "The East Asian Welfares States: Peripatetic Learning, Adaptive Change, and Nation-building." in G. Esping-Andersen(ed.). *Welfare States in Transition*. London: Sage Publications.

Gough, I. 1979. *The Political Economy of the Welfare State*. London: The MacMillan Press.

Gui, B. 2000. "Beyond Transactions: On the Interpersonal Dimension of Economic Reality." *Annals of Public and Cooperative Economics*, 71(2), pp.139~169.

Harris, Jose. 1977. *William Beveridge, A Biography*. Oxford University Press.

Heynen, N. and P. Robbins. 2005. "The neoliberalization of nature: Governance, privatization, enclosure and valuation." *Capitalism Nature Socialism*, 16(1), pp.5~8.

Huber, E. 1996. "Options for Social Policy in Latin America: Neoliberal verus Social Democratic Models." in G. Esping-Andersen(ed.). *Welfare States in Transition*. London: Sage Publications.

Iyengar, S. S. and M. R. Lepper. 1999. "Rethinking the Value of Choice: A Cultural Perspective on Intrinsic Motivation." *Journal of Personality and Social Psychology*, 76(3), pp.349~366.

Keynes, John Maynard. 1936. *The General Theory of Employment, Interest, and Money*. Macmillan.

Kolm, S. -C. 2004. *Macrojustice: The Political Economy of Fairness*. Cambridge University Press.

Markus, H. R. and S. Kitayama. 1991. "Culture and the Self: Implications for Cognition, Emotion and Motivation." *Psychological Review*, 98(2), pp.224~253.

Marx, K. 1967. *Capital*, Vol. I. New York: International Publishers.

Monzón, J. L. and R. Chaves. 2012. *The Social Economy in the European Union*. the European Economic and Social Committee by the International Centre of Research and Information on the Public, Social and Cooperative Economy.

Myles, J. 1996. "When Markets Fail: Social Welfare in Canada and the United States." in G. Esping-Andersen(ed.). *Welfare States in Transition*. in ed. G. Esping-Andersen. London: Sage Publications.

Nussbaum, M. C. 1988. *Nature, Function, and Capability: Aristole on Political Distribution, Oxford Studies in Ancient Philosophy*, Supplementary Volume. Oxford University Press.

_____. 2003. "Capabilities as Fundamental Entitlements: Sen and Social Justice." *Feminist Economics*, 9(2-3), pp.33~59.

O'Connor, J. 1973. *The Fiscal Crisis of the State*. New York: St. Martin's Press.

_____. 1988. "Capitalism, Nature, Socialism: A Theoretical Introduction." *Capitalism, Nature, Socialism*, 1(1), pp.11~38.

Offe, C. 1984. *Contradictions of the Welfare State*. Cambridge, Mass.: The MIT Press.

Peng, K. and R. Nisbett. 1999. "Culture, Dialectics, and Reasoning about Contradiction." *American Psychologist*, 54(9), pp.741~754.

Piketty, T. 2013. *Capital In The Twenty-First Century*. The Belknap Press of the Harvard University Press.

Portes, A. 1998. "Social Capital: Its Origins and Applications in Modern Sociology." *Annual Review of Sociology*, 24, pp.1~24.

Rawls, J. 1973. *The Theory of Justice*. Harvard University Press.

Roemer, J. 1982. *A General Theory of Exploitation and Class*. Cambridge, Mass: Harvard University Press.

Sacco, P. L., P. Vanin and S. Zamagni. 2006. "Chapter 9: The Economics of Human Relationships." in S.-C. Kolm, J. M. Ythier(eds.). *Handbook of the Economics of Giving, Altruism and Reciprocity*, Vol. 1. Amsterdam: Elsevier B. V.

Sen, A. K. 1987. *On Economics and Ethics, The Royer Lectures*. University of California at Berkeley.

Standing, G. 1996. "Social Protection in Central and Eastern Europe: a Tale of Slipping Anchors and Torn Safety Nets." in G. Esping-Andersen(ed.). *Welfare States in Transition*. London: Sage Publications.

Stephens, J. 1996. "The Scandinavian Welfares States: Achievements, Crisis, and Prospects." in G. Esping-Andersen(ed.). *Welfare States in Transition*. London: Sage Publications.

Tawney, R. H. 1965. *Equality*. Harper Collins Publishers.

Van Parijs, P. 2003. *Real Freedom for All*. Oxford University Press.

Walzer, M. 1983. *Spheres of Justice*. Basic Books.

Weiss, A. 1995. "Human Capital vs. Signalling Explanations of Wages." *Journal of Economic Perspectives*, 9(4), pp.133~154.

Zamagni, S. 2005. "Chapter 12: Happiness and Individualism: A Very Difficult Union." in L. Bruni and P. L. Porta(ed.). *Economics and Happiness*. Oxford: Oxford University Press.

자유주의와 복지

홉하우스와 마셜의 재평가

김윤태

　자유주의liberalism라는 말은 수백 년의 오랜 역사를 가지고 있으며, 지금도 인간 사회와 정치에 커다란 영향을 미치고 있다. 자유주의는 자유를 강조하는 정치사상이라는 점에서 간단하게 보일 수 있지만, 자유주의의 주장과 공리는 매우 복잡하며, 때로는 내적 긴장과 갈등의 요소도 가지고 있다. 이는 자유주의를 주장하는 학자들의 의견이 그만큼 다양하다는 점을 보여준다. 심지어 한 사상가의 주장에 상호 모순적인 주장이 그대로 양립·공존하고 있기도 하다. 그런 점에서 이 장은 자유주의를 이해하고자 부득이하게 주요 사상가의 사유의 궤적을 추적하며 자유주의라는 거대한 사상이 어떻게 발전했는지, 특히 복지국가의 발전과 변화에 어떤 영향을 미쳤는지 살펴보려 한다.

　역사적으로 보면 자유주의 사상이 시작된 최초의 역사적인 뿌리는 영국이다. 고전적 자유주의classical liberalism가 17세기 영국에서 토머스 홉스Thomas Hobbes 이래 존 로크John Locke, 애덤 스미스Adam Smith 등으로부터 태동한 이후 자유주의는 유럽과 미국에 널리 확산되었다. 프랑스의 알렉시 드 토크빌Alexis de Tocqueville, 미국의 토머스 페인Thomas Paine도 대표적인 자유주의 사상가다. 특히 애덤 스미스와 토머스 페인은 복지에 대한 국가의 책임에 관심을 가진 최초의 학자이기도 하다. 하지만 고전적 자유주의 사상가들은 일반적으로 개인의 자유에 비해 사회의 복지에 무관심했다. 20세기에 들어 영국의 존 스튜어트 밀John Stuart Mill, 토머스 힐 그린Thomas Hill Green, 레너드 트렐로니 홉하우스Leonard Trelawny Hobhouse 등이 제창한 사회적 자유주의social liberalism가 등장하면서 복지국가에 대한 관심이 본격적으로 강화되었다. 이들의 사고는 전후 영국 복지국가를 설계한 윌리엄 헨리 베버리지William Henry Beveridge와 존 메이너드 케인스John Maynard Keynes에게 커다란 영향을 미쳤다. 그러나 1970년대 이후 오스트리아 경제학자 프리드리히 하이에크Friedrich Hayek가 주창하는 신자유주의neoliberalism는 케인스, 베버리지, 복지국가, 심지어 모든 종류의 정부 개입을 격렬하게 비판했다. 이런 점에서 자유주의와 복지의 관계는 매우 국제적인 논쟁이자 정치적인 문제로 볼 수 있다.

하나의 글에서 자유주의의 모든 주제를 다루기는 어려울 것이다. 자유주의와 복지의 관계를 설명하는 글은 무수히 많기에 참고문헌만도 엄청난 분량이 될 것이다. 따라서 이 장에서는 독자의 이해를 돕기 위해 가급적 자유주의의 사상적 기원이나 뿌리, 철학적 주제는 간략히 소개하고, 다양한 종류의 자유주의가 복지국가의 발전에 어떻게 영향을 미쳤는지에 대한 설명에 초점을 맞추려 한다. 그런 측면에서 복지국가에 소극적 태도를 보였던 고전적 자유주의와 신자유주의보다 사회적 자유주의에 초점을 맞추고자 한다. 특히 영국의 사회적 자유주의의 주요 사상가였던 레너드 트렐로니 홉하우스와 그의 영향을 받은 토머스 험프리 마셜Thomas Humphrey Marshall의 이론에 초점을 맞추려 한다. 마셜은 '시민권' 이론의 주창자로서 복지국가의 철학적 토대를 제시한 사회학자로 평가받기에 그의 사상적 체계를 집중적으로 조명하고자 한다. 먼저 자유주의에 관한 역사적 · 철학적 고찰을 살펴보기로 하자.

1. 자유주의란 무엇인가?

자유주의라는 용어 자체는 역사적으로 다르게 사용되었으며, 지금도 나라별로 다양하게 이해되고 있어서 하나의 명확한 정의가 쉽지 않다. 현대적인 자유주의 역시 하나의 일관성 있는 통합적 이데올로기로서 체계적인 사상을 갖추었다고 보기 어렵다. 자유주의는 19~20세기 전 유럽에 가장 크게 영향을 준 정치사상이자 사회철학이지만, 자세히 살펴보면 다양한 흐름으로 지적 분화가 이루어졌다. 고전적 자유주의 이외에도 20세기 초반에 많은 관심을 받았던 사회적 자유주의, 그리고 최근 30년간 전 세계 정치인과 학자에게 가장 큰 영향을 준 신자유주의가 대표적이다. 자유주의 앞에 붙은 수식어에 따라 복지국가에 대한 관점도 다르다. 복지국가를 지지했던 20세기 초반의 많은 정치인이나 학자가 스스로를 '자유주의자'라고 주장했으며, 반대로 1970년대 이후 복지국가를 비판했던 사람들도 자신을 '자유주의자'라고 말하기도 했다.

오늘날에도 '리버럴liberal'을 자칭하는 사상가와 정치인이 많지만, 모두 동일한 것은 아니다. 예를 들어 유럽과 미국의 자유주의는 어감이 조금 다르다. 미국에서 리버럴은 정치적으로 민주당에 가까우며, 국가의 복지 정책을 지지하는 성향을 가리킨다. 그러나 유럽에서 리버럴하다는 것은 자유시장경제를 지지하고, 사유재산제도를 중시한다는 뜻이다. 정치적으로 구분하자면 리버럴이 미국에서는 중도좌파, 유럽에서는 중도우파에 가깝다. 다시 말해 유럽의 리버럴은 자유를 중시하는 반면, 미국의 리버럴은 평등을 강조하는 인상을 준다. 한국에서는 스스로 리버럴을 자처하는 정치 세력이나 정당이 거의 없지만, 공동체 자유주의 또는 진보적 자유주의라는 용어가 소개되기도 했다. 자유경제원, 뉴라이트 등 자칭 자유주의자가 존재하지만 개인의 자유보다 재산의 자유만 강조하는 이데올로기로 이용된다.[1] 한국의 자유주의는 미국과 유럽의 자유주의 개념과는 사뭇 다르며, 그다지 대중적인 정치 용어로 알려져 있지도 않다.

서구 사회에서 역사적으로 자유주의는 자유와 평등을 동시에 강조하면서 등장했다. 17~18세기 유럽에서 최초로 자유주의 사상이 등장할 때 자유와 평등의 두 가지 개념이 모토가 되었다. 1789년 프랑스 혁명의 구호는 자유, 평등, 우애였다. 지금도 파리 시청의 현판에는 세 단어가 새겨져 있다. 이는 프랑스 혁명을 주도한 세력의 이념을 표현한 것이다. 그 당시에 누구든지 자유, 평등, 우애를 지지하고 동의하는 사람은 파리의 '시민 citizen'이 될 수 있으며 프랑스의 '국민 nation'이 될 수 있다는 정치적 선언이었다. 이런 점에서 '국민국가'는 언어와 혈통을 토대로 만들어진 것이 아니라 정치적 공동체를 가리킨다. 프랑스 혁명 이후 전 세계로 확산된 국민국가는 자유와 평등이라는 두 개의 사상적 기둥 위에 만들어졌다고 볼 수 있다.

자유주의라는 용어가 처음 사용되기 시작한 시기와 장소는 17세기 유럽이다. 영어의 어원으로 보자면 '리버럴'이다. 이는 고대 로마 시대로 거슬러 올라가 인도주의 humanism, 관용, 열린 마음을 뜻하는 고전적 덕목인 '리버럴러티 liberality'에서 파생되었다. 라틴어 '리베르 liber'는 '자유로운'이라는 뜻이 담겨 있다. 르네상스 시대의 '리베랄 liberal'은 '좁은 편견에서 벗어난' 상태를 가리킨다. 이 시기에 새로운 지식인들은 신앙의 자유, 사상의 자유, 믿음의 자유 등을 중요하게 강조했으며, '차이'나 '다름'에 대해 관대하거나 열린 마

---

1   한국 자유주의의 기원은 대한제국 시기의 ≪독립신문≫으로 거슬러 갈 수 있지만, 개화파 지식인들이 식민지 강점기에 친제국주의와 친일파로 변질되면서 자유주의 운동은 실패했다(이나미, 2001). 이승만과 박정희의 권위주의 정부는 개인의 자유를 억압하는 한편, 재벌과 결탁해 자유주의를 '재산권'을 수호하는 이데올로기로 축소했다.

음을 가져야 한다고 생각했다. 종교의 편협함에서 벗어나 다양한 사상을 관용하는 것에는 개인의 이성과 합리성을 존중하는 계몽주의enlightenment 정신이 반영되어 있다. 그런 면에서 자유주의는 계몽주의의 후예로 볼 수 있다.

계몽주의는 프랑스에서 크게 발전했는데 볼테르Voltaire, 드니 디드로Denis Diderot, 장바티스트 르 롱 달랑베르Jean-Baptiste Le Rond d'Alembert 등이 대표적 인물이다. 계몽주의는 일반적으로 추상적 개념보다는 이성과 합리성을 통해 인간과 세계를 이해하려는 철학적 관점으로 알려져 있다. 하지만 계몽주의에는 단일한 체계적 이념이 없었으며, 이성과 정념, 경제적 자유와 사회정의, 국민주의와 세계시민주의 등 서로 모순적인 개념도 뒤엉켜 있었다. 분명한 점은 계몽주의 시대가 본격화되면서 자유주의가 정치적 영향력을 갖기 시작했다는 것이다. 계몽주의는 프랑스에서만 등장한 것이 아니라 스코틀랜드에서도 크게 발전했다. 실제로 계몽주의 초기 사상가들은 영국에 체류하거나 교류하는 경우가 많았다. 프랑스의 계몽주의 사상가들은 특히 영국 엘리자베스Elizabeth 시대의 '관용법'에서 큰 영향을 받았다. 관용법은 가톨릭과 영국 국교회 사이의 종교전쟁을 종식시키기 위한 것으로서 모든 종교에 대한 관용을 허용했다. 종교가 다르다는 이유로 처벌받지 않도록 법률을 제정했다는 점은 자유주의의 전형적 특성으로 평가할 수 있다.

계몽주의 시대 이전에 유럽에서 '리버럴'은 부정적 의미로 쓰이기도 했다. 그러나 계몽주의 시대를 거치면서 긍정적 의미로 바뀌었다. 17~18세기에는 보다 인도주의적이고 자유를 중시하는 개념으로 바뀐다.[2] 18~19세기 영국

---

2   오늘날의 '리버럴 아츠(liberal arts)'라는 단어가 등장한 시기도 바로 이즈음이다. 18세기 유럽에서는 리버럴 아츠를 '교양'이라고 해석하기도 했는데, 자유로운 사람이 배우는 교육을 가리킨다.

에서 '리버럴'은 자유로운 사람이라는 특별한 계급을 가리켰으며 자유liberty 와 비슷한 의미로 사용되었다. 그 후 리버럴은 '개방적'이고 '비정통적' 견해를 가리키는 뜻으로 쓰였다(Williams, 1976: 180). 하지만 '리버럴'이 정치에서 사용되기까지는 좀 더 시간이 걸렸다. 1812년 스페인의 한 정당이 '리베랄레스liberales'라는 용어를 처음 사용했는데, 이는 왕에게 입헌주의를 받아들일 것을 요구하면서 등장한 것이다. 그 후 전 유럽에서 자유주의 사상은 종교의 자유를 주장했고, 세습적 지위를 거부했으며, 군주제에 대해 상당히 비판적이던 시대적 흐름과 함께 급속히 확산되었다.

현대의 정치철학자들은 자유주의가 전 세계에 확산된 가장 큰 이유 중 하나로 '개인주의individualism'를 지적한다. 개인주의 사상은 신의 존재, 국가 또는 국왕보다 개인인 '나' 자신이 중요하다고 본다(Lukes, 1973). 개인주의를 강조하는 사회적 분위기는 17~18세기 영국에서 본격적으로 등장했다. 영국은 유럽의 다른 국가들에 비해 상대적으로 왕권이 약했으며, 영주와 귀족의 지배력도 약했고, 일찍이 자유로운 소농들이 비교적 많은 편이었다. 영국에서는 유럽의 어떤 사회보다도 핵가족이 발전했으며, 거주 이전의 자유가 있었다. 당시에는 외국인도 여권 없이 자유롭게 영국을 돌아다닐 수 있었다. 영국은 국가가 개인을 구속하지 않는 경향이 강했으며, 이는 개인주의 사상이 영국에서 발전하는 중요한 조건이 되었다. 자유주의는 17세기 영국에서 왕의 폭정에 저항하는 시민혁명이 발생하며 본격적으로 발전했다. 개신교의 등장과 자본주의의 발전도 개인주의를 기반으로 한 자유주의를 발전시키는 중요한 종교적·물질적 토대가 되었다. 하지만 자유주의가 영국만의 전유물은 아니다. 18세기에는 미국 혁명과 프랑스 혁명이 발생했고, 19세기 후반에는 사회주의 노동운동의 도전이 있었다. 그 후 자유주의 사상의 다양한 분화가 발생했다.

영국 정치철학자 존 그레이John Gray는 『자유주의Liberalism』이라는 책에서 자유주의의 공통적 요소로 네 가지를 지적했다(Gray, 1986). 첫째는 '개인주의'로, 사회적 집합성에 맞서 개인의 도덕적 우위를 강조한다. 둘째는 '평등주의'로, 모든 사람이 동일한 도덕적 가치를 보유한다고 본다. 셋째는 '보편주의'로, 인류의 도덕적 단일성을 강조하며 특정한 역사적 결사체와 문화적 형태는 부차적 지위일 뿐이라고 간주한다. 넷째는 '개량주의'로, 인간이 사회를 인위적으로 개혁할 수 있다고 믿으며, 사회적 제도와 정치적 배치의 교정 가능성과 개선 가능성을 지지한다(Gray, 1986: 14). 이러한 네 가지 요소는 서로 이질적이며, 상호 갈등적 성격도 가지고 있다. 또한 자유주의 사상은 국가마다 다르게 발전하며, 특히 영국과 프랑스에서 매우 다른 특징을 지닌다. 개인주의는 자유주의 사상의 중요한 뿌리이지만 반드시 모든 나라에서 강조되는 것은 아니다. 평등주의는 사회주의와 상당 부분 겹친다. 그래서 현대사회에서는 보편주의와 개량주의를 자유주의 사상의 핵심 요소로 간주한다. 하지만 시간이 흐르면서 자유주의 사상은 고전적 자유주의, 사회적 자유주의, 신자유주의로 분화했다.

2. 고전적 자유주의의 분화

고전적 자유주의의 주장은 17세기 이후 영국, 프랑스, 미국의 주요 사상가들을 통해 이해할 수 있다. 토머스 홉스, 존 로크, 몽테스키외Montesquieu de Secondat, 에드먼드 버크Edmund Burke, 토머스 페인이 대표적 사상가들이다. 먼저, 토머스 홉스는 자유주의 사상의 원조로 평가될 수 있다.[3] 1651년 홉스는 『리바이어던Leviathan』에서 국가를 구약에 나오는 괴물 '리바이어던'에 비유했다(홉스, 2007). 그는 시민사회란 '자연 상태'로서 인간이 인간을 잡아먹는 '만인 대 만인의 투쟁'의 상태라고 보았다. 따라서 무질서하고 혼란스러운 시민사회를 안정적으로 유지하려면 리바이어던과 같은 강력한 국가가 필요하다고 주장했다. 그러나 홉스의 국가는 왕권신수설의 국가와 다르다. 그는 절대군주제를 지지한 왕당파이기도 했지만〔그는 『리바이어던』을 자신이 가르쳤던 찰스 2세(Chalres II)에게 헌정했다〕, 국가가 개인의 절대적 자유를 보호해야 한다는 입장도 견지했다. 그는 리바이어던(국가)이 반드시 시민의 동의를 얻어야 한다고 주장했다. 시민의 동의는 일종의 사회계약을 가리키며, 자유주의 사상의 중요한 정치적 토대가 되었다. 그러나 홉스는 국가가 시민으로부터 권력을 위임받는 목적이 강도와 살인을 막고 치안과 안보를 지키기 위한 것이며, 국가는 최소한의 역할만 수행해야 한다고 보았다.

존 로크도 자유주의 사상의 원조로 꼽힌다. 그는 직업적 학자가 아니라 국회의원 보좌관이었고, 어째서 17세기 영국의 명예혁명이 정당한지에 대해 유명한 논문을 작성했다. 그는 「시민정부에 관한 제2 논문Second Treatise on Civil Government」에서 영국의 명예혁명, 즉 토리당과 휘그당의 정당 지도자가 협의해 왕과 의회 사이에서 이룬 정치적 타협의 정치적 의의를 설명했다. 명예혁명은 입헌군주제를 통해 의회가 왕권보다 더 많은 권력을 갖도록 정했다. 군주도 법의 지배를 받는 의회의 규칙에 따라야 했다. 왕은 의회나 시민의 동의가 없으면 외국에 선전포고를 할 수 없고 시민의 세금을 징수할 수 없도록

3　홉스의 첫 번째 작품이 투키디데스(Thucydides)의 『펠로폰네소스 전쟁사(Ho polemos ton Peloponnesion kai athenaion)』의 번역서라는 점이 흥미롭다. 홉스가 활동한 17세기 영국에서는 격렬한 종교전쟁이 벌어졌기 때문이다. 홉스가 태어난 해에는 영국과 스페인의 전쟁이 벌어졌다. 귀족 가문의 가정교사를 지냈던 홉스는 점점 정치에 관심을 가졌으며, 정치철학에 관한 책을 출간했다.

제한했다. 나아가 시민은 재판을 받지 않고 감옥에 갈 수 없으며, 언론·출판·집회·시위·결사의 자유를 보호받고, 사유재산은 침해받지 않는다. 이러한 주요 권리는 명예혁명 때 만들어진 「권리장전Bill of Rights」에서 강조된다.

로크는 상대방의 권리를 상호 존중한다는 공통의 목표를 가진 평등한 자유인들로 구성된 시민사회를 강조했다. 명예혁명 후 「권리장전」은 개인의 자유·생명·재산의 보존을 강조했는데, 이러한 권리는 '자연권natural right' 개념으로 정당화된다. 인간은 태어날 때부터 권리를 갖게 되고, 자유로운 존재로 태어났으며, 생명의 안전을 보호받아야 하고, 재산을 지킬 수 있어야 한다. 로크는 어떠한 법도 이러한 권리를 침해할 수 없다고 주장했다. 로크의 사상은 영국 자유주의의 원형으로 평가받는다. 그의 철학은 미국 혁명을 주도한 토머스 제퍼슨Thomas Jefferson에게 영감을 주었고, 프랑스 혁명에도 영향을 미쳤다.

영국의 자유주의는 프랑스에게 큰 영향을 주었다. 프랑스의 판사 출신 지식인이자 철학자인 몽테스키외는 영국을 방문한 후 영국의 종교적 관용에 대해 찬양했다. 가톨릭 국가인 프랑스는 30년에 가까운 종교전쟁에 시달렸으며, 프랑스의 개신교인들은 베를린 등 독일로 이주해야 하는 상황이었다. 몽테스키외는 가톨릭교회나 프랑스 군주제가 유지하는 구체제(앙시앵레짐)를 강하게 비판했다. 그는 종교의 자유를 주장하며, 『법의 정신De l'esprit des lois』(1748)에서 법을 통해 자유를 수호할 수 있다고 역설했다. 그는 국가의 권력을 왕에게 집중하는 것이 아닌 입법·사법·행정의 삼권분립을 지지했는데, 특히 사법부의 독립이 민주주의의 중요한 원리라고 강조했다. 법의 정신도 초월적·보편적 명령이 아니라 구체적인 사회적 관계 속에서 표현되는 정치적 지성이라고 평가했다(몽테스키외, 2006). 이후 몽테스키외의 사상은 미국과 다른 나라의 자유주의에 영향을 주었다. 한편 프랑스 혁명에 커다란 영향을 준 장자크 루소Jean-Jacques Rousseau 는 '일반 의지'의 매개를 통한 민주주의를 강조했다(루소, 1999). 루소는 사유재산제의 철폐를 주장하지는 않았지만, 지나친 불평등을 제한해야 한다고 생각했다. 이러한 사고는 뱅자맹 콩스탕Benjamin Constant, 알렉시 드 토크빌Alexis de Tocqueville 등 프랑스 자유주의자들의 비판을 받았다. 대체로 프랑스 자유주의자들은 비타협적 개인주의와 자유의 중요성을 역설했다.

영국에서도 프랑스 혁명에 대해 비판적 입장을 보인 사상가가 있었다. 보수적 자유주의자로 평가받는 에드먼드 버크가 대표적이다. 버크는 아일랜드 출신으로 브리스틀에서 휘그당의 국회의원으로 선출되었고, 무려 28년 동안 의회에서 활동했다. 미국 혁명이 발발하고 미국인들이 영국에 독립을 요구하자, 그는 미국 독립을 지지했다. 영국 의회는 분열되었으며, 왕당파는 독립을 반대한 반면 휘그당은 독립을 지지했다. 버크는 식민지 사람들도 자치할 권리가 있다는 입장을 견지했으며, 로크의 철학에 따라 자유·생명·안전을 보장해야 하므로 미국의 독립은 정당하다고 보았다.

그러나 버크는 프랑스 혁명에 대해서는 격렬하게 비판했다. 그는 『프랑스 혁명에 관한 고찰Reflections on the Revolution in France』(1790)에서 프랑스 혁명이 개인의 자유를 침해한다고 주장했다(버크, 2008). 실제로 프랑스 혁명 직후 자코뱅당은 평등주의 경향이 강했으며, 농민에게 토지를 분배하자고 주장했다. 반대로 지롱드당은 사유재산제를 유지하며 점진적 개혁을 추구하는 온건 세력이었다. 결국 정권은 급진파인 자코뱅에게 넘어갔고, 이들은 극단적인 평등주의를 추구했다. 당시 프랑스의 토지 가운데 70~80% 정도가 교회나 귀족에게 집중되어 있었는데, 이를 무상몰수해서 시민에게 분배하는 정책을 채택했다. 프랑스 혁명은 자유주의의 영향도 받았지만 평등주의적인 경향이 매우 강했다. 버크는 프랑스 혁명이야말로 평등주의의 극단적인 형태로 인간의 자유를 침해한다고 보았으며, 사유재산과 자유를 지키는 점진적 개혁을 지지했다. 그는 "진정한 위험은 자유가 사리사욕으로 조각조각 찢겨 사라지는 것이다"라면서 자코뱅의 평등주의에도 반기를 들었다. 크로퍼드 B. 맥퍼슨Crawford B. Macpherson은 버크를 "휘그 이론의 창시자인 존 로크의 훌륭한 계승자"라고 평가했다(McPherson, 2004). 한편 버크는 영국 보수주의 이론가의 원조로 명성을 얻었다. 보편적 이성보다 관습과 전통을 옹호했던 에드먼드 버크는 20세기 중반에 다시 주목을 받기 시작했고, 특히 1970년대 신자유주의 사상가들이 그를 재평가했다.

다른 한편으로 급진적 자유주의자 토머스 페인은 영국 출신이었지만 미국 혁명을 적극적으로 옹호했다. 페인은 미국 혁명이 발발한 1776년에『상식Common Sense』을 출간하고 군주제를 폐지해야 하는 이유를 조목조목 열거하며 미국의 독립이 가져오는 이익을 주장했다. 그 후 페인은 프랑스로 건너가 국민회의 의원이 되었으며,『인권Rights of Man』을 통해 평등이 자유주의 사상에서 가장 중요하다고 강조했다. 이 책의 부제는 '프랑스 혁명에 대한 버크 씨의 공격에 대한 답변'이다. 그는『인권』에서 프랑스 혁명으로 "'귀족'이나 '고귀한 신분'이라고 불리는 애매한 모든 세대의 계급이 사라지고 동등한 사람들은 '인간'이 되었다"라고 선언했다. 페인에게 평등이 없는 자유주의는 공허한 말이었다. 페인이야말로 복지국가 사상의 원조로 볼 수 있으며 기본소득, 노후 소득 보장, 사회보장제도, 누진세도 그의 아이디어다.

앞서 살펴보았듯이 고전적 자유주의는 계몽주의의 유산인 인간의 합리성에 대한 낙관주의를 물려받았지만, 하나의 사상 체계로 볼 수 없고 국가별로 상이한 전통이 만들어졌다. 대체로 영미권의 자유주의와 프랑스권의 자유주의는 큰 차이가 있다. 영국의 자유주의는 고대의 자유의 선례를 강조하는 데 비해, 프랑스의 자유주의는 자연권이라는 추상적 개념을 중요하게 내세운다. 하지만 영국의 자유주의 가운데 성경의 권위를 토대로 한 자연권 사상을 강조하는 사람도 있다. 미국의 독립선언문도 "천부적이고 양도할 수 없는 권리"를 언급하며 추상적 개념을 활용했다. 미국 '헌법'이 주장하는 생명·자유·행복 추구권은 모두 신이 만든 것이며, 로크와 마찬가지로 자연법에 기초한 것으로 보았다. 이러한 자연권 사상은 자유주의의 '보편주의' 경향을 매우 강화했으며, 만인의 평등을 강조하는 논리로 확대되었다. 그 후 스코틀랜드의 계몽주의와 애덤 스미스의 정치경제학을 통해 발전한 영국 자유주의는 19세기 말 제러미 벤담Jeremy Bentham 등 공리주의자들의 급진적 도전에 직면했다.

3. 경제적 자유주의의 변화

영국 사회는 18세기의 명예혁명 이후 민주주의 제도가 정착되고 산업혁명을 거치며 경제성장이 지속되는 가운데 점차 안정되었다. 그러자 자유주의는 평등보다 자유를 강조하기 시작했다. 이를 대변하는 사상은 자유방임laissez-faire의 경제정책을 강조했는데, 가장 유명한 학자가 바로 애덤 스미스다. 애덤 스미스는 고전적 자유주의를 대표하며, 경제적 자유주의의 주창자로 알려져 있다. 그는 『국부론The Wealth of Nations』(1776)에서 "우리가 저녁식사를 할 수 있는 것은 푸줏간 주인이나 빵 제조업자의 이타심이 아니라 돈을 벌려는 이기심 때문이다"라고 주장한 것으로 유명하다(스미스, 2007). 그는 '보이지 않는 손'을 강조하며 시장에 대한 정부의 최소 개입을 주장했다. 애덤 스미스는 자유무역을 지지했는데, 산업혁명에서 우월한 위치를 차지한 산업자본가의 입장을 대변한 것으로 해석되고 있다.

그러나 많은 학자가 애덤 스미스의 자유주의를 오해한다. 그는 개인의 이기심만 찬양한 것이 아니라 공감과 사회정의를 강조했다. 애덤 스미스는 원래 경제학자 이전에 철학자였고, 『국부론』 이전에 『도덕감정론The Theory of Moral Sentiments』이라는 책을 출간했다(스미스, 2009). 이 책에서 그는 "인간이 아무리 이기적 존재라 하더라도 그 천성에는 분명히 이와 상반되는 몇 가지가 존재한다"라고 지적했다. 그는 인간이 연민, 동정심, 타인의 고통에 대한 동류의식을 지녔다고 보았다. 이러한 천성을 '공감'이라 불렀으며, 만약 "인간의 공감이 없다면 사회 자체가 유지되지 못할 것"이라고 강조했다. 애덤 스미스는 자유방임의 주창자로 널리 알려졌지만, 국민에게 공공재를 제공하는 국가의 역할을 강조했으며 부자가 더 많은 세금을 납부하는 누진세도 지지했다.

영국 사회를 지배했던 경제적 자유주의는 공리주의utilitarianism 철학의 등장으로 서서히 변화했다. 영국 철학자 제러미 벤담과 그 제자인 제임스 밀 James Mill이 제창한 공리주의는 19세기 영국 자유주의를 새로운 방향으로 이끌었다. 제임스 밀의 아들인 존 스튜어트 밀은 20세기 초반에 영국의 고전적 자유주의를 넘어 사회주의적 경향을 지지했으며, 영국 복지국가의 태동에도 큰 영향을 미쳤다. 공리주의는 경제적 자유주의를 정당화하는 동시에 사회개혁을 위한 입법을 지지했다. 공리주의자인 벤담은 공공정책이 "최대 다수의 최대 행복"을 추구해야 한다고 주장했지만, 경제정책에 정부가 개입하는 것은 반대했다. 그 대신 정부는 사회를 통제하며 경찰, 감옥, 구빈원을 통한 사회 개혁을 추구해야 한다고 제안했다. 여기서 유명한 벤담의 '파놉티콘 Panopticon'이 등장하는데, 일종의 오각형 감시탑이다. 구빈원도 이러한 형태로 통제해야 한다고 보았으며, 가난한 이들의 게으름이나 나태를 개조하면 근면해질 수 있다고 생각했다.

공리주의가 제시한 사회 개혁의 원칙은 '효용utility'이다. 공리주의의 효용은 투입 대비 산출의 효과를 가리키는데, 사회의 총효율을 높이기 위해 가난한 사람들에게 복지 혜택을 제공하는 사회정책을 지지했다. 예를 들어 부자에게 10만 원의 효용은 매우 작지만, 가난한 사람에게 10만 원의 효용은 훨씬 크다. 가난한 사람의 소득을 높이면 사회적 총효용이 훨씬 증가하기 때문에 노동시장의 소득분배가 평등하지 않을 경우 국가의 재분배 활동은 정당성을 가질 수 있다. 이러한 사고는 사회주의를 내세운 페이비언 협회Fabian Society에도 큰 영향을 주었으며, 사회주의자들도 누진세를 통해 복지를 확대하는 정책을 지지했다. 그러나 이러한 정책은 개인의 자유를 제한한다는 점에서 자유주의의 이탈이라는 지적을 받기도 했다.[4]

공리주의 철학의 2세대라고 볼 수 있는 존 스튜어트 밀은 초기에는 고전적 자유주의를 적극 옹호했다. 그는 『자유론On Liberty』(1859)에서 '사회적 자유'를 강조하며 사회가 개인에 대해 당연히 행사할 수 있는 권력의 본질과 한계를 분석했다. 그는 '다수의 폭정'도 비판하면서 사상과 언론의 자유가 사회 진보의 필수조건이라고 강조했다. 하지만 이후 그는 '사회적 자유'가 '정치적 지배자의 폭정'을 막을 수 있다고 주장하며, 사회복지나 복지국가를 지지하는 입장으로 변화했다. 밀은 고전적 자유주의와 사회적 자유주의의 경계선에 있는 학자였다. 밀의 철학이 등장한 이후 영국에서는 사회적 책임을 강조하고 복지국가를 지지하는 '새로운 자유주의'가 탄생했다.

---

4   미국의 철학자 존 롤스(John Rawls)는 공리주의적 방식이 전체주의적 속성을 가지므로 최대 다수의 행복을 위해 개인의 권리를 제한할 위험이 있다고 지적했다(Rawls, 1971). 그는 정의를 실현하는 공정성의 원칙을 강조했으며, '최소극대화 원칙(Maximum Principle)'으로 사회에서 최대 취약계층에게 최대 혜택을 제공하는 방법을 제안했다. 롤스는 공정한 정의를 통해 자유롭고 평등한 시민들로 이루어진 안정되고 정의로운 사회를 유지해야 한다고 주장했다.

당시 영국에서 『자본론Das Kapital』을 집필했던 카를 마르크스Karl Marx는 존 스튜어트 밀이 "(자유와 평등이라는) 화해할 수 없는 가치들"을 통합하려 한다고 비판했지만, 밀은 개인의 자유가 사회적 조건과 긴밀하게 연결되어 있다고 믿었다. 밀에 따르면 자본주의의 생산성은 효율성의 영역이지만 생산물의 분배는 사회적 합의의 영역이었다. 그는 개인의 자유가 공동체의 선과 조화를 이룰 수 있다고 보았다. 특히 사유재산제도의 개선, 근로에 따른 정당한 임금 지급을 통해 가난한 노동자들의 처지를 개선해야 한다고 주장했다. 말년에는 정치경제학에 관심을 갖고 『정치경제학 원리Principles of Political Economy』(1848)를 출간했으며, 자본주의 대신 경제민주주의를 제안했고, 노동자 협동조합을 지지했다(밀, 2010). 노동자가 일정한 지분을 지니며 자신의 발언권을 갖는 조직을 주식회사와 자본주의의 대안으로 제시했다.

19세기 후반과 20세기 초반에 등장한 새로운 자유주의는 사회적 책임을 강조하는 방향으로 변화했는데, 이는 당시의 시대적 상황을 반영한 것이다. 산업혁명 이후 영국은 전 세계에서 가장 부유한 국가가 되었지만 엄청난 빈부 격차가 생겨났다. 찰스 부스Charles Booth의 조사에 따르면 런던 시민의 약 33%가 빈곤층이었다. 당시에는 소년 노동을 금지하는 법안도 없었으며, 초등학교 의무교육조차 없었다. 심지어 북부 잉글랜드의 탄광 지역에는 12~13세의 소년 노동자도 많았다. 영국 전체 노동자의 평균연령은 16~17세 정도였고, 하루 12시간 이상 장시간 노동에 시달리는 경우도 많았다. 또한 노예제도가 있었으며, 여성의 투표권과 재산상속권이 없었다. 존 스튜어트 밀은 노예제 폐지를 주장했으며 여성의 권리를 적극 옹호했다.

4. 홉하우스의 '새로운 자유주의'

19세기 말 마르크스는 런던의 대영박물관에서 자본주의를 비판하는『자본론』을 집필했지만, 이 책을 읽은 사람은 그리 많지 않았다. 하지만 영국 빅토리아Victoria 시대의 찰스 디킨스Charles Dickens , 토머스 칼라일Thomas Carlyle , 매슈 아널드Matthew Arnold 같은 저명한 작가들은 자본주의 사회의 문제점을 신랄하게 비판했으며 매우 유명했다. 이와 동시에 노동운동이 점점 커지면서 노동조합회의TUC 라는 전국노조가 결성되고 노동당이 창당되어 새로운 정치 세력으로 부상했다. 사회주의의 도전이 거세지면서 자유주의는 새로운 변화에 직면했다. 이 과정에서 고전적 자유주의의 자유방임에 반대해 사회적 균형을 추구하는 '새로운 자유주의'가 등장했다. '새로운 자유주의'는 개인의 자유를 확대하기 위해 정부가 적극적으로 사회 개혁을 추진해야 한다고 주장했다. 자유주의 사상의 전환은 20세기 초반 로이드 조지Lloyd George 총리가 이끄는 자유당 정부에 영향을 주었으며, 복지제도의 확대에 기여했다. 자유당 정부는 영국 최초의 사회보험을 도입하고 노령연금, 실업보험, 상병수당, 누진세의 도입을 추진했다.

존 스튜어트 밀 이래 새로운 자유주의를 제창한 토머스 힐 그린, 레너드 트렐로니 홉하우스, 존 앳킨슨 홉슨John Atkinson Hobson 등은 고전적 자유주의와 달리 개인의 자유가 사회경제적 환경과 밀접한 관련을 맺는다고 주장했다. 그중에서도 홉하우스가 유명하다. 그는 영국 최초의 사회학 교수로 런던 정경대학LSE 에 부임했으며, 페이비언 사회주의와 노동당보다는 자유당과 깊은 관련을 맺었다. 그는『자유주의의 본질Liberalism 』이라는 책에서 '새로운 자유주의new liberalism '의 철학을 체계적으로 제시했다(Hobhouse, 1911). 이는 토머스 힐 그린과 존 스튜어트 밀이 주창한 자유주의와 가까우며, 좀 더 '인간적인 자유주의'를 강조한다. 개인의 자유는 사회로부터 독립된 것이 아니라 개인과 사회에 연결되어 있는 유기체라고 보았다. 이는 고전적 자유주의 사상을 질적으로 바꾼 것이며, 자유와 평등을 양자택일로 보면 안 된다는 독창적인 생각을 제시했다. 다시 말해 어느 정도의 자유가 있어야 평등이 보장되고 어느 정도의 평등이 있어야 자유가 보장된다는 것이다. 이러한 주장은 존 롤스, 로널드 드워킨Ronald Dworkin 등 20세기 정치철학자들이 커다란 논쟁을 벌였던 주제이기도 하다.

홉하우스는 자유주의의 토대가 '개인의 자유'라고 언급하면서 19세기의 자유주의를 20세기의 사회 개혁에 기여하는 사상으로 전환시켰다. 사회는 사익을 추구하는 개인의 단순한 집합이 아니라 상호작용하고 상호 의존하는 '유기체'로서, 인간 생활은 근본적으로 '관계성'을 갖는다고 주장했다. 그는 "완전한 자유는 완전한 평등을 포함한다"며, 불평등에 기초한 자유는 특권과 권위의 불평등한 분배에서 비롯되기 때문에 특권에 상응한 책임과 의무를 부여하는 강제 조치가 필요하다고 보았다. 또한 그는 완전고용, 여성참정권, 의무교육, 노약자 보호시설 확대 등 사회 개혁 프로그램과 자유로운 복지국가를 지지했다(Hobhouse, 1911).

홉하우스는 재산을 '사용'과 '권력'을 위한 재산으로 구분했는데, 국가와 노동조합의 협력은 권력의 차원에서 노동자의 구조적 불리함을 도와주는 행동으로 정당화했다. 그는 재산의 '사회적 차원'을 주장하며, 재산은 개인의 노력뿐 아니라 사회조직에 의해 획득된다고 보았다. 따라서 재산을 지닌 사람은 그 성공이 사회에 빚지고 있으며, 다른 사람에 대한 의무를 갖게 된다고 주장했다(Hobhouse, 1911). 이러한 주장은 국가를 통한 재분배를 정당화한다. 재산도 권력의 차원에서 노동자를 구조적으로 불리하게 만들기 때문에 노동자의 단결권을 보장해야 한다고 보았다. 재산권을 로크가 그랬던 것처럼 절대적인 의미로 보아서는 안 되며, 개인의 재산은 결국 사회의 다른 성원에게 빚지는 것이므로 누진세를 통해 사회에 기여해야 한다고 주장했다. 그는 마르크스주의가 제시한 사유재산 철폐에 반대했으며, 자신의 사상을 '자유주의적 사회주의'라고 이름 붙였다. 이는 20세기에 이르러 사회적 자유주의로 불리기도 한다.

사회적 자유주의는 정치적으로 자유당의 로이드 조지 총리의 복지 확대 노선과 연결되었고, 경제적으로는 케인스의 경제학을 통해 체계화되었다. 먼저, 대공황이 발생한 후 경제위기의 해법에 고심한 케인스는 '유효수요'를 창출하는 정부의 적극적 역할을 주장했다. 케인스가 1936년에 발표한 『고용, 이자, 화폐에 관한 일반이론The General Theory of Employment, Interest, and Money』은 경제를 보는 시각과 정부의 역할에 대한 새로운 해석을 제공해 경제학의 역사에서 혁명적 저작으로 평가받는다. 케인스는 자유방임 정책을 지지하는 고전파 경제학을 비판하고 정부의 개입을 지지했다. 그는 내수 강화를 위해 사회보장을 강화할 수 있다고 보았다. 정부의 지출은 단순한 낭비가 아니라 '승수효과'를 통해 경제의 수요 측면에 커다란 영향을 미칠 수 있다는 것이다. 케인스는 사회정책에 큰 관심이 없었지만, 나중에 베버리지의 사회보장에 관한 계획을 지지했다. 정부의 적극적 역할과 완전고용을 주장한 케인스이론은 복지국가의 발전에 커다란 영향을 미치게 된다.[5]

사회정책에 관한 홉하우스의 주장은 '베버리지 보고서'를 통해 구체화되었다. 런던 정경대학 총장을 역임했던 윌리엄 헨리 베버리지는 훗날 '복지국

---

5   자유방임도 국가통제도 아닌 새로운 제3의 정책을 추진하는 국가를 영국 사회학자 밥 제숍(Bob Jessop)은 '케인스주의 복지국가(Keynesian Welfare State)'라고 불렀다 (Jessop, 1994).

가의 청사진'이라고 불리는 '베버리지 보고서'를 작성했다. 베버리지 역시 경제학자였지만 케인스 이론의 지지자는 아니었고, 매우 실증주의적인 방법론을 선호했다. 그러나 1942년에 발표한 '베버리지 보고서'는 매우 혁명적인 사고를 담고 있다. 베버리지 보고서는 '보편주의 원칙 principle of universality'에 따라 모든 국민에게 복지를 제공해야 한다고 지적하면서 국민보험 national insurance 의 도입을 주장했다. 국민보험이 "모든 사람과 욕구를 포함하기 위해" 건강보험, 고용보험, 연금 등 보편적인 사회보험을 제안했다. 기업이 부담하는 의료비와 연금도 국가가 전담해야 한다고 강조했다. 그래야만 산업 경쟁력이 높아지며, 사람들은 더욱 건강해지고, 소득이 많아지며, 자발적으로 일하는 노동력이 만들어질 것이라고 주장하며 보수파를 설득했다. 보수당의 윈스턴 처칠 Winston Churchill 은 정부 지출이 늘어날 것을 우려해 베버리지 보고서를 반대했고, 산업 국유화를 주장한 노동당도 큰 관심을 보이지 않았다. 반면 케인스는 국민보험으로 인한 재정 부담의 우려를 일축하고 베버리지 보고서를 지지했다.

베버리지 보고서가 제시한 세 가지 핵심 정책은 보편적 건강보험, 가족수당, 완전고용이었다. 베버리지 보고서는 '내셔널 미니멈 national minimum'의 개념을 제시하면서 인간의 최소한의 생활수준을 국가가 책임져야 한다고 주장했다. 베버리지는 모든 시민에게 복지의 권리, 보험에 가입할 권리가 있다는 점을 강조했다. 특히 베버리지의 보편주의 원칙이 커다란 각광을 받았으며, 국가보건서비스 NHS 는 영국 국민의 전폭적 지지를 받았다. 전시 영국에서 베버리지 보고서는 유료로 판매되었는데, 이를 사기 위해 엄청난 인파가 몰려와 줄을 서서 기다려야 했을 정도였다. 그 당시 시드니 웹 Sidney Webb 이 제정한 사회주의 국유화 강령을 내걸었던 노동당은 베버리지 보고서에 관심이 없었지만, 제2차 세계대전 직후 총선에서 클레먼트 애틀리 Clement Attlee 가 베버리지 보고서를 지지하면서 압승을 거두었다. 이런 점에서 베버리지 보고서는 전후 '복지국가'의 기초가 된 역사적 문서로 평가받는다.

5. 토머스 험프리 마셜의 시민권 이론

토머스 험프리 마셜은 사회계급, 시민권, 복지국가에 관한 다양한 연구 저서와 논문을 발표한 영국의 사회학자다. 마셜은 제2차 세계대전 이후 영국 사회학에서 가장 독창적이며 중요한 공헌을 한 학자라는 평가를 받는다. 특히 마셜의 저작은 '시민권citizenship'에 관한 가장 고전적 연구로 찬사받는다 (Giddens, 1981; Turner, 1986; Bottomore, 1992; 김윤태, 2013). 그는 런던 정경대학 사회학 교수로서 홉하우스의 '새로운 자유주의' 철학에 크게 공감했다. 특히 영국의 복지국가에 대한 연구는 시민권 이론에 관한 연구의 연장으로 볼 수 있다. 또한 그는 베버리지의 복지 정책에도 큰 관심을 가졌다.

시민권에 관한 마셜의 유명한 저작은 1950년에 출간한 『시민권과 사회계급Citizenship and the Social Class』이다. 마셜은 시민권을 "공동체의 성원에게 부여된 지위status"라고 정의했다(Marshall, 1963: 87). 시민권은 단일한 성격이 아니라 '공민적·정치적·사회적 요소'의 서로 다른 특징을 갖고 있다. 영국 사회에서 세 가지 시민권은 18~20세기에 단계적·누적적 과정을 거쳐 발전했다(김윤태, 2013: 9). 18세기에 등장한 일할 권리, 신체의 자유, 표현의 자유 등 공민권은 시민혁명을 거쳐 완성되었으며, 주로 시민의 법적 지위와 관련된 것으로서 법원의 보호를 받았다. 19세기에 등장한 선거권은 정치적 권리로서 주로 의회를 통해 표출되었다. 특히 노동자의 참정권을 주장하는 대중적 정치운동인 차티스트Chartist 운동을 통해 실현되었다. 20세기에 등장한 사회권social right은 교육, 의료, 연금, 사회 서비스를 받을 권리를 가리키며, 양차 세계대전을 거치면서 노동계급의 투쟁을 통해 발전했다. 마셜은 시민권의 개념을 자연권 같은 추상적·철학적 차원이 아니라 정치와 경제 제도 사이의 실천적 차원에서 평가하려 시도했다(Bulmer and Rees, 1996: 270).

마셜은 자본주의, 민주주의, 복지제도의 모순적 결합을 인정하는 '복합연결사회hyphenated society'를 지향한다. 자본주의는 불가피하게 불평등을 만들고 민주주의는 평등을 지향하는데, 이러한 대립적 가치는 복지제도를 통해 공존할 수 있다. 홉하우스의 사회적 자유주의에서 자유와 평등의 상반적 가치가 결합한 것처럼, 마셜은 복지국가가 다양한 이데올로기의 혼합이라고 평가했다. 복지국가는 개인의 사유재산권을 인정하는 동시에 누진세를 지지한다. 복지국가는 경제적 자유를 지지하는 동시에 사회보장제도를 통한 사회적 형평성을 추구한다. 자본주의와 민주주의의 결합으로서 복지국가에 대한 정치적 합의는 1950년대 영국에서 보수당이 정권을 탈환한 이후에도 그대로 유지되었다.

마셜은 복지국가가 하나의 이데올로기에 의해 창조된 것이 아니라 상이한 정치 세력의 타협으로 만들어진 것이라고 주장했다. 그는 영국 복지국가의 정치철학이 "혼동의 분위기"에서 등장했다고 표현했다(Marshall, 1977: 285~286). 실제로 모든 복지국가는 다양한 정치 세력이 경쟁하고 갈등하며 타협하는 정치적 영역에서 형성되었다. 복지제도는 19세기 독일의 보수주의자 오토 폰 비스마르크Otto von Bismarck가 처음 도입했다. 영국의 경우 20세기 이후 자유당, 보수당, 노동당 모두 복지국가를 지지했다. 로이드 조지, 윈스턴 처칠, 클레먼트 애틀리는 상이한 정파를 대표했지만 다양한 경로를 통해 복지국가의 이상에 근접했다(김윤태, 2013: 11~12). 미국에서는 사회주의 정당과 노동조합운동이 매우 약했지만, 민주당의 프랭클린 루스벨트Franklin Roosevelt

행정부가 집권한 이후 사회보장제도가 꾸준히 확대되었다.

그러나 시민권과 자본주의가 조화로운 안정 상태를 지속적으로 유지한 것은 아니다. 마셜은 20세기의 시민권과 자본주의 계급체계가 '전쟁 상태'에 있었다고 보았다(Marshall, 1963: 21~23). 그는 시민권이 자본주의 계급체계를 바꾼다고 생각했으며, 사회권이 확대되는 추세에도 불구하고 불평등이 지속될 가능성이 있다고 보았다. "우리는 절대적 평등을 추구하고 있는 것이 아니다. 평등주의 운동에 내재한 한계가 존재한다. 평등주의 운동은 이중적인 것이다. 그것은 부분적으로 시민권을 통해 작동하고, 부분적으로 경제 체계에 의해 작동한다"(Marshall and Bottomore, 1992: 45). 마셜은 자본주의와 시민권이 상호 모순 관계임을 인정했다. 동시에 시민권이 자본주의의 불평등에 맞서는 중요한 무기라고 보았다. 특히 교육, 의료, 사회 서비스의 권리를 가리키는 사회권은 복지국가의 핵심 개념이다. 사회권의 목표는 모든 시민이 자력 또는 국가의 도움을 통해 베버리지 보고서의 제안대로 '최저한의 삶'을 보장받는 것이다. 사회권은 '소득의 평균화' 대신 '지위의 평등'을 추구한다(Marshall, 1963: 56). 사회주의나 공산주의는 사회적 평등을 추구하지만, 마셜은 시민권을 통한 지위의 평등을 지지했다. 마셜은 자본주의를 폐지해 사회경제적 체제를 변혁하는 '강경한' 사회주의 또는 '최대강령주의 maximalist' 사회주의의 사고와 달리, '온건한 사회주의' 또는 '최소강령주의 minimalist' 사회주의를 지지한다. 마셜의 사회주의는 시민권을 통해 평등을 확대하는 전략을 선택한다(Marshall, 1977: 284~286). 불평등한 자본주의와 평등한 시민권의 결합을 지지하는 마셜은 자유방임을 강조하는 고전적 자유주의와 거리가 있으며, 자유시장과 사회적 책임을 동시에 추구하는 새로운 자유주의를 계승한다.

많은 학자가 마셜의 시민권 이론이 제도적 복지의 학문적 기준을 제시해 복지국가 발전에 크게 기여했다고 평가했다(Mishra, 1981; Esping-Andersen, 1990). 마셜의 시민권 이론은 자선을 통해 빈곤층에게 시혜를 베푸는 전통적 사고를 넘어서 권리의 개념을 통한 모든 시민의 '보편적 복지'라는 패러다임을 제시했다. 마셜의 시민권 이론은 중요한 이론적 통찰력을 제시했지만 한편으로는 많은 학자의 비판을 받았다. 첫째, 마르크스주의 학자들은 마셜이 사유재산 관계의 문제를 충분히 고려하지 못했다고 지적했다. 톰 보토모어 Tom Bottomore는 마셜이 경제적 생산을 통제하는 시민의 권리를 충분히 설명하지 못했다고 주장했다(Bottomore, 1992: 71~72). 둘째, 베버주의 학자들은 사회권의 확대가 노동운동과 사회주의 정당의 발전에 따른 결과이지만, 다른 한편으로 국가가 자본주의를 유지하기 위한 수단으로 허용한 것이라고 지적했다. 마이클 만Michael Mann은 시민권이 노동계급의 전투성을 약화하려는 '지배계급의 전략'이라고 분석했다(Mann, 1987). 셋째, 페미니스트 학자들은 마셜이 젠더 불평등을 고려하지 않았다고 주장했다(Fraser and Gordon, 1992). 실제로 사회권의 제도화가 이루어진 후에도 여성과 소수민족에게 보장되는 실질적 시민권은 불평등하게 분배되는 경향이 있다(Lister, 2003). 물론 마셜이 강조한 '평등한 지위'로서 시민권이 실질적 평등을 완전히 보장할 수는 없다. 그러나 마셜의 시민권 이론이 없었다면 오늘날 복지국가의 철학적·정치적 토대는 훨씬 취약했을 것이다.

역사적으로 보면 시민권의 발전은 매우 복합적이고 모순적인 성격을 동시에 가지고 있다. 시민권은 사회구조와 행위자의 역동적 관계 속에서 등장했다. 시민권은 진화적 과정을 통해 단선적으로 발전한 것이 아니다. 평등한 시민권의 획득은 장기적·진화적으로 발전하는 동시에, 때로는 특정한 역사적 계기를 통해 거대한 전환이 일어나고, 때로는 역진적 성격을 보이며 후퇴하기도 한다. 실제로 시민권의 제도화는 불가역적 성격을 갖는 것이 아니라 경제적 조건과 정치적 상황에 따라 변화할 수 있다. 시민권은 노동계급의 승리로 인한 결과이지만, 아울러 지배계급의 전략이자 경제적 불평등을 은폐하는 장치로 이용되기도 한다. 또한 시민권은 자유시장이 만드는 불평등을 보완하고 자본축적을 지원하는 개념이면서, 구체적인 사회 개혁과 인간다운 삶을 보장하는 철학적 토대이기도 하다. 이런 점에서 자본주의와 민주주의 원리의 타협을 추구하는 시민권 이론은 지속적으로 사회 세력의 갈등 속에서 재구성되며, 사회정치적 역학관계에 따라 유동적으로 변화할 수밖에 없다. 결국 시민권의 개념도 고정적·통일적·보편적 개념이 아니라 제한적·유동적·복합적 개념으로 이해해야 한다(김윤태, 2013: 14).

마셜은 전쟁의 시기에 탄생한 복지국가가 평화의 시기에 약화되는 역설을 날카롭게 예견했다. 영국에서 복지국가의 개념이 대중에게 알려진 1940년대가 영국이 나치 독일과 싸웠던 전쟁 시기였다는 사실은 중요한 의미를 가진다. 당시 영국에서는 빈부 격차와 상관없이 모두에게 똑같은 병원과 음식이 지급되고 있었으며, 심지어 밀가루, 설탕, 우유 등의 식량도 배급제를 실시해야만 했다. 전시 영국 사회는 강력한 공동체주의적·평등주의적 경향을 가지고 있었다. 그러나 전쟁이 끝난 후 평화의 시대가 왔을 때 사람들은 다른 입장으로 바뀌게 된다. 평등주의적인 가치가 약화되기 시작했으며, 마셜은 시민권의 약화를 예견했다. 마셜은 복지국가에 대한 대중의 지지가 약화된 원인으로 물질적 풍요를 지적했다(Marshall, 1963: 131~135). 존 K. 갤브레이스John K. Galbraith가 정의한 '풍요로운 사회 affluent society'에서는 생산보다 소비의 중요성이 커지고 집단적 정체성이 약화되었다. 소비사회 consumer society 에서는 자원의 양보다 미학의 질이 중요한 요소로 간주된다. 사람들이 보편적 시민권보다 개인의 선택권을 선호하면서 소비사회와 복지국가의 골은 더욱 깊어졌다.

6. 신우익과 신자유주의의 등장

신자유주의는 케인스주의 경제학과 복지국가를 비판하고 시장에서 개인이 '선택할 자유'를 중요하게 강조한다. 1970년대 경제위기와 함께 케인스 경제학이 쇠퇴하면서 신자유주의 사상이 큰 인기를 얻었다. 1980년대 영국의 마거릿 대처Margaret Thatcher 정부와 미국의 로널드 레이건Ronald Reagan 정부가 등장하면서 프리드리히 하이에크와 밀턴 프리드먼이 큰 관심을 끌었다. 각국 정부가 인플레이션을 막기 위해 통화 확대를 억제하고 재정을 줄이면서 일부 복지 프로그램이 축소되고 복지 재정의 증가율이 정체되었다. 반면 소득세와 법인세에서는 인하를 추진하고 복지국가와 빈곤층을 이념적으로 공격했다. 이런 점에서 신자유주의는 명백히 정치적 프로젝트였으며, 감세와 복지 축소는 부유층과 기업에 이익을 주었다.

개인과 기업의 자유를 강조하는 신자유주의의 등장을 고전적 자유주의의 부활이라고 보는 견해가 있다. 실제로 신자유주의의 역사적 기원은 케인스 경제학에 맞선 하이에크로 거슬러 올라갈 수 있다. 오스트리아 대학에서 런던 정경대학 경제학과 교수로 옮긴 하이에크는 케인스 경제학을 정면에서 비판했다. 하이에크는 국가가 경제에 개입하지 말고, 국영기업을 민영화하며, 국가 복지를 축소해야 한다고 주장했다. 1944년에 그는 『노예의 길Road to Serfdom』에서 국가의 경제 개입이 개인을 노예 상태로 이끌 것이라고 경고했다. 그는 "수백만 명의 복지와 행복은 크고 작은 하나의 척도로 측정될 수 없다"라고 주장했고, 소련 공산주의의 통제경제를 비판했다. 그는 "'프롤레타리아의 진정한 독재'는 비록 그것이 형식적으로는 민주적일지라도 일단 그것이 경제체제를 중앙에서 통제하기 시작하면 지금까지 어떤 독재가 개인의 자유를 파괴한 것보다도 더 철저히 개인의 자유를 파괴할 것"이라고 예견했다. 나아가 어떤 종류의 "자유주의적 사회주의도 그 실천은 어디서든 전체주의가 될 것"이라고 했으며, 사유재산제도야말로 "자유의 가장 중요한 보증 수단"이라고 강조했다.

다른 한편으로 독일에서도 고전적 자유주의의 새로운 부활이 이루어졌다. 1920년대 독일에서 '질서자유주의ordoliberalism'를 제시한 발터 오이켄Walter Eucken은 "정부가 부분적 이익을 조정하는 힘을 가지고 경제 과정에서 불편부당한 조정자의 지위를 가져야 한다"라고 주장했다. 질서자유주의는 나치 독일의 통제경제와 케인스주의 수요관리를 반대했다. 이러한 관점은 오스트리아 학파와 하이에크의 입장과 유사하지만, 정부의 역할에 대한 관점은 다르다. 질서자유주의는 자본주의 경제의 유지를 위해 '강력한 정부'가 있어야 한다고 믿었다. 그에 따라 카르텔(복합대기업)이 경제를 지배하지 않도록 국가의 개입이 필요하다고 강조했다. 하지만 질서자유주의는 케인스주의의 수요관리와 재정지출에 대해서는 매우 부정적인 태도를 보였다. 질서자유주의 경제정책은 1949년 기민당의 콘라트 아데나워Konrad Adenauer 정부와 루트비히 에르하르트Ludwig Erhard 재무장관에 의해 도입되었으며, 전후 독일 부흥의 운영 방식이 되었다(이근식, 2007; 황준성, 2011).

신자유주의 사상을 현대 경제학에 구체적으로 적용한 학자는 시카고학파의 거두인 밀턴 프리드먼이다. 그는 『자본주의와 자유Capitalism and Freedom』에서 정치적 자유의 필요조건으로 경쟁적 자본주의를 강조했다(Friedman, 1962). 그는 "자유를 보호한다고 주장하는 정부가 자유를 파괴하는 프랑켄슈타인이 되고 있다"라고 비판했다. 그는 '개인의 선택'과 '자유'를 높이 평가하면서 개인을 생산자로 보는 대신 소비자로 축소한다. 경제에서 노동과 생산을 무의미한 것으로 이해하는 반면, 소비와 효용을 중시한다. 정치에서도 참여는 무시하고 경제의 탈정치화만을 강조한다. 프리드먼의 책을 높이 평가한 영국의 마거릿 대처 총리는 "사회는 존재하지 않는다"라는 유명한 말을 남겼다. 대처는 세상에는 단지 수많은 '개인'과 '가족'만 존재한다고 주장하며 복지국가를 비판했다.

대처와 레이건이 이끄는 신우익new right은 복지국가의 지나친 확대로 근로 의욕이 사라지고 '복지 의존welfare dependency'이 발생하면서 저축과 투자가 감소하고 경제성장이 둔화된다고 주장했다. 그들은 실업수당과 사회보장을 축소하고 개인의 책임과 시장의 기능을 강조하는 복지 개혁을 강조했다. 그러나 1980년대 이후 영국과 미국에서 구조조정과 복지 축소로 인해 실업률과 빈곤율이 증가하고, 노숙자와 범죄 인구가 증가하면서 사회 해체의 징후가 나타났다. 경기 침체, 실업인구의 증가, 사회지출의 감소로 영국과 미국의 사회경제적 불평등은 점점 더 심각해졌다. 만성적 실업 상태에서 복지수당에 의존하며 사는 극빈층이 증가하는 가운데 '언더클래스underclass'라는 용어가 관심을 끌었다. 신우익 학자 찰스 머리Charles Murray는 복지제도가 빈곤층의 자립심을 약화하고 미혼모를 증가시킨다고 주장했다(Murray, 1984: 220~227). 언더클래스는 사회계급의 구조적 문제가 아니라 소수의 일탈 문화가 만든 라이프스타일로 축소된다. 영국 사회학자 루스 리스터Ruth Lister는 언더클래스라는 용어가 낙인 효과를 가지고 있으며, 빈곤층을 도덕적으로 비난하는 이데올로기 효과가 있다고 주장했다(Lister, 1990: 24~26). 신우익은 빈곤을 경제적 조건이 아니라 도덕적 기준으로 평가했고, 빈곤층이 빈곤에 대해 스스로 책임져야 한다는 19세기 엘리자베스 시대의 관점을 부활시켰다.

영국 복지국가의 설계자인 베버리지가 생각하는 "모든 기본적 자유를 평등하게 누리는" 자유주의의 전통은 1980년대 대처 시대의 영국에서 사실상 사라졌다(Beveridge, 1945: 728). 대처는 베버리지의 보편주의 원칙을 포기하고 잔여주의 원칙으로 선회했다. 스튜어트 홀Stuart Hall이 정의한 '대처주의

Thatcherism'는 고전적 자유주의와 보수주의가 결합한 '프랑켄슈타인'이 되어 복지국가를 죽음의 계곡으로 밀어붙였다. 신자유주의는 고전적 자유주의가 강조한 자조와 개인적 책임을 넘어 선별주의, 열등 처우의 원칙을 강조했다. 신자유주의는 사회주의와 사회민주주의뿐 아니라 사회적 자유주의도 적대적으로 비판했다. 신자유주의의 등장은 홉하우스가 제시한 사회적 자유주의에 대한 이념적 공격이자 마셜의 시민권 이론에 대한 정면 비판이었다. 평등보다 자유가 중요하고 재산권은 신성한 권리가 되는 한편, 시민권은 문명사회의 불필요한 장신구나 립서비스로 전락했다. 결국 신자유주의 시대에 시민권은 공민권과 정치권의 영역으로 축소되었고, 사회권의 영역은 심각하게 훼손되었다. 사회권이 사라진 시대에 공민권과 정치권 역시 바람 앞의 촛불처럼 취약해 보였다.

7. 자유주의의 미래

자유주의는 시대의 변화와 각국의 사회정치적 조건에 따라 다양하게 변화했다. 그러나 자유주의 사상의 변화가 진화적·누적적 발전을 표현하는 것은 아니다. 오히려 자유주의 내부의 상이한 요소를 강조하며 서로 다른 이데올로기로 분화된 것이라 볼 수 있다. 실제로 고전적 자유주의, 사회적 자유주의, 신자유주의는 하나의 이념으로 보기 어려울 정도다. 앞서 존 그레이가 요약한 자유주의의 네 가지 요소는 상호 모순적 관계에 있으며, 자유주의 사상의 분화는 합리적으로 화해 불가능한 세계관의 충돌을 보여준다. 특히 사회적 자유주의와 신자유주의는 미묘한 강조의 차이가 아니라 완전히 다른 주장을 펼치는 듯하다. 두 개의 사상이 하나의 뿌리를 갖고 있다고 보기 힘들 정도다.

존 스튜어트 밀, 프리드리히 하이에크, 로버트 노직Robert Nozick과 같은 자유주의자들은 모두 자유주의 구성요소 가운데 자유를 가장 중시하는 사람들이다. 반면에 토머스 페인, 레너드 트렐로니 홉하우스, 토머스 험프리 마셜의 사상은 모든 사람이 동일한 가치를 가진다고 주장한다는 점에서 평등주의적이다. 어쩌면 두 집단 사이에 무수히 다양한 자유주의 사상이 존재할 수 있을 것이다. 그러나 자유주의가 17세기에 등장한 계몽주의의 유산이라면 이성과 합리성을 가진 인간의 보편주의적 특성, 사회가 점점 나아질 것이라 믿는 개량주의적 관념은 자유주의 제도의 필수적 요소로 남을 가능성이 크다. 이런 점에서 자유주의가 하나의 제도만 지녔다거나 어떤 역사적 상황에서도 그대로 존재할 것이라고 가정할 수 없다.

칼 폴라니Karl Polanyi가 강조한 대로 시장 메커니즘은 인간이 만든 것이지 신이나 자연이 만든 것은 아니다(Polayni, 1944). 그렇다면 시장 메커니즘도 인간이 원하는 대로 바꿀 수 있는 것이다. 왜 우리는 자유시장 속에서 무한 경쟁을 하는 인간의 특성을 절대적 요소로 간주해야 하는가? 마찬가지로 의회나 대통령 제도도 인간이 만든 것이기 때문에 원하면 바꿀 수 있는 것이다. 가족, 직장 동료, 이웃의 사회적 관계의 제도가 변화하듯이 모든 것은 고정적이지 않다. 어떠한 경제·정치·사회제도라도 좋은 사회를 지향하는 보편적 가치와 인간의 복지를 추구하는 개량주의적 사회철학에 따라 변화할 수 있다. 이런 점에서 존 스튜어트 밀이 인정했듯이 자유주의는 '진보적 존재로서의 인간'이라는 관념에 의존하고 있다(밀, 2000: 27). 보편주의적 관점에 대해 유보적 태도를 취하는 존 롤스와 리처드 로티Richard Rorty의 주장에도 불구하고 대부분의 자유주의자는 인간의 합리적 이성과 사회의 진보에 대해 부정하지 않는다.

그러나 자유주의는 서구 역사의 산물이며, 다른 문명권이나 비서구 사회에 그대로 이식될 수는 없다. 서구의 자유주의가 강력한 개인주의 문화를 토대로 한다는 점에서 볼 때 중국, 인도, 중동에 동일한 형태의 자유주의가 발흥하리라고 상상할 수는 없다. 마이클 오크숏Michael Oakeshott 이 말했듯, 자유주의 국가 내부에서 문화적 다양성이 인정되는 것처럼 자유주의를 다양한 문화 중 하나로 볼 수 있다(Oakeshott, 1962). 이런 점에서 소련의 붕괴와 중국의 개혁개방이 곧 서구 자유주의의 승리라고 주장한 프랜시스 후쿠야마 Francis Fukuyama 의 '역사의 종말' 이론은 현실과 동떨어진 것이다(Fukuyama, 1992). 탈냉전 시대에 서구식 자유주의의 지구적 확산이라는 가정은 세계 곳곳에서 반증의 사례에 부딪힌다. 가장 서구화되었다고 평가받는 일본에서도 자유주의가 확산되지 않았다는 사실은 현대화가 곧 서구화라는 가정을 부정한다. 중국의 경제성장이 곧 서양 자유주의의 승리라고 볼 수는 없다. 중동의 무슬림 문화는 오히려 종교의 세속화에 반대하면서 현대화를 이룩한 사례로 평가할 수 있다(Gellner, 1994). 이런 측면에서 고전적 자유주의의 부활 또는 근본주의적 자유주의로서의 신자유주의는 결코 보편적 가치를 가질 수 없으며, 인류의 긴 역사 속에서 보면 일시적 현상에 불과할지 모른다. 자유주의의 전통이 매우 약한 한국에서 신자유주의가 기승을 부리며 사회적 자유주의 또는 진보적 자유주의가 매우 제한적 영향력을 갖고 있어도 현재의 지배 이데올로기가 영구불변한 것으로 볼 수는 없다.

우리는 역사적으로 자유주의의 다양성에도 불구하고 자유주의 사상이 강조하는 인간의 동등한 가치와 사회의 진보라는 관념은 다양한 형태로 계속 존재할 것이라 예측할 수 있다. 그러나 18세기의 자유주의가 21세기를 살고 있는 우리의 현실 문제를 해결할 수는 없다. 홉스의 시대에 가장 절박하게 생각했던 문제가 지금도 동일하게 간주될 수는 없다. 오늘날 신자유주의 시대에서 인간의 평등한 자유는 지속적으로 위협받고 있다. 이런 점에서 자유주의 사상의 역사는 불평등한 사회에서 보편주의의 원칙이 지니는 실천적 의미에 대해 중요한 질문을 던진다. 20세기 복지국가가 등장한 시대에 홉하우스가 제시한 '관계적 인간'과 마셜이 제시한 '보편적 시민권'의 관념은 21세기 신자유주의 시대를 살아가는 모든 사람에게 중요한 통찰력을 보여준다. 홉하우스와 마셜의 사회적 자유주의 사상은 자유화, 사유화, 탈규제, 복지 축소 등 신자유주의적 이데올로기가 지배하는 사회에 대한 비판의 무기를 제공한다. 그들의 사고는 자본주의 사회에서 불평등을 비롯한 사회문제를 해결하는 데 국가가 적극적 역할을 수행해야 한다는 사회적 합의를 촉구한다(김윤태, 2013: 26). 이런 점에서 우리가 인간의 보편적 가치와 더 나은 세상을 만들 수 있다는 가능성을 믿는다면, 홉하우스와 마셜의 통찰력은 현재에도 여전히 중요한 의미를 지닐 것이다.

참고문헌

김윤태. 2005. 「영국 복지국가의 전환: 사회정책의 한계와 전망」. ≪사회복지정책≫, 21집, 189~
    216쪽.

_____. 2011. 「복지담론과 사회투자의 다양성」. ≪사회와이론≫, 16권, 241~270쪽.

_____. 2013. 「토마스 험프리 마셜의 시민권 이론의 재검토: 사회권, 정치, 복지국가의 역동성」.
    ≪담론 201≫, 16권 1호, 5~32쪽.

버크, 에드먼드(Edmund Burke). 2008. 『프랑스혁명에 관한 성찰』. 한길사.

이근식. 2007. 『서독의 질서자유주의: 오위켄과 뢰프케』. 기파랑.

이나미. 2001. 『한국 자유주의의 기원』. 책세상.

루소, 장 자크(Jean Jacques Rousseau). 1999. 『사회계약론』. 서울대출판문화원.

몽테스키외, 샤를 루이 드 스콩다(Charles-Louis de Secondat Montesquieu). 2006. 『법의 정신』.
    책세상.

밀, 존 스튜어트(John Stuart Mill). 2000. 『자유론』. 홍신문화사.

_____. 2010. 『정치경제학 원리』. 나남.

스미스, 아담(Adam Smith). 2007. 『국부론』. 비봉.

_____. 2009. 『도덕감정론』. 비봉.

홉스, 토마스(Thomas Hobbes). 2007. 『리바이어선』. 서해문집.

황준성. 2011. 『질서자유주의, 독일의 사회적 시장경제』. 숭실대학교 출판국.

Bauman, Zygmunt. 2004. *Wasted Lives: Modernity and its Outcasts*. Polity Press, Cambridge.

Beveridge, William. 1945. "Why I am a Liberal." in E. K. Bramsted and K. J. Melhuish(eds.).
    1978. *Western Liberalism: A History in Documents from Locke to Croce*. Longman.

Bottomore, Tom. 1992. "Citizenship and Social Class, Forty Years On." in T. H. Marshall and
    T. Bottomore(eds.). *Citizenship and Social Class*. Pluto Press.

Bulmer, M. and A. M. Rees. 1996. "Conclusion: Citizenship in the Twenty-first Century." in M.
    Bulmer and A. M. Rees(eds.). *Citizenship Today: the Contemporary Relevance of T. H.
    Marshall*. UCL Press.

Esping-Andersen, Gøsta. 1990. *The Three Worlds of Welfare Capitalism*. Princeton University
    Press.

_____. 2002. "Towards the Good Society, Once Again?" in Esping-Andersen(ed.). *Why We need a New Welfare State*? New York: Oxford University Press.

Fraser, Nancy and Linda Gordon. 1992. "Contract versus Charity: Why is There No Social Citizenship in the United States?" *Socialist Review*, 23(3), pp.46~66.

Friedman, Milton. 1962. *Capitalism and Freedom*. University of Chicago Press.

Friedrich Hayek. 1944. *The Road to Serfdom*. Routledge.

Fukuyama. Francis. 1992. *The End of History and the Last Man*. Free Press.

Gellner, Ernst. 1994. *Conditions of Liberty: Civil Society and Its Rivals*. Allen Lane/Penguin Press.

Giddens, Anthony. 1981. *Contemporary Critique of Historical Materialism*. University of California Press.

Giddens, Anthony. 1998. *The Third Way: the Renewal of Social Democracy*. Cambridge: Polity Press.

Gray, John. 1986. *Liberalism. Minneapolis*. University of Minnesota Press.

Hobhouse. L. T. 1964(1911). *Liberalism*. Oxford University Press.

Jessop, Bob. 1994. "The transition to post-Fordism and the Schumpeterian workfare state." in R. Burrrows and B. Loader(eds.). *Towards a Post-Fordist Welfare State*. London: Routledge.

Lister, Ruth. 1990. "Women, Economic Dependency and Citizenship." *Journal of Social Policy*, 19(4), pp.445~467.

_____. 2003. *Citizenship: Feminist Perspectives*. Basingstoke: Palgrave.

_____. 2007. "Inclusive Citizenship: Realizing the Potential." *Citizenship Studies*, 11(1), pp. 49~61.

Lukes, Steven. 1973. *Individualism*. New York: Harper & Row.

Mann, Michael. 1987. "Ruling Class Strategies and Citizenship." *Sociology*, 21(3), pp.339~354.

Marshall, T. H. 1963. "Citizenship and Social Class and Other Essays." *Citizenship and Social Class*. Cambridge: Cambridge University Press.

_____. 1977. *Class, Citizenship and Social Development: Essays by T. H. Marshall*. Chicago University Press.

Marshall, T. H. and T. Bottomore. 1992. *Citizenship and Social Class*. Pluto Press.

McPherson, C. B. 2004. *Burke*. Oxford University Press.

Murray, Charles. 1984. *Losing Ground, American Social Policy 1950-1980*. New York: Basic

Books.

Mishra, R. 1981. *Society and Social Policy*. Atlantic Highlands, N. J.: Humanities Press.

Oakeshott, Michael. 1962. *Rationalism in Politics and Other Essays*. London: Methuen.

Paine, Thomas. 1999(1791). *Rights of Man*. Dover Publications, INC.

Polanyi, Karl. 1944. *The Great Transformation: The Political and Economic Origins of Our Time*. Beacon Press.

Rawls, John. 1971. *A Theory of Justice*. Oxford University Press.

Turner, Bryan S. 1986. *Citizenship and Capitalism*. Allen and Unwin.

_____. 1993. *Citizenship and Social Theory*. Sage.

_____. 2001. "The Erosion of Citizenship." *British Journal of Sociology*, 52(2), pp.189~209.

_____. 2009. "T. H. Marshall, Social Rights and English National Identity." *Citizenship Studies*, 13(1), pp.29~47.

Williams, Raymond. 1976. *Keywords: A vocaburary of culture and society*. Fotana.

신자유주의와 복지
하이에크와 프리드먼

1. 하이에크의 복지국가 비판

　신자유주의를 대표하는 이념적 지주로는 프리드리히 하이에크Friedrich Hayek (1899~1992)를 들 수 있다. 그는 생애의 대부분을 케인스의 이념이 지배하던 세상에서 보냈지만, 시대와의 불화를 두려워하지 않고 시장과 경제적 자유의 가치를 주창했던 인물이다. 그는 시장이 효율과 공정과 자유를 보장하는 공간이라고 믿었으며, 시장에 대한 규제나 관리를 염두에 둔 모든 지적 흐름이 사회주의, 집산주의, 전체주의의 성격을 띤다며 비판했다. 그는 어떠한 형태로든 시장에 대한 개입을 정당화하는 사상은 인류를 노예의 길로 몰고 갈 수밖에 없다는 신념 아래 '이념의 전쟁'을 통해 사람들의 생각을 바꾸어놓는 일을 일생의 과업으로 삼았던 인물이었다. 케인스와의 논쟁에서 패배한 후 자유시장의 극단적인 옹호자로 치부되던 어두운 시절에도 자신의 생각을 계속 가다듬고 세상을 설득하기 위한 노력을 펼쳤고, 1973년 노벨 경제학상 수상과 함께 화려하게 복귀했다.[1] 이후 고전적·경제적 자유주의 쪽으로 지적 헤게모니가 다시 이동했고, 영국과 미국에서 마거릿 대처Margaret Thatcher

제5장 신자유주의와 복지　**157**

와 로널드 레이건Ronald Reagan이 집권하며 세상은 신자유주의의 원리를 중심으로 새롭게 조직되기 시작했는데, 그 새로운 세상의 이론적 지주로 자리매김된 인물이 바로 하이에크였던 것이다.

1) 효율·공정·자유를 보장하는 공간으로서의 시장

하이에크는 인류의 경제적 번영과 관련해, 규제받지 않는 자유로운 시장이 결정적 역할을 담당한다고 믿었다. 그는 시장이 각 개인의 의도하지 않은 행위들로 생겨나며 진화해가는 사회제도라고 보았다. 하이에크는 시장이 개인이나 집단의 계획 없이도 인간의 활동을 훌륭하게 조직하며 사회에 자연적 안정을 제공하는 자생적 질서의 장이자, 효율과 공정과 자유를 동시에 보장하는 경제적 공간이라고 믿었다.

우선, 시장은 인센티브 및 정보 전달의 측면에서 다른 어떤 교환 방식보다 효율을 높일 수 있다. 시장은 거래의 쌍방이 각자 부담할 비용과 자신에게 돌아올 이익만을 근거로 의사 결정을 하게 만드는 자원 배분 기구다. 이 경우 시장 참가자는 자신의 비용과 이익만 고려하므로 비용을 낮추고 이익을 높이기 위해 최선을 다할 강력한 유인을 갖게 된다. 하이에크는 이에 더해 시장이 제공하는 가격기구의 역할도 강조했다. 수요자와 공급자가 시장에서

---

1 하이에크가 골방의 은둔자로만 살아갔던 것은 아니다. 그는 1947년 자유주의 운동사에서 중요한 역할을 담당했던 단체인 '몽펠르랭 소사이어티(Mont Pelerin Society)'를 결성했다. 이 모임은 사회주의와 집산주의에 반대하는 사상가들을 위한 국제적인 커뮤니티로, 하이에크에게는 이념의 전쟁터에 마련해놓은 중요한 야영지였던 셈이다. 그는 이 모임을 이끌며 집산주의와의 싸움은 길고 지루한 전쟁이 될 수밖에 없지만, 자유주의 지식인들이 대중과 정책 결정자들의 마음을 사로잡을 수만 있다면 최후의 승리는 자신들의 몫이 될 것이라고 동료들을 독려했다.

만나 특정 재화나 서비스를 얻고자 지불할 용의가 있는 최대한의 금액(즉, 수요가격)과 해당 재화나 서비스를 제공하는 반대급부로 받아야 하는 최소한의 금액(즉, 공급가격)을 형성하는 과정에서 거래 대상에 대한 사람들의 선호와 기술적 조건이 객관적으로 드러난다. 그에 따르면 사람들은 이처럼 시장에서 형성된 가격을 관찰·분석해 경제적 상황의 변화를 파악하고, 그 변화에 대응해 자신의 행동을 조정함으로써 자원의 효율적 배분을 이룬다.

하이에크는 시장에서 모든 사람이 신분, 외모, 학력, 성별, 인종 등의 차별 없이 공정하게 참여할 수 있다는 점도 강조했다. 시장은 자의적이거나 특수한 명령에 의한 강제가 아니라 추상적 원리의 강제, 즉 지불 의사와 지불 능력에 따라 자원을 배분한다는 경기 규칙을 모든 참여자에게 똑같이 적용하기 때문에 공정한 공간이라는 것이다. 이처럼 누구든지 게임의 규칙에 따르고 게임이 공정하게 진행된다면 그 결과는 기량과 운에 의해 결정되기 마련인데, 출발선에서는 승자가 누구인지 알 수 없는 불확실한 게임이라는 점이 시장경제의 정당성을 결정적으로 뒷받침하는 논거다. 이처럼 시장을 중심으로 경제활동을 벌이고 부와 소득을 시장 활동에 의거해 획득하는 사회에서는 능력과 재능을 지닌 사람이 더 큰 부를 가지며, 법 앞의 평등도 더 잘 보장된다는 것이다.

하이에크가 시장을 강조하는 또 다른 논거는 시장이 자유의 보루로서의 기능을 담당한다는 점을 들 수 있다. 인간은 천부적인 자기 소유권을 지닌 존재로, 이처럼 자유로운 개인들이 자발적 거래를 통해 사적 자치를 행하는 공간이 바로 시장이다. 하이에크는 시장이 인간의 보편적 본성에 가장 잘 부응하는 제도라는 점도 강조한다. 인간에게는 타인과의 교환을 통해 자기 이익을 추구하려는 본성이 있는데, 시장은 교환이 본격적·전면적으로 이루어지는 제도화된 공간이라는 점에서 이러한 본성을 고양할 수 있다.

2) '법의 지배'에 기초한 사회보장제도

복지국가에 대한 하이에크의 기본 입장은 1944년에 출간된 『노예의 길 Road to Serfdom』에 잘 드러나 있다. 이 책은 복지국가의 제도화가 완성되기 이전에 출간되었음에도 복지국가의 문제의식이나 작동 방식을 본격적으로 비판하고 있어, 이후 복지국가를 겨냥한 다양한 비판의 효시라고 볼 수도 있다. 『노예의 길』의 핵심 테마는 시장과 계획의 싸움으로서, 시장은 자유주의와 개인주의로, 계획은 집산주의와 전체주의 그리고 복지국가 등으로 연결된다.

하이에크에 따르면 계획은 비효율적이고 퇴행적일 뿐 아니라 자유를 파괴하며, 사람들을 결국 '노예의 길'로 이끄는 '치명적 오만fatal conceit'이다. 중앙계획이라는 목표에 대해 사람들의 자발적 동의를 충분히 확보하기란 사실상 불가능하기 때문에 중앙계획이 실시되면 사회적으로 반발이 확산되기 마련이며, 이를 제압하려면 소련에서처럼 폭력적 방식이 불가피하다는 것이다. 하이에크의 입장에서 보자면, 부분적인 계획도 자유를 억압하기는 마찬가지다. 부분적인 계획이 실시되면 정보와 지식의 부족으로 인해 각종 문제와 부작용이 초래될 수밖에 없는데, 이때 중앙계획 당국은 계획의 확대를 통해 이 문제를 해결할 수 있다는 환상과 함께 모든 시장을 포괄하는 수준으로까지 통제를 강화하게 된다는 것이다. 즉, 사회와 경제의 계획화가 단번에 전면적으로 이루어지지는 않더라도 점차적으로 진행·누적된다면 전체주의적 체제가 출현할 가능성이 크다고 보았다. 제2차 세계대전 이후 공공선 및 사회적 가치의 확대라는 명분 위에 '계획'과 '사회공학'을 한층 확대했던 서방세계에 대해 파시즘으로 변질될 가능성이 있다고 우려했던 것이나 복지국가에 대해 비판적이었던 것도 이러한 인식 때문이다. 복지국가의 이름으로 추진되는 각각의 정책은 결코 전체주의적이지도 집산주의적이지도 않지만, 그 정책들이 누적되어 상호작용을 일으키면 최종적으로는 전체주의로 변질될 가능성이 높다고 보았다.[2]

그러나 하이에크가 국가는 모든 형태의 복지에서 손을 떼어야 한다고 주장했던 것은 아니다. 그는 모든 사람이 위험으로부터 안전을 보장받을 권리가 있고, 사회도 구성원의 안전을 보장해야 할 의무가 있다고 믿었다. 최소한의 사회적 안전망이 국가에 의해 제공될 필요가 있다고 보았으며, 살아가면서 불확실성으로 직면하는 일반적 위험에 대해서는 모두가 그러한 위험에 대비할 수 있도록 국가가 돕는 것이 당연하다고 믿었다. 가령 질병이나 사고와 같은 경우에 대해서는 정부가 포괄적인 사회보험 시스템을 조직하는 것이 바람직하다고 생각했으며, 다만 그 과정에서 개인의 자유가 위협받지 않도록 슬기롭게 운용해야 한다고 주장했다(하이에크, 2006; 187~188).[3]

---

2   이러한 주장을 '기울어진 비탈길(slippery slope)' 담론이라고 한다. 최초에는 사소한 변화에 불과하더라도 이 변화들이 일정한 방향성을 가지고 긴밀히 연결된 일련의 사건과 결합될 경우 눈덩이처럼 커지면서 최종적으로는 엄청난 변화로 이어질 수 있다는 것이다. 시장경제에 계획의 요소를 끌어들이면 궁극적으로는 전체주의로 연결될 가능성이 대단히 높다는 이러한 주장은 역사적 사실에 부합된다고 보기 어렵다. 안드레 아제베두 알베스(André Azevedo Alves)와 존 메도크로프트(John Meadowcroft)에 따르면 계획에 의해 견제되지 않는 극단적인 자유방임 경제나 전체주의 경제는 안정성이 크게 떨어지는 반면, 시장과 계획이 공존하는 혼합경제는 안정성이 높다(Azevedo Alves and Meadowcroft, 2014).

3   복지국가에 대해 어떠한 입장을 취했는가와 관련해서는 두 가지 버전의 하이에크가 있다고 평가할 수 있다. 한쪽에는 모든 유형의 계획과 정부 개입이 결국 나치나 소련과 같은 전체주의로 전락할 것이라 보는 완고하고 극단적인 이념가로서의 하이에크가 있는데, 이러한 하이에크라면 모든 형태의 복지국가에 반대한다고 볼 수 있을 것이다. 사회주의의 기획이 실패로 돌아가면서 서구의 좌파가 사회주의를 위한 새로운 수단으로서 복지국가를 통한 소득재분배에 주력했다거나, 복지국가는 인간과 사회에 대한 잘못

복지국가에 대한 하이에크의 보다 본격적이고 직접적인 언급은 1960년에 출간된 『자유헌정론The constitution of liberty』에 잘 드러나 있다. 하이에크가 문제 삼았던 것은 복지국가 그 자체라기보다는 정부가 '분배적 정의'라는 미명하에 자원 배분을 자의적으로 변경하는 방식의 복지국가였던 것으로 보인다. 이 문제는 '법의 지배rule of law'라는 개념을 전제로 좀 더 명확히 이해될 수 있다. 하이에크는 자유가 법의 지배를 통해서만 실현될 수 있다고 믿었다. 여기서 법의 지배란 정부의 행동이 상황에 따라, 관료의 재량discretion 이나 특정 계층의 편의expediency 에 따라 자의적으로 행해지는 것이 아니라 미리 정해지고 선포된 규칙에 의해서만 행해져야 한다는 원리를 의미한다. 이때 법이 자유를 보장하려면 모든 사람에게 평등하게 적용되어야 한다는 조건이 필요하다. 이 점에서 법이란 모두에게 공평하게 적용될 수 있는 일반적이고 추상적인 규율로, 특권과 임의성을 원천적으로 배제한다. 이러한 원칙에 의거해 볼 때 미리 설정된 규칙에 따라 모든 이에게 평등하게 적용되는 복지, 곧 사회보장은 자생적 질서와 시장 원리에 부합하는 좋은 복지인 반면, 관료의 재량에 따라 사람들에게 자의적·차별적으로 적용되는 방식의 가부장주의적 사회보장은 나쁜 복지라고 할 수 있다.

정리하자면 하이에크는 우리 삶의 불확실성을 감안해 사회적 안전망의 제

된 인식에 기초한다는 주장 또한 이러한 인상을 강화해준다. 다른 한쪽에는 자유방임주의를 맹신하는 대신 정부와 시장의 조화를 중시하고 시장에 대한 효과적 관리의 필요성을 인정한 유연하면서도 현실적인 경제학자로서의 하이에크도 있다. 이러한 하이에크는 정부에 의한 사회보장의 필요성을 인정하고 사회보험의 순기능에도 주목한다. 노벨 경제학상 수상자이기도 한 로버트 솔로(Robert Solow)는 전자를 '나쁜 하이에크'로, 후자를 '좋은 하이에크'로 명명하며 오늘날 미국에서 공화당과 폭스 뉴스 등을 중심으로 제기되는 복지국가 해체론은 나쁜 하이에크를 기반으로 한 것이라고 우려를 표명한다(Solow, 2012).

공 또는 사회보장이 반드시 필요하며 이때 정부가 중요한 역할을 담당할 수밖에 없다는 점을 인정했다. 하지만 그 과정에서 사회보장이 분배적 정의라는 명분하에 부자의 돈을 빼앗는 데 우선순위를 두는 소득재분배 기구로 변질되거나, 사회보장 서비스의 독점을 고착화하고 시장경쟁을 저해함으로써 빈곤·질병·실업 등 사회적 위험에 대처할 제도들의 자생적 발전을 방해하는 것, 또는 국가의 규모와 영역을 확대하고 관료 및 전문가의 이익을 강화하는 것에 대해서는 격렬히 반대했다. 사회보장제도가 이러한 폐해를 수반하지 않으면서 소기의 성과를 거두기 위해서는 미리 정해진 규칙이 모든 이에게 평등하게 적용되는 방식이 요구된다. 모든 국민이 의무적으로 의료보험, 실업보험, 연금보험 등에 가입하도록 하되, 해당 보험은 민간 보험사들에 의해 경쟁적으로 제공되도록 한다든가, 모든 국민에게 일정 금액의 현금을 일률적으로 제공해주자는 제안이 대표적 사례라고 할 수 있다.[4]

2. 밀턴 프리드먼의 복지국가 비판

밀턴 프리드먼Milton Friedman(1912~2006)은 하이에크와 더불어 신자유주의의 이념을 대중화하는 데 결정적으로 기여한 경제학자라고 할 수 있다. 그는 1912년 뉴욕 브롱크스에서 우크라이나 출신의 유태인 가정에 태어나 어려운 환경에서 경제학을 공부했다. 정부 개입을 극단적으로 혐오했음에도 젊은 시절 10년간 연방정부를 위한 다양한 연구와 조사 활동에 종사했으며, 1946년 컬럼비아 대학교에서 늦은 나이로 경제학 박사 학위를 취득했다. 이

---

4 오늘날 전 세계적으로 주목받고 있는 기본소득제도가 바로 여기에 해당된다.

후 1977년까지 신자유주의 연구·확산의 본거지였던 시카고 대학교에 재직했으며, 당대의 대표적인 케인스주의 경제학자 폴 새뮤얼슨Paul Samuelson과 평생 라이벌 관계를 이뤘다. 경제학자로서 그의 대표적인 업적은 크게 세 가지로 요약될 수 있다. 대공황의 원인이 중앙은행의 부적절한 긴축정책에 있음을 입증했고, 사람들의 소비가 소득의 일시적 변동보다는 평생 동안 기대되는 소득에 더 영향을 받는다는 항상소득가설을 정립함으로써 현대적인 소비이론의 초석을 제공했다. 또한 통화정책이나 재정 정책을 통해 실업을 낮추려는 경기 안정화 정책은 아주 단기적으로만 효과를 발휘할 뿐 결국에는 물가만 높인 채 실물경제에 유의미한 결과를 발휘하지 못한다는 자연실업률 가설을 통해 정부의 거시 안정화 정책의 무력성을 증명하려 했다. 이러한 연구 성과들이 인정을 받아 1976년에는 노벨 경제학상을 수상했다.

프리드먼은 하이에크와 같은 사회철학을 공유했다. 하지만 기질상 더 전투적이었고 자신의 믿음에 대한 확신이 더 강했다. 그는 1930년대 시카고 대학교의 사회과학자들이 정부의 경제적 개입을 요구했다는 이유로 그들을 공산당원이거나 그 동조자들이라고 비난하기도 했다. 프리드먼의 또 다른 특징으로는 자신의 생각을 타인에게 설득시키는 데 탁월한 능력이 있다는 점을 들 수 있다. 그는 자신의 의견을 관철하기 위해 거친 논쟁을 마다하지 않았으며, TV 프로그램에도 출연해 대중의 눈높이에 맞춰 신자유주의 철학을 전파하는 데 앞장서기도 했다. 복지국가에 대한 프리드먼의 입장이 체계적으로 정리된 대표적 저서로는 1962년에 출간된『자본주의와 자유Capitalism and Freedom』를 들 수 있다. 이 책을 중심으로 복지국가와 사회보장에 대한 프리드먼의 주요 주장을 살펴보자.

1) 재분배 정책에 대한 반대

프리드먼도 하이에크와 마찬가지로 시장경쟁에서 낙오자가 발생할 수 있고, 이들을 돕는 것은 반드시 필요하며, 그 과정에서 국가가 중요한 역할을 담당할 수 있다는 점을 인정한다. 그러나 빈곤층이나 낙오자의 상태를 개선하기 위한 시도가 각자의 능력과 기회를 최대한 활용할 개인의 자유를 침해해서는 곤란하다고 믿었다. 프리드먼이 복지국가에 대해 완강히 반대 의사를 표명했던 것도 바로 이러한 맥락에서였다. 그는 국가가 빈곤층의 경제적 처지를 개선하며 안전을 보장하기 위해 사람들의 다양하고 자발적인 활동을 조직·촉진하는 것에서 한 걸음 더 나아가, 분배적 정의라는 관점에서 평등을 제고한다는 미명 위에 개인의 선택을 무시하고 정부 주도적으로 자원의 분배를 바꾸려는 시도가 바로 복지국가라고 보았다. 요컨대 복지국가의 핵심은 분배적 정의라는 관점에서 수행되는 소득재분배 정책이라고 볼 수 있는데, 소득재분배라는 발상 자체가 오류라는 것이다. 그가 재분배 정책에 반대하는 이유들은 다음과 같이 유형화될 수 있다.

첫째, 재분배 정책은 평등을 촉진한다는 미명하에 사람들의 가장 중요한 가치인 자유, 특히 경제적 자유를 침해한다. 프리드먼에 따르면 자유주의 철학의 핵심은 개인의 존엄성을 믿고, 다른 사람의 행동에 간섭하지 않을 것을 전제로 스스로의 판단에 따라 각자의 능력과 기회를 최대한 활용할 개인의 자유를 믿는 것이다. 이 점에서 자유주의자는 '권리의 평등'과 '기회의 평등'을 옹호하는 반면, '물질적 평등'과 '결과의 평등'에 대해서는 반대할 수밖에 없다. 결과의 평등을 달성하려면 더 많이 가진 사람의 자원을 빼앗아 덜 가진 사람에게 혜택을 주어야 하는데, 이 경우 더 많이 가진 사람의 자유가 심각하게 침해될 뿐 아니라 경제적 활동도 위축될 가능성이 높다는 것이다

(Friedman, 1962: 302~303).

둘째, 프리드먼은 시장이 낳은 결과적 불평등이 결코 정의의 원칙에 위배되지 않는다고 믿는다. 각자에게 생산한 바에 따라 분배하는 것은 자유시장 사회의 윤리적 분배로서, 최선을 다해 돈을 벌고 그 과정에서 타인에게 피해를 미치지 않았다면 그 소득(의 처분)에 대해 타인이 간섭할 권리는 없다는 것이다. 그에 따르면 이때 발생하는 시장소득의 격차는 직업이나 사업의 여타 특성에 따른 격차를 상쇄해주는 일종의 '균등화 격차equalizing difference'다. 즉, 현실에서의 결과적 불평등은 사람들의 다양한 기호를 충족해주는 과정에서 자연스럽게 발생한 결과로, 파이를 더욱 키우고 더 커진 파이를 더 잘 나누기 위해 불가피한 결과라는 것이다. 그는 시장경제의 핵심적 원리가 자발적 교환을 통한 협동이라고 보았다. 개인은 이러한 방식을 통해 각자의 필요를 더 효과적으로 충족할 수 있다고 확신하기에 다른 이들과 협동하는 것이고, 결과적 불평등은 자본주의를 좀 더 역동적·생산적으로 만드는 데 기여하므로 이에 대해 정부나 사회의 간섭은 정당하지 않다는 것이다. 프리드먼은 능력이나 재산상의 격차가 야기한 불평등에 대해서도 마찬가지의 원리가 적용되어야 한다고 보았다(Friedman, 1962: 252~258).

셋째, 프리드먼은 자본주의에서 소득분배가 개선되었다고 주장했다. 원리적으로 볼 때, 성과에 따른 보상 원리가 적어도 단기적으로는 소득과 부의 불평등을 낳을 수 있지만 장기적으로는 오히려 불평등을 완화할 것이며, 역사적으로 보더라도 자본주의는 다른 모든 경제체제에 비해 불평등을 크게 완화시켰다는 것이다. 그는 자본주의의 위대한 성취가 재산의 축적이 아니라 사람들이 능력을 확장·개선할 기회를 제공했다는 데 있다며, 자본주의가 발달한 나라일수록 자산 소득이 차지하는 비중이 줄어들고 노동시장이 차지하는 비중이 커진다는 주장도 펼쳤다(Friedman, 1962: 262~265).

한편 재분배 정책의 핵심은 누진 소득세라고 할 수 있는데, 프리드먼의 복지국가 비판들 중 많은 부분도 바로 누진 소득세의 문제점을 지적하는 데 할애되어 있다. 그는 무엇보다도 이 제도가 민간 경제주체들의 재산권을 훼손한다고 보았다. 다수가 스스로는 조세 부담을 늘리지 않은 채 다른 사람들에게 세금을 부과하는 것은 그들의 재산권을 심각하게 침해하는 것이며 자유주의 원칙에 위배된다는 것이다. 아울러 누진 소득세는 근로 의욕과 저축 의욕의 저하, 조세 회피 등을 유도함으로써 자원 배분을 왜곡하고 경제활동을 위축시키는 문제점이 있는 반면, 세수 확보 차원에서는 그 실효성이 크지 않다고 보았다. 또한 조세 회피를 가능케 하는 각종 세법상 허점을 만들도록 자극함으로써 실효세율을 명목세율보다 크게 낮추고 조세 부담의 비일관성과 불평등성을 심화한다는 점도 비판했다. 만약 불평등의 주범이 시장이라면 누진 소득세 제도는 여러 문제에도 불구하고 정당화될 수 있다. 그러나 불평등의 주범이 시장이 아니라 정부이기에 이러한 정책은 정당화될 수 없다는 것이 프리드먼의 기본 입장이었다. 그는 정부가 특정 집단에 제공하는 독점적 특혜를 없애고 이들 집단에 유리하게 적용되는 법규나 제도를 개혁하는 것이 근본적 대책이라고 보았다. 따라서 불평등을 완화하려면 누진 소득세를 강화할 것이 아니라 정부가 부여한 독점적 혜택, 관세, 특정 집단에 혜택을 주는 법규나 제도를 제거하는 일이 핵심이 되어야 한다는 것이다.

2) 복지 정책 비판[5]

프리드먼은 복지국가를 구성하는 대부분의 복지 정책에 관해 대단히 비판

---

5   Friedman(1962: ch.11) 참조.

적이었다. 공영주택public housing, 최저임금제minimum wage, 노조 우대 입법, 농산물 가격 지지 정책, 특정 집단 대상 의료보호 정책, 국민연금제도 등이 여기에 포함된다. 그는 다양한 이익집단을 대상으로 한 복지 정책 대부분을 폐지하고 오직 빈곤층을 직접적 수혜층으로 하는 '부의 소득세' 제도만 운영할 것을 제안했다.

그가 복지 정책에 반대하는 원론적 이유들은 크게 다음과 같이 요약될 수 있다. 첫째, 복지 정책은 사람들의 유인 구조를 왜곡함으로써 경제적 효율성을 훼손한다. 복지 수혜자는 복지 프로그램의 혜택을 계속 받기 위해 자신의 행위를 비생산적 방향으로 조정하거나, 일정 소득수준 이하의 빈곤층에게 제공하는 복지 프로그램 혜택을 계속 받으려고 일정 기준 이상으로 소득이 올라가는 것을 회피하며 빈곤의 덫에 안주하는 경향이 있다는 것이다. 둘째, 복지 정책은 시장을 통한 복지 서비스 공급을 줄이는데, 국민연금이나 국민 의료보험이 대표적 사례다. 셋째, 프리드먼은 복지 정책이 수혜자가 아니라 공급자에게 더 이익이 되도록 설계하는 것도 커다란 문제라고 본다. 현물 중심의 복지 프로그램이 대표적 사례인데, 현물 중심의 복지제도는 불요불급한 복지 서비스를 늘리고, 시설도 증설시키며, 사회복지 예산의 보다 많은 부분을 행정 비용으로 쓰게 한다는 문제점이 있다. 넷째, 복지 프로그램은 시민의 윤리 수준을 떨어뜨리고 자립 의지를 약화한다. 프리드먼은 복지국가 확장론이 해당 프로그램과 이해관계를 같이하는 사람들의 이기적 동기에서 제기되는 것이며, 자신의 소득이 아니라 부자의 소득에 과세를 해 자신과 빈곤층을 돕자는 것은 윤리적이지 않다고 주장한다.

프리드먼이 대표적인 복지 정책 프로그램들에 대해 어떤 논거로 비판했는지 좀 더 구체적으로 살펴볼 필요도 있다. 우선, 공영주택단지와 관련해 외부효과를 공영주택단지의 조성 근거로 제시하는 것은 오류라고 보았다. 옹호자들의 주장처럼 외부효과가 존재한다면 사회적 비용을 키우는 특정 부류의 주택단지에 세금을 부과하는 방식이 타당하고, 저소득층 지원이 취지라면 주택단지 조성 사업보다는 현금 보조가 더 효율적이라는 것이다. 그런데도 이런 정책을 펼치는 것은 저소득층에게 무엇이 필요한지 그들 본인보다 정부가 더 잘 안다는 가부장적 온정주의paternalism를 바탕으로 하는데, 이는 자유나 효율의 어떤 기준을 채택하더라도 오류라는 것이다. 프리드먼에 따르면 공영주택단지 정책의 실제 효과도 크지 않았다. 철거된 주거 단위 수가 새로 건립된 주거 단위 수보다 많았으며, 저소득층의 평균 주거 밀집도는 오히려 상승했다는 것이다. 또한 공영주택단지 안에 결손가정의 밀도가 높아짐으로써 결손가정 아이들을 분산·동화하기는커녕 한데 모으고 차별화해 오히려 청소년 비행을 키웠다는 점도 그가 거론한 공영주택단지의 문제점이었다.

프리드먼은 규제되지 않는 시장가격이 자원 배분의 신호등이 되어야 한다며, 모든 형태의 가격통제price control에 반대했다. 가격통제의 대표적 사례로는 최저임금제가 있는데, 프리드먼은 이 제도야말로 지지자들의 선의와 달리 정반대의 결과를 낳은 대표적 정책이라고 비판한다. 최저임금제는 실업률을 상승시켜 경제적 약자의 처지를 더욱 어렵게 만드는 악법이라는 것이다. 이때 프리드먼이 특히 주목하는 지점은 수혜자와 비용 부담자 사이의 비대칭성이다. 임금을 올려 받게 된 사람이나 공영주택단지에 입주하게 된 사람처럼 직접적 혜택을 입은 사람은 명확히 드러나는 반면, 그로 인해 손해를 입은 사람은 다수이지만 비조직화되어 있다는 것이다. 최저임금제에 대한 지지는 사심 없고 좋은 의도를 지닌 사람들이 아니라 이해 당사자들로부터 오는데, 가령 남부와의 경쟁에서 위협을 느끼는 북부의 노동조합이나 기업은 그러한 경쟁 압력을 줄이기 위해 최저임금법을 지지한다. 농산물 가격 지지 정책도 가격통제 복지 정책의 또 다른 대표적인 사례다. 프리드먼에 따르면 농촌은 정치적으로 과잉대표되는 전형적인 지역이다. 농민이 저소득층이라는 잘못된 믿음 아래 소비자만 이중으로 비용을 부담한다는 것이다. 소비자는 세금 납부를 통해 농업 보조금을 충당하고, 비싼 식료품 가격을 추가로 지급하게 된다. 농민도 성가신 각종 규제와 중앙정부의 간섭·통제를 받게 되며, 결국 관료주의가 확대된다.

프리드먼은 국민연금이나 국민건강보험과 같은 사회보험에 대해서도 반대하는데, 이는 사회보장의 필요성을 인정한 하이에크보다 더 복지국가에 적대적이던 그의 입장을 반영한다.[6] 그는 사회보장제도가 너무나 당연하게 받아들여지고 있지만, 자유주의 원리에 배치될 뿐 아니라 다수 국민의 개인 생활을 광범위하게 침해한다고 주장한다. 그는 미국판 국민연금제도인 노령유족연금보험Old Age and Survivor's Insurance: OASI 이 가입을 강제적으로 의무화함으로써 개인의 자유를 침해하며, 정부는 해당 프로그램을 운영해 시장경쟁 원리를 저해한다고 비판했으며, 납부한 부담액(기여금)과 수급액(급여금)이 일치하지 않는 방식을 통해 소득재분배 수단으로 운영하는 것도 문제라고 지적한다.

3) 대안적 복지 정책

프리드먼은 그 규모나 작동 방식 측면에서 결함이 큰 복지국가의 개혁은 다음과 같은 방향에서 추진되어야 한다고 보았다. 우선 지나치게 커지고 관

---

6 프리드먼은 '사회보장(social security)'이라는 용어 자체가 잘못 명명된 것이라고까지 주장한다.

료화된 복지국가의 규모를 줄이고, 복지 서비스 제공에 민간 주체의 참여를 유도하며 시장 원리를 강화해야 한다고 믿었다. 복지 서비스 공급 주체들 사이에 경쟁이 생겨야만 효율성이 높아지며, 소비자의 선택권도 강화될 수 있기 때문이다. 그리고 복지 정책의 목표가 시장경쟁에서 낙오된 빈곤층의 가난을 완화하는 데 있다는 점을 분명히 하고, 빈곤층만을 대상으로 하는 복지 제도를 설계해야 한다고 주장했다. 즉, 복지 정책은 사람들이 가난하기 때문에 도움을 주는 것이지 그들이 특정한 직업집단, 연령집단, 임금집단, 노동조직이나 업계의 구성원이므로 도와주는 것이어서는 안 된다고 역설했다 (Friedman, 1962: 297).

프리드먼은 복지 정책이 이러한 취지에 맞게 운영되려면 복지 정책에서 소득재분배의 성격을 없애버리고 기존의 복잡한 복지 프로그램들을 단순화해 운영할 필요가 있다고 보았다. 이러한 방향에 부합하는 구체적인 정책 프로그램은 단일세flat-rate tax, 부負의 소득세negative income tax, 바우처voucher 방식으로 요약될 수 있다. 먼저 프리드먼은 소득재분배를 위한 누진 소득세 방식을 폐지하고, 면세점 이상의 소득에 대해 일률적으로 세금을 부과하는 단일세 중심의 조세제도를 재설계할 것을 제안한다. 이 과정에서 소득을 최대한 광범위하게 정의하고, 공제제도 또한 소득을 얻는 데 든 비용으로 엄격히 제한하자는 주장도 추가된다. 이처럼 세원을 최대한 넓히고 세법상 허점을 없애는 제도적 정비를 병행함으로써 조세 회피의 비생산적·비윤리적 유인을 없애는 것은 물론, 낮은 세율로도 좀 더 큰 조세수입을 확보할 수 있다고 보았다(Friedman, 1962: 268~271).[7]

---

7   『자본주의와 자유』가 출판된 1962년 당시 미국의 소득세율은 20%에서 91%에 이르렀다. 프리드먼은 23.5%의 단일세율을 적용해도 당시의 높은 누진세율만큼 세수를 가져

프리드먼은 빈곤의 완화를 위한 복지 정책과 관련해서는 원칙적으로 현금을 지원하는 것이 바람직하다며 부의 소득세 제도를 제안했다. 이 제도는 빈곤층을 대상으로 한 현금 급여 제도로서, 기준 소득과 실제 소득 간 격차에 대해 일정 비율의 현금을 납부하거나 지원받는 방식으로 운영된다. 가령 기준 소득이 100만 원이고, 실제 소득과 기준 소득의 격차에 대해 30%의 단일 세율을 적용해 소득세를 내도록 하는 제도가 있다고 하자. 실제 소득이 300만 원인 사람은 실제 소득과 기준 소득의 차이인 200만 원에 대해 30%의 세율을 적용받을 것이므로 60만 원의 소득세를 납부해야 한다. 하지만 실제 소득이 0원인 사람이 있다면 −100만 원이 과세 대상이고 30%의 세율이 적용될 것이므로 −30만 원의 소득세를 납부해야 하는데, 이는 30만 원의 보조금을 받게 됨을 의미한다. 이때 기준 소득을 어떻게 설정하느냐에 따라 빈곤층의 보조금 수급 정도가 달라지는데, 프리드먼은 기준 소득을 어느 수준에서 설정할지는 결국 해당 사회에 얼마나 여유가 있느냐에 따라 결정될 것이라고 주장한다.[8] 이 제도는 현물 대신 현금이 제공되므로 소비자의 선택의 자유를 높이고, 행정 비용을 낮추며, 관료나 전문가의 과도한 권력 행사를 줄인다는 장점이 있다. 특히 행정 비용이 대폭 줄어들기 때문에 예산의 대부분이 실제로 빈곤층에게 제공된다.[9] 또한 수혜자의 근로 의욕을 줄이는 결과를 발생시키기는 하지만 소득과 전혀 연계하지 않는 보조금 방식에 비하면 상

올 수 있다고 주장했다.

8 부의 소득세 제도는 우리나라에서도 근로소득세액공제제도(Earned Income Tax Credit: EITC)라는 이름으로 참여정부 때부터 시행 중이다.

9 프리드먼에 따르면 미국 정부는 1961년에 복지 지출에 330억 달러를 썼는데, 이를 하위 소득계층 10%의 가구에 부의 소득세 방식으로 제공한다면 가구당 6000달러의 현금 지원이 가능한 금액이라고 한다.

대적으로 근로 의욕을 더 고취한다는 장점도 있다. 프리드먼이 우려하는 이 제도의 단점은 정치적 함의에 있다. 절대다수가 불행한 소수를 돕기 위해 스스로에게 기꺼이 과세하는 제도가 되는 대신, 다수가 자신의 이익을 위해 원하지도 않는 소수에게 세금 부담을 떠안기는 제도로 변질할 위험이 상존한다는 것이다. 이 문제는 단일 소득세율과 유권자의 자제가 결합됨으로써 해결될 수 있다는 것이 프리드먼의 기본 입장이라고 할 수 있다.

한편 교육이나 보육, 그리고 간병과 같은 서비스들은 인간으로서 존엄을 유지하기 위해 그 이용이 보장되어야 하는 가치재merit goods의 성격을 지닌다. 이 서비스들은 이용에 따른 편익이 당사자는 물론 사회의 다른 구성원 전체에게도 돌아간다는 점에서 정표의 외부효과external economies를 낳는 재화이기도 하다. 이러한 재화나 서비스가 경제적 형편이나 금전적 지불 능력과 무관하게 필요한 모든 이에게 제공될 수 있도록 하려면 정부의 역할이 중요하다. 프리드먼은 이와 관련해 일정 범위 내에서 재화나 서비스를 구매할 수 있도록 하는 구매 권리증서인 바우처를 대안으로 제시한다. 이 제도는 현물을 직접 제공하는 것이 아니라 일정 범위 내의 현물 중 수급자가 선택·구매할 수 있도록 한다는 점에서 현금 급여에 가깝고, 구매 대상 재화의 범위를 한정한다는 점에서는 현물급여에 가깝다. 소득·지불 능력과 무관하게 모든 사람의 소비를 보장하면서도 그 과정을 통해 소비자 주권을 강화하고, 공급자 간 경쟁을 촉진하며, 민간의 활력을 유도한다는 점에서 신자유주의 전통에서 가장 선호하는 복지 정책으로 자리매김해왔다.

3. 학파별 비교[10]

1) 보수주의와의 대비

신자유주의는 보수주의와 유사한 점이 적지 않지만 복지국가에 관한 구체적 논점들로 들어가면 차이도 적지 않다. 우선 국가에 관한 두 진영의 차이를 보자. 신자유주의가 국가의 개입이나 간섭을 '노예의 길'이라고 보았다면, 보수주의는 '사회적 안정성의 길'이라며 상대적으로 국가의 역할을 더 중시한다. 다만 보수주의자들은 국가의 과도한 보호가 사람들의 도덕적 해이로 이어지는 상황을 우려했다. 한편 시장과 관련해서는 신자유주의가 시장을 '자유로의 길'로 보았다면, 보수주의는 사회적 가치들, 특히 집단적 책임에 대한 잠재적 위협으로 이해했다. 사회와 관련해서는 신자유주의가 개인을 뛰어넘는 사회와 같은 것이 없다고 믿었던 반면, 보수주의는 도덕적 측면에서 개인에 비해 사회에 우선순위를 두어야 한다고 확신했다. 빈곤층을 돕는 방식과 관련해서도 신자유주의가 현금 보조를 선호했다면, 보수주의는 복지 수혜와 근로 의무 사이에 엄격한 연계의 필요성을 강조했다.

보수주의는 복지국가 전반과 관련해서도 신자유주의에 비해 우호적인 기조를 보인다. 이들의 입장에서 보면 복지국가는 보수주의를 구현하는 수단이라고 할 수 있다. 보수주의는 통제되지 않은 시장이 개인을 고립시키고 사회질서를 파괴할 위험이 있다고 보기 때문에 시장의 자유보다는 공동체의 결속을 더 중시한다. 이들의 입장에서 복지국가는 일종의 사회적 안전판으로, 사회적 갈등을 줄이고 모든 시민에게 공동체의 소속감과 의무를 제공하

---

10 이 부분은 King and Ross(2010)에 의존했다.

는 역할을 담당한다.

보수주의는 이처럼 신자유주의보다는 복지국가에 긍정적이다. 하지만 이들은 복지국가가 사람들의 도덕적 기강을 느슨하게 만들 위험을 항상 경계한다는 특징이 있다. 보수주의는 복지국가의 강제적이고 중앙집중적인 방식이 시민사회와 민간 영역의 쇠퇴를 야기할 가능성을 우려한다. 이러한 문제의식 위에서 이들은 시장과 국가, 그리고 시민사회가 복지를 제공하는 파트너로서 공존하는 것이 바람직하다고 주장한다. 서비스가 여러 영역에 걸쳐 다원적으로 전달될 수 있을 때 건강한 공동체를 유지하고, 사업 활동을 고취하며, 정부가 강압적으로 행동하지 못하도록 길들일 수 있다는 것이다. 한편 보수주의자들은 복지국가의 규모가 지나치게 커졌다는 데 신자유주의와 인식을 같이한다. 특히 찰스 머리 Charles Murray 는 복지국가가 민간의 사적 사업을 질식시키고, 개인의 책임성을 약화하며, 시민사회를 억누르는 수준으로까지 과도하게 커졌다고 주장했다. 로런스 미드 Lawrence Mead 는 특히 현금 급여 시스템의 피동적 성격을 문제 삼는다. 미드에 따르면 현금 급여는 사회적 협약을 약화하고, 수혜자를 주류 사회로부터 고립시키며, 복지에 의존하는 문화를 키운다.

보수주의자들은 빈곤이 경제적 문제이기에 앞서 문화의 문제[11]이자 가치관의 문제라는 점을 강조하며, '새로운 가부장주의'를 보수주의의 복지 어젠다로 표방한다. 이때 중요한 것은 엄격한 근로 요건을 전제로 복지 급여가 제공되어야 하며, 수혜자에 대한 지원이나 관리가 엄격하게 이뤄져야 한다

---

11 문화의 중요성은 뉴욕 지식인 집단의 대표자인 대니얼 벨(Daniel Bell)에 의해 특히 강조된다. 린던 존슨(Lyndon Johnson) 행정부의 '위대한 사회' 프로젝트에 비판적이던 그는 스스로를 경제적으로는 사회주의자이고, 정치적으로는 자유주의자이며, 문화적으로는 보수주의자로 규정한 바 있다.

는 점이다. 그리고 공동선은 물론 개인적 선을 위해서도 약간의 개인적 자유를 희생하는 것이 필요하다며 개인의 자유에 대해서 신자유주의에 비해 훨씬 유보적인 태도를 취한다. 빈곤층의 삶에 정부가 좀 더 많이 개입해야 한다는 점이나, 근로의 가치와 개인적 책임성 같은 도덕을 함양시키는 것이 필요하다는 주장도 맥락을 같이한다.

2) 제3의 길 노선과의 관련성

1990년대 초반을 기점으로 사민주의 내부에서도 앤서니 기든스 Anthony Giddens, 윌 허턴 Will Hutton 등을 중심으로 복지국가 비판·재편론이 본격화되었다. 이들은 세계화로 인해 사회와 경제의 운영 원리를 새롭게 조직해야 할 구조적 대전환에 직면한 상황에서 복지국가가 사람들이 안전에 과도하게 집착하도록 만들어 이러한 대전환을 방해하는 걸림돌로 작용한다는 주장을 펼쳤다. 이러한 문제의식은 결국 창의적이고 활력 있는 사회를 위해서는 사람들이 리스크를 기꺼이 감내하는 문화가 필요하다는 인식에 더해, 복지 급여와 책임 부담을 연계하는 방식으로 복지국가를 재편해야 한다는 제3의 길 노선으로 이어졌다. 이러한 방향 전환 속에서 개인은 새로운 도전들을 유연하게 포용해 스스로의 안녕을 확보해야 하며, 국가의 역할은 복지의 단순한 제공이 아니라 건강한 숙련 노동력을 사회에 제공함으로써 경제적 경쟁력과 사회 통합의 기초를 마련하는 것으로 재설정되었다.

전통적인 사민주의의 이러한 방향 전환에 대해 신자유주의와 다를 바 없다는 비판이 제기되었는데, 옹호자들은 이에 대해 제3의 길 노선이 사회 통합을 추구한다는 점에서 사회적 배제를 노골적으로 주창하는 신자유주의와 다르다거나, 신자유주의가 개인을 상품화하고 경제적 불안을 심화하며 사회를 파괴하는 반면, 제3의 길 노선은 단기적 시장계약을 신뢰 관계 기반의 장기적 시민 협약으로 대체한다는 옹호론을 펼쳤다. 그럼에도 제3의 길 노선은 정부의 비효율을 비판하고 시장을 옹호했다는 점에서 신자유주의의 기본 입장을 전폭적으로 수용했다는 평가가 가능할 것이다.

4. 맺음말

하이에크와 프리드먼의 이론은 인간의 본성과 시장의 기능에 대한 추상적이고 협소한 이해를 기반으로 한 극단적 주장인 듯 보인다. 개인은 자신의 이익과 손실을 가장 잘 아는 주체이고, 시장은 사람들의 선호와 비용이 가장 잘 드러나는 자원 배분의 공간이며, 따라서 각자가 시장에서 자유롭게 선택하도록 맡겨두는 것이 최선의 결과를 낳는다는 주장은 인간과 시장을 지나치게 도식화·단순화하고 있어 직관적 호소력은 크지만, 복잡하고 다양한 현실을 설명하는 데 한계가 있다.

20세기 들어 경제학은 도덕과학 및 정치경제학의 전통과 본격적으로 결별하면서 인간을 지나치게 기계적인 존재로 해석했다. 그러나 행동경제학이나 실험경제학의 연구 성과를 고려할 경우 인간 또는 시장에 대한 좀 더 심층적인 논의가 가능하다. 최근의 연구에 따르면 인간은 인센티브에 기계적으로 반응만 하는 존재가 아니다. 인간은 금전적 보상이나 징벌과 같은 외적 자극에도 영향을 받지만 자율성·목적성, 그리고 직업적 자부심 같은 내재적 동기 또는 가치관이나 윤리 같은 사회적 규범에 의해서도 영향을 받는 존재다. 그리고 재화나 서비스의 성격에 따라 가격이 선호나 비용에 관한 정보를 전달하는 정도가 다르고, 가격기구의 신축적 조정 정도도 다르다. 또한 신자유주의의 이론은 시장이 기계적이고 추상적인 공간이 아니라 참여자의 계산과 정념, 그리고 규범과 가치관을 복합적으로 담아내며 이뤄지는 상호작용의 공간이라는 점을 경시한다. 참여자가 시장 거래에서 얻으려는 것이 무엇이며 거래되는 재화나 서비스에 어떠한 가치를 부여하는가에 따라 시장의 작동 방식이 달라지고, 시장에 대한 개입의 필요성이나 실효성도 달라질 것이다.

복지국가에 관한 프리드먼이나 하이에크의 논의에서 가장 큰 문제점은 그들의 논의가 이론이라기보다는 주장이나 선언에 가깝다는 점에 있다. 이론이 되려면 현실에 대한 옹호 또는 비판에 그치지 않고 그러한 현실이 왜, 어떻게 존재하게 되었는지에 대한 질문에 답할 수 있어야 한다. 즉, 원인과 메커니즘에 관한 설득력 있는 설명을 할 수 있어야 하는데, 이들에게는 이런 부분이 대단히 미약하다. 무엇보다 이들의 이론으로는 선진국들 사이에서도 드러나는 국가 간 차이에 대한 체계적 해명이 사실상 불가능하다.

참고문헌

신정완. 2014. 『복지국가의 철학』. 인간과복지.

프리드먼, 밀턴(Milton Friedman). 2007. 『자본주의와 자유』. 심준보·변동열 옮김. 청어람미디어.

하이에크, 프리드리히(Friedrich Hayek). 2006. 『노예의 길』. 김이석 옮김. 나남출판.

Azevedo Alves, Andre and John Meadowcroft. 2014. "Hayek's Slippery Slope, the Stability of the Mixed Economy and the Dynamics of Rent Seeking." *Political Studies*, 62(4), pp. 843~861.

King, D. and F. Ross. 2010. "Critics and Beyond." in F. Castels et al.(eds.). *The Oxford Handbook of the Welfare State*. Oxford University Press.

Friedman, M. 1962. *Capitalism and Freedom*. University of Chicago Press.

Friedman, Milton and Friedman, Rose. 1980. *Free to Choose: A Personal Statement*. Houghton: Mifflin Harcourt.

Hayek, F. A. 1944. *The Road to Serfdom*. Chicago: University of Chicago Press.

_____. 1960. *The Constitution of Liberty*. London: Routledge and Kegan Paul.

Solow, R. 2012. "Hayek, Friedman, and the Illusions of Conservative Economics." *New Republic* (https://newrepublic.com/article/110196/hayek-friedman-and-the-illusions-conservative-economics).

제6장

롤스의 정의론과 복지국가 [*]

신정완

1. 복지국가 문제에 대한 규범적 접근의 필요성

사회과학 연구자들에게 규범적 논의[1] 영역은 가능하면 '발 딛고 싶지 않은 땅'이다. 규범적 판단은 기본적으로 개인의 주관적 가치판단의 영역이기 때문에 사회'과학'의 이름으로 다룰 방도가 별로 없다고 생각되어왔기 때문이다. 규범적 판단이 불가피한 경우에도 가능하면 판단을 최소화할 수 있는

---

* 이 장은 필자가 한국사회정책학회 2015년 춘계학술대회에서 기조 강연으로 발표한 「롤스의 정의론과 복지국가」를 수정·보완한 것이다.

1 '규범적 논의(normative discussion)'란 어떤 상태가 바람직한가라는 문제나 사람들이 무엇을 어떻게 해야 하는가와 관련된 문제들에 관한 논의를 의미한다. 철학계에서 많이 사용하는 어법으로는 '존재(Sein)'가 아니라 '당위(Sollen)'를 다루는 논의를 의미한다. '존재'란 현실 세계가 이러저러한 상태로 '있음(sein)'을 뜻하고 '당위'란 무엇을 어떻게 '해야 함(sollen)'을 뜻한다. 존재의 차원을 다루는 학문이 과학이고, 당위의 차원을 다루는 학문이 정치철학이나 윤리학이다. 'Sein'과 'Sollen'은 독일어로서 'Sein'은 영어의 be 동사에 해당하는 동사 'sein'을 명사화한 것이고, 'Sollen'은 영어의 'should'나 'ought to'에 해당하는 조동사 'sollen'을 명사화한 것이다(신정완, 2014: 161).

방안을 모색해왔다. 후생경제학welfare economics에서 자원 배분에 대한 규범적 판단 기준으로 가장 널리 활용되는 '파레토 효율Pareto efficiency' 개념이 이를 잘 보여주는 사례라 할 수 있다.[2]

그러나 복지국가 문제의 경우 규범적 논의는 필요할 뿐 아니라 불가피하기도 하다. 복지국가는 기본적으로 소득재분배 기구라 할 수 있는데, 복지국가를 통해 재분배를 실행한다는 것은 재분배 이전의 분배 상태, 즉 시장 원리를 통한 일차적 소득분배의 상태가 무언가 규범적으로 바람직하지 않다는 판단을 전제하기 때문이다.

규범적 판단을 '과학'의 이름으로 수행하기 어렵다는 사실을 반영해 사회 현상을 설명하는 이론의 구성이나 경험적 분석 수행은 사회과학이 담당하고, 사회문제에 대한 규범적 판단과 관련된 학문적 논의는 정치철학political philosophy이[3] 담당하는 방식으로 역할 분담이 이루어져 왔다. 그러나 역할 분

---

2 사회과학 분야 중에서도 규범적 판단을 기피하기로 유명한 경제학에서 자원 배분에 대한 규범적 판단 기준으로 가장 널리 활용되는 것이 '파레토 효율'이다. 그 어떤 주체의 효용도 감소시키지 않으면서 한 명 이상의 주체의 효용을 증가시킬 수 있는 상태로의 이행이 '파레토 개선(Pareto improvement)'이다. 사회 구성원들이 타인의 효용 수준에는 관심이 없고 오직 자신의 효용 수준에만 관심을 둔다는 가정하에서 파레토 개선은 물론 규범적으로 바람직하다고 평가된다. 더 이상 파레토 개선을 달성할 수 없는 상태, 즉 누군가의 효용을 증가시키려면 다른 누군가의 효용을 감소시킬 수밖에 없는 상태가 '파레토 효율' 또는 '파레토 최적(Pareto optimality)' 상태다. 그리고 이미 파레토 효율 상태에 있는 여러 상태에 대한 우열 판단은 불가능하다. 그런데 정부의 거의 모든 정책은 누군가의 효용을 증가시키고 다른 누군가의 효용을 감소시키기 마련이므로 파레토 개선을 이룰 수 없다. 따라서 여러 정책 대안 중 어떤 것이 더 바람직한지는 파레토 효율이라는 판단 기준으로 평가할 수 없다. 파레토 효율처럼 대부분의 사람이 수용할 만한 가장 무난한 판단 기준은 현실에서는 별로 쓸모없는 기준이 되기 쉬운 것이다.

3 영미(英美) 학계의 전통에서는 자유, 평등, 권리, 정의 등 주요 사회적 가치들의 의미를 해석하거나 자유주의 또는 사회주의와 같은 정치 이념을 평가하는 문제, 또 이와 상당

담이 만족스러운 결과를 가져왔다고 보기는 어렵다. 이러한 역할 분담이 진정 의미 있으려면 양쪽의 연구 성과를 종합할 수 있는 별도의 주체가 존재하거나, 양쪽 연구자들 간에 활발한 학문적 토론이 이루어져야 할 것이다. 그러나 학문 전문화, 전공 세분화의 도도한 흐름은 이런 것을 기대하기 어렵게 한다. 무엇보다도 사회과학자들과 정치철학자들이 상대방의 연구 영역에 대해 잘 알지 못한다는 문제가 있다. 정치철학과 사회과학 연구자들 간에 대화가 원활히 이루어지지 않는 상황에서는 정치철학적 논의가 매우 추상적인 차원에서 전개되어 현실의 주요 이슈들과 제대로 결합되기 어렵다. 반면 사회과학 연구는 규범적 판단을 가능한 한 기피하거나, 규범적 판단을 수행하는 경우에도 판단의 근거가 분명히 제시되고 이러한 판단이 분석과 체계적으로 결합되는 것이 아니라 연구자의 주관적 판단이 산발적으로 표출되는 데 그치기 쉽다.

규범적 논의와 경험적 연구는 서로 더 밀접하게 결합될 필요가 있고, 특히 복지국가 연구 분야에서는 정치철학의 규범적 논의를 더 적극적으로 수용할 필요가 있다. 현실 상황에 대한 진단과 정책 대안 제시 모두에서 규범적 판단이 불가피한 것이라면, 의식적이건 무의식적이건 특정한 규범적 전제를 암묵적으로 깔고 논의를 전개하거나 본인의 규범적 입장이 무엇인지 알지도 못하는 상태에서 논의를 전개할 것이 아니라, 본인의 현실 진단 또는 대안 제시가 어떤 규범적 전제 위에서 이루어지고 있는지 명료하게 의식하고 이를 체계적으로 제시하는 일이 필요하다.

복지국가 연구는 규범적 판단이 많이 요구되는 대표적 분야라 할 수 있는

부분 중첩되지만 정부의 적절한 역할이 무엇인가 하는 문제 등을 다루는 학문 분야를 통상 '정치철학'이라 부른다(신정완, 2014: 20).

데, 복지국가 문제에 대해 규범적 접근이 필요한 대표적인 이유로는 다음과 같은 것을 들 수 있다.

첫째, '왜 복지국가인가?'라는 가장 기본적인 문제가 규범적 논의를 필요로 한다. 시장 원리에 따른 소득분배를 수정하는 재분배 기구인 복지국가가 정당화되려면 시장 원리에 내재된 분배 규범과는 다른 별도의 분배 규범을 정당화할 수 있어야 한다.

둘째, '어떤 복지국가인가?'라는 문제도 규범적 논의를 필요로 한다. 현실적으로 다양한 형태로 존재해왔고, 이론적으로도 다양한 형태로 존재할 수 있는 복지국가 유형들 중에 어떤 것이 더 바람직한가에 대한 판단은 우리가 주로 어떤 규범적 판단 기준에 의존하느냐에 따라 달라지기 마련이다.

셋째, 복지국가를 구성하는 제도나 정책을 설계·운영하는 과정에서 가치 판단을 필요로 하는 문제들에 자주 봉착하게 된다. 예컨대 최근 한국에서 정치적 논란거리가 된, 보편적 무상급식이냐 선별적 무상급식이냐 하는 문제를 생각해보자. 이 문제는 정책 기술 차원의 문제라기보다는 무상급식을 통해 달성하려는 핵심 가치가 무엇인지와 관련된 논쟁이라 할 수 있다. 만일 무상급식을 통해 달성하려는 가치 또는 정책 목표가 오직 빈곤층 아이도 밥을 먹을 수 있게 하자는 것뿐이라면 선별적 무상급식이 훨씬 더 설득력 있는 대안일 것이다. 경상남도에서처럼 보편적 무상급식에 소요되던 재원을 절약해 이 돈을 빈곤층 학생의 학습 지원에 쓰는 것이 나을 수도 있다. 반면 무상급식을 통해 달성하려는 가치가 빈곤층 아이도 밥을 먹을 수 있게 해주는 것뿐 아니라 아동기와 청소년기의 학생 누구나 부모의 경제력과 관계없이 학교에서 열등감을 느끼지 않고 당당하게 생활하며, 학생들 간에 평등한 관계가 유지될 수 있도록 하는 것이라면 선별적 무상급식은 생각하기 어려운 대안일 것이다.

복지국가 문제에 규범적으로 접근하는 방식 중 하나는 '분배적 정의dis-tributive justice'에 초점을 맞추는 방식이다. 분배적 정의에 초점을 맞추어 복지국가 문제에 접근하는 것은 다음과 같은 점에서 의미 있는 일로 판단된다.

첫째, 복지국가의 실제 주된 기능 중 하나가 분배적 정의의 실현이다. 복지국가는 수직적 재분배vertical redistribution 와 수평적 재분배horizontal redistribution 를 통해,[4] 자신의 필요needs 를[5] 충족할 만큼 자원이 넉넉한 사람으로부터 자신의 필요를 충족하기에는 자원이 부족한 사람으로 자원을 이전시킨다. 필요를 충족할 수 없는 사람이 많던 상태로부터 그런 사람이 없거나 최소한 적어지는 상태로 이행하는 것이 분배적 정의의 관점에서 옳은 일이라면, 복지국가는 분배적 정의를 실현해주는 핵심적인 제도 틀이라 할 수 있다.

둘째, 정의는 선good 이나 덕virtue , 박애fraternity 등 다른 사회적 가치들에 비해 더 기본적이고 구속력이 강한 가치다. 정의는 사회 구성원 간의 권리·의무를 설정하는 문제와 직결된 가치이므로 사회의 기본 제도를 설계하고 사회 구성원의 행위를 규율하는 데 최우선적으로 고려해야 하는 가치다. 따라서 복지국가를 무엇보다도 정의의 관점에서 정당화할 수 있다면, 복지국가의 건설과 발전은 추구하면 좋지만 안 해도 그만인 사소한 과제가 아니라

4　'수직적 재분배'란 소득수준이 높은 사람으로부터 소득수준이 낮은 사람으로 재분배가 이루어지는 것을 뜻하고, '수평적 재분배'란 소득수준이 동일한 사람 간의 재분배를 뜻한다. 예컨대 건강보험의 경우 소득수준이 동일해 건강보험료 납부액이 동일한 A와 B가 있을 때, A는 건강해서 병원을 찾을 일이 거의 없고 B는 병약해 병원을 자주 찾는다면 A가 납부한 보험료의 일부를 B가 사용하는 셈이 된다. 즉, A로부터 B로 소득이 이전된다.
5　'필요'란 그것을 충족이 꼭 필요하다고 사회적으로 공인된 욕구로서, 예컨대 의식주나 의료 서비스, 기초 교육에 대한 욕구는 많은 사회에서 충족이 필요하다고 공인된 욕구이므로 '필요'라 할 수 있다.

사회 구성원들이 그에 동참해야 할 도덕적 의무를 갖게 되는, 구속력 있는 과제라 할 수 있을 것이다(신정완, 2014: 19).

2. 롤스의 정의론 개요

현대 정치철학에서 정의 문제, 특히 분배적 정의 문제에 관한 논의는 미국의 정치철학자 존 롤스John Rawls (1921~2002)의 주저 『정의론A Theory of Justice 』(1971년 초판, 1999년 개정판)을 중심으로 전개되어왔다. 『정의론』을 통해 롤스가 달성하고자 한 핵심 과제는 다음과 같다.

첫째, 그동안 영미 정치철학에서 지배적 지위를 차지해온 공리주의utilitarianism 를 효과적으로 비판하고, 사회계약론social contract theory 의 전통 위에서 정의 이론을 재구성하는 것이었다. 공리주의는 사회 구성원 전체 차원의 복지welfare 총량 극대화를 추구한다. 어떤 사회 상태에서 각 개인이 누리는 복지의 크기를 확인해 모든 개인의 복지 크기를 합산한 값이 복지 총량인데, 이 값을 가장 크게 만들어주는 사회 상태가 가장 바람직한 사회 상태라는 것이다.

이는 일견 합리적으로 보일 수도 있다. 개인 차원에서 복지라는 가치는 많이 누릴수록 좋고, 개인 차원에서 그렇다면 개인의 모임인 사회 전체 차원에서도 그럴 것으로 보일 수 있기 때문이다. 그러나 공리주의는 심각한 약점을 안고 있다. 공리주의의 논리에서는 개인이 각각 독자적인 삶을 살아가는 독립적 존재이며 존중받아야 할 존엄한 인격체라는 점이 제대로 고려되지 않는다.

예컨대 A라는 사람이 건강검진을 받고 나서 의사로부터 이런 이야기를 들었다고 해보자. "당신의 위장에 심각한 질환이 있어 조속히 수술을 받지 않으면 나중에 건강이 치명적으로 나빠지기 쉽다. 다만 위 수술을 받으면 그 후유증으로 폐가 좀 나빠질 가능성이 큰데, 경미하게 나빠지는 정도이니 그리 걱정할 필요는 없다." 이때 A는 물론 위 수술을 선택할 것이다. 그런데 A가 이렇듯 위 질환의 치료를 위해 폐의 건강을 다소 희생시키는 선택을 할 수 있는 것은 위와 폐 모두 자기 몸의 일부이기 때문이다. 몸 전체 차원의 건강을 위해서 폐를 다소 손상시키는 선택을 할 수 있는 것이다.

그런데 이러한 논리를 사회에도 적용할 수 있을까? 앞의 사례에서 위와 폐에 해당하는 것이 별개의 개인이고 환자 A에 해당하는 것이 정부라면 어떨까? '위'라는 개인의 복지를 크게 향상시키기 위해 '폐'라는 개인의 복지를 약간 떨어뜨리는 정책을 쓰는 것이, 그냥 놔두는 경우에 비해 두 사람의 복지 합계를 더 크게 만들어준다는 이유만으로 정당화될 수 있을까? 일단 '폐'가 충분히 납득할 수 있을까? 쉽지 않을 것이다. 경우에 따라서는 이런 정책이 정당화될 수도 있겠지만, 단지 두 사람의 복지 합계를 늘려주는 상황이 더 바람직하다는 논리만으로 정당화되기는 어려울 것이다. 이러한 논리만으로도 정책이 정당화될 수 있는 상황이란 '폐'가 '위'를 '내 몸과 같이 사랑'하는 경우에 국한될 것이다. 즉, 개인 간의 경계가 사실상 소멸되어 각 개인이 스스로를 사회라는 몸체의 장기나 세포처럼 인식할 수 있을 때에야 이러한 정책이 원리적으로 정당화될 수 있을 것이다.

이렇듯 공리주의는 개인의 독립성과 인격의 존엄성을 무시한다는 치명적 약점을 안고 있기 때문에, 롤스는 공리주의와 원리적으로 다른 정치철학적 입장을 제시하려 했다. 그는 자유주의와 민주주의 원리를 내장한 사회계약론 전통의 연장선상에서 사회 기본 제도들의 바탕에 있어야 하는 가장 기초적인 규범적 원리를 제시하려 했다. 사회계약론은 자유롭고 평등하며 합리적인 개인들이 자기 이익에 바탕을 둔 자발적인 주장 개진과 민주적 의사 결정을 통해 사회계약을 체결해야 한다고 본다는 점에서 자유주의 원리와 민주주의 원리를 처음부터 내장하고 있다. 롤스는 특히 개인의 자율성autonomy과 인격의 존엄성, 그리고 가장 근본적인 도덕적 관점에서 개인 간 평등을 강조하는 임마누엘 칸트Immanuel Kant 윤리학의 정신에 입각해 정의론을 현대적으로 재구성하려 했다.

둘째, 근대 정치철학의 핵심 주제인 자유와 평등을 조화시키는 일이었다. 특히 자유주의 철학에서 다루기 까다롭고 논란이 많았던 가치인 사회경제적 평등을 자유주의 철학 속에 체계적으로 수용하는 것이었다. 이는 개인의 불가침 자유와 권리를 강조하는 자유주의 철학의 장점을 보존하면서도 자유주의가 현상現狀, status quo 유지를 정당화하는 보수적 철학으로 전락하지 않도록 하는 과제였다고 할 수 있다. 자본주의 경제라는 환경을 전제로 할 경우, 개인의 선택의 자유와 자기 책임을 강조하는 자유주의 철학은 개인 간의 심각한 사회경제적 불평등을 불가피한 것으로 용인하는 쪽으로 귀결되기 쉬운 탓이다. 롤스의 문제의식을 다른 말로 표현하자면 사회주의자들이 강조해온 사회경제적 평등의 실현에 헌신하되, 구소련 같은 국가사회주의 사회에서처럼 자유와 민주라는 가치의 원리적 훼손에 빠지지 않을 수 있는 경로를 찾는 것이었다고 할 수도 있다. 즉, 자유와 평등이 조화롭게 공존하며 서로를 촉진할 수 있는 길을 찾으려 한 것이다.

사회계약론자인 롤스는 정의 문제에도 사회계약의 관점에서 접근한다. 사회의 기본 제도들을 설계하는 데 최우선적으로 고려되어야 할 가치인 정의는 자유롭고 평등하며 합리적인 개인들이 '이상적인 논의 조건'에서 만장일치로 합의할 수 있는 가치이자 원리다. 롤스는 사회계약에 참여하는 모든 주체가 기본적인 공통의 도덕적 규범을 수용하는 전제 위에서 사회계약을 체결해야 한다고 보는데, 그 도덕적 규범은 공정성fairness 이다.[6] 따라서 그의 정의관은 '공정성으로서의 정의justice as fairness'다. 그런데 현실 속 개인들은 자신의 사회적 지위나 소득 및 재산, 가치관과 취향 등에 영향을 받아 자신의 이익을 증진해주는 사회질서를 정의로운 사회질서라 주장할 가능성이 매우 높다. 다시 말해 공정한 관점이 아니라 자신의 특수한 이해관계에 얽매인 관점에서 정의를 주장하기 쉽다. 즉, '이상적 논의상황'이 아닌 상황에서 논의가 전개된다.

이를 막기 위해 롤스가 도입한 사유 실험thought experiment 이 '무지의 베일veil of ignorance'이다. 자유롭고 평등하며 합리적 판단 능력이 있는 개인들이 다시 태어나 살게 될 다음 세상의 기본 제도들을 규율할 원칙인 정의의 원칙

---

6 사회계약론에는 두 가지 조류가 있는데, 하나가 'contractarianism'이고 다른 하나가 'contractualism'이다(우리말로 옮기면 양자 모두 '계약주의'가 되어 차이가 드러나지 않는다). 전자는 사회계약에 참여하는 주체들이 어떤 도덕적 규범으로부터도 자유로운 상태에서 그저 자기 이익을 합리적으로 추구하는 과정 가운데 상호 간 타협과 조정을 통해 사회계약을 맺는 것으로 본다. 즉, 무규범적 개인들의 전략적 상호작용의 결과로 사회계약이라는 규범이 도출된다고 본다. 근대 사회계약론의 창시자인 토머스 홉스 (Thomas Hobbes)가 이러한 입장을 대표하는 이론가다. 반면 'contractualism'은 사회계약에 참여하는 주체들이 기본적인 공통의 도덕적 규범에 종속된 상태에서 계약에 참여한다고 본다. 이러한 입장의 고전적 대표자인 칸트에게 도덕적 규범은 '보편적 적용 가능성' 또는 '보편화 가능성'이고, 이 입장의 현대적 대표자인 롤스에게는 '공정성'이 다. 'contractarianism'에서는 사회계약에 참여하는 주체들이 재산, 권력, 가치관과 성향 등의 차이를 보이는 상태에서 타협과 조정을 통해 사회계약 체결에 이르기 때문에, 이렇게 도출되는 사회계약의 내용은 재산과 권력 등 주체들이 보유한 협상력(bargaining power)의 차이를 반영하기 쉬울 것이다. 따라서 'contractarianism'은 현상 유지의 정 당화로 귀결될 가능성이 높다. 반면 'contractualism'에서는 사회계약에 참여하는 주체들이 공통의 도덕적 규범하에서 계약을 체결하기 때문에 공통의 도덕적 규범을 무엇으로 설정하느냐에 따라 사회계약의 내용이 크게 달라질 수 있다. 경우에 따라서 현실의 사회체제를 근본적으로 바꾸어야 한다는 급진적 입장으로 나아갈 수도 있다.

에 합의해야 하는 상황에 놓였다고 가정해보자. 그리고 이들이 사회와 인간에 관한 일반적 지식은 충분히 보유하되 다음 세상에 자신이 어떤 사람으로 태어날지, 그리고 어떤 세대에 태어날지는 모르는 상황에서 정의의 원칙에 합의해야 한다고 가정해보자. 자신에 대한 집착이야말로 공정한 논의를 해치는 핵심 요인이므로 개인들이 자신에 대한 정보를 전혀 갖지 못한 상태에서 판단할 때 참으로 공정한 관점, 또는 보편적 설득력을 가진 관점에서 문제를 보게 된다는 것이다. 그리고 '무지의 베일' 상황에서 정의의 원칙에 합의하는 개인들은 자기와 자기 후손의 처지에는 관심을 갖지만 타인의 처지에 대해서는 무관심하다고 가정된다. 즉, 타인의 처지 개선이나 악화에 대해서는 이해관계를 갖지 않는다고 가정되는 것이다.[7]

롤스는 이러한 무지의 베일 상황에서는 다음과 같은 내용의 '정의의 원칙들principles of justice'에 합의가 이루어질 가능성이 높다고 본다.

제1원칙: 각자는 모든 사람의 유사한 자유체계와 양립할 수 있는 평등한 기본적 자유의 가장 광범위한 전체체계(the most extensive total system)에 대

---

7   이 가정은 현실의 개인이 실제로 타인의 처지에 전적으로 무관심하다는 사실판단이나, 무관심이 바람직하다는 가치판단에 근거한 것이 아니다. 현실의 개인은 대체로 타인의 처지에도 어느 정도 관심을 갖는다. 예컨대 자기가 좋아하는 사람의 처지가 개선되기를 원하고 자기가 싫어하거나 자기와 경쟁 관계에 있는 타인의 처지가 악화되는 것을 고소해할 수 있다. 롤스가 이러한 현실을 몰랐던 것은 아니다. 그러나 개인이 타인의 처지 개선이나 악화에 이해관계를 가진다고 가정한 뒤 이론을 구성하려면 큰 난관에 봉착하기 쉽다. 예컨대 '무지의 베일' 상황에서 정의의 원칙에 합의해야 하는 개인이 어떤 타인의 처지 개선을 얼마나 원하며 다른 어떤 타인의 처지 악화를 얼마나 원하는지, 또 다른 어떤 타인의 처지에는 무관심한지를 설득력 있는 방식으로 가정한 뒤 이러한 관심이나 이해관계를 가진 개인이 어떻게 의사 결정을 하는지 이론화하는 것은 거의 불가능할 것이다.

해 평등한 권리를 가져야 한다. (자유의 원칙)

　제2원칙: 사회적·경제적 불평등은 다음 두 가지 조건을 만족시키도록, 즉

　① 그것이 정의로운 저축 원칙과[8] 양립하면서 최소 수혜자(the least ad-
　　vantaged)에게[9] 최대 이득이 되고 (차등의 원칙)

　② 공정한 기회균등의 조건하에 모든 사람에게 개방된 직책과 직위에 결부
　　되도록 편성되어야 한다. (공정한 기회균등의 원칙)[10]

8　정의로운 저축 원칙은 '세대 간 정의(intergenerational justice)' 문제와 관련 있다. 소
　비를 적게 하고 저축을 많이 하는 세대는 자기 세대의 희생하에 후손의 이익을 증대시
　키는 셈이고, 소비를 많이 하며 저축을 적게 하는 세대는 자기 세대의 이익을 위해 후손
　의 이익을 침해하는 셈이므로, 세대 간에 분배적 정의가 실현되려면 세대 간 저축률이
　공평하게 부과되어야 한다는 것이다. 그리고 부유한 세대일수록 저축률을 높이는 것이
　정의로운 저축 원칙에 부합한다고 주장한다.

9　최소 수혜자란 가장 열악한 처지에 있는 집단을 의미한다.

10　정의의 원칙들의 이러한 내용은 『정의론』 초판(1971)과 개정판(1999)에서 동일하게
　유지된다. 그러나 롤스의 마지막 저서인 『공정성으로서의 정의: 재진술(Justice as
　Fairness: A Restatement)』(2001)에서는 약간의 문구 수정이 이루어진다. 이 책에 나
　와 있는 정의의 원칙들의 마지막 버전(version)은 다음과 같다. "제1원칙: 각자는 모든
　사람의 동일한 자유의 체계와 양립할 수 있는 평등한 기본적 자유의 완전히 적절한 체
　계(a fully adequate scheme)에 대해 동일한 불가침의(indefeasible) 요구를 갖는다.
　제2원칙: 사회적·경제적 불평등은 두 가지 조건을 충족해야 한다. 첫째, 이 불평등은
　공정한 기회균등의 조건하에 모든 사람에게 개방된 직책과 직위에 결부되어야 한다.
　둘째, 이 불평등은 사회의 최소 수혜자 성원들에게 최대 이익이 되어야 한다"(Rawls,
　2001: 42~43).

　　이러한 수정 중 제2원칙과 관련된 수정은 단순히 독자가 이해하기 쉽도록 동일한 내
　용을 다른 방식으로 표현한 것에 불과하다. 반면 제1원칙과 관련된 문구 수정은 실질적
　내용 변화를 반영한다. 예컨대 『정의론』에서처럼 모든 개인이 평등한 기본적 자유의
　'가장 광범위한 전체체계'에 대해 평등한 권리를 갖도록 할 경우, 기본적 자유나 권리
　간의 충돌 문제에 봉착할 수 있다. 예를 들면 언론·출판의 자유와 사생활 보호 권리 간

제1원칙인 자유의 원칙은 신체의 자유, 사상과 양심의 자유 같은 인간의 기본적 자유나 권리, 또는 시민적 기본권이 모든 사람에게 평등하고 충분하게 부여되어야 한다는 것을 의미한다. 제2원칙은 사회적·경제적 불평등의 허용 범위를 규율하는 원칙인데, 제2원칙 중 공정한 기회균등의 원칙은 재능talent과 능력ability 수준이 동등하고 재능과 능력을 활용할 의향willingness이 동등한 사람들은 출신 배경에 관계없이 서로 동등한 수준의 성공 전망을 가질 수 있어야 함을 의미한다(Rawls, 2001: 44). 따라서 이 원칙은 부모의 경제적 배경이나 사회적 차별 등과 같은 사회적 요인으로 인한 불평등을 억제하는 원칙이다.

공정한 기회균등의 낮은 단계는 '형식적 기회균등'이다. 즉, '법 앞에서의 평등' 같은 것들이다. 예컨대 신분제는 철폐되어야 하며 본인이 원한다면 누구나 선출직 공직 후보로 출마할 수 있어야 한다. 또 여성이거나 특정 지역 출신이거나 소수민족 출신이라는 등의 이유로 불리하게 차별받아서는 안 된다.[11] 그러나 형식적 기회균등이 완전히 달성되었다고 해서 공정한 기회균등

의 충돌이 생길 수 있다. 따라서 모든 기본적 자유를 거의 완벽하게 보장한다는 것은 불가능하다고 할 수 있다. 반면 『공정성으로서의 정의: 재진술』에 나오는 문구인 기본적 자유의 "완전히 적절한 체계"는 "가장 광범위한 전체체계"보다는 약한 표현이고, 따라서 기본적 자유나 권리들 간의 충돌이 발생할 경우 합당한 근거에 따라 일부 자유나 권리의 제한을 허용할 수 있게 한다.

[11] 형식적 기회균등 중 신분제 철폐나 선출직 공직 출마 권리 등은 정의의 원칙 중 제1원칙이 실현되면 달성된다고 볼 수 있을 것이다. 제1원칙에 포함되는 자유나 권리의 목록에는 투표권과 공직 접근권 같은, 정치제도로서의 민주주의 관련 권리도 포함되어 있다. 그러나 제1원칙이 예컨대 민간 기업의 노동자 채용이나 승진 등에서 성별 또는 출신 지역에 의거한 차별이 없어야 한다는 점까지 보장해준다고 보기는 어려울 것이다. 따라서 공정한 기회균등의 낮은 단계인 형식적 기회균등은 제1원칙과 공정한 기회균등 원칙 모두의 관철을 필요로 한다고 보아야 할 것이다.

의 원칙이 온전히 구현된 것은 아니다. 형식적 기회균등이 달성되었다 해도, 예컨대 부모의 소득이나 재산, 사회적 지위가 어떤지에 따라 자녀의 삶의 전망이 크게 달라질 수 있다. 따라서 부모의 경제적·사회적 배경 등으로 인한 불평등까지 해소해주는 '실질적 기회균등'에 이르러야 비로소 공정한 기회균등의 원칙이 온전하게 구현되었다고 할 수 있다.

공정한 기회균등의 원칙이 제대로 실현되고 난 후에도 사회 구성원 간에 사회적·경제적 불평등이 남는다면 이는 선천적 재능의 차이나 다양한 행운·불운 등 주로 자연적 요인으로 인한 불평등일 것이다. 차등의 원칙은 이러한 자연적 불평등의 허용 범위를 규율하는 원칙이다. 차등의 원칙은 불평등을 전혀 허용하지 않는 경우에 비해 일정 수준의 불평등을 허용할 때 최소 수혜자, 즉 그 사회에서 가장 열악한 처지에 있는 사람들의 처지가 나아진다면 그런 수준의 불평등은 허용하는 것이 좋고, 선택 가능한 다양한 불평등 수준 중에서는 최소 수혜자의 처지가 가장 좋아지는 불평등 수준을 선택해야 한다는 원칙이다. 즉, 가장 열악한 조건에 있는 사람들에게 가장 유리한 분배 상태가 가장 정의로운 분배 상태라는 것이다.

그리고 이러한 정의의 원칙들 간에는 우선순위가 있어서 제2원칙에 대해 제1원칙이 우선하고, 제2원칙 중 차등의 원칙에 대해 공정한 기회균등의 원칙이 우선한다. 우선, 기본적 자유 또는 시민적 기본권을 평등하고 충분하게 보장한다는 제1원칙이 사회적·경제적 불평등을 규율하는 원칙인 제2원칙에 우선한다. 예컨대 제2원칙의 일부인 차등의 원칙을 구현하려면 아마도 부유층으로부터 빈곤층으로의 대규모 재분배가 필요하기 때문에 부유층은 차등의 원칙에 반대할 가능성이 높을 수 있다. 하지만 그렇다고 차등의 원칙을 구현하기 위해 재분배 문제와 관련해서 부유층에게 투표 등 정치 참여 기회를 봉쇄해야 한다고 주장할 수는 없다는 것이다. 자유롭고 평등하며 합리적으로 자신의 인생 계획을 실현하려는 개인들이라면 사회적·경제적 불평등의 축소보다도 존엄한 인격체로서 자신의 기본적 자유를 확보하는 데 더 근본적인 이해관계를 가진다는 것이다.

제2원칙 중에서는 공정한 기회균등의 원칙이 차등의 원칙에 우선한다. 즉, 사회적 요인으로 인한 불평등을 억제하는 일이 자연적 요인으로 인한 불평등을 억제하는 일에 우선한다. 다른 말로 표현하자면, 일단 기회의 불평등을 최대한 억제한 후에 그러고도 남아 있는 결과의 불평등을 억제하는 것이 올바른 순서라는 것이다.

롤스의 정의의 원칙들 중 가장 많이 논란이 되었던 것은 차등의 원칙이다. 자유민주주의적 정치질서가 정착되고, 그에 내포된 자유주의 원리와 민주주의 원리가 사회 구성원들로부터 충분히 존중받는 사회에서는 제1원칙인 자유의 원칙과 제2원칙 중 우선적 원칙인 공정한 기회균등의 원칙에 원리적으로 반대하기가 쉽지 않다. 반면에 최소 수혜자의 처지를 최대한 개선해주는 범위 내에서만 사회적·경제적 불평등을 허용해야 한다는 차등의 원칙은 그만큼 견고한 지지를 얻기가 쉽지 않을 것이다.

롤스는 차등의 원칙을 '호혜성reciprocity' 원리에 의거해 정당화한다. 자유롭고 평등한 개인들이 만나 미래에 살게 될 사회의 분배 원칙에 관해 합의해야 할 때, 우선적으로 떠오르는 가장 자연스러운 분배 원칙은 '완전 평등'일 것이다. 완전 평등이 아닌 다른 분배 원칙을 수용하려면 그 분배 원칙이 모든 사회 구성원에게 받아들여질 만한 적극적인 이유가 있어야 한다. 그런데 만일 적절한 수준의 불평등을 용인해 모든 사회 구성원의 처지가 개선된다면, 특히 최소 수혜자의 처지가 크게 개선될 수 있다면 이는 호혜성을 실현하는 길이 된다. 예컨대 재능이 많은 사람들은 적절한 불평등을 용인하는 분배 원칙을 통해서 완전 평등 상황에 비해 자연스럽게 처지가 개선될 수 있을

테고, 또 이러한 분배 원칙을 통해 최소 수혜자의 처지도 개선되므로 모두가 혜택을 보게 되기 때문이다(신정완, 2014: 55).[12]

그리고 이러한 정의의 원칙이 충분히 구현되려면 만인에게 기본재基本財, primary goods가[13] 정의의 원칙에 따라 제공되어야 하는데, 기본재란 그 어떤 합리적 인생 계획을 가진 사람이라도 그것을 실현하는 데 필요로 하는 사회적 조건들과 범용汎用 수단들이다. 기본재에는 사상과 양심의 자유 같은 기본적 자유, 이주와 직업 선택의 자유, 각종 중요한 사회적 직책과 직위, 소득

---

12 롤스가 정의의 원칙을 정당화하는 방식은 시간이 경과하면서 다소 변화한다. 『정의론』의 초판과 개정판에서 롤스는 정의의 원칙을 주로 '최소극대화(maximin)' 원리에 의거해 정당화한다. 정의의 원칙에 합의해야 하는 개인의 입장에서 자신이 향후 어떤 사람으로 태어날지, 그리고 어떤 세대에 태어날지 전혀 알 수 없는 '무지의 베일' 상황은 '불확실성(uncertainty)'에 해당하는 상황이다. 즉, 자신의 출생 조건을 정확히 알 수는 없지만 적어도 확률분포는 알 수 있는 '위험(risk)'에 해당하는 상황이 아니라, 확률분포조차 알 수 없는 '전적인 무지'의 상황, 즉 불확실성 상황이다. 이러한 불확실성 상황에서 자신과 자기 후손의 장기적 이익을 합리적으로 추구하는 개인들이라면 설령 발생 가능한 최악의 상황에서 자신이나 후손이 태어나더라도 꽤 괜찮은 삶을 영위할 수 있게 해주는 원칙을 지지하게 된다. 즉, 자신과 후손의 이익의 최소값(minimum)을 극대화(maximize)해주는 원칙을 지지하게 되리라는 것이다. 그리고 자신이 제시한 정의의 두 원칙이 여기에 해당한다고 말한다. 그러나 롤스가 사망하기 1년 전에 발간된 『공정성으로서의 정의: 재서술』에서는 제1원칙인 자유의 원칙과 제2원칙 중 우선적 원칙인 공정한 기회균등의 원칙이 최소극대화 원리에 의거해 정당화되지만, 차등의 원칙은 최소극대화 원리가 아니라 '호혜성' 원리에 의거해 정당화된다. 그리고 차등의 원칙이 롤스 본인의 입장에서는 충분히 정당화될 수 있는 원칙이지만, 자유의 원칙이나 공정한 기회균등의 원칙만큼 많은 사람의 견고한 지지를 얻을 수 있는 원칙은 아닐 수 있다는 점을 인정한다. 이는 롤스의 정의론에 대한 비판 중 큰 부분이 차등의 원칙과 이 원칙이 최소극대화 원리에 의해 정당화된다는 점에 집중된 것을 반영하는 듯하다.

13 'primary goods'는 학자에 따라 '기본재', '기본선(基本善)', '기본적 가치', '일의적(一義的) 선' 등으로 다양하게 번역되어왔다. 이는 주로 '좋은 것들'을 의미하는 'goods'를 한국어로 번역하기가 쉽지 않은 데 기인한다.

과 재산, '자기 존중의 사회적 기초social bases of self-respect' 등이 포함된다. '자기 존중의 사회적 기초'란 사회 구성원이 자존감을 지니고 살아가면서 자기 확신을 갖고 자신의 인생 계획을 실현하는 데 필요한 사회제도와 관행, 문화 등을 의미한다.[14]

---

14 롤스의 정의(定義)에 따르면 "자기 존중의 사회적 기초란, 시민들이 도덕적 인간으로서 자신의 가치에 대한 생생한 감각을 갖고 살아가며, 자기 확신을 갖고 그들의 최고 이해관심(interests)을 실현하며, 그들의 목적을 진전시키기 위해 통상적으로 필수적인, 기본 제도들(basic institutions)의 양상들(aspects)이다"(Rawls, 1982: 166). 한편 기본 재의 요소들과 정의의 원칙들 간의 관계를 살펴보면, 사상과 양심의 자유 같은 기본적 자유와 이주 및 직업 선택의 자유는 정의의 원칙들 중 제1원칙에 따라 만인에게 평등하고 충분하게 보장되어야 한다. 각종 중요한 사회적 직책과 직위는 제2원칙 중 공정한 기회균등의 원칙에 따라 사람들에게 할당되어야 한다. 제1원칙과 공정한 기회균등의 원칙이 이미 충분히 구현된 상태라면 소득과 재산은 제2원칙 중 차등의 원칙에 따라 분배되어야 한다. 그런데 자기 존중의 사회적 기초가 어떤 원칙에 따라 사람들에게 제공되어야 하는지에 대해서는 롤스가 명확하게 이야기한 바 없다. 그러나 자기 존중의 사회적 기초에 대한 정의에서 롤스가 "기본 제도들의 양상들"이라는 문구를 썼고, 기본 제도들을 규율하는 원칙이 정의의 원칙들이라는 점을 고려하면, 정의의 원칙들이 완벽에 가깝게 제도로 구현되면 자기 존중의 사회적 기초도 자동적으로 확보된다고 해석할 수도 있을 것이다. 그럴 경우 자기 존중의 사회적 기초란 다른 기본재들과 구별되는 별도의 기본재라기보다는 다른 기본재들이 정의의 원칙들에 따라 분배됨으로써 발생하는 부수적 효과라고 해석하는 편이 자연스럽다. 그러나 롤스는 기본재의 목록에 자기 존중의 사회적 기초를 따로 포함시켰으며, 예컨대 장애인들이 자기 존중감을 충분히 갖고 살 수 있으려면 기본 제도가 정의의 원칙들에 의해 규율되어야 할 뿐 아니라 사회 내에 장애인을 존중하고 배려하는 다양한 제도·정책·관행·문화가 정착될 필요가 있다는 점을 고려하면, 다른 기본재들이 정의의 원칙들에 따라 분배된다는 것만으로 자기 존중의 사회적 기초가 자동적으로 충분히 확보된다고 해석하기는 어렵다고 볼 수도 있다. 필자는 후자의 해석이 타당하다고 본다. 즉, 자기 존중의 사회적 기초가 확보되려면 다른 기본재들이 정의의 원칙들에 따라 분배되어야 할 뿐 아니라 사회적 약자들의 자존감을 지지해주는 다양한 제도와 정책, 관행과 문화의 정착이 추가적으로 요구된다고 생각한다.

3. 롤스의 정의론의 복지국가론적 의의

철학자인 롤스는 복지국가 문제를 본격적으로 다룬 적이 없다.[15] 그러나 롤스의 정의론은 다음과 같은 점에서 복지국가를 정당화해주는 이론으로 해석될 잠재력이 있다고 생각한다.

첫째, 롤스의 정의론은 자유민주주의적 정치질서와 공존하는 현대적 복지국가에 대한 설득력 있는 정당화 논리로 해석될 수 있다. 롤스의 정의의 원칙들 중 제1원칙인 자유의 원칙은 정치적 자유주의 원리와[16] 민주주의 원리

---

15 롤스는 복지국가를 많이 언급하지 않았고, 언급한 경우에는 그 성취보다 한계를 강조했다. 그에 따르면 '복지국가 자본주의(welfare state capitalism)', 즉 통상적 용어로 자본주의적 복지국가는 자유방임 자본주의보다는 한결 더 정의로운 정치경제체제이지만 자신의 정의의 원칙에는 크게 미달하는 체제라는 것이다. 복지국가 자본주의는 소득재분배 정책을 통해 최소 수혜자에게 비교적 관대한 수준의 생활을 보장해주지만, 생산수단을 포함해 각종 재산과 경제에 대한 통제권을 소수의 부유층이 집중적으로 소유하는 것을 막지 못한다는 점에서 큰 결함이 있다. 또한 이 체제에서 복지 수혜자는 사회복지에 만성적으로 의존해야 하는 의기소침한 하층계급(underclass)으로 전락하기 쉽다는 것이다. 그리고 자신의 정의의 원칙에 가장 부합되는 이론상의 정치경제체제로는 생산수단이 대개 사적으로 소유되지만 생산수단과 인적 자본(human capital)이 광범위하게 분산 소유되는 체제인 '재산 소유 민주주의(property-owning democracy)'와 생산수단이 사회적으로 소유되지만 기업의 경영진을 노동자들이 뽑는 시장사회주의 체제인 '자유사회주의(liberal socialism)'를 거론한다(Rawls, 2001: 138~140). 그런데 롤스의 이러한 주장은 그의 강한 평등주의적 지향을 잘 보여주기도 하지만, 복지국가에 대한 그의 지식 부족을 드러내는 측면도 있는 듯하다. 예컨대 그가 상정한 복지국가는 그의 조국인 미국의 복지국가로서, 복지국가 유형으로는 '자유주의적 복지국가(the liberal welfare state)' 또는 '잔여적 복지국가(the residual welfare state)'인 것으로 보인다. 그의 재산 소유 민주주의론의 의의와 난점, 그리고 현실에서의 실현 가능성을 다룬 논문들을 수록한 저작으로는 O'Neill and Williamson(2014) 참조.

16 그러나 제1원칙이 경제적 자유주의까지 온전히 포함하지는 않는다. 롤스는 생산수단

에 해당한다. 자유의 원칙에 포함된 자유와 권리의 목록에는 신체의 자유, 사상과 양심의 자유 같은 정치적 자유주의의 요소들과 선거권·피선거권 같은 민주주의 원리의 핵심 요소들이 포함되어 있다.

제2원칙 중 우선적 원칙인 공정한 기회균등의 원칙은 민주주의 원리와 사회보장 원리에 해당한다고 볼 수 있다. 공정한 기회균등의 낮은 단계인 '형식적 기회균등'을 보장하려면 일단 선거권과 피선거권을 비롯해 정치제도 운영 원리로서 민주주의가 필요한데, 이는 제1원칙에 의해 보장된다. 그러나 제1원칙만으로 형식적 기회균등이 완전히 달성된다고 보기는 어렵다. 예컨대 기업 등 시민사회의 각종 조직에서 직원의 채용 또는 직원에 대한 직책이나 직위 부여 등에서 정당화될 수 없는 차별, 예컨대 성차별이나 출신 지역에 따른 차별 등을 금지하는 것도 형식적 기회균등에 해당하는데, 이는 민주주의 정치제도의 작동만으로 충분히 달성될 수 있는 것은 아니다. 사회의 다양한 영역에서 발생할 수 있는 부당한 차별을 막으려면 선거권이나 피선거권 같은 기본적인 민주주의적 권리가 만인에게 평등하게 보장되어야 할 뿐 아니라, 부당한 차별을 규제하는 다양한 법규·관행·문화도 필요하다. 즉, 정치제도 차원의 민주주의뿐 아니라 시민들의 일상생활을 규제하는 원리로서의 민주주의, 즉 '광의의 민주주의'까지 필요한 것이다.

한편 공정한 기회균등의 높은 단계인 '실질적 기회균등'까지 보장하려면 개인 간 소득과 재산의 격차 등을 줄여주는 사회보장제도가 필요할 것이다. 예컨대 조세정책과 사회복지 정책 등을 통해 개인 간 소득과 재산의 격차를

같은 특정 재산에 대한 사적 소유권이나 자유방임주의 교의(敎義)에서 이해하는 방식의 거래의 자유가 모든 사람에게 보장되어야 할 기본적 자유나 권리에는 포함되지 않는다고 보았다(Rawls, 1999: 54).

줄여주어야 그 자녀들 간의 경쟁 조건 격차가 줄어들 것이다.

제2원칙 중 차등의 원칙은 주로 사회보장 원리에 해당된다고 볼 수 있을 것이다. 자본주의 사회를 전제로 하는 한 최소 수혜자의 이익을 최대한 끌어올리려면 사회보장제도를 통한 적극적 재분배가 필요하기 때문이다. 즉, 롤스의 정의의 원칙은 자유주의 원리의 우선성 아래 자유주의, 민주주의, 사회보장의 원리를 체계적으로 통합해내는 원칙인 것이다. 그리고 이 세 원리는 자유민주주의적 정치질서와 공존하는 복지국가를 지탱하는 핵심적인 규범적 원리라 할 수 있다(신정완, 2014: 59~60).

둘째, 롤스의 정의론은 사회경제적 평등을 강하게 요구하는데, 자본주의 사회에서 사회경제적 평등에 가까이 가도록 해주는 대표적인 제도적 장치가 복지국가다. 즉, 자본주의 사회를 전제로 하는 한 그의 정의의 원칙에 반영된 사회경제적 평등의 가치가 구현되려면 복지국가가 꼭 필요하다. 사회적·경제적 불평등을 다루는 제2원칙은 직접적으로 사회경제적 평등을 요구하는 원칙이다.[17] 반면 기본적 자유 또는 권리 문제를 다루는 제1원칙은 사회경제적 평등과는 관계없어 보일 수도 있지만 사실은 간접적으로 사회경제적 평등을 강력히 요구하는 원칙이라 할 수 있다. 롤스는 '자유liberties'와 '자유

---

[17] 제2원칙 중 공정한 기회균등의 원칙은 분배 결과의 평등을 직접적으로 지향하는 원칙이 아니라 경쟁 조건의 평등을 지향하는 원칙이다. 그러나 공정한 기회균등의 원칙이 제대로 실현된다면 분배 결과의 측면에서도 현존하는 대부분의 사회에서보다 평등한 결과를 낳을 가능성이 매우 높을 것이다. 그리고 기회균등 자체가 평등이라는 규범의 핵심 구성요소이기도 하다. 또 차등의 원칙도 사회 구성원 간 소득과 재산 격차의 축소라는 의미에서 분배 평등을 직접적으로 지향하는 원칙은 아니다. 불평등을 허용하되이를 통해 최소 수혜자 집단의 처지가 최대한 개선되는 한도 내에서만 불평등을 허용하자는 원칙이다. 그러나 차등의 원칙의 경우에도 그것이 제대로 실현된다면 현존하는 대부분의 사회에서보다 평등한 분배 결과를 낳을 가능성이 매우 높다.

의 가치worth of liberties'를 구분했다. 형식적으로는 기본적 자유가 모든 사회 구성원에게 동등하게 보장되더라도, 이 자유를 실제로 활용해 자신의 이익을 증진시킬 수 있는 가능성의 크기, 즉 '자유의 가치'는 각 사회 구성원의 사회경제적 지위에 따라 달라질 수 있다는 것이다. 예컨대 돈이 많거나 사회적 지위가 높은 사람들은 그렇지 않은 사람들에 비해 선거 등 정치과정에 영향을 미치거나 정책 결정권을 가진 직위를 획득하기가 쉬우므로 자신에게 부여된 자유를 활용해 자기 이익을 증진시킬 수 있는 기회가 많다. 즉, 이들은 더 큰 '자유의 가치'를 누릴 것이다.

따라서 정의의 원칙 중 제1원칙인 자유의 원칙이 제대로 구현되려면 사회 구성원들에게 '정치적 자유의 공정한 가치the fair value of the political liberties'가 보장되어야 한다. 정치적 자유의 공정한 가치가 보장되는 상태란, 재능과 동기부여의 측면에서 서로 유사한 사람들은 정부 정책에 영향을 미치거나 권한 있는 직위를 획득할 기회를 자신의 경제적·사회적 계급과 무관하게 대체로 동등한 정도로 갖는 상태다(Rawls, 2001: 46). 이를 위해서는 예컨대 선거비용의 큰 부분을 사회가 부담하는 등의 방식으로 정당이 경제적 권력 집단에 종속되지 않도록 해야 한다는 것이다(Rawls, 1993: 324~331, 2001: 136).[18]

---

18 제1원칙에 의해 보장되는 기본적 자유들 전체가 아니라 그 일부인 정치적 자유만이 공정한 가치가 보장되어야 할 대상인 이유는 다음과 같다. 첫째, 정치적 자유는 큰 권력을 행사하는 직위에 대한 접근이나 정책에 대한 영향력 행사와 직결된 자유이기 때문에 정치적 자유의 공정한 가치가 보장되는지 여부는 사회의 제도 또는 정책의 설계와 운영 전반에 지대한 영향을 미치게 된다. 둘째, 정치적 자유가 아닌 다른 기본적 자유들의 공정한 가치까지 보장하려 할 경우 심각한 부작용이 생길 수 있다. 예컨대 종교적 자유의 공정한 가치를 보장하려 한다고 해보자. 만일 어떤 종교가 다른 종교들에 비해 신도에게 요구하는 바가 현저히 크다면 다른 종교들에 비해 사회의 자원을 집중적으로 투입해야 종교의 자유의 공정한 가치가 보장된다고 할 수 있을 것이다. 예를 들어 어떤

그런데 복지국가는 사회 구성원 간에 소득과 재산 격차를 줄여줌으로써 사회 구성원 간에 선거 등 정치과정이나 정책 결정에 대해 행사하는 영향력의 차이를 줄여주고, 그들에게 부여된 정치적 자유를 실제로 비교적 평등하게 향유할 수 있도록 지원해준다.[19] 결국 복지국가는 롤스가 주장한 정의의 원칙의 모든 요소가 실현되도록 직간접적으로 지원한다.

셋째, 복지국가를 지지해주는 핵심적인 윤리적·논리적 기초는 이타주의나 온정주의가 아니라 공정성과 합리성이라는 점을 보여준다. 앞서 언급한 바와 같이 롤스의 정의론은 복지국가 정당화 논리로 충분히 활용될 수 있는데, 그가 내세운 정의의 원칙은 개인이 이타적이거나 사회적 약자에 대해 온정주의적 태도를 가진다는 가정에서 도출된 것이 아니다. 공정성을 보장해주는 '무지의 베일' 상황에서 합리적으로 자기와 후손의 장기적 이익을 추구하는 사람들이라면 자신이 제시한 정의의 원칙에 합의할 수 있으리라고 보았다. 즉, 공정하고 합리적인 사람이라면 개인의 기본적 자유와 사회 구성원

종교의 신도들이 순례 행위나 거대한 종교적 건축물의 설립을 종교적 의무의 일부로 간주한다고 해보자. 이때 그들의 종교적 자유의 가치를 제대로 구현하려면 막대한 자원을 종교 활동에 투입해야 한다. 만일 사회가 이러한 신도들의 종교적 자유의 가치와, 신도들에게 요구하는 것이 적은 다른 종교 신도들의 종교적 자유의 가치를 비슷한 정도로 보장하려 할 경우에는 사회의 자원을 전자의 종교에 집중 투입해야 할 것이다. 이는 사회를 심각하게 분열시키는 요인으로 작용할 수 있다(Rawls, 2001: 150~151).

19 매우 궁핍해 삶의 기회가 극도로 제약된 사람들은 집회와 결사의 자유 등을 실제로 행사하기 어려울 수 있다. 또 피선거권은 말할 것도 없고, 심지어 선거권도 제대로 행사하기 어려울 수 있다. 예컨대 많은 나라에서 빈곤층은 중산층 이상의 계층에 비해 투표율이 낮다. 이는 만성적 빈곤의 경험으로 인해 정치에 희망을 갖지 않게 되는 데서도 기인하지만, 빈곤층은 투표하는 것 자체가 쉽지 않은 측면도 있다. 예컨대 일용직 노동자는 투표장에 나가기 위해 하루 일당을 포기해야 하고, 영세 자영업자는 투표를 위해 일정 시간 가게 문을 닫아야 한다(신정완, 2014: 295).

간의 사회경제적 평등이 보장되는 사회를 선호하리라는 것이다. 다른 말로, 우리가 현재 자신의 특수한 이해관계로부터 벗어나 참으로 '역지사지 易地思之' 할 수 있는 관점에 선다면 상당 정도 평등주의자가 될 수밖에 없다는 것이다.

그리고 공정성과 합리성은 이타주의나 온정주의에 비해 공론장 公論場 에서 수용되기가 한결 쉬운 규범이라 할 수 있을 것이다. 공론장에서 논의하는 주체들에게 이타주의적이거나 온정주의적인 태도로 논의해야 한다고 요구하기는 어렵지만, 최소한 공정하며 합리적인 관점에서 논의해야 한다고 요구하는 일은 무리한 것으로 느껴지지 않을 것이다. 사실은 자신의 이해관계 때문에 복지국가에 거부감을 가진 사람이더라도 적어도 공론장에서 "부자인 나의 이익에 위배되기 때문에 복지국가에 반대한다"라고 말하지는 못할 것이다. 무언가 보편적 설득력을 가진 논리를 제시하려 할 것이다. 그런데 롤스의 관점에 따르면 보편적 설득력을 갖는 입장이란 무엇보다도 공정성이 확보된 입장이고, 공정한 입장이란 자신의 특수한 이해관계로부터 벗어나 모든 사람의 입장을 고루 고려하는 관점에서 문제를 바라본다는 뜻이다. 그런 관점에 설 때 사회 구성원 간의 심각한 사회경제적 불평등을 허용하는 질서를 지지하기란 어려우리라는 것이다. 따라서 롤스의 사고방식을 받아들인다면 복지국가에 반대하는 것이 복지국가를 지지하는 것보다 논리적으로 어려울 수밖에 없다.

넷째, 복지국가를 무엇보다도 정의의 관점에서 지지할 수 있다는 점이다. 롤스에게 정의란 사회제도들이 갖추어야 할 제1덕목 the first value , 즉 가장 중요한 가치다(Rawls, 1971: 3). 그리고 앞서 이야기한 바와 같이 정의는 다른 사회적 가치들에 비해 구속력이 한결 강한 가치다. 따라서 정의라는 가치에 입각해 복지국가를 정당화할 수 있다는 것은 복지국가를 대단히 강력하게 정당화할 수 있음을 의미한다.

지금까지 롤스의 정의론이 어떤 측면에서 복지국가 정당화의 논리로 해석될 수 있는가를 설명했다. 즉, '왜 복지국가인가?' 하는 문제와 관련해 롤스의 정의론에서 어떤 답변을 이끌어낼 수 있는지 설명했다. 이제는 '어떤 복지국가인가?'라는 문제와 관련해 어떤 답변을 이끌어낼 수 있는지 살펴보기로 하자. 즉, 복지국가를 구성하는 제도와 정책의 설계 문제와 관련해 롤스로부터 얻을 수 있는 시사점은 무엇인지 검토해보자.[20]

첫째, 최근 한국 사회에서 무상급식 문제를 고리로 논란이 되고 있는 보편적 복지와 선별적 복지의 문제와 관련해 시사점을 얻을 수 있다. 롤스가 이문제를 다룬 적은 없다. 그러나 정의의 원칙을 실현하기 위해 만인에게 제공되어야 하는 기본재의 목록에 '자기 존중의 사회적 기초'를 포함시킨 것에 주목할 필요가 있다. 그가 생각하는 정의로운 사회는 소득이나 사회적 지위와무관하게 만인이 나름대로 자존감을 갖고 살아갈 수 있는 사회다. 그리고 이는 개인이 각각 주관적으로 자존심을 세운다고 실현되는 것이 아니다. 개인들이 자존감을 유지하며 살 수 있도록 지지해주는 제도적 기반이 필요하다.

복지국가 유형론 차원에서 선별적 프로그램을 중심으로 제도 틀이 짜인잔여적 복지국가가 좋은가, 보편적 프로그램[21]을 중심으로 제도 틀이 짜인보편적 복지국가가 좋은가 하는 것은 중요한 쟁점이 될 수 있는데, 선별적프로그램의 약점 중 하나는 사회적 낙인social stigma이다. 자산 조사means-test

---

20 롤스가 이러한 문제를 직접적으로 다루지는 않았다. 이하의 논의는 필자가 롤스의 정의론의 논리로부터 적극적으로 해석해낸 것이다.

21 보편적 프로그램이란 필요(needs)를 가진 모든 사람에게 추가적인 자격 제한 없이 복지 급여(benefits)를 제공하는 제도나 정책을 의미한다. 선별적 프로그램이란 필요에더해 소득수준 등 추가적 자격 제한을 설정함으로써 수급을 가장 절실히 필요로 하는사람들에게만 급여를 제공하는 제도나 정책을 의미한다.

에[22] 입각한 선별적 프로그램에서는 복지 수혜자가 자존감을 유지하기 어렵다. 자신이 경제적으로 무능하다는 것을 적극적으로 입증해야만 급여를 받을 수 있기 때문이다. 이 경우 롤스의 표현을 빌리자면, 사회복지에 만성적으로 의존해야 하는 의기소침한 하층계급이 형성되기 쉽다(Rawls, 2001: 140).[23] 혜택을 주는 집단과 혜택을 받는 집단이 선명하게 구별되고 혜택을 받는 집단이 사회의 짐으로 간주되는 사회는 롤스가 생각하는 정의로운 사회의 이상에 크게 미달한다. 보편적 프로그램의 경우에는 이러한 문제가 없다. 따라서 보편적 프로그램이 중심이 된 보편적 복지국가가 롤스의 정의론의 취지에 더 잘 부합하는 복지국가 유형이라 할 수 있을 것이다.

둘째, 정의의 원칙 중 차등의 원칙은 최소 수혜자의 이익을 극대화할 수 있는 복지국가가 바람직하다는 점을 시사한다. 즉, 재분배 효과가 큰 복지국가가 바람직하다는 것이다. 요스타 에스핑 안데르센Gøsta Esping-Andersen의 복지국가 유형론의 분류법을 사용하자면, 이런 점에서 '사회민주주의적 복지국가the social democratic welfare state'(이하 '사민주의적 복지국가')가 '자유주의적 복지국가the liberal welfare state'나 '보수주의적 · 조합주의적 복지국가the conservative, corporatist welfare state'보다 우월한 성과를 보인다.[24] 사민주의적 복지국가에서

---

22 자산 조사란 급여 지원 대상자 선정을 위해 대상 후보자의 소득이나 재산 등 경제적 능력의 수준을 조사하는 것을 의미한다. '재력(財力) 조사'나 '경제력 조사'라고도 한다.

23 롤스의 이 문구는 선별적 프로그램에 관한 것이 아니라 복지국가 자본주의 일반의 속성에 관한 것이다. 그러나 보편적 프로그램의 경우에는 이러한 문제가 발생하지 않을 것이다.

24 덴마크의 사회학자 에스핑 안데르센은 선진 자본주의 국가들의 복지국가를 세 가지로 유형화한다. '자유주의적 복지국가'는 미국 등 앵글로 색슨 국가들에서 발견되는 복지국가 유형으로서 사회복지 지출의 전체 규모가 작고, 자산 조사에 기초한 공공부조 등 선별적 프로그램의 비중이 크며, 사회보험이나 사회 서비스가 덜 발달되어 있고, 노동

는 빈곤율이 낮고, 빈곤층도 부유층과 큰 차이 없이 의료나 교육 서비스 같은 필수 서비스에 접근할 수 있다.

셋째, 국가 복지state welfare냐 복지다원주의welfare pluralism냐의[25] 논쟁 구도에 적용해본다면 롤스는 국가 복지의 손을 들어줄 것으로 판단된다. 롤스는 '도덕적으로 임의적인morally arbitrary' 요인들, 즉 개인의 노력과 선택을 통해 통제할 수 없는 요인들, 따라서 개인이 그에 대해 도덕적 권리를 주장하기 어렵고 도덕적 책임을 져야 할 필요도 없는 요인들, 도덕적 관점에서 보면 그저 우연에 불과한 요인들이 사람들의 처지를 크게 좌우하는 사회를 정의롭지 않은 사회로 보았다.

복지다원주의는 적절히 수용될 경우 국가 복지 중심의 사회복지 시스템의 약점인 획일성과 관료주의 등을 억제하는 데 순기능을 할 수 있다. 그러나 국가, 특히 중앙정부의 역할을 크게 약화하는 논리로 작용할 경우에는 부작용이 크다. 사회복지 제공의 주체로서 기업이나 지역사회 등의 역할을 늘리

시장 유연성이 높다. '보수주의적·조합주의적 복지국가'는 독일, 오스트리아, 프랑스 등 유럽 대륙 국가들에서 발견되는 복지국가 유형으로서 사회보험의 비중이 크고, 노동자의 고용 보호 수준이 높으며, 사회 서비스의 발전 수준은 낮다. 그리고 여성의 경제활동 참가가 억제된다. '사민주의적 복지국가'는 스웨덴 등 스칸디나비아 국가들에서 발견되는 복지국가 유형으로서 사회복지 지출의 규모가 가장 크며, 보편적 사회 서비스나 보편적 소득 보장 등 보편적 프로그램을 중심으로 제도 틀이 짜여 있다. 또한 완전고용 달성을 중시하고, 여성의 경제활동 참가를 적극 지원하며, 평등주의적 지향이 가장 강하다(Esping-Andersen, 1990: 26~28).

25 국가 복지는 국가가 제공하는 복지 프로그램 또는 국가가 복지 제공의 주된 주체로 기능하는 시스템을 의미한다. 복지다원주의는 국가 외에 비영리 민간단체, 기업, 지역사회 등 다양한 민간 주체가 복지 제공자로서 중요한 역할을 담당하는 시스템을 의미하거나, 복지 제공의 주체로서 국가의 역할을 약화하고 민간 주체들의 역할을 강화해야 한다는 입장을 뜻한다.

고 국가의 역할을 줄이면 개인 간 사회복지의 수혜 정도에서 도덕적으로 임의적 요인들이 작용할 여지가 커진다.

주로 대기업 정규직 노동자에게만 적용되는 한국의 기업복지[26] 실태를 보면 잘 알 수 있다. 대기업 정규직 노동자는 비슷한 일을 하는 비정규직 노동자나 중소기업 노동자에 비해 임금이 높고 고용 보호 수준이 높을 뿐 아니라 기업복지 혜택도 많이 받는다. 그런데 대기업 정규직 노동자가 이러한 혜택에 대해 정당한 도덕적 자격을 주장할 수 있는 부분은 크지 않을 것이다. 그리고 비정규직 노동자나 중소기업 노동자가 기업복지에서 배제되는 것에 대해 스스로 도덕적 책임을 져야 할 부분도 크지 않을 것이다.

넷째, 롤스는 인적 자본human capital, 즉 개인에게 체화된 지식이나 기능의 형성 수준에서 개인 간 차이가 작은 사회를 강하게 선호했는데,[27] 이는 교육이나 직업훈련 영역에서는 시장 원리의 작동을 억제하는 제도 틀이 필요하다는 점을 함축한다. 이러한 취지를 강하게 구현하는 방식 중 하나는 교육이나 직업훈련 영역에 '특정적 평등주의specific egalitarianism' 원리를 적용하는 것

---

26 기업복지는 기업이 소속 노동자에게 제공하는 복지 프로그램을 의미한다. 자녀 학자금 지원이나 구내식당에서의 무료 식사 등을 예로 들 수 있다.

27 롤스가 자본주의적 복지국가, 그의 표현으로는 '복지국가 자본주의'가 자신의 정의 원칙에 크게 미달하며, 자신의 정의 원칙을 충실히 구현하려면 '재산 소유 민주주의'가 필요하다고 본 이유 중 하나는 인적 자본 문제와 관련이 있다. 토지나 공장 같은 물적 생산자산뿐 아니라 인적 자본도 개인 간에 최대한 광범위하게 분산 소유되도록 하려면 재산 소유 민주주의가 필요하다는 것이다. 그러나 자본주의적 복지국가에서도 인적 자본의 광범위한 분산 소유를 달성할 수 있다. 북유럽 복지국가들처럼 유치원부터 대학원까지 모든 공교육 서비스를 무상으로 제공하고 사립학교의 설립을 억제하면 적어도 부모의 소득수준에 따라 인적 자본 형성에서 개인 간 차이가 발생하지 않도록 최대한 억제할 수 있다. 이런 점에서도 롤스가 염두에 두었던 '복지국가 자본주의'는 미국식 복지국가, 즉 잔여적 복지국가였던 것으로 보인다.

이다. 사회복지 영역에서 특정적 평등주의란 특정 재화나 서비스의 경우에는 개인의 구매력 수준에 관계없이 오직 필요에 따른 분배 원리를 적용하는 것을 의미한다.[28] 그리고 교육과 의료 서비스가 특정적 평등주의 원리를 적용해야 할 대표적 사례로 많이 거론된다. 롤스의 정의 원칙 중에서는 공정한 기회균등의 원칙이 교육이나 직업훈련 분야에서 특정적 평등주의의 적용을 지지해줄 수 있는 원칙일 것이다.

다섯째, 복지국가 유형들 중에서 사민주의적 복지국가는 롤스의 정의론에 가장 부합하는 복지국가 유형이라 할 수 있을 것이다. 롤스는 정의의 원칙 중 제1원칙인 자유의 원칙이 제대로 구현되려면 '정치적 자유의 공정한 가치'가 보장되어야 한다고 보았다. 정치적 자유를 활용해 정치에 영향력을 행사하거나 중요한 사회적 직위를 차지해 자신의 이익을 실현할 가능성이 사회 구성원 간의 소득 또는 재산의 격차에 따라 크게 달라지지 않아야 한다는 것이다. 그런 점에서 복지국가를 통해 사회 구성원 간 소득과 재산 격차가 크게 줄어 정치와 정책에 미치는 영향력의 격차도 줄어드는 사민주의적 복지국가가 정치적 자유의 공정한 가치 실현에 가장 근접해 있다고 볼 수 있을 것이다.[29]

제2원칙 중 공정한 기회균등의 원칙 측면에서도 사민주의적 복지국가는 우월한 성과를 나타낸다. 공정한 기회균등을 달성하는 데 필수적인 교육 기회의 평등이라는 점에서 무상 공교육을 통해 교육 영역에 특정적 평등주의를 적용시켜온 사민주의적 복지국가가 가장 우월한 모습을 보인다.[30] 제2원

---

28 '특정적 평등주의'라는 용어를 처음 사용한 사람은 미국의 케인스주의 경제학자이자 노벨 경제학상 수상자인 제임스 토빈(James Tobin)이다.

29 사민주의적 복지국가가 발전한 스웨덴 등 북유럽 사회에서는 노동조합이 강력하게 조직되어 재계나 부유층의 정치적 영향력을 적절히 견제하기도 한다.

칙 중 차등의 원칙 측면에서도 그러하다. 사민주의적 복지국가에서 빈곤율이 가장 낮으며, 최소 수혜자 집단의 처지가 다른 복지국가 유형들에서보다 양호하다.

롤스가 기본재의 하나로 간주한 '자기 존중의 사회적 기초' 측면에서도 사민주의적 복지국가가 우월하다. 사민주의적 복지국가에서는 보편적 프로그램을 중심으로 사회복지제도가 설계되어 있어 대부분의 복지 프로그램이 시민의 사회적 권리로서 제공되고, 자산 조사를 필요로 하는 공공부조의 비중이 작다.

4. 롤스의 정의론과 한국 사회

마지막으로 롤스의 정의론에 비추어 한국 사회의 현실을 진단해보자. 먼저 정의의 원칙 중 제1원칙인 자유의 원칙이 얼마나 실현되고 있는지 살펴보자. 한국 사회는 적어도 법적으로는 시민의 기본적 자유권이 비교적 잘 보장된 사회라 할 수 있을 것이다. 그러나 '정치적 자유의 공정한 가치'라는 측면에서는 큰 결함을 보이고 있다. 우선 정치제도에 큰 결함이 있다. 많은 선거비용을 초래하는 선거제도는 빈곤층의 선출직 공직 후보 출마를 거의 불가능하게 만든다. 또 선거에서 부유층이 한결 더 많은 영향력을 행사할 수 있게 한다. 소선거구제도는 군소 정당의 존립을 어렵게 해 군소 정당 지지자

---

30 스웨덴, 노르웨이, 덴마크 같은 사민주의적 복지국가들에서는 교육을 통한 사회이동이 활발해 부모와 자녀 간 소득 상관계수가 미국, 영국 등에 비해 현저히 낮은 것으로 나타난다(신광영, 2015: 192~196).

의 투표를 무의미하게 만든다. 기존 거대 정당들에 유리하도록 짜인 정치제도는 높은 진입 장벽을 쌓아 신생 정당의 출현을 어렵게 한다. 또한 대통령에게 권한이 집중된 대통령중심제는 야당 지지자의 정치적 입장이 너무 경시되도록 만든다. '투표의 등가성'이 보장되지 않는 것이다.

또 지역 단위로 투표가 이루어지는 국회의원 선거는 지역 이외의 이해관계 구조, 예컨대 계급·계층 간의 이해관계 구조가 정치에 입력되는 것을 어렵게 하며, 지역 유지들의 이해관계를 과도하게 반영한다. 아울러 현재의 언론시장 구조는 대중에게 다양한 정치적 입장이 균형 있게 홍보되는 것을 차단한다.

그리고 사법부의 판결은 흔히 노동조합이나 노동자에게는 과도하게 엄격하고 기업가, 특히 재벌 총수에게는 과도하게 관대하다. 고위 공직자는 공직 은퇴 후 흔히 대기업이나 대형 법무법인에 취업해 대기업의 이익을 대변하다가 다시 공직으로 복귀하곤 한다. 그리고 사회 전반에 재벌 기업들의 영향력이 과도하게 행사된다.

종합적으로 볼 때 '정치적 자유의 공정한 가치' 실현을 어렵게 하고 민주주의를 금권정치plutocracy로 타락시키는 요인들이 강하게 작용하는 상황에 처해 있다고 할 수 있다. 정치적 자유의 공정한 가치 실현의 애로는 복지국가 건설에도 장애로 작용하기 쉽다. 복지국가의 규모나 발전 방향은 결국 정치적으로 결정되는데, 복지국가의 건설과 발전을 가장 원하는 사람들의 이해관계가 정치에 제대로 반영되기 어려운 정치적·사회적 조건이 강하게 버티고 있는 것이다.[31]

---

31 반면에 대표적인 사민주의적 복지국가인 스웨덴은 의원내각제를 채택하고 있으며, 국회의원 전원이 비례대표 원리에 입각해 선출된다. 즉, 오직 정당 지지율에 따라 정당

제2원칙 중 우선적 원칙인 공정한 기회균등의 원칙 측면에서는 어떠한가? 공정한 기회균등을 달성하는 데 핵심적 역할을 하는 교육 기회의 측면에서 부유층과 빈곤층 간에는 실질적으로 커다란 차이가 있다. 사교육에 대한 접근 정도가 대학 입시 결과에 큰 영향을 미치는 상황은 부유층 자제의 입시 성공 가능성을 크게 높여 불평등의 세대적 재생산을 촉진한다. 또 학벌이 취업에 크나큰 영향을 미치는 상황은 '패자부활전'의 성사를 어렵게 해 개인의 사회적 지위를 생애 초기에 결정하고 고착시킨다.

차등의 원칙 측면에서는 어떠한가? 차등의 원칙을 완전히 실현한 사회는 아마 하나도 없겠지만, 한국의 현실은 차등의 원칙과 너무 거리가 멀다. 만일 현재 한국의 소득분배 상태가 차등의 원칙에 부합하는 상태라면 부유층과 중산층에게 세금을 더 부과해 그 돈으로 최소 수혜자 집단을 지원하는 것이 장기적으로는 경제 침체 등을 야기해 최소 수혜자의 처지가 현재보다 악화할 것으로 예상될 가능성이 크다. 그러나 현재 한국의 상황은 부유층에게 증세해 빈곤층을 지원해도 경제에 큰 부작용이 없을 것으로 판단되는 상황이다. 오히려 빈곤층의 소득 증대는 차등의 원칙 실현에도 긍정적으로 작용할 뿐 아니라 내수 촉진을 통해 경제성장에도 도움이 될 가능성이 커 보인

간에 의석이 배분된다. 그리고 어느 정당도 단독으로 의석 과반수를 점하기 어려운 상황에 있다. 따라서 흔히 이념 성향이 유사한 여러 정당이 모여 연립정부를 구성한다. 최대 정당인 사민당은 의석 과반수에 미달하는 의석으로 단독정부를 구성한 적이 여러 번 있는데, 이 경우 국정을 원활히 운영하기 위해 야당들 중 일부와 협력해야 했다. 즉, 정당 간 타협과 협력이 중시되는 '합의제 민주주의(consensus democracy)'가 정착되어 있다. 스웨덴과 마찬가지로 사민주의적 복지국가로 분류되는 덴마크와 노르웨이에서도 사정이 비슷하다. 경험적으로 보면 선진국 중에서도 대체로 합의제 민주주의가 정착된 나라들에서 복지국가의 규모가 크다. 합의제 민주주의와 강한 복지국가의 친화성에 대한 설명으로는 최태욱(2014: 218~238) 참조.

다. 그러나 증세는 경제성장을 가로막아 다 같이 못살게 만드는 망국의 길이라는 이야기가 너무 많이 나온다.

사회복지제도와 관련해서도 정규직과 비정규직, 그리고 기업 규모별로 분단된 노동시장과 공존하는, 사회보험 중심의 한국 사회복지제도 틀은 최소 수혜자의 일부를 배제하는 측면이 있으며 중간 수혜자 편향성이 강하다는 점에서 차등의 원칙 실현과 거리가 있다고 볼 수 있을 것이다. 한국의 사회복지제도는 국민연금, 건강보험 등 사회보험의 비중이 매우 크고, 사회보험제도는 가입자에게 유리하게 편성되어 있다. 그런데 법적으로는 거의 모든 노동자가 사회보험에 가입해야 하지만 비정규직 노동자 또는 영세기업 노동자의 상당수는 고용주의 의무 해태 때문에 가입하지 못하거나 본인의 저소득으로 인해 보험료를 납부하지 못함으로써 혜택을 받지 못하는 것이다.

롤스가 기본재의 목록에 포함시킨 자기 존중의 사회적 기초라는 측면에서는 어떠한가? 우리 사회의 구성원 대부분이 직업이나 소득수준에 관계없이 각자 자기 존중감을 가진 채로 자기 확신을 갖고 인생 계획을 실현하기 위해 노력할 수 있도록 사회제도·관행·문화가 형성되어 있는가? 2014년 대한항공의 '땅콩 회항 사건'에서 잘 드러났듯이 기업의 소유주나 그 자제들은 자기 기업의 노동자를 정당한 고용계약하에서 일하는 계약 상대자로 보는 것이 아니라 하인처럼 취급하는 일이 비일비재할 것이다. 노동자 중에서도 특히 비정규직 노동자는 자기 존중감을 갖고 살기가 참으로 어려워 보인다. 장애인이나 이주민의 경우에는 더더욱 그러할 것이다. 물론 롤스의 정의의 원칙을 엄격히 적용하면 거의 모든 사회가 다소간 결함을 보이겠지만, 한국 사회는 정의의 원칙과 참으로 거리가 먼 사회라 할 수 있을 것이다.

현재 한국 사회의 상황은 여러모로 정의 담론의 활성화를 요구한다고 판단된다. 복지국가 문제에서도 그러하다. 롤스적 관점에서 보면 자본주의 사회에서 복지국가의 건설이란 이미 정의라는 기본 가치가 실현된 이후에 다른 아름다운 가치들을 추가하려는 것이 아니라 정의라는 기본 가치의 실현에 다가가기 위한 일이다. 복지국가를 정의의 이름으로 정당화할 수 있다는 것은 복지국가와 공존하지 않는 자본주의 사회는 정의롭지 않다고 판단한다는 것을 의미한다.

자본주의적 분배 원리는 부모의 배경이나 선천적 재능, 시장의 수요·공급 상황 등 개인이 노력과 선택을 통해 통제할 수 없는 요인들 때문에 개인들의 사회경제적 처지가 크게 달라질 여지를 광범위하게 허용한다. 롤스의 용어를 빌리자면 '도덕적으로 임의적인' 요인들에 의해 개인의 운명이 달라지는 것을 너무 많이 허용한다. 자본주의적 분배 원리는 롤스의 정의의 원칙들 중 공정한 기회균등의 원칙 및 차등의 원칙과 직접적으로 충돌하고, 제1원칙인 자유의 원칙의 실질적 구현도 어렵게 한다. 복지국가는 이 문제를 완전히 해소할 수 없지만 상당히 완화할 수는 있다.

그러므로 한국에서 복지국가의 건설과 발전을 요구하는 사람들은 다른 무엇보다도 정의의 이름으로 요구할 필요가 있다고 판단된다. 그리고 복지국가 지지자들에게 롤스의 정의론은 든든한 이론적 자원이 될 수 있을 것이다.

참고문헌

신광영. 2015. 『스웨덴 사회민주주의: 노동, 복지와 정치』. 한울아카데미.

신정완. 2014. 『복지국가의 철학: 자본주의, 분배적 정의, 복지국가』. 인간과복지.

최태욱. 2014. 『한국형 합의제 민주주의를 말하다』. 책세상.

Esping-Andersen, Gøsta. 1990. *The Three Worlds of Welfare Capitalism*. Polity Press.

O'Neill, Martin and Thad Williamson(eds.). 2014. *Property-Owning Democracy*. Wiley Blackwell.

Rawls, John. 1971. *A Theory of Justice*. The Belknap Press of Harvard University Press.

_____. 1982. "Social Unity and Primary Goods." in Amartya Sen and Bernard Williams(eds.). *Utilitarianism and Beyond*. Cambridge University Press.

_____. 1993. *Political Liberalism*. Columbia University Press.

_____.1999. *A Theory of Justice*, Revised Edition. The Belknap Press of Harvard University Press.

_____. 2001. *Justice as Fairness: A Restatement*. The Belknap Press of Harvard University Press.

제7장

센의 정의론과 복지*
한국 사회에 대한 시사점을 중심으로

이상호

1. 머리말

오늘날 한국 사회에서 복지는 경제민주화와 함께 가장 중요한 사회경제적 쟁점에 속한다. 여기에는 고도성장에 힘입어 작동되던 성장과 분배의 선순환 구조가 1997년 외환금융위기 이후 신자유주의 영향으로 더 이상 작동되지 않을 뿐만 아니라 빈부 격차가 점점 더 심화되고 있다는 판단이 놓여 있을 것이다. 복지제도가 상대적으로 약한 한국 사회에서 성장과 분배의 선순환 구조가 더 이상 작동되지 않는 데다 불평등이 더욱더 확대된다는 사실은 결코 가벼운 사안이 아니다.

복지제도는 빈부 격차나 불평등을 완화하기 위한 장치 또는 제도이자 지속 가능한 성장을 위한 제도나 장치일 수 있다는 점에서, 빈부 격차의 확대는 성장률까지 더욱 떨어뜨릴 수 있는 사안에 해당된다. 이는 곧 최근 한국 사회의 복지 관련 논의가 불평등을 완화하기 위한 대안을 모색하는 데 그치

---

* 이 장은 이상호(2001, 2014)에 크게 의존하고 있다.

지 않고, 지속 가능한 성장 기반을 확충하려는 시도로 이해될 수도 있음을 시사한다. 문제는 복지 관련 논의의 특성상 복지제도의 도입이나 확충의 필요성에 동의한다고 해도 어떠한 복지제도를 어떠한 방식으로 도입 또는 확충할 것인지에 대해서는 상당히 심각한 사회적 갈등이 나타날 수 있다는 점이다. 이러한 갈등을 최소화하기 위해서는 사회정의의 문제에서부터 논의를 시작할 필요가 있다. 사회정의는 사회복지의 철학적·방법론적 원칙이나 기준에 해당된다는 점에서 복지제도의 정당성 또는 필요성에 관한 근본적 질문을 담고 있으며, 그래서 바람직한 복지 정책에 관한 사회적 합의를 도출하는 데 매우 유용한 지침을 제공할 수 있기 때문이다.

이 장은 바로 그러한 맥락에서 아마르티아 센Amartya Sen 의 정의론이 한국의 복지 논의에 대해 어떠한 시사점을 제공할 수 있는지를 살펴보기 위한 시도다. 센은 사회정의에 대한 현실적 접근을 강조한다는 점에서 빈부 격차나 부정의를 완화하기 위한 현실적 대안이 시급히 요구되는 한국 사회에 상당히 많은 시사점을 제공할 수 있을 것이다. 다만 이 장은 한국의 복지 관련 논의에 대해 직접적으로 분석하기보다는 현실적 대안을 중심으로 전개되는 한국의 복지 논의에 센의 현실론이 과연 어떠한 시사점을 제공할 수 있을 것인가에 초점이 맞춰질 것이다.

2. 근대사회와 사회정의: 롤스와 센

근대사회에서 사회정의는 흔히 자유와 평등의 조화로 정의된다. 여기에는 사회정의가 공동체의 규범이나 관습의 형태로 개인에게 강제되던 전근대 사회와 달리, 근대사회에서는 자유로운 개인들 사이에 공정한 사회질서를 확보하는 문제로 전환되었다는 사실이 놓여 있다. 모든 개인에게 자유가 부여되는 사회에서, 그 자유는 누구에게나 똑같이 부여될 때 정당성을 갖는다. 이 조건은 '평등한 자유의 원칙'으로 정의될 수 있는데, 근대사회에서는 이것이 충족되지 않는 상황이 종종 발생한다. 여기서는 자유로운 경제활동이 주로 시장경쟁을 통해 작동되며, 시장경쟁은 그 특성상 불평등을 피하기가 어렵기 때문이다. 불평등의 확대는 빈부 격차에 그치지 않고 사회적 약자가 정상적인 사회적 존재로 살아갈 수 있는 기회까지 제약하는, 그래서 결과적으로 평등한 자유의 원칙에 위배되는 상황이 나타날 수 있다. 자유와 평등의 조화가 사회정의의 핵심 과제로 제시되는 이유가 바로 여기에 있다.

이와 관련해 몇 가지 주의사항이 있는데, 하향평준화leveling down 나 우연 luck, fortune 에 따른 분배가 대표적이다. 하향평준화는 평등 원칙이 지나치게 강조될 경우 개인의 자유가 제한되거나 유인이 약화되면서 나타날 수 있는 사안으로, 자유와 평등의 조화를 위해서는 어느 정도의 불평등이 불가피할 수도 있음을 시사한다. 또한 자본주의 사회에서 불평등은 유인이나 노력의 부족에서 비롯된 측면도 있지만, 타고난 재능이나 출신 배경처럼 자연적·사회적 우연에서 비롯된 측면도 있다. 전자의 불평등은 도덕적으로 정당화될 수 있지만 후자의 불평등은 그렇지 않다. 시장경제에서 기회의 평등 원칙과 함께 노력과 보상이 서로 일치(하거나 비례)하는 분배 원칙이 충족될 경우 그 결과가 불평등하더라도 정당화될 수 있지만, 우연에 따른 불평등은 이러한 정당화 기준에 부합될 수 없기 때문이다.[1]

---

1   운 상쇄 평등주의(Luck eqalitarianism)가 출현하게 된 이유도 이러한 상황과 무관하지 않다. 이것은 불평등을 운에 따른 부분과 그렇지 않은 부분으로 구분한 후 전자에 대해서는 불평등을 제거하거나 축소하기 위해 노력하지만 후자의 불평등에 대해서는 개인의 책임을 강조한다. 따라서 운 상쇄 평등주의는 책임에 민감한 평등주의(responsibility-

평등한 자유의 원칙은 자신이 옳다고 믿는 가치판단에 따라 선택·행동할 수 있는 자유를 포함하므로 자유의 다양성을 포함한다. 이와 관련해 정치적 자유와 경제적 자유의 차이가 인정될 필요가 있는데, 존 롤스John Rawls가 옳음the right과 좋음the good을 구분하는 이유도 이와 무관하지 않다(Rawls, 1973). 정치적 자유와 경제적 자유, 혹은 정치와 경제의 구분은 오늘날 한국 경제에 상당한 영향력을 행사하는 신자유주의를 비판하기 위해서라도 필요한 조건일 수 있다. 신자유주의는 종종 사회를 시장사회로 환원시킨다고 비판받기 때문이다(Dupuy, 1987: 95~100). 신자유주의의 영향으로 사회 전체가 시장사회로 환원될 경우, 정치적 자유의 공간은 축소되기 쉽다. 그렇다면 신자유주의의 영향력이 확대되는 상황에서는 경제와 정치의 구분이 사회정의를 확보하는 데 특히 더 필요한 조건일 수밖에 없다.

가치판단 범주의 특성상, 사회정의에 관한 이론은 다양하다. 그러나 센은 이러한 다양성을 인정하면서도 크게 이상론과 현실론으로 구분될 수 있다고 설명하며, 각각 선험적 제도주의transcendental institutionalism와 실현 중심의 비교realization-focused comparison로 명명한다. 전자가 이상적으로 정의로운 사회에 대한 선험적 분석에 치중한다면, 후자는 이미 존재하거나 실현 가능한 사회를 비교하는 것 또는 실제로 존재하는 명확한 부정의를 제거하는 데 집중한다. 전자가 토머스 홉스Thomas Hobbes에서 시작되어 장자크 루소Jean-Jacques Rousseau와 임마누엘 칸트Immanuel Kant로 계승된 것이라면, 후자는 애덤 스미스Adam Smith, 제러미 벤담Jeremy Bentham, 카를 마르크스Karl Marx, 존 스튜어트 밀John Stuart Mill 등의 접근 방법을 지칭한다. 센에 따르면 오늘날에

---

sensitive egalitarianism)로 정의되기도 하는데(Knight and Stemplowska, 2011: 2), 이에 관한 내용은 이 장의 관심 대상이 아니다.

도 롤스를 중심으로 한 선험적 제도주의가 정의론을 주도하지만, 실현 중심의 비교 관점이 현실적으로 의미 있는 대안을 제시할 수 있다고 본다(Sen, 2009: 1~8).[2] 이렇게 볼 경우, 현대의 정의론은 롤스와 센으로 대표될 수 있다.[3]

롤스는 기본적인 권리·의무를 배분하는 문제와 사회경제적 이익을 배분하는 문제를 각각 옳음과 좋음으로 구분한다. 그의 정의 원칙은 옳음의 영역에서 확보되는 평등한 자유의 원칙과, 좋음의 영역에서 확보되는 기회의 평등 원칙 및 차등 원칙으로 구성되며, 세 원칙 사이에는 사전식 서열lexical order 이 작동된다. 이에 따라 평등한 자유의 원칙은 사회경제적 이익의 배분과 관련된 두 원칙에 우선하며, 후자에서도 기회의 평등 원칙이 차등 원칙에 우선한다(Rawls, 1973: 60~62, 302~303). 사실상 옳음과 좋음의 구분은 그가 로버트 노직Robert Nozick 의 자유지상주의libertarianism 와 공리주의를 비판할 수 있는 주요 근거로 작용하며,[4] 그의 정의 원칙이 신자유주의를 비판하는 근거로 작용할 수 있는 이유도 여기에 있다.

롤스는 타고난 재능의 차이에서 비롯된 불평등 문제와 유인의 문제도 명시적으로 고려한다. 그가 보기에 자유시장체제는 기회의 평등 원칙을 통해

---

2   센은 선험적 제도주의와 실현 중심의 비교를 각각 계약론 전통과 사회선택이론 전통에서 비롯된 것으로 설명하기도 한다(Sen, 2012: 101~103).

3   센의 정의론은 롤스의 정의론에 대한 비판에서 출발하지만, 전자는 후자로부터 상당히 크게 빚지고 있다. 센 자신이 롤스에게서 가장 많은 영향을 받았으며 "심지어 분석 방향을 바꾼 것조차 그 결정은 상당 부분 그의 이론에 대한 명시적 비판에 기대어 이루어진 것"(Sen, 1992: xi)이라고 말했을 정도다. 이러한 점에서 센의 정의론은 롤스의 정의론에 대한 비판적 수용일 수 있다.

4   롤스에 따르면 공리주의는 정의나 자유의 상실을 좀 더 큰 좋음으로 정당화하는 결과주의이며(Rawls, 1973: 22~33), 노직은 국가를 사적 계약의 문제로 취급함으로써 사회계약론의 근본 관점을 거부할 뿐만 아니라 기본구조에 관해 정의론이 들어설 수 있는 공간마저 없애버렸다(Rawls, 1996: 262~265).

사회적 우연의 영향을 감소시킬 수 있지만, 천부적 재능이라는 자연적 우연에 따른 불평등을 허용한다. 따라서 천부적 재능에 따른 효과를 공동자산common asset으로 여기고 그 이익을 함께 나누어 가질 수 있는 정의 원칙이 요구되는데, 차등 원칙이 바로 그것이다(Rawls, 1973: 100~108). 이 원칙은 천부적 재능에 따른 이익의 일부가 최소 수혜자the least advantaged에게 분배된다는 점에서 평등을 위한 장치이지만, 그 이익의 일부가 재능을 가진 사람에게 귀속되는 것을 허용한다는 점에서는 불평등을 정당화하는 장치이기도 하다.

그러나 롤스의 정의 원칙은 상당한 한계를 안고 있다. 그는 차등 원칙을 사회적 기초재primary social goods의 배분 관점에서 설명한다. 여기서 사회적 기초재는 자유롭고 평등한 시민이 자신의 목적을 추구하는 데 필요한 범용 수단으로서, 기본적인 권리와 자유, 기회와 권력, 소득과 부, 자존감 등이 해당된다. 그런데 이러한 관점을 수용할 경우, 차등 원칙은 그가 정치적 자유주의에서 강조하는 명제, 즉 개인이 인생과 세계에 대해 다양한 형태의 포괄적 원리를 가질 수 있다는 명제와 충돌하기 쉽다(박순성·이상호, 1998: 110). 기초재를 범용 수단으로 인정하더라도 개인이 이를 이용해 자신의 목적을 성취하는 능력에 차이가 있다면, 그의 차등 원칙은 불평등을 완화하기보다 오히려 확대할 수 있다.

또한 롤스는 자연적·사회적 우연에 따른 불평등을 완화해야 한다고 주장하면서도, 그의 차등 원칙은 천부적 재능이라는 자연적 우연의 문제에만 집중할 뿐 사회적 우연, 즉 계급이나 계층에 따른 불평등에 대해서는 간과한다(Miller, 1975). 그가 계급이나 계층에 따른 불평등을 간과하게 된 데는 자유 시장경제가 공정한 기회의 평등 원칙을 통해 이러한 불평등을 최소화할 수 있다는 믿음과 함께 이것이 주로 자연적 우연을 경유해 나타난다는 판단이 놓여 있을 것이다.[5] 그러나 계급이나 계층에 따른 불평등이 간과될 경우, 기회의 평등 원칙이 차등 원칙에 우선한다고 해도 불평등이 심화되면서 기회의 평등 원칙이 약화되는 상황을 피하기 어렵다(Cohen, 2008: 161~163).[6] 나아가 계급이나 계층에 따른 불평등이 정치적 자유의 불평등을 초래할 수도 있다는 점에서 사회적 우연에 따른 불평등의 간과는 곧 그가 강조하는 자유의 우선성이나 정치적 자유주의까지 위태롭게 만들 수 있다.

롤스와 달리, 센은 계급이나 계층에 따른 불평등을 간과하지 않는다(Sen, 1992: 117~122).[7] 그러나 양자의 가장 근본적인 차이는 센이 롤스의 선험적 제도주의에 대해 비현실적이라고 비판하는 부분에서 나타난다. 센의 비판은 실현 가능성feasibility과 잉여redundancy의 문제로 집약된다. 그에 따르면 선험적 제도주의는 정의로운 사회를 확보할 수 있는 이상적 상황(예를 들면 롤스의 '원초적 입장')을 가정하지만, 이러한 상황에서도 완전한 정의 원칙에 대한 합의가 이루어지지 않을 수 있으며, 그래서 실현 가능성이 높지 않다. 또한 실제로 정의 원칙을 선택하는 과정은 완전한 원칙의 확인보다 실현 가능한 대안들 사이에서 선택하는 데 필요한 정의 원칙의 비교가 요구될 것이므로, 선험적 대안은 현실적으로 불필요한 잉여의 범주일 수 있다. 그는 롤스의 정

---

5   " …… 최초의 자산 분배는 일정 기간 자연적·사회적 우연(natural and social contingencies)의 영향을 강력하게 받는다. 가령 현존하는 소득과 부의 분배는 천부적 자산, 즉 천부적 재능과 능력의 누적적 결과인데, 이것들이 사회적 상황과 불행(accident) 또는 행운(good fortune) 같은 우연적 요인(chance contingencies)에 의해 개발 또는 실현되지 못했거나, 그것을 이용하는 데 한동안 유리하거나 불리한 환경이 조성되기 때문이다"(Rawls, 1973: 72).

6   롤스의 차등 원칙에 대해 제럴드 앨런 코헨(Gerald Allan Cohen)은 사회정의라는 이름으로 불평등을 정당화한다는 점에서 평등주의의 이상을 저버렸다고 비판한다(Cohen, 2008: ch.1).

7   그러나 센의 부정의 관련 논의는 대부분 개인적 우연에 따른 불평등에 집중되고 있다는 비판도 존재한다(Deneulin, 2011: 792~795).

의론이 이러한 한계를 거의 그대로 안고 있다고 본다(Sen, 2009: 10~12).

롤스가 이상적인 상황에서 출발하는 데 반해, 센은 구체적인 현실에서 출발한다(Peter, 2012). 이와 관련해 센은 애덤 스미스의 불편부당한 관찰자im-partial spectator[8]에 주목한다. 그가 보기에 롤스의 정의의 원칙인 공정성으로서의 정의는 제도주의적 특징이 공평한 평가 과정에서 외부자의 관점이 허용될 수 있는 범위를 제한하지만, 애덤 스미스의 불편부당한 관찰자는 사심 없는disinterested 사람들에게 요구되는 공평한 평가 조건으로서 외부자나 그가 속한 공동체의 관점이 허용되는 범위를 제한하지 않는다. 그렇다면 롤스의 정의관은 특정 공동체의 관점이나 이해관계에 갇혀 있는 것(닫힌 불편부당성)인 데 반해, 애덤 스미스의 정의관은 이러한 한계를 넘어서는 것(열린 불편부당성)으로 이해될 수 있다(Sen, 2009: 124~126).

3. 센의 능력 개념과 사회정의

센과 롤스의 차이는 상당 부분 이상론과 현실론의 간극으로 설명된다. 센의 정의론이 불완전한 세계imperfect world에 대한 정의론으로 정의되는 이유도 이와 무관하지 않다(Osmani, 2010: 604~605). 센이 현실론으로 나아가게 된 데는 롤스의 이상론에 대한 비판과 함께 인간의 다양성과 이질성에 대한

---

8 스미스에 따르면 인간은 이기적인 존재이기도 하지만 '동감(sympathy)'이라는 도덕적 감정에 기초해서 도덕적으로 판단하고 행동할 수도 있는 존재다. 동감은 이른바 역지사지의 감정으로서, 여기에 기초한 판단이나 행위가 도덕적으로 타당할 수 있는 것은 누구에게나 가슴속에 불편부당한 관찰자(impartial spectator)가 존재하기 때문이다(박순성, 2003: 215~216).

센의 판단이 놓여 있으며, 그의 '능력capability' 개념이 중요한 이유도 바로 여기에 있다. 그는 사회정의 관점에서 가치 있다고 평가하는 것을 추구할 수 있는 실질적 자유가 가장 중요하다고 주장하면서, 이러한 자유를 선택하고 확보할 수 있는 가능성을 능력으로 정의한다(Sen, 1992: 39~42). 그는 이 개념을 통해 인간의 다양성과 이질성을 고려하면서 자유와 평등의 조화를 모색한다.[9]

센에 따르면 인간은 자신의 가치판단에 따라 자유롭게 행동하면서도 주어진 사회적 기회를 이용해 적극적으로 자신의 운명을 개척하고 서로 돕는 존재다(Sen, 1999: 10~11). 그런데 가치판단은 개인마다 다를 수 있으므로 인간의 자유로운 선택 행위가 (대부분의 경제학에서처럼) 이기적인 효용이나 선호preference만으로는 설명되지 않는다. 때로는 이기적인 효용 또는 선호와 무관한 것을 선택할 수 있으며, 설령 거기에 기대어 선택하더라도 그러한 행위가 오히려 자신에게 불리한 결과(예를 들면 죄수의 딜레마)로 이어질 수도 있다(Sen, 1982: 55~80).[10] 이처럼 인간의 행위가 매우 다양하다면, 모든 인간의 행위 의도나 가치판단을 공통의 척도나 기준으로 설명하기가 쉽지 않다.

자유가 가치판단이나 행위 동기에 따라 자유롭게 행동할 수 있는 권리를 전제한다면, 인간에게 자유는 다양성을 내포한 의미로 이해된다. 게다가 가치판단의 다양성이 주어진 가치관에 따라 수단을 선택하는 영역에 그치지 않고 가치관 자체를 선택하는 영역까지 포함한 것이라면 센에게도 자유는 이중적인 것일 수 있다. 다만 그는 (옳음의 영역과 좋음의 영역을 구분하는) 롤

---

9 센의 능력 관점에서 빈곤은 실질적 자유를 제약하는 문제다(Sen, 1999: 87~96).

10 센에 따르면 이기적인 효용만을 추구하는 인간은 합리적 바보(rational fool)일 수 있다. 행위 동기의 일관성 측면에서는 합리적일 수 있지만, 행위 동기의 다양성을 구분하지 못한다는 점에서 바보에 가깝기 때문이다(Sen, 1982: 84~104).

스와 달리 발전과 자유의 관계를 설명하면서 자유를 발전의 목적이자 수단으로 이해하고, 전자와 후자를 각각 자유의 구성적 역할과 도구적 역할로 구분한다. 센은 자유가 발전의 내용과 방향을 구성한다는 점에서는 (발전의) 목적이지만, 발전에 기여할 수도 있다는 점에서는 (발전을 위한) 수단이 된다고 보기 때문이다. 그에 따르면 자유의 구성적 역할은 인간의 삶을 풍요롭게 만드는 실질적substantive 자유와 관련된 것으로, 여기에는 기아, 영양 결핍, 발병, 조기 사망에서 벗어날 수 있는 기본 능력, 읽고 계산할 수 있는 행위와 관련된 자유, 정치적 참여의 자유와 사상의 자유 등이 포함된다. 도구적 역할은 다양한 종류의 권리·기회가 인간의 자유 일반을 팽창시켜 발전을 촉진하는 데 기여하는 방식과 관련된 것으로, 이는 정치적 자유, 경제적 능력fac-ulties, 사회적 기회, 투명성 보장, 안전보장 등을 포함한다(Sen, 1999: 36~41).

센은 롤스처럼 가치판단의 다양성을 인정하면서도, 롤스와 달리 인간을 동질적인 존재가 아니라 이질적인 존재로 취급한다. 어떤 의미에서 이러한 이질성은 센이 롤스의 이상론과 다른 방향에서 정의의 문제에 접근하도록 만든 출발점일 수 있다. 더구나 센에게 인간의 이질성은 가치판단이나 행위 동기의 다양성에 국한된 범주가 아니다. 인간은 개인적 특성(나이, 성별, 재능, 질병 감염률)이나 사회적 특성(자산 소유, 자연환경, 교육체계, 사회적 관습이나 관례)에서도 이질성을 보이기 때문이다. 이는 곧 개인이 소득(이나 자원, 또는 이점)을 이용해 복지(나 후생, 또는 효용)를 성취할 수 있는 능력이 서로 다를 수 있음을 의미한다(Sen, 1999: 70~72).[11] 이러한 능력의 이질성을 감안한

---

11 센은 효용, 복지(well-being), 이점(advantage)을 구분하는데, 여기서 복지가 성취 수준에 대한 평가라면 이점은 실질적인 기회, 즉 가능한 성취 집합에 대한 평가이며, 복지가 풍요의 문제라면 효용은 행복의 문제다(Sen, 1985: 51~71).

다면, 균등한 기회가 불균등한 소득을 초래하거나 균등한 소득이 불균등한 부로 이어질 수 있다. 여기에 가치판단이나 행위 동기의 다양성까지 감안할 경우, 균등한 부가 불균등한 행복과 공존하거나 균등한 행복이 다양한 욕구 충족과 공존할 수 있으며, 균등한 욕구 충족이 상이한 선택의 자유와 연결될 수도 있다.

센이 평등에 대한 관점을 '왜 평등인가Why Equality?'에서 '무엇에 대한 평등인가Equality for what?'로 이동한 이유도 이와 무관하지 않다(Sen, 1992). 그러나 인간을 이질적인 존재로 이해할 경우, 그래서 가치판단이나 행위 동기의 다양성과 함께 소득이나 자원을 복지 또는 후생으로 전환하는 능력에서의 다양성까지 인정할 경우, 자유와 평등의 조화를 확보하기가 쉽지 않다. 가치판단이나 능력의 다양성을 허용할 경우, 평등 기준을 선택하기가 어려워지는 데다 이를 무시하고 특정한 평등 기준을 선택할 경우 인간과 자유의 다양성이 약화되는 문제에 직면할 수 있기 때문이다.

이와 관련해 센은 인간의 이질성과 다양성을 인정하더라도 자유와 평등의 조화가 확보될 수 있다고 믿는다. 더 나아가 사회정의나 윤리, 또는 자유와 평등의 조화에 대한 규범이론은 무엇보다도 인간의 이질성과 다양성에서 출발해야 한다고 믿는다. 그리고 이러한 관점에서 사회정의나 윤리에 대한 기존 이론들에 대해 평가한다. 그가 보기에 기존 이론들은 이질적이고 다양한 정보 중에서 스스로 결정적인 것으로 여기는 특정 정보에만 의존하며, 이러한 정보 기반의 차이가 다양한 정의론의 등장 배경이다. 그런데 특정 정보를 기반으로 해 정의론을 구성한다는 것은 다른 정보에 대한 배제를 전제하는 것이므로(Sen, 1999: 54~58), 단순히 분석상의 편리함으로 변명될 수 있는 성질의 문제가 아니다.[12]

센이 공리주의를 비판하는 이유도 이와 무관하지 않다. 공리주의가 자유나 권리에 대한 규범이론으로서 적합하지 않다고 평가될 때, 그 근거는 흔히 결과주의의 문제로 집약된다. 롤스의 경우에도 예외가 아니다. 센은 "공리주의를 거부한다고 해서 공리주의적 도덕철학에서 얻을 수 있는 통찰력까지 버려서는 안 된다"(Sen, 1985: 24)라고 주장하면서, 그 통찰력을 결과주의에서 찾는다. 그는 공리주의의 도덕이론을 결과에 비추어 행위나 정책을 판단하는 결과주의, 효용 정보에만 초점을 맞추는 후생주의, 효용 정보에 대해 그것의 총합에만 초점을 맞추는 총계 서열sum-total로 구분한다. 여기서 결과주의와 후생주의가 결합하면 모든 선택이 효용 결과에 따라 판단되며, 총계 서열은 효용이나 후생의 분배 상황과 무관하다. 그럴 경우 총계 서열만 거부한다면 효용에 기초한 판단을 허용하더라도 비공리주의적 효용 기반 체계〔예를 들면 효용에 기반을 둔 최소극대화(maximin)〕가 가능하다. 또한 비효용 정보(자유나 권리, 또는 분배)를 평가 항목에 추가하기 위해서는 후생주의를 제거하면 되지 결과주의까지 제거할 필요는 없다. 더구나 모든 행위가 결과에 민감할 수밖에 없다는 점에서 결과주의는 정책 판단이나 경제 평가에도 상당히 중요하다(Sen, 1982: 28, 1997: 110~112).

---

12 센이 케네스 애로(Kenneth Arrow)의 불가능성 정리(impossibility theorem)를 비판하는 이유도 앞의 내용과 무관하지 않다. 익히 알다시피, 이 정리는 개인의 자유로운 선택 행위에서 안정적인 사회질서가 도출될 수 없음을 입증한 것이다. 센이 보기에 이 정리는 개인의 행위 동기나 선호를 효용 측면에서만 이해하고 비효용 정보를 배제한다는 점에서 후생주의(welfarism)의 한계를 안고 있을 뿐만 아니라, 기수적 효용과 개인 간 비교 가능성을 배제한다는 점에서 분배 판단에 적용되기 힘들다는 한계도 안고 있다. 따라서 그는 이 정리가 합리적 사회선택 자체의 불가능성을 보여주는 것이 아니라 제한된 정보에 기대어 사회선택을 시도하는 상황에서 합리적 사회선택의 불가능성을 보여주는 것에 불과하므로, 후생주의에서 벗어나거나 (후생주의를 수용하더라도) 개인 간 비교 가능성을 허용하는 쪽으로 정보 제약을 완화하면 불가능성 정리에서 벗어날 수도 있다고 주장한다(Sen, 1982: 329~338).

이와 같이 센은 결과주의가 아니라 후생주의라는 이유로 공리주의를 비판한다. 후생주의는 비효용 정보를 무시함으로써 개인의 이질성을 충분히 고려할 수 없다고 보기 때문이다. 또한 그는 롤스와 달리 결과주의 측면에서 공리주의를 높게 평가한다. 그러므로 결과주의라는 공리주의의 장점을 살리면서 비효용 정보에 대한 판단을 허용하는 분석 틀이 필요하다고 주장하기까지 한다(Sen, 1985: 17~24, 1999: 58~63). 그가 롤스를 높게 평가하는 이유도 비후생주의non-welfarism 와 관련된다. 그는 롤스가 자유에 우선성을 부여하고 후생주의를 비판하면서 최소극대화 원칙을 후생기준the less happy 이 아니라 이점기준the less advantaged 으로 정의한 데 대해 높이 평가한다. 그러나 롤스가 차등 원칙을 기초재라는 범용 수단에 비추어 판단하는 것에는 의문을 제기한다. 센이 보기에 인간의 이질성을 고려한다면 모든 불평등을 동시에 평가할 수 있는 수단은 존재하기 어렵다. 행위 동기의 다양성을 고려할 경우 기초재와 같은 범용 수단을 확보하기 힘들며, 설령 가능하다고 해도 능력의 다양성을 고려할 때 동일한 기초재가 동일한 결과를 보장할 수도 없기 때문이다(Sen, 1997: 195~199). 나아가 그는 차등 원칙이 최소극대화 기준을 포함한다는 점에서 불평등에 대한 가치판단을 완전히 배제하지는 않지만, 서수적 속성 때문에 이익과 손실의 결과에 대해 평가하기 힘들다는 점에서 이러한 판단에 이용될 수 없다고 본다(Sen, 1970: 138~140).

센에게 인간은 행위 동기나 능력 측면에서 다양성과 이질성을 지니면서도, 스스로 가치 있다고 평가하는 것을 자유롭게 선택할 뿐 아니라 자신의 운명을 적극적으로 개척하는 존재다. 그가 볼 때 규범적 평가에서 이러한 측면을 적절히 반영할 수 있는 공간은 효용 또는 후생 공간(공리주의)이나 기초재 공간(롤스)이 아니라, 개인이 가치 있다고 평가하는 실질적인 자유의 공간이다. 이렇게 개인이 가치 있다고 평가하는 것을 추구할 수 있는 실질적 자유나 기회에 초점이 맞추어질 경우, 복지에 대해서도 실제 성취 수준보다 성취할 수 있는 자유가 중요하다. 개인이 자신의 복지만을 추구하지 않을 수 있으며, 설령 그렇더라도 능력 차이에 따라 성취 수준이 달라질 수 있기 때문이다. 또한 개인이 스스로 가치 있다고 평가하는 것에 대해 좀 더 큰 자유를 갖는다는 사실은 자신의 자유를 위해서만이 아니라 그 자유가 가치 있는 결과를 확보할 수 있는 기회를 촉진함으로써 개인의 창조적 역량을 신장시킬 수 있다는 점에서도 중요하다(Sen, 1999: 18~19).

그러나 실질적인 자유의 공간이 가치판단이나 행위 동기의 다양성이면 몰라도 능력 차이를 적절히 반영할 수 있을까? 이와 관련해 센은 기능functionings, 능력, 성취achievements를 구분한다. 기능은 인간이 가치 있다고 평가하는 것을 지칭하는데, 여기에는 적절한 영양 섭취, 좋은 건강 유지, 피할 수 있는 병과 조기 사망에서 벗어나는 일처럼 기본적인 것부터 행복한 생활, 자기 존중 확보, 공동체 생활 참여와 같은 더 복잡한 것이 모두 포함된다.[13] 이러한 기능 집합으로 구성된 것이 존재의 질을 지칭하는 복지well-being다. 능력은 개인이 확보할 수 있는 다양한 기능 집합 중에서 특정한 기능(이나 기능 집합)을 선택할 수 있는 가능성이다. 따라서 개인이 가치 있다고 평가하는 것들을 추구하고 선택할 수 있는 자유를 내포한다. 그러나 이 능력은 성취 수준과 다르다. 능력이 비슷하더라도 행위 동기나 가치판단에 따라 서로 다른 기능 집합을 선택할 수 있으며, 능력과 행위 동기가 비슷하더라도 서로 다른 전략이나 전술을 선택함으로써 성취 수준에 차이가 날 수 있다. 따라서 이미 성취된 기능이 실제 복지 수준을 구성한다면, 기능을 확보할 수 있는 능력(즉, 선택할 수 있는 대안적인 기능조합)은 복지를 확보할 수 있는 개인의 자유(현실

---

13 센에게 기능은 자유의 구성적 역할과 크게 다르지 않은 듯 보인다.

적인 기회)를 구성한다. 여기서 자유는 복지를 위한 수단이자 복지를 구성하는 요인이다. 또한 이미 성취된 복지 수준은 기능을 확보할 수 있는 능력에 의존한다. 선택할 수 있다는 것, 즉 선택할 수 있는 자유는 이미 그 자체로 가치 있는 삶에 포함될 수 있을 뿐 아니라 삶의 질을 좀 더 풍요롭게 만들 수 있기 때문이다(Sen, 1992: 39~42).[14]

그렇다면 센의 능력 관점은 (개인이 스스로 원하는) 좋은 삶을 구성할 가치 있는 기능을 성취할 수 있는 능력, 좀 더 일반적으로 말하면 가치를 부여할 만한 근거를 지닌 목표들을 향상시킬 수 있는 자유에 집중하는 것이다(Sen, 1992: xi). 그런 의미에서 이 관점은 수단(예를 들면 기초재나 자원, 또는 소득)을 중심으로 복지를 평가하는 관점과 근본적으로 다르다. 또한 기회균등 개념을 추구하는 관점과도 다르다. 개인이 확보할 수 있는 능력은 실제로 그가 목표를 추구할 수 있는 기회를 지칭하지만, 기회균등은 균등한 이용 가능성이나 균등한 제약 조건을 지칭할 뿐이다. 따라서 후자로는 전반적인 자유의 평등을 확보하기 힘들다. 인간은 근본적으로 다양할 뿐 아니라 기회균등 관점에서 고려되지 않는 다양한 변수(이를테면 소득이나 부)도 자유의 평등에서 중요하기 때문이다. 이런 점에서 그에게 평등은 기회균등이 아니라 능력 평등의 문제다(Sen, 1992: 7~8).

그렇다면 빈곤은 단순한 소득 결핍이 아니다. 사회정의를 개인이 지닌 능력, 즉 개인이 가치 있다고 판단한 삶을 스스로 향유하는 실질적 자유에 비추어 판단할 경우, 빈곤은 저소득에 국한된 문제가 아니라 기본 능력의 결핍

---

14 센에 따르면 능력은 권리(right)에 대한 관심사와도 연결된다. 표현의 자유나 권리에서 전제하는 바가 쉽지 않고 말하는 것이 아니라 원하면 말할 수 있는 능력을 전제할 경우, 이미 선택할 수 있는 자유를 포함하고 있다(Sen, 1999: 74~76).

문제다(Sen, 1999: 87~90). 물론 능력 향상은 소득 향상으로 이어질 수 있다. 그렇지만 빈곤과 결핍을 사람들이 실제로 향유하려는 삶과 자유에 비추어 이해한다면, 능력신장을 소득 향상이라는 도구적 맥락으로만 이해해서는 안 된다. 아무리 도구적 상관성이 중요하더라도 이것만으로 빈곤의 본성과 특성에 대한 기본적 이해의 필요성을 대체할 수는 없기 때문이다. 이는 발전도상국에만 해당되는 것이 아니다. 유럽의 경우, 실업 문제가 소득 상실에 그치지 않고 다양한 종류의 결핍(자유 훼손, 노동 유인 약화, 숙련과 창조성 상실, 자기 부조 및 자기 확신 상실, 발병률 증가, 가족 관계와 사회적 삶 해체, 사회적 배제와 인종 간 긴장, 성차별 강화, 정신적·신체적 건강 손상 등)을 야기하기 때문이다(Sen, 1999: 20~21, 90~96).

센에 따르면 그의 능력 개념은 가치판단에 따라 자유롭게 행동할 수 있는 자유와 권리뿐 아니라 이를 실현할 수 있는 측면, 즉 평등에도 적용 가능하다. 이러한 개념은 사회경제적 평등과 관련해 롤스가 강조했던 기회균등 원칙보다 좀 더 실질적인 평등에 부합하며, 다양한 가치판단을 허용한다는 점에서 비효용 정보에 대한 접근에도 유용하다. 게다가 그것은 롤스처럼 원초적 입장이나 능력이 비슷한 개인이라는 비현실적 가정을 전제하지도 않는다는 점에서 좀 더 현실적이다. 물론 센도 가치판단이나 능력이 이질적이라면 개인 간 능력 비교가 쉽지 않으며, 따라서 다양한 기능 벡터를 서로 비교하며 가중치를 부여하는 일이 능력 접근의 핵심 관건임을 인정한다. 하지만 그는 가치평가 문제를 전부 또는 전무의 문제로 취급해서는 안 되며, 불완전하더라도 부분서열은 가능할 뿐 아니라 여기에 적절한 가중치를 부여하면 좀 더 확장된 서열도 확보할 수도 있다고 믿는다. 나아가 그는 불완전한 부분서열만으로도 수많은 가치평가 문제를 적절히 해결 ― 완전하지는 않지만 ― 하거나 단순화할 수 있다고 본다. 또한 단일한 가중치 집합에 도달할 가능성은 거의 없지만, 수많은 상황에서 실제로 이 단일성이 필요한 것도, 완전한 서열이 요구되는 것도 아니라고 본다(Sen, 1997: 203~209).

4. 센의 정의론과 복지

센의 정의론은 롤스의 정의론과 달리 원초적 입장이나 능력이 비슷한 개인이라는 비현실적인 가정을 전제하지 않을 뿐만 아니라 사회적 우연에 따른 불평등 문제도 간과하지 않는다는 점에서 좀 더 현실적일 수 있다. 나아가 센은 실질적인 자유의 평등에 주목한다는 점에서, 최소 수혜자에게 최대의 이익을 제공하는 롤스의 차등 원칙보다 불평등을 완화하는 데 효과적일 수 있다. 특히 센이 시장의 자유를 위해서라도 공공정책이 필요하다고 주장한다는[15] 점에서 그의 정의론은 시장과 정의의 관계를 이해하는 데 매우 유용할 수 있다. 이는 곧 센의 정의관이나 능력 개념이 시장경제의 불평등 또는 빈부 격차를 완화하거나 해소하는 데도 상당히 유용한 시사점을 제공할

---

[15] 센은 시장을 결과 측면(효율성)과 기회 측면(시장의 자유)으로 나눈 뒤 전자보다 후자가 중요하다고 설명한다. 기회의 평등 조건(시장의 자유)이 충족되지 않을 경우 그 결과가 아무리 좋더라도 도덕적으로 정당화될 수 없으며 지속될 수도 없다고 보기 때문이다(Sen, 1999: 25~30). 여기서 시장의 자유는 "개인이 가치 있다고 평가하는 것을 추구할 수 있는 실질적인 자유"를 전제한다. 이렇게 볼 경우, 자본주의 시장 메커니즘은 단순히 자본 소유에 기초한 이윤 극대화 체계가 아니며, 시장의 자유와 관련된 윤리적·도덕적 조건이 충족되어야만 지속 가능한 것이 된다(Sen, 1999: 262~266). 그가 시장에 관한 공공정책의 필요성을 주장하는 이유는 바로 여기에 있다. 시장은 모든 참가자에게 실질적인 자유를 제공할 때 비로소 그 성과를 극대화할 수 있는데, 이를 위해서는 적절한 공공정책을 통해 기본적인 의료 시설과 교육 시설을 제공할 필요가 있다(Sen, 1999: 142~145).

수 있음을 보여준다.

　그러나 센의 능력 개념은 사회정의의 일부를 새롭게 이해할 수 있는 가능성을 보여줄 뿐, 사회정의 전반에 대한 새로운 해석으로 이어지기 어렵다. 가치판단이나 능력의 다양성을 고려할 때 개인 간 능력 비교는 쉽지 않으며, 그래서 능력 평등은 현실적으로 한계가 있다. 또한 센의 능력 개념은 자유를 실질적 기회라는 측면에서 접근하지만, 자유의 또 다른 측면인 과정에 대해서는 충분히 고려할 수 없으며, 능력 평등이 분배와 관련된 다양한 가치판단을 모두 충족하는 것도 아니다. 그래서 센은 자신의 능력 관점이 정의론의 전부가 아니라고 설명하기도 한다(Sen, 2009: 295~298).

　센이 공리주의를 평가하는 과정에서도 상당히 심각한 한계가 드러난다. 이미 언급했듯이 그는 결과주의라는 이유로 공리주의를 수용한다. 물론 그에게 결과주의는 결과에 비추어 행위나 정책을 판단하는 것을 지칭할 뿐 공리주의 자체가 아니며, 반드시 후생주의를 포함하는 것도 아니다. 그는 비후생주의적 결과주의도 가능하다고 보기 때문이다. 그가 노직을 평가하는 방향도 이와 무관하지 않다. 롤스는 노직이 공적 계약을 사적 계약으로 환원한다고 비판하지만, 센은 노직이 개인의 소유권과 자유에 대해 절대적 우선성을 부여하는 오류를 보인다고 평가하면서 그 이유를 소유권과 자유의 실제 결과가 최악으로 이어질 수 있다는 데서 찾는다(Sen, 1999: 65~67). 결국 롤스에게 노직의 한계는 정치적 자유의 공공성을 오해한 데 있다면, 센에게는 결과를 보장할 수 없다는 데 있는 것이다.

　이와 관련해 센은 누적된 결과인 최종 결과culmination outcomes와 과정을 포함하는 포괄적인 결과comprehensive outcomes를 구분한 후 자신의 정의관에서 '실현'은 전자가 아니라 후자를 의미한다고 주장한다(Sen, 2009: 22~24). 그렇다면 센이 수용한 결과주의는 롤스가 비판하는 결과주의와 다르다고 볼 수 있지만, 두 결과가 개념적으로는 몰라도 현실에서는 명확히 구별되기 어렵다. 그의 현실론은 비현실적인 구분에 기초한다는 점에서 자기모순을 안고 있거나, 결과를 중심으로 정의를 판단하는 결과주의 ─ 롤스가 비판했던 의미에서 ─ 의 위험에서 완전히 벗어나지 못한 것으로 볼 수 있는 셈이다.

한편 롤스의 공리주의 비판은 옳음과 좋음의 구분을 전제한다. 그의 정의원칙에서 이 구분은 옳음의 우선성 또는 (정치적) 자유의 우선성으로 이어지며, 이 우선성은 옳음 영역의 정의에 대한 사전식 우선성을 통해 확보된다. 이에 대해 센은 자유의 우선성 원칙과 자유에 사전식 우선성을 부여하는 원칙을 구분한 후, 자신이 전자 측면에서는 롤스주의자일 수 있지만 후자 측면에서는 그렇지 않다고 주장한다(Sen, 2009: 299~301). 논리적인 맥락에서는, 자유의 우선성이 사전식 우선성을 동반해야 할 필연적인 이유가 없다는 점에서 양자의 구분에 근거한 센의 견해를 비판하기가 쉽지 않다. 그러나 자유의 우선성이 사전식 우선성을 지켜야 할 이유가 없다고 해서 전자의 우선성을 지켜줄 만한 장치 또는 조건의 필요성이 부정되는 것은 아니다. 더구나 이론적으로 이러한 필요성은 자유의 우선성을 가정하는 것만으로 충족될 수 있지만, 현실적으로는 오히려 충족되지 않을 가능성이 높다. 자본주의 사회에서는 시장의 이해관계나 효율성 논리로부터 정치적 자유 또는 민주주의가 영향을 받거나 심지어 훼손될 가능성이 높은 데다, 오늘날처럼 신자유주의의 영향으로 시장의 논리가 끊임없이 확대되는 상황에서는 이러한 가능성이 특히 커질 수 있으며, 한국처럼 고도성장이라는 성과에 기대 개발독재까지 종종 정당화되는 사회에서는 더욱더 그러할 것이다.

그렇다면 자유의 우선성을 인정하면서 현실적 접근을 강조할 경우, 전자를 현실적으로 지켜낼 수 있는 장치 또는 조건의 확보가 필수적이다. 안타깝게도 센은 이에 대해 명시적으로 언급하지 않으며, 따라서 그의 정의론으로는 자유의 우선성을 현실적으로 확보하기가 어렵다. 센이 롤스의 정의론에 대해 실현 가능성 측면에서 비판한다는 점을 보면 이러한 비현실성의 문제는 역설적이다. 한계는 여기서 그치지 않는다. 그는 이상적으로 정의로운 사회를 정의하기가 힘들기 때문에 이를 전제하는 선험적인 제도주의가 설득력을 갖기 힘들다고 비판하며 실현 중심의 비교를 대안으로 제시한다. 그러나 이상적으로 정의로운 사회를 정의하기가 힘들다고 해서 이상적인 정의론의 필요성이 부정되지는 않는다. 실현 중심의 비교를 위해서라도 이상적인 정의 원칙이 필요할 수 있기 때문이다(Robeyns, 2012: 159~161). 이러한 점에서 그의 선험적 제도주의 비판은 과도한 것일 수 있다.

　물론 센의 주장의 핵심은 선험적 제도주의를 비판하는 데 있다기보다 정의론의 초점을 이상적인 선험 영역에서 현실의 실천 영역으로 이동하도록 권유하는 데 있다고 볼 수도 있다(Robeyns, 2012: 161~162). 이 경우 그의 비판은 충분히 수용 가능하지만, 엄밀히 말해 그의 논의는 현실적인 정의론의 필요성을 강조하는 수준을 넘어 선험적인 정의론의 필요성을 부정하거나 그 의미를 평가절하하는 쪽에 가깝다(Osmani, 2010: 605~607). 그는 살바도르 달리Salvador Dali 와 파블로 피카소Pablo Picasso 의 그림을 비교하는 데 가장 이상적인 그림이 〈모나리자Mona Lisa〉라는 판단이 필요하지 않듯, 노예제에서 명백한 부정의를 찾아내는 데 그 어떠한 이상적 기준도 필요하지 않다고 주장한다. 그에 따르면 18~19세기 노예제 폐지 운동은 노예제에 명백한 부정의가 내포되어 있다는 판단에서 비롯된 것이지, 완벽하게 정의로운 사회에 대한 합의가 필요하다는 판단에서 비롯된 것이 아니다(Sen, 2009: 15~22). 그러나 사회정의 관련 쟁점 중에서 노예제처럼 그 어떠한 이상적 판단 기준이 없더라도 명백한 부정의로 분류될 수 있는 사례는 많지 않다.

　그렇다면 센의 실현 중심의 비교는 현실적으로 매우 적은 부정의에 대해서만 명백하다고 판단할 수 있다는 점에서, 역설적으로 현실성이 높지 않은 것일 수 있다. 이에 대해 그는 이상적인 정의론이 없더라도 민주주의, 즉 공적 추론public reasoning을 통해 충분히 부정의를 구별해낼 수 있다고 주장할 것이다(Sen, 2009: 4~5). 그의 정의론은 불편부당한 관찰자를 전제하므로 공적 추론을 통해 부정의를 구별해내는 과정 또한 이러한 관찰자들 사이에서 진행될 것이다. 그는 민주주의의 토론 기능과 불편부당한 관찰자의 비교 기능을 현실적인 대안으로 제시하는 셈인데, 아쉽게도 이러한 과정의 결과가 항상 명백한 부정의에 대한 사회적 합의로 이어질 수 있는 것은 아니다(Shapiro, 2011: 1258~1262). 불편부당한 관찰자들 사이에서 공적 추론이 진행되더라도 그 어떤 이상적인 정의 기준이 공유되지 않는 한 정의에 관한 사회적 합의를 기대하기가 쉽지 않기 때문이다. 명백한 부정의는 이미 어떠한 이상적 기준을 암묵적으로나마 전제한 것이기 쉽다(목광수, 2011). 이는 역으로 센의 현실론이 비현실성의 결과로 이어지는 자기모순을 안고 있음을 시사한다.

이를 부인할 수 없는 한 센과 롤스의 정의론은 배타적 관계라기보다 보완적 관계에 가깝다. 센의 현실론은 현실적인 접근을 위해서라도 롤스의 이상론으로 보완될 필요가 있는 셈이다. 그러나 전자를 후자로 보완하는 방법은 간단하지 않다. 양자의 차이를 고려할 때, 보완 과정이 전자에 후자를 그대로 적용하는 방식으로 진행되기 힘들며, 둘 중 어느 하나를 수정하는 방식 또한 적절하지 않다. 센의 현실론(롤스의 이상론)을 수정할 경우 그 장점인 현실성(보편성)이 약화될 수 있기 때문이다. 이러한 문제를 피하기 위해서는 센의 현실론이 지닌 장점을 유지하면서 그 한계를 완화하거나 극복할 수 있는 방안을 모색할 필요가 있다. 센의 정의론이 현실의 정의나 부정의를 판별할 때 어떤 식으로든 이상적인 정의 기준이 개입할 수밖에 없음을 인정하는 데서 그 실마리를 찾는 방안이 여기에 해당될 것이다. 센의 정의론에서 정의에 관한 판단은 공적 추론을 통해 이루어지므로 그의 자기모순은 결과적으로 공적 추론 과정에서 드러나는 문제일 수밖에 없다. 여기서 정의 기준이나 정의 원칙은 현실적이지 않다는 의미에서 롤스의 경우와 동일할 수 있지만 구체적 내용에서까지 동일할 필요는 없다. 센의 현실적인 접근에서 정의를 판단하기 위한 공적 추론 과정에, 롤스의 정의론에서 선험적으로 전제되는 이상적인 정의 원칙이나 정의 기준이 그대로 적용될 경우 센의 현실적 접근이 지닌 장점이 상당 부분 약화될 수 있기 때문이다.

이러한 논의가 타당하다면 센의 현실론을 이상적인 정의 원칙이나 정의 기준으로 보완하는 작업은 공적 추론의 대상 또는 목표의 확장을 내포한다. 명백한 부정의를 확인하기 위한 장치였던 공적 추론이 이상적인 정의 원칙이나 정의 기준에 대한 사회적 합의를 도출하기 위한 장치로까지 확장되어야 하기 때문이다. 이러한 확장은 센의 현실론이 자기모순에서 벗어날 수 있는 거의 유일한 대안에 가깝다. 나아가 이러한 확장은 정의에 관한 그 어떠한 제도나 기준도 선험적으로 가정하지 않는다는 점에서 센이 강조하는 열린 불편부당성 기준을 위배하지도 않는다. 한편 센의 정의론을 보완하는 과정에서 옳음과 좋음의 구분에 기초한 롤스의 자유의 우선성 원칙만큼은 충분히 존중될 필요가 있다. 이 원칙은 신자유주의의 영향으로부터 정치적 자유나 민주주의를 지켜내는 데 필요한 조건이자, 센의 정의론이 결과주의의 위험에서 벗어날 수 있도록 도와주는 요인일 수 있다.[16]

이상의 논의에 비추어 볼 때, 센의 현실론은 한국 사회에 상당히 많은 시사점을 제공할 듯 보인다. 오늘날 한국 사회에서 복지 논의는 대체로 불평등이 확대되는 상황에 대한 정책 대안의 문제로 집약되는 듯 보인다. 이른바

---

16 물론 자유의 우선성을 위한 장치를 롤스의 사전식 우선성에서 찾을 필요는 없다.

보편복지 대 선별복지 중심으로 논쟁이 나타나기도 했지만, 이것이 복지제도의 의미나 필요성, 또는 평등 분배의 의미나 기준에 대한 논의로 이어지지 못하고 구체적인 복지 정책이나 복지국가의 구체적 방향을 중심으로 전개되었기 때문이다.[17] 복지논쟁에서 다양한 복지국가상이 제시되었지만, 철학적 논의에 기초해서 정당화된 경우가 거의 없다는 신정완의 평가는 바로 이러한 맥락에서 이해될 수 있다(신정완, 2014: 8). 불평등이라는 현실 때문에 구체적인 정책 대안이 시급히 마련될 필요가 있다는 점이 부정되기는 어렵다. 그렇다고 해도 한국처럼 사회정의 원칙이나 복지제도의 필요성에 관한 사회적 공감대가 충분히 형성되지 않은 곳에서 복지논쟁이 구체적인 정책을 중심으로 진행될 경우 그 결과는 복지 정책의 체계화나 현실화에 기여하기보다 오히려 사회적 분열과 갈등을 증폭하는 결과로 이어지기 쉽다. 이상적인 정의 원칙을 간과한 채 현실적인 접근을 시도했던 센이 현실성을 확보하지 못하는 자기모순에 직면했듯이, 구체적인 복지 정책을 중심으로 한 논의 또한 정의 원칙이나 복지제도의 정당성에 관한 사회적 합의의 노력이 부재한 상황에서 이루어질 경우 사회적 분열이나 갈등을 증폭시켜 현실적인 정책 대안을 확보하지 못하는 자기모순에 직면할 가능성이 높은 셈이다.

5. 맺음말

센의 정의론은 롤스의 정의론과 달리 현실적으로 드러나는 개인 간 다양

---

17 2012년 대선 국면에서 한국형 복지국가의 방향이나 정책 수단을 놓고 여야 간에 종종 치열한 논쟁이 전개되었던 이유도 이와 무관하지 않다(조영훈, 2012).

성을 고려하며 자유와 평등의 조화를 모색할 뿐만 아니라 계급 및 계층에 따른 불평등 문제도 고려한다는 점에서 현실 설명력이 상대적으로 높을 수 있다. 게다가 센의 정의론은 실질적 자유의 평등에 주목한다는 점에서 불평등을 완화하는 데 롤스의 차등 원칙보다 효과적일 수 있으며, 시장의 자유를 위해서라도 적절한 공공정책이 필요하다고 주장한다는 점에서 시장의 불공정성이 문제되는 한국 경제에 특히 더 중요한 의미를 지닐 수 있다.

그런데 센의 정의론은 현실적 접근을 강조하지만 현실성을 확보하기 힘든 자기모순을 안고 있다. 따라서 센의 현실론은 현실성을 높이기 위해서라도 애써 부정했던 롤스의 이상론과 만날 필요가 있다. 센의 정의론이 안고 있는 이러한 역설이 한국 사회의 복지 논의에 대해 제공하는 시사점은 결코 가볍지 않다. 한국의 경우, 앞으로도 불평등한 현실에 비추어 현실적인 정책 대안을 중심으로 복지 논의가 전개될 가능성이 높다. 그러나 센의 자기모순에 비추어볼 때 정의 원칙이나 사회복지의 정당성에 관한 사회적 합의가 충분히 이루어지지 않은 상황에서는 현실적인 정책 대안을 확보하기 위한 시도가 사회적 갈등을 유발해 오히려 현실적 대안을 확보하지 못하는 자기모순으로 이어지기 쉽다.[18]

센의 현실론이 현실성을 위해서라도 롤스의 이상론으로 보완될 필요가 있듯이, 한국 사회의 복지 논의 또한 현실적인 대안을 확보하기 위해서라도 이상적인 정의 원칙이나 사회복지의 정당성에 관한 사회적 합의를 위해 노력할 필요가 있다. 사정이 이와 같다면, 센의 정의론이 한국 사회의 복지 논의

---

18 게다가 센의 현실론은 자유의 우선성 원칙을 인정하면서도 이 원칙을 지켜줄 만한 장치나 조건에 대해 고민하지 않음으로써, 자유의 우선성 원칙을 지켜내지 못하는 결과로 이어지기 쉽다.

에 던지는 가장 큰 교훈은 그의 현실적인 접근 방법에 있지 않다. 오히려 그
것은 현실적인 접근만으로는 현실적인 대안을 확보하기 어렵다는 데 있을
것이며, 따라서 현실적인 대안을 확보하기 위해서라도 이상적인 정의 원칙
에 관한 고민이 동반될 필요가 있음을 보여주는 데 있을 것이다.

참고문헌

목광수. 2011. 「아마티아 센의 정의론에 대한 비판적 고찰: 민주주의 논의를 중심으로」. ≪철학
　　연구≫, 93집, 149~174쪽.

박순성. 2003. 『아담스미스와 자유주의』. 풀빛.

박순성·이상호. 1998. 「사회정의와 정치경제학」. ≪사회경제평론≫, 11호, 93~118쪽.

신정완. 2014. 『복지국가의 철학』. 인간과복지

이상호. 2001. 「센의 '능력'과 사회정의: 롤즈의 정의관에 대한 비교를 중심으로」. ≪사회경제평
　　론≫, 17호, 283~316쪽.

_____. 2014. 「사회정의와 한국경제: 센의 정의관과 그 시사점을 중심으로」. ≪동향과 전망≫,
　　91호, 168~198쪽.

조영훈. 2012. 「한국복지국가의 개혁?」. ≪경제와 사회≫, 95호, 67~93쪽.

Cohen, G. A. 2008. *Rescuing Justice and Equality*. Harvard University.

Deneulin, S. 2011. "Development and the Limits of Amartya Sen's The Idea of Justice." *Third
　　World Quarterly*, 32(4), pp.787~797.

Dupuy, J. - P. 1987. "Totalisation and Misrecognition." in Dumouchel, P(ed.). *Violence and
　　Truth: on the work of René Girard*. London: The Athlone Press.

Knight, C. and Stemplowska, Z. 2011. "Responsibility and Distributive Justice: An Introduction."
　　in C. Knight and Z. Stemplowska(eds.). *Respnsibility and Distributive Justice*. Oxford
　　University.

Miller, R. 1975. "Rawls and Marxism." in N. Daniels(ed.). *Reading Rawls*. New York: Basic
　　Books.

Osmani, S. R. 2010. "Theory of Justice for an Imperfect World: Exploring Amartya Sen's Idea
　　of Justcice." *Journal of Human Development and Capabilities*, 11(4), pp.599~607.

Peter, F. 2012. "Sen's Idea of Justice and the locus of normative reasoning." *Journal of Economic
　　Methodology*, 19(2), pp.165~167.

Rawls, J. 1973. *A Theory of Justice*. Cambridge, Massachusetts: The Belknap Press of Havard
　　University Press.

_____. 1996. *Political Liberalism*. New York: Columbia University.

Robeyns, I. 2012. "Are transcendental theories of justice redundant?" *Journal of Economic

Methodology, 19(2), pp.159~163.

Sen, A. K. 1970. *Collective Choice and Social Welfare*. San Francisco: Holden-Day, Inc.

_____. 1982. *Choice, Welfare and Measurement*. Cambridge: The MIT Press.

_____. 1985. *Commodities and Capabilities*. Amsterdam & New York & Oxford: North-Holland.

_____. 1992. *Inequality reexamined*. Harvard university.

_____. 1997. *On Economic Inequality*, enlarged edition. Oxford: Clarendon.

_____. 1999. *Development as Freedom*. New York: Alfred A. Knopf, Inc.

_____. 2009. *Idea of Justice*. London: Allen Lane.

_____. 2012. "Value and Justice." *Journal of Economic Methodology*, 19(2), pp.101~108.

Shapiro, I. 2011. "The Idea of Justice By Amartya Sen." *Journal of Economic Literature*, XLIX, pp.1251~1263.

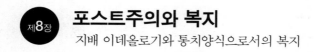

제8장

포스트주의와 복지
지배 이데올로기와 통치양식으로서의 복지

정태석

1. 포스트주의와 복지

1987년 6월 항쟁으로 한국 사회에 자유화·민주화의 물결이 번져가면서 사회이론 영역에도 사회 변화 이해를 위해 기존 이론들의 한계를 넘어서야 한다는 문제의식이 확산되기 시작했다. 유럽에서는 이미 1960년대에 이론적 성찰과 혁신의 분위기가 생겨나며 이른바 다양한 '포스트주의'의 흐름을 만들어냈다고 한다면, 한국 사회에서는 오랜 군사독재와 이데올로기적 통제로 인해 사회이론의 수용도 제약되었다고 할 수 있다. 억압적 현실 속에서 진보 학계는 저항적이고 급진적인 사회이론에 더 큰 매력을 느끼며 마르크스주의를 더 적극적으로 수용하게 되었는데, 1980년대 말 동구 사회주의권이 무너지면서 마르크스주의에 의존했던 진보 학계에서도 이론적 동요가 일어나기 시작했다. 이에 따라 1990년 전후로 서구에 유행하던 포스트마르크스주의, 포스트구조주의, 포스트모더니즘 등 다양한 '포스트주의'가 수입되면서 바야흐로 백가쟁명의 시대가 시작되었다.

포스트주의라는 말은 사실 아무것도 이야기해주지 않는다. 포스트post-는

'이후' 또는 '탈脫'이라는 뜻이므로, 벗어나려는 것이 무엇인지를 말하지 않으면 그 자체로는 아무런 의미도 지닐 수 없기 때문이다. 그런데 우리가 사회이론의 역사적 맥락 속에서 포스트주의라고 말할 때, 그것은 일반적으로 구조주의나 모더니즘의 이후 또는 탈피를 말한다. 그래서 포스트주의라고 하면 포스트구조주의(탈구조주의)나 포스트모더니즘(탈현대주의)을 떠올리게 된다.

그렇다면 포스트구조주의와 포스트모더니즘은 '포스트주의'라는 하나의 표현 속에 담을 수 있는 것들일까? 물론 양자는 그 이론적 출현의 맥락이 서로 다르다. 그런데 전체적으로 보면 이른바 '계몽주의 프로젝트enlightenment project', 즉 이성(합리적 존재), 진리, 본질(경제), 구조 등에 중심성·절대성·불변성·근원성을 부여해온 기존의 사유 방식이 다원화된 현대사회에 적합하지 않다는 근본적 의문을 제기하며 이들을 해체하려 했다는 점에서 양자는 유사한 문제의식으로부터 출발한다고 볼 수 있다. 이는 인간을 이성이라는 중심을 가지는 합리적 존재로만 보려는 사고, 진리를 초역사적이고 절대적이며 불변하는 인식으로 보려는 사고, 본질(마르크스주의에서는 '경제')과 외양(현상)을 구별하면서 외양을 부수적인 것으로 치부하려는 사고, 구조를 사회를 움직이는 불변적 법칙이나 모델로 보려는 사고에 반대한다. 또한 시간적·공간적 차이 속에서 사회가 다양하고 복잡하게 얽히는 현실, 관점이나 개념 틀의 차이로 인해 진리가 상대적이거나 달라질 수 있는 현실, 본질(경제)과 외양(정치, 이데올로기, 문화 등)이 서로 상호작용하고 중첩되면서 어느 하나를 절대적인 중심으로 고정시키기 어려운 현실, 구조적 법칙이 역사적 조건이나 인간 주체들의 실천의 변화에 따라 변형될 수 있는 현실을 받아들이려는 것이 '포스트주의'의 일반적 특징이라고 할 수 있을 것이다. 따라서 역사, 진보, 혁명과 같은 이른바 '거대 서사grand narrative'에 대해 부정적이다.

그렇다면 이러한 포스트주의적 사고를 사회복지 문제와 어떻게 연관시킬 수 있을까? 우선 한인숙의 연구는 포스트주의와 사회복지를 연결하는 한 가지 방식을 보여준다. 그는 포스트모더니즘적인 사유가 사회정책 연구에서 패러다임 전환을 가져다줄 수 있는 가능성에 주목한다. 다원화된 현실 속에서 보편주의적 복지 정책의 사각지대에 놓이게 된 다양한 소수자, 외부자, 타자, 배제된 자의 다원적 이해와 선택을 수용할 수 있으려면 새로운 패러다임이 필요하다는 것이다. 거대 서사와 계급중심성, 물질주의 등에 기초한 보편적 중심의 권력에 대항해 탈중심성, 다원성, 특수성, 미시 정치, 차이에 주목하는 포스트주의적 사고를 바탕으로 주류 정책학이 간과해온 소수자들의 다양한 문화적 욕구를 수용할 수 있는 새로운 사회정책 패러다임을 찾아야 한다는 것이다(한인숙, 2000).

그런데 이러한 관점은 사회정책 패러다임의 전환이라는, 상대적으로 미시적인 관심에서 포스트주의 사유의 유용성을 찾아내려 한다는 점에서는 의미 있는 시각이지만, 복지에 대한 좀 더 거시적이고 근본적인 비판의 안목을 제공하지는 못한다. 반면 미셸 푸코Michel Foucault와 장 보드리야르Jean Baudrillard는 포스트주의적 사유 속에서 좀 더 근본적인 문제 제기를 보여준다.

일반적으로 거시적 관점에서 자본주의 사회의 사회복지제도나 정책의 형성·발달 문제를 바라볼 경우, 사회복지를 둘러싼 정치사회적 지형에 따른 제도나 정책의 차별성에 주목한다. 말하자면 어떤 정치사회적 지형 속에서 사회복지가 발달 또는 후퇴하게 되는지, 이에 따라 사회복지제도나 정책이 어떤 성격을 띠게 되며, 바람직한 사회복지제도의 개혁 방향은 무엇인지 등에 주목하게 된다는 얘기다. 그런데 포스트주의적 사고를 보여주는 푸코와 보드리야르는 사회복지를 이러한 관점에서 접근하지 않는다. 오히려 사회복지제도 자체가 지니는 정치적·이데올로기적·문화적 효과에 주목한다. 물론 여기서 정치적 효과라는 것은 단순히 사회복지가 정치적 지지를 확대하는 데 도움이 된다는 식의 단순한 효과를 말하는 것은 아니다. 예를 들어 푸코가 복지(국가)의 정치적 효과를 말할 때 주목하는 것은 통치 테크닉으로서의 복지(국가)다. 복지(국가)에 대한 이러한 관심은 이혁구의 연구에서 잘 드러나는데, 그는 푸코의 권력학의 관점에서 사회복지를 권력장치 또는 통치 테크닉으로 볼 필요가 있다고 주장한다(이혁구, 2000, 2003). 한편 보드리야르가 복지의 문화적·이데올로기적 효과를 말할 때 주목하는 것은 사회복지가 어떻게 성장과 형식적 평등의 원리를 내세우며 지배 이데올로기에 대한 순응을 만들어내는가 하는 점이다.

복지를 바라보는 푸코와 보드리야르의 포스트주의적 사고를 좀 더 깊이 이해하기 위해 먼저 이들이 벗어나고, 또 넘어서려 한 구조주의와 모더니즘의 중심적 논리가 무엇인지 파악할 필요가 있으며, 이를 통해 이들이 보여준 새로운 사유가 무엇인지 이해할 필요가 있겠다. 물론 포스트구조주의와 포스트모더니즘은 일정하게 유사한 포스트주의적 사고를 보여주지만 비판의 맥락이 서로 다르다는 점에서 서로의 차이에도 주목할 필요가 있다. 그리고 푸코와 보드리야르가 포스트주의적 사고에 얼마나 동조하고 있는지에 대해서도 조심스럽게 접근할 필요가 있겠다.

2. 구조주의와 포스트구조주의

포스트구조주의는 구조주의적 사고가 가지는 이론적·인식론적 한계를 넘어서려 하는 사고에서 출발한다고 할 수 있는데, 그렇다고 구조주의가 지닌 장점을 근본적으로 부정하려는 것은 아니다. 구조주의는 실존주의, 해석학, 현상학 등 인간 주체의 인식 능력이나 합리적인 행위 능력에 대한 믿음에서 출발하는 이른바 이론적·인식론적 인간(중심)주의humanism에 반대한다. 인간주의는 일반적으로 사회현상에 대한 인식과 설명의 출발점을 개인의 인식과 행위, 그리고 그 행위 주체의 목적·의도·동기에서 찾고자 한다. 이러한 관점에서 보면 사회현상은 이성과 의지를 지닌 개인 행위자의 행위들의 결과가 된다.

이러한 인식과 설명의 방식은 언뜻 보기에 설득력 있고 매력적으로 보인다. 경험적으로 받아들이기 쉬우며, 또 쉽게 확인할 수 있는 것으로 보이기 때문이다. 그렇지만 한 걸음만 더 나가보면 문제가 그리 쉽지 않다는 것을 알 수 있다. 우선 사람들이 늘 이성적이거나 합리적이지는 않으며, 개인의 목적이나 의도는 그대로 실현되기가 쉽지 않기 때문이다. 그래서 왜 인간의 의도나 의지가 그대로 실현되지 못하는가에 대한 의문을 가지지 않을 수 없게 된다.

우선 인간이 늘 합리적인 것은 아니며, 본능·감정·습관·가치 등에 따라 감정적·비합리적 사고와 행동을 하게 된다는 점을 생각해볼 수 있다. 또한 삶의 의미가 늘 이성적 사고와 행위 속에서 느껴지는 것도 아니며, '사회 속에서' 개인이 의도하지 않은 결과들이 일어나는 경우도 많다. 특히 거시적인 사회 변화는 그 기대가 아무리 합리적이더라도 개인의 노력으로 쉽게 일어나지 않는다. 여기서 우리는 무엇이 개인의 합리적 의지나 의도를 제약하는지 물을 수 있다. 일반적으로 사회구조적 조건이나 상황이라고 말하는 것들이 개인의 합리적 의지나 의도를 제약한다고 생각할 수 있는데, 사회구조적 조건은 경제적일 수도, 군사적일 수도, 정치적일 수도, 문화적일 수도, 이데올로기적일 수도, 심리적일 수도 있다. 또한 이러한 사회구조적 조건은 가시적일 수도 있지만 비가시적일 수도 있으며, 의식적일 수도 있지만 무의식적일 수도 있다. 즉, 우리가 일상적으로 잘 인식하지 못하거나 느끼지 못하는 외적인 또는 내적인 어떤 힘이나 작용에 의해 특정한 사고 또는 행위를 하기도 하고, 그것이 의도하지 않은 결과를 낳기도 한다는 것이다. 구조주의는 바로 이러한 힘이나 작용이 무엇인지 찾아보려 하는 사유 방식이라고 할 수 있다. 그래서 명시적으로 잘 드러나지 않지만 개인 행위에 영향을 미치는 심층적인 사회적 규칙·법칙·모델을 찾으려고 한다.

구조주의를 이해하려면 무엇보다도 페르디낭 드 소쉬르Ferdinand de Saussure 의 '구조언어학'에서 출발하지 않으면 안 된다. 그의 책 『일반언어학 강의 Cours de Linguistique Générale』에는 이후 구조주의적 방법의 토대가 되는 이론적 지침이 담겨 있기 때문이다. 소쉬르는 언어가 실재 대상을 그대로 재현한다고 보는 기존의 재현이론이나 반영론의 언어관을 비판하면서, 언어와 실재 대상 간에는 아무런 필연적 연관이 없다는 사실을 보여주려 한다. 그는 언어를 개인에 의해 수행되는 일시적인 언어활동으로서의 파롤parole, speech 과 언어활동의 사회적·보편적 규범으로서의 랑그langue, language 로 구분하면서, 랑그를 언어학의 연구 대상으로 삼고자 했다. 여기서 랑그는 '기호들의 차이의 체계'로 규정된다. 언어도 하나의 기호인데, 이때 언어는 어떤 의미를 담기 위해 사용하는 기호(표시물)인 기표signifer 와, 그 기호가 담고 있는 의미인 기의signified 로 구성된다(소쉬르, 1990: 11~34). 이때 기표는 글(영상)일 수도 있고 말(소리)일 수도 있다. 한국어는 '개', '나무', '사랑'이라는 한글 기표를 통해 그 의미를 서로 전달한다면, 영어는 'dog', 'tree', 'love'라는 알파벳 기표를 통해 그 의미를 서로 전달할 수 있게 되는 것이다. 이는 사람들이 어떤 기표를 사용할 것인지와 그 기표에 어떤 의미를 부여할 것인지가 자의적이라는 점을 말해준다. 말하자면 한 사회가 형성한 의사소통의 규칙, 즉 언어는 기표와 기의의 자의적 결합에서 출발하는 것이다. 게다가 기표가 곧 지시대상(준거물)을 말하는 것은 아니기 때문에 기표와 지시대상의 연결도 자의적이라는 점을 알 수 있다. 현실의 개는 짖지만 말 속의 개는 짖지 않는다. 또한 똑같은 지시대상에 대해 한국어로는 '나무'라고 부르는데, 영어로는 'tree'라고 부른다. 이는 기표와 지시대상 간의 관계도 임의로 설정된 것이라는 사실을 말해준다.

여기서 랑그는 단순히 개별적인 단어들을 의미하는 것이 아니라 서로 다른 다양한 단어가 결합되어 의미를 전달·이해할 수 있도록 해주는 체계를 뜻한다. 말하자면 서로 다른 기호들, 즉 서로 다른 기표들과 기의들의 결합체계인 것이다. 그래서 기표들이 서로 다양하게 연결되어 문장으로서 의사소통을 할 수 있게 해준다. 문법이란 이러한 결합체계의 의사소통 규칙이다. 이처럼 기표들의 차이의 체계로서 랑그는 현실 세계의 사물들과 일대일의 대응 관계, 또는 재현의 관계를 갖는 것이 아니다. 물론 언어규칙이 고정되면 특정 기표들과 특정 사물들 간에 고정적 관계가 형성될 수 있지만 완전히 고정적인 것은 아니며, 특히 심리적·정신적 대상이나 행위와 같은 것들은 기표의 의미가 유동적인 경우가 많다. 사랑, 민주주의, 개혁 등의 기표들은 기의가 완전히 고정적일 수 없다.

소쉬르는 랑그에 대한 연구방법에서 공시적 법칙과 통시적 법칙을 구분하고 이에 따라 공시언어학과 통시언어학을 구분했다. 여기서 공시언어학은 랑그의 체계성·규칙성을 강조하는 반면, 통시언어학은 개별성·우연성을 강조하는 것이다. 그리고 랑그가 통시적인 것은 파롤에 의해서이며, 모든 변화의 싹은 파롤 안에 있다고 본다(소쉬르, 1990: 83~120).

이러한 소쉬르의 언어학은 두 가지 의미에서 구조주의적 흐름의 바탕이 되었다. 하나는 사회현상을 이해하는 데 단지 의사소통의 도구로서가 아니라 사회적 의미체계로서의 언어의 중요성과 관련된 것이다. 다른 하나는 언어에서 일시적이고 우연적인 '파롤'과 대비되는 보편적 규칙으로서의 '랑그'처럼 사회현상에서도 겉으로 드러나지 않는 보편적 법칙이 발견될 수 있다는 것이다. 전자는 이데올로기·신화·담론의 분석에 주목하는 흐름으로 이어졌고, 후자는 사회분석을 위한 인식론적·방법론적 도구에 주목하는 흐름으로 이어졌다. 후자의 사례로서 실존주의나 인간주의에 반대한 클로드 레비스트로스Claude Lévi-Strauss를 비롯한 많은 학자가 주로 공시언어학의 방법을 사회현상의 분석에 차용했는데, 그 방법론적 의미는 사회현상을 설명하려면 의도적인 개인 행위가 아닌 겉으로 잘 드러나지 않는 사회적 관계 또는 체계의 심층적인 작동규칙을 밝혀내야 한다는 것이었다(김형효, 1990).

레비스트로스는 구조언어학의 방법을 인류학적 연구에 적용하고자 했다. 여기서 구조는 사회생활의 외형적 현상 저변에 깔린 질서 있는 중요한 관계를 발견하기 위한 탐색 모델이며, 이는 언어학의 결합 요소를 밝히는 방법과 유사하다. 그래서 친족체계나 신화에 대한 연구에서 그는 의미 형성의 원천으로서 무의식의 구조, 집합적인 심성구조를 발견하고자 한다. 특히 구조의 기원으로서 이원적 대립binary opposition(예: 남성과 여성, 날것과 익힌 것, 자연과 문화 등)의 원리를 통해 다양한 사회현상을 설명하려고 했다.

정신분석학에서 자크 라캉Jacques Lacan은 구조주의 언어학의 방법론에 기초해 지그문트 프로이트Sigmund Freud를 재해석하고자 했다. 그는 "무의식은 언어처럼 구조화되어 있다"라고 말하면서, 심리적 과정을 언어적 과정과 결합시켜 이해하려 했다. 그는 정신분석에서 말의 중요성을 강조한다. 특히 개인이 하는 말의 형식과 이 형식에서의 단절 및 불규칙성에 관심을 기울인다. 프로이트에게서 정신분석의 자료로 여겨지는 것들(무의식적인 꿈의 사유, 자유연상 등)은 기호 표현의 경로(은유와 환유)를 따르고 있기 때문이다. 그래서 라캉은 이러한 '무의식의 언어'를 이해하는 것이 인간의 욕망과 심리를 이해하는 중요한 근거가 된다고 본다.

철학과 사회과학의 영역에서 루이 알튀세르Louis Althusser는 구조주의적 방법을 마르크스주의와 결합하고자 했다. 그는 『마르크스를 위하여Pour Marx』와 『자본론 읽기Lire le Capital』에서 기존의 마르크스 해석의 주된 흐름이던 헤겔주의적 마르크스 해석에 반대하며, 후기 마르크스 이론에서 나타난 인간주의, 헤겔적 관념론과의 인식론적 단절을 강조한다. 그는 현상을 본질이 외적으로 표현된 것에 불과하다고 보는 '표현적 인과성' 또는 '표현적 총체성'이 아니라 구조화된 복합적 전체 속에서 다양한 요소와 관계가 서로 영향을 주고받는다고 보는 '구조적 인과성' 또는 '구조적 총체성' 개념만이 마르크스 이론을 과학적으로 설명해줄 수 있다고 보았다. 그리하여 그는 '토대/상부구조'의 위상론을 결정론적으로 해석해서는 안 된다고 말하면서 경제, 정치, 이데올로기 등 다양한 층위 간의 중첩결정over-determination을 사회형성체social formation의 재생산과 변형을 연구하기 위한 중심적인 문제 틀로 삼고자 했다 (정태석, 2002).

그런데 실존주의, 해석학, 현상학 등의 방법론적 인간주의 관점을 비판하며 구조적 법칙의 힘을 강조한 구조주의적 사고는, 인간 주체를 구조의 부산물 또는 꼭두각시로 만든다거나 구조를 불변적 법칙으로 규정해 역사적인 변동을 설명하지 못한다는 비판을 받았다. 구조주의에 대한 비판자들은 흔히 구조/행위 이분법을 구조/변동, 구조/역사, 정적인 것/동적인 것, 공시성/통시성 등의 이분법과 연관시키면서, 구조를 변동, 역사, 동적인 것, 통시성과 대립시키는 경향을 보인다. 그러므로 이러한 대립 속에서 '불변적인 구조적 법칙'을 강조하는 구조주의적 사고는 '경직된 과학주의', '객관주의', '구조적 결정과 주체의 배제', '역사와 변동의 무시' 등으로 비판받는다(김태수 엮음, 1990: 221~223; Bourdieu, 1977; 글룩스만, 1983). 앤서니 기든스Anthony

Giddens는 구조주의가 주관이나 행위보다 객관이나 구조에 우선권을 둔다고 비판했으며, 피에르 앙사르Pierre Ansart는 구조주의가 구조, 구조의 기능, 구조의 내적 법칙 등을 탐구하면서 갈등과 변동보다는 안정과 재생산의 분석에 몰두한다고 비판한다(Giddens, 1991b: 75; 앙사르, 1992: 55~56).

그러나 정작 누가 이런 의미에서의 구조주의자인지는 분명하지 않다. 『구조인류학Anthropologie structurale』을 쓴 레비스트로스나 『신화학Mythologiques』을 쓴 롤랑 바르트Roland Barthes를 제외하면 명시적으로 자신을 구조주의자라고 이름 붙이는 학자는 거의 없으며, 흔히 구조주의자로 분류되는 푸코, 라캉, 알튀세르 등은 오히려 '구조주의자'라는 딱지를 거부한다. 이들은 구조주의 인식론으로부터 영향을 받았다는 점은 인정하지만 반역사주의, 불변적인 구조적 법칙, 주체의 소멸이라는 구조주의의 극단적 경향과는 거리를 두고자 한다. 그래서 구조주의를 하나의 통일된 인식론 또는 방법론으로 묶어주는 중심적 요소가 무엇인지는 여전히 논란거리로 남아 있다(정태석, 2002).

구조주의적 사고를 제안하거나 이로부터 영향을 받은 많은 이론가는 구조주의적 사고의 이러한 한계들을 스스로 인식하며 일정한 거리를 두려 했다는 점에서 처음부터 포스트구조주의로 나아갈 단초를 지녔다고 할 수 있다. 포스트구조주의는 구조주의적 사고를 근본적으로 거부하려는 것이 아니며, 구조주의의 방법론적 사유를 수용하면서도 해체적 재구성을 지향한다고 할 수 있다. 일반적으로 보면, 구조주의적 인식의 중요성을 인정하는 이론가들은 개인 주체를 사고와 행위의 절대적 기원으로 여기는 '인간주의적 사고'나 파편적·개별적 경험을 이해와 설명의 근거로 삼으려는 '경험주의적 사고'에 반대한다. 그래서 반인간주의·반경험주의의 관점을 공유한다. 푸코 역시 이러한 사고를 공유한다. 그는 '저자의 죽음'이라는 표현을 통해 어떤 텍스트가 사회에서 유통될 때 그 텍스트에 대한 이해와 해석은 저자의 의도나 동기와 무관하게 사회적으로 형성되어 있는 의미 또는 담론의 체계 속에서 이루어진다는 점을 강조한다. 이는 인간 주체의 사고나 행위가 지니는 어떤 자율성도 거부하는 것이 아니라, '선험적 주체', 즉 사고와 행위의 절대적 기원으로 간주되는 주체(저자)라는 사고를 거부하는 것이라고 하겠다. 즉, 주체를 선험적 존재가 아니라 사회형성체나 담론형성체 속에서 다양하게 구성되는 존재로 받아들여야 한다는 것이며, 의미는 개인의 의도에 따라 생산되고 유통되기보다는 사회적 담론 과정 속에서 다양하게 형성·유통·변형된다는 것이다. 이러한 사고를 위해서는 '요소들 간의 관계의 체계'라는 측면에서 전체성(구조)에 주목해 사회형성체나 담론형성체의 형성과 변화를 이해하지 않으면 안 된다. 이런 점에서 '구조의 효과로서의 주체' 또는 '주체의 탈중심성'이라는 사고는 포스트구조주의에서도 이어지는 구조주의의 중심적인 원리라 할 수 있겠다(정태석, 2002). 따라서 포스트구조주의는 주체의 탈중심성, 의미의 비고정성 등의 사고를 구조주의와 공유한다. 그렇지만 포스트모더니즘의 사고를 받아들여 이성과 진리의 절대성에 대한 믿음이나 이에 기초한 역사의 진보·혁명 같은 거대 서사를 해체하려 한다.

3. 푸코의 포스트구조주의와 복지

포스트구조주의는 포스트모더니즘과 가깝기는 하지만 급진적·극단적 해체를 지향하지는 않는다는 점에서 모더니즘에 더 가깝다고 볼 수 있다. 물론 구조주의의 경직성에 대해 비판하며 어떤 절대적 진리나 중심의 권력을 해체하려 한다는 점에서는 포스트모더니즘과 유사하다. 그래서 포스트구조주의는 리얼리즘과 재현, 대중문화와 규준화, 문법, 의사소통, 그리고 가장 강력하다고 할 수 있는 현대 국가의 동질화 압력들에 대항한다. 그렇지만 동시에 포스트구조주의는 모더니즘의 창조적 힘을 이론으로 옮겨와 자기의식화한 것이다. 포스트구조주의는 모더니즘적인 유미주의 전통과 결속 관계에 있으면서도 이전의 모더니스트들과 본질적으로 다른 모더니즘 해석법을 제시한다. 그것은 더 이상 '불안의 시대'의 모더니즘이 아니고, 카프카식의 금욕주의적이며 고통을 주는 모더니즘도 아니고, 부정·소외·애매성·추상의 모더니즘도 아니며, 밀폐되고 완성된 예술 작품의 모더니즘도 아니다. 그것은 오히려 장난기 있는 위반의 모더니즘이고, 텍스트성이 무제한으로 얽혀 있는 모더니즘이며, 재현과 실재를 거부하고 주체와 역사와 역사의 주체를 거부하는 확신을 가지는 모더니즘이며, 현존을 거부하고 결핍과 부재를 끊임없이 칭찬하며, 아마도 불안이 아니라 쾌락을 만들어내는 유예와 흔적을 끊임없이 칭찬하는 매우 적극적인 모더니즘이다(후이센, 1990: 312~313). 이런 점에서 포스트구조주의는 포스트모더니즘과 달리 이성, 합리성, 지식 등에 대해 그 상대성과 효과의 측면에서 비판적으로 접근하지만 이들의 의미를 근본적으로 부정하지 않는 유연한 모더니즘이라고 볼 수 있을 것이다.

포스트구조주의자로서 푸코는 '주체의 경험주의'에 의지하는 재현적 진리이론을 비판할 뿐만 아니라 과학적 인식을 강조하는 구조주의의 진리이론에 대해서도 부정적이다. 그래서 초기의 고고학적 관점에서 점차 계보학적 관점으로 이행하게 되었다. 초기에는 지식에 대한 고고학적 관점에서 특정 시대의 에피스테메episteme(인식 틀) 또는 담론형성체discursive formation의 구조/패러다임에 주목했다면, 점차 계보학적 관점에서 지식-권력-주체의 관계 속 담론형성체의 역사적 형성 및 변형으로 지적 관심을 이동하게 되었다고 볼 수 있겠다.

이러한 맥락에서 푸코는 '주체의 탈중심화', '구조적 인과성'과 같은 구조주의의 기본적 문제의식에는 동의하면서도, 진리를 게임/놀이로 보며 담론투쟁이나 권력 게임의 맥락에서 이해하려고 한다. 진리를 지식/권력 게임이라는 시각에서 보면 객관적·보편적 진리를 주장하는 것 자체가 하나의 지식/권력 게임이 된다(진리의 상대화). 이런 점에서 푸코의 진리이론은 포스트모더니즘과 궤를 같이한다. 하지만 푸코는 진리/지식/담론을 권력/통치성 governmentality과 연관시키며 현실을 비판적으로 분석하려 한다는 점에서 포스트모더니즘의 불가지론적·해체적 경향과 일정한 차별성을 갖는다.

프랑크푸르트학파가 계몽주의에서 유래한 합리주의를 탐구하는 방식으로 합리화와 권력 사이의 관계를 해명하는 접근 방법을 시도했다면, 푸코는 이와 다른 접근 방법을 찾고자 한다. 프랑크푸르트학파가 이성/합리성의 변증법적 과정에 주목하면서 '국가이성'의 원리가 낳은 비합리성(기술관료적 지배, 일차원적 인간)에 대응해 '도구적 이성 비판'으로 나아갔다면, 푸코는 역사적으로 통치의 의미와 기예art of government가 어떻게 형성·변화해왔는지에 주목한다. 프랑크푸르트학파의 계몽적 합리성의 관점과 달리, 푸코는 현실주의 관점에서 '국가이성'이 '법에 따르는 통치기예'라기보다는 오히려 '국가의 힘에 상응하는 통치'라고 본다. 즉, 법치라기보다는 경쟁의 틀 속에서 힘의 증강을 목적으로 하는 통치기예라는 것이다(푸코 외, 1994: 74). 푸코에게 통치란 "목적에 편리하게 이를 수 있도록 정리된, 사물들의 올바른 배열"이다(푸코 외, 1994: 34). 이때 통치의 대상은 영토라기보다는 사람과 사물로 구성된 일종의 복합체다. 그래서 통치를 특징짓는 것은 일반적인 관리형식form of management이다. 이런 관점에서 보면 현대사회에서 중요한 제도이자 이념인 '복지' 역시 일종의 관리형식으로, 통치기예라는 차원에서 이해할 필요가 있게 된다.

푸코는 역사적으로 근대에 들어 군주권이 신학적 근거와 종교적 정당성을 상실하면서, '군주의 이익'만을 유일한 목적이자 합리성의 원칙으로 삼는 통치기예로부터 벗어나려는 흐름들이 나타났다고 말한다(푸코 외, 1994: 29). 그래서 권력 행사의 목적은 공국을 재강화·단련·보호하는 것이 되었고, 군주에게는 영토뿐 아니라 신민과의 관계가 중요해졌다. 군주권은 순수하고 단순한 권력 행사의 권리에 머문 것이 아니라 '공공복지와 만인의 구원'을 목표로 삼고자 했다. 여기서 군주권의 목표로서 공공선 public good 은 군주권에 대한 순종을 의미했다. 이때 군주권은 법률이라는 형식을 내재적 도구로 지녔으며, 통치의 목표는 통치가 관리하는 사물들과 통치가 지도하는 과정을 완벽히 하고 강화하는 것이었다. 통치기예의 이론은 16세기부터 영토로 분할된 군주국가에서 나타나는 행정기구의 전반적인 발전이나 통치기구의 등장과 연관된다(푸코 외, 1994: 36~39).

푸코는 전통적인 통치이론이 한편으로는 지나치게 크고 추상적이며 완고한 군주권이라는 문제를 안고 있었으며, 다른 한편으로 가족이라는 지나치게 얄팍하고 취약하며 현실적인 모델에 의존함으로써 어려움을 겪고 있었다고 평가한다. 특히 가족 모델에 기초한 '풍족의 경제'는 영토 소유와 왕실 재정이라는 중요한 문제들에 적절히 대응하기가 어려웠다고 본다(푸코 외, 1994: 41). 이러한 전통적 통치기예의 한계에서 벗어날 수 있게 된 계기는 18세기의 인구 증가, 이와 관련된 화폐 증가, 여기에 연관되는 농업 생산의 확대 등 역사가들에게 친숙한 일련의 순환적 과정의 등장이었다.

인구가 등장하기 이전에는 가족 모델을 제외하고는 통치기예를 생각할 수 없었고, 경제 역시 가족의 운영으로 생각할 수밖에 없었다. 그러나 역으로 인구가 가족으로 절대 환원할 수 없는 것으로서 등장하자, 가족은 인구에 비해 부차적인 것이 되었고, 인구에 포함되는 하나의 요소가 되었다(푸코 외, 1994: 42).

인구는 무엇보다도 통치의 궁극적 목적으로 부상하게 되었다. 군주권과는 대조적으로 통치는 통치행위 자체가 아니라 인구의 복지, 그 조건의 개선, 부의 증진, 장수, 건강 등을 목표로 삼는다(푸코 외, 1994: 42).

18세기에 일어난 통치기예에서 정치과학으로의 이행, 군주권의 구조에 의해 지배되는 체제로부터 통치 테크닉에 따라 지배되는 체제로의 이행은 인구라는 주제로 관심을 돌리게 했고, 또한 정치경제학의 탄생을 불러일으켰다(푸코 외, 1994: 44).

이때 정치경제학은 인구, 영토, 그리고 부 사이의 지속적이고 복합적인 관계들의 새로운 그물망을 인식하고자 한 것이었다. 이에 따라 통치성의 역사는 통치라고 부를 수 있는 권력유형이 군주권, 규율(discipline) 등 다른 전통적 형식들에 비해 지속적으로 우세해지는 경향으로 나타난다(푸코 외, 1994: 46~47).

푸코는 국가를 다음과 같은 세 유형/형식으로 구분한다. 첫째, 사법국가 the state of justice는 봉건적 유형의 영토 체제에서 탄생한 국가로서 법에 근거하는 사회에 상응한다. 둘째, 행정국가는 15~16세기에 민족(국민)을 경계로 하는 영토 위에서 등장한 국가로서 규제와 규율에 근거하는 사회에 상응한다. 셋째, 통치국가는 인구의 규모와 밀도, 그 인구가 분산되어 있는 영토 등에 의해 규정되는 국가로서 안전기구에 의해 통제되는 사회유형에 상응한다. 여기서 푸코는 '기독교적 사목의 초기 모델'과 베스트팔렌 조약에 의해 유럽적 규모에서 완성되는 '외교-군사적 테크닉'을 통해 통치성이 어떻게 탄생하는지에 주목한다. 그는 사목, 새로운 외교-군사적 테크닉, 폴리스 등이 서구 역사에서 근원적인 현상으로서 국가의 통치화가 가능하게끔 해준 세

가지 요소라고 본다(푸코 외, 1994: 48). 푸코는 자신의 저작들이 광기, 죽음, 범죄, 성과 같은 경험들과 몇몇 권력의 테크놀로지 사이의 관계를 분석하려 했다고 말한다. 자신의 작업은 무엇보다도 개별성의 문제, 또는 '개별화하는 권력'이라 불리는 자기 정체성에 관한 문제라는 것이다. 즉, 이는 개인들을 지향하면서 이들을 부단히 영구적인 방식으로 지배하려 하는 권력 테크닉의 발달을 말한다. '국가'가 중앙집권화되고, 또 중앙집권화하는 하나의 정치형태라면, '사목'은 개별화하는 권력이라고 부를 수 있을 것이다(푸코 외, 1994: 53).

푸코는 '중앙집권적 국가권력'과 '개별화하는 사목 권력'을 대비시키면서, 사목이라는 주제를 발전·강화한 것은 히브리인들이었다고 말한다. 이들이 발전시킨 사목 권력은 그리스 정치사상과 대비되는 전형적인 몇 가지 테마를 보여주는데, 다음과 같은 것들이다(푸코 외, 1994: 55). 첫째, 목자는 토지보다는 양 떼에 대해 권력을 행사한다. 신은 자신의 양 떼에게 토지를 주거나 주겠노라고 약속한다. 둘째, 목자는 그 양 떼를 모으고, 인도하며, 지도한다. 정치 지도자가 도시 안에서 벌어지는 적대를 평정하고 갈등을 잠재워 통일된 지배를 한다는 관념은 분명히 그리스 사상에 나타난다. 그러나 목자가 모으는 것은 흩어져 있는 개인들이다. 셋째, 목자의 역할은 자기 양 떼의 구원을 보장하는 것이다. 목자가 자기 양 떼를 구하는 방식은 유능한 지도자와 매우 다르다. 위험이 닥쳤을 때 그들 모두를 구하는 것만이 문제가 아니다. 그것은 부단한, 개별화된, 궁극적인 돌봄의 문제다. 개별화된 돌봄이란 목자가 모든 양에게, 전체적인 동시에 개별적으로 양식을 주고, 구원받게끔 마음을 쓰는 것이다. 넷째, 또 다른 차이는 권력의 행사가 '의무'라는 사상에 있다. 그리스의 지도자는 당연히 모두의 이익을 위해 결정을 내렸다. 그의 의무는 영예로운 것이었다. 그런데 목자적인 돌봄은 헌신성에 더 가깝다. 목자가 하는 모든 일은 자기 양 떼의 유익을 위한 것이다. 목자의 권력은 양 떼의 개별 구성원에게 기울여지는 주의를 의미한다.

지금까지의 내용은 히브리의 텍스트에서 '목자인 신'과 '그의 양 떼인 백성'이라는 비유와 관련된 테마를 보여준다. 푸코는 중세와 근대에 기독교가 이 테마에 상당한 중요성을 부여하려 했다는 점에서 역설적이며 모순적이기까지 하다고 말한다. 역사적으로 가장 공격적이고 정복적인 사회였던 서유럽 사회에서 극소수가 목자로서 다수의 사람을 양 떼처럼 다루는 낯선 권력의 테크놀로지를 발전시켰다는 것이다. 인간 관리에서 히브리인이 발전시킨 기독교적인 '사목 테크놀로지' 또는 사목 권력의 돌봄은 오늘날 국가가 시민 개인의 삶과 안전을 돌보는 복지와 유사한 것이다. 현대사회의 복지국가는 자본주의 시장사회에서 시민 개인이 누구나 처하게 되는 질병, 재해, 실업, 퇴직 등에 따른 일상적 삶의 불안을 해소하고자 공적 개입을 통해 이들을 개별적으로 돌보려는 제도이기 때문이다. 그런데 푸코가 보기에 '복지국가의 문제'는 오늘날의 세계에서 단지 물질적 필요나 새로운 통치 테크닉만을 폭로하는 것이 아니다. 이는 '법적 주체에 대해 행사되는 정치권력'과 '살아 있는 개인들에 대해 행사되는 사목 권력' 사이의 교묘한 적응이 다시 나타나는 매우 다양한 양상 중 하나다. 다시 말해 국가는 복지를 통해 개인의 물질적 욕구를 해소해주는 돌봄을 행하지만, 그와 동시에 정치적 지배를 하고 있다는 것이다. 복지를 통한 '개별화'는 현대 국가에서 바로 이러한 지배가 안정적으로 작동하도록 하는 권력의 테크놀로지인 것이다.

이때 사목에서 권력의 테크놀로지가 어떻게 작동하는지를 살펴볼 필요가 있다. 권력의 테크놀로지라는 측면에서 사목 발달의 중요한 요소들을 살펴보면 다음과 같다. 첫째는 책임이다. 목자는 전체 무리의 운명을 책임질 뿐 아니라 모든 양의 운명을 개별적으로도 책임진다. 목자와 양 떼의 개별 구성원들을 결속해주는 도덕적 유대가 존재하는데, 그러한 유대는 개인의 생명뿐 아니라 그들 행위의 세부 사항까지도 배려한다. 둘째는 복종/순종이다. 신은 목자이며 그를 따르는 무리는 그의 의지인 법률을 좇는다. 기독교는 목자-양의 관계를 개별적이고도 완전한 의존관계의 하나로 파악한다. 기독교에서 목자와의 유대는 개별적인 것이다. 그것은 목자에 대한 개인적인 순종이다. 셋째는 지식이다. 기독교적 사목은 목자와 개별적인 양들 사이에 특정 유형의 지식을 함축하고 있다. 이 지식은 개별화하는 지식이다. 양 떼 전체의 상태를 아는 것만으로는 충분하지 않으며, 개별적인 양들의 상태도 알아야만 한다. 넷째는 고행이다. 진단, 고백, 교도, 복종 등의 모든 기독교 테크닉은 하나의 목적을 가지고 있다. 이 세상에서 각 개인이 자기 나름의 '고행'을 하도록 만드는 것이다. 고행은 물론 죽음이 아니지만, 현세와 자기 자신의 부인을 의미한다(푸코 외, 1994: 67).

이처럼 기독교적 사목 권력은 이전 사회에서는 상상하지 못했던 게임, 즉 생명, 죽음, 진리, 복종, 개인들, 자기 정체성 등을 구성요소로 하는 색다른 게임을 개발했다. 그리스 사회의 게임이 시민의 희생을 통해 생존해나가는 도시의 게임이었다면, 기독교적 사목 게임은 도시의 게임과는 전혀 관련이 없는 듯 보인다. 그런데 근대국가에서는 바로 이러한 두 가지의 게임, 즉 '도시-시민 게임'과 '목자-양 떼 게임'이 결합되어 작동하고 있는 것이다(푸코 외, 1994: 67).

푸코는 '폴리스'를 인간에게 정치권력을 행사하는 합리적 개입의 한 형태로 보는데, 이때 '폴리스'는 국가 안에서 기능하는 제도나 기제가 아니라 국가의 독특한 통치기예이며, 국가가 개입하는 영역·테크닉·대상이다. 폴리스의 역할은 '소통', 즉 개인들의 공통된 활동(노동, 생산, 교환, 조정)을 통제하는 것이다(푸코 외, 1994: 74, 77). 푸코는 "폴리스는 인간의 행복과 관련된 모든 것을 돌본다"라는 니콜라 드라마르Nicolas de La Mare(1639~1723, 프랑스 행정가)의 말에 주목하는데, 그에 따르면 "폴리스의 유일한 목적은 인간을 이 세상에서 향유할 수 있는 최고의 행복으로 인도하는 것"이다. 또 폴리스는 (종교와 도덕으로) 영혼의 이로움을 돌보고, (식량, 건강, 의복, 주택으로) 육체의 이로움을 돌보며, (산업, 무역, 노동으로) 부를 돌보는 것이다(푸코 외, 1994: 79). 푸코는 J. H. G. 폰 유스티 J. H. G. von Justi 에도 주목하는데, 그는 '통계학'을 통치기예와 결합시켰다. 폴리스학은 통치기예이자 특정 영토 안에 사는 인구에 대한 분석 방법이다(푸코 외, 1994: 81). 인구에 대한 통계학적 지식의 발달은 개인에 대한 분석적 지식의 발달과 결합한다.

현대 복지국가는 인구에 대한 통계학적 지식을 동원해 개인에게 복지를 제공하며 삶을 돌보는 전형적인 폴리스의 모습을 보여준다. 이런 점에서 푸코의 관심은 국가기구를 통해서 시민 개인에게 권력을 행사하는 거시정치가 아니라, 시민의 개별적 삶을 돌보는 통치기예 같은 '미시 정치'의 작동으로 향한다고 할 수 있겠다. 푸코는 서구 사회의 역사적 과정에서 성장해온 정치적 합리성이 처음에는 사목 권력이라는 사상에, 그다음에는 국가이성이라는 사상에 의존해왔다고 말한다. 그리고 이것의 불가피한 효과는 개별화와 전체화라고 본다. 사목 권력의 효과가 개별화라면, 국가이성의 효과는 전체화라는 것이다. 그러므로 현대사회에서 권력으로부터의 해방을 추구하려면 이 두 효과 중 어느 하나만이 아니라 정치적 합리성의 뿌리 그 자체를 공격해야 한다고 주장한다(푸코 외, 1994: 83).

권력의 형식은 즉각적인 일상생활에 적용되어 개인을 범주화하고, 개인을 자신의 개별성에 의해 특징짓고, 개인을 자기의 고유의 정체성에 밀착시키고, 그가 인정해야 하고 타인들이 그에게서 인식해내야 하는 진리의 법칙을 그에게 부과한다. 개인을 주체로 만드는 것은 바로 권력의 형식인 것이다(푸코 외, 1994: 92).

결국 현대 복지국가의 통치성은 개별화와 전체화가 결합되어 있는 형식을 지니고 있다는 뜻인데, 그래서 푸코는 다음과 같이 말한다.

> 나는 국가권력이 개별화하는 동시에 전체화하는 권력의 형식이라는 사실을 강조하고자 한다. 나는 인류의 역사상 개별화하는 테크닉과 전체화하는 과정이 동일한 정치구조 속에서 이토록 교묘하게 결합된 적은 결코 없었다고 생각한다 (푸코 외, 1994: 98).

국가권력과 지배에 대한 마르크스주의적 관점은 무엇보다도 억압적 국가기구에 의한 물리력 행사에 초점을 맞추는 경향이 있었다. 물론 안토니오 그람시Antonio Gramsci나 알튀세르처럼 헤게모니 기구나 이데올로기 기구에 관심을 기울이는 지적 발전이 이루어지기도 했지만, 국가는 일차적으로 억압적 기구를 통해 제도적으로 권력을 행사한다고 이해되었다. 하지만 푸코는 일상적 권력관계 속에서 지배가 이루어지는 방식에 주목했다. 이는 물리력의 직간접적 행사 없이도 일상적 삶 속에서 권력이 어떻게 작동하는지를 보여주려는 것이다. 복지국가는 개별화된 지식을 활용해 개별화된 돌봄을 수행함으로써 개인들의 복종을 이끌어내는 교묘한 통치 테크닉이다. 복지국가가 제공하는 개별화된 돌봄은 국가가 제공하는 지식과 규율에 대한 일상적 내면화와 복종을 암묵적으로 요구하게 되는데, 이것이 곧 국가의 권력 테크놀로지이며 통치 테크닉이다. 이처럼 푸코에게는 복지국가가 단순히 개인들에게 안전하고 풍요로운 삶을 보장해주는 제도라기보다는 개별화하는 사목 권력의 교묘한 작동 방식이며, 현대 국가의 핵심적인 통치 테크닉이라고 할수 있다. 그리고 이러한 통치 테크닉은 개인 주체들의 자아 변화를 요구하고 수반한다는 점에서 자아 테크닉과 결합되어 있다. 김종엽은 푸코의 권력 및 자아정체성 이론을 통해 현대 국가의 통치가 어떤 방식으로 '통치 테크닉'과 '자아 테크닉'의 결합으로 나타나는지를 잘 보여준다. 특히 국가 개입의 축소와 시장에서의 개인 책임을 중요시함으로써 복지국가와 다른 형태의 개별화를 추구하는 신자유주의가 전혀 다른 방식으로 '자아 테크닉'과 '통치 테크닉'을 결합시킨다는 점에 주목할 필요가 있을 것이다. 여기서 김종엽은 현대적 위험사회에서 신자유주의적 자아 테크닉이 안전과 자율성이라는 현대인들의 요구를 성취하기 어렵다는 점을 지적한다(김종엽, 1997: 61~73). 푸코가 국가에 의해 부과된 이러한 개별화 유형을 거부하면서 '새로운 형식의 주체성'을 추구하자고 주장하는 것도 결국은 안전과 자율성의 성취를 위해 개별화하는 동시에 전체화하는 권력 또는 지배로부터 근본적으로 해방되어야 한다는 점을 강조하기 위한 것이라고 할 수 있겠다.

4. 모더니즘과 포스트모더니즘

모더니즘은 역사적으로 다양한 사상적·예술적·문학적·건축적·문화적 사조에 걸쳐 있어 한마디로 정의하기가 어렵다. 일반적으로 모더니즘은 20세기 초반 회화에서 나타난 추상과 비구상의 실천, 근대건축의 하이테크 기능주의, 문학 형식에서의 아방가르드적 실험으로 대표된다고 할 수 있다. 모더니즘은 19세기 사실주의에 대한 도전이자 실험적·아방가르드적 기법으로 부르주아적 취향에 '충격'을 주려는 시도였다(톰슨, 2000: 283). 그런데 모더니즘을 이처럼 다양한 사조로서 이해하려고 하면 논의는 훨씬 복잡한 방식으로 전개될 수밖에 없으며, 모더니즘과 포스트모더니즘의 관계 역시 복잡다단한 양상을 띠게 된다. 그래서 복지와 같은 사회현상을 이해하는 데 있어 모더니즘의 의미를 이해하려면 논의를 철학이나 사회이론 영역으로 한정해 다룰 필요가 있겠다.

우선 철학적·인식론적 차원에서 '모더니즘'이 규정되는 방식을 이해하려면 장프랑수아 리오타르Jean-François Lyotard 의 이론을 살펴볼 필요가 있다. 리오타르는 현대 과학이 스스로를 정당화해온 두 가지 방식(신화들)에 주목하는데, 하나는 인간 해방의 신화이며 다른 하나는 모든 지식의 사변적 통일이라는 신화다. 이는 이성과 진보에 대한 믿음, 총체성의 가치에 의지하고 있다. 철학과 사회이론의 영역에서 이러한 사상적 흐름을 대표하는 것은 계몽주의다. 과학의 발달에 힘입어 현존하는 종교적·신적 질서의 비합리성을 비판하면서 세상을 이성적 질서로 재편해야 한다는 것이 계몽주의 사상의 중심적인 모토였다. 이성, 합리성, 보편적 진리, 합리적 개인, 역사의 진보 등에 대한 믿음에 기초해 대중을 교육하고 미몽에서 깨어나게 함으로써 이성적인 사회를 만들어나가야 한다고 주장한 것이다. 이러한 사고의 전형적인 모습은 임마누엘 칸트Immanuel Kant 와 게오르크 헤겔Georg Hegel 에게서 나타났다. 그리고 마르크스주의에서는 계급투쟁과 프롤레타리아트의 궁극적 승리라는 역사철학적 사고로 나타났다고 할 수 있다.

리오타르는 이러한 계몽주의적 사고, 합리주의적 사고에 반대한다. 그는 '탈중심화된 주체'나 '일관성 있는 주체와 자아의 허구성'을 긍정하는 프랑스적 전통 속에 있으며, 철학적 수준에서 헤겔과 죄르지 루카치Lukács György 의 '총체성' 개념에 적극적으로 반대한다. 또한 새로운 형태의 합리적 사회를 향한 점진적 도약이라는 위르겐 하버마스Jürgen Habermas 의 전망을 '총체화하는'

철학 전통의 잔재라고 보며, '합의'라는 이상을 공고히 하려는 시도도 명백히 거부한다(리오타르, 1992: 14~16). 이러한 리오타르의 시각에서 보면 모더니즘은 이성적 사고에 기초한 절대적 진리에 대한 확신, 과학에 대한 신뢰, 총체적 인식에 대한 믿음, 역사의 진보와 혁명에 대한 믿음에 기초해 '거대 서사'를 생산하는 철학적·인식론적 사조라고 할 수 있다.

이러한 모더니즘에 반대하는 사조로서 포스트모더니즘은 1980~1990년대에 등장한 새로운 미학적·문화적·지적 형태와 실천을 기술하기 위해 사용된 개념이다. 그래서 통합적이거나 포괄적인 (메타)이론 또는 메타 서사를 제시하려는 모더니즘적 시도를 계몽주의의 유산이라고 규정하며 포기해야 한다고 주장한다(톰슨, 2000: 283~284). 이러한 포스트모더니즘 사조의 출현은 새로운 사회적 시대의 등장과 연관되어 있다. 현실 사회주의의 붕괴와 미래에 관한 합리적 기획에 대한 신뢰의 상실, 다품종 소량생산과 유연 전문화에 따른 경제적 분화와 계급의 파편화, 소비사회의 성장과 문화적 다양화, 환경오염이나 전쟁 같은 기술 진보와 경제성장의 부정적 결과에 따른 불신의 확산, 정당·의회·노동조합 등을 중심으로 하는 제도정치의 한계와 미시정치 또는 생활정치의 성장, 시각적 대중매체와 인터넷의 확산에 따른 다원화와 파편화 등 다양하고 복잡한 사회 변화가 더 이상 모더니즘적 사고로는 해명하기 어려운 현실이라는 것이다. 즉, 현실에 대한 총체적이고 합리적이며 질서가 잘 잡힌 재현은 더 이상 불가능하다는 것이다(톰슨, 2000: 278~279).

모더니즘이 점차 퇴색하는 것은 문화 영역에서뿐 아니라 사회와 정치 영역에서도 '타자성' 문제가 부상한 점과 연관된다. "계몽화된 모더니티 문화가 가졌던 모든 고상한 포부와 업적에도 불구하고, 우리는 그 문화 또한 언제나 내면적·외면적 제국주의 문화였음을 인식하게 된다"(후이센, 1990: 327~328). 포스트모더니즘은 바로 이러한 제국주의적 중심 권력의 해체를 위한 논리를 제공한다. 서구중심주의, 남성중심주의, 인간중심주의 등 모든 중심주의는 타자에 대한 억압과 배제에 기초하고 있기 때문이다. 이처럼 철학과 인식론에서 이성, 총체성, 진리의 절대성, 과학에 대한 믿음을 해체하려는 포스트모더니즘은 현실의 영역에서도 다양한 권력의 중심들을 비판·해체하려는 저항의 논리를 제공하기도 한다. 포스트모더니즘의 '해체주의' 논리는 거대서사 또는 메타이론에 대항하며 일상적 담론과 국지적 요소, 미시 정치 등에 주목할 수 있게 하고, 총체성·초역사성·필연성·연속성·단일성에 대항하며 파편성·일시성·우연성·비연속성·다양성에 주목할 수 있게 하고, 제국주의·백인(서양인)·자본가·남성 등의 중심 권력에 대항하며 식민지 민중, 흑인 등 소수민족, 소수집단, 노동자, 여성 등 배제된 타자들의 목소리에 주목할 수 있게 한다는 점에서 긍정적인 사고의 전환을 가져다주었다고 할 수 있겠다.

그런데 현실이 과거에 비해 훨씬 다양하고 복잡해졌다 하더라도 이것이 곧 모든 합리적·과학적 인식을 거부하며 모든 현실적 중심과 질서를 해체하려는 포스트모더니즘의 사유가 모두 타당하다고 인정할 수 있다는 뜻은 아니다. 총체적 인식이 어렵고 진리가 상대적이며 중심이 유동적이라 하더라도 합리적 인식 자체를 포기하고 어떤 기준도 거부하는 것은 궁극적으로 과학적·합리적 인식의 추구 자체를 무의미한 것으로 만들어버리기 때문이다. 그래서 자신의 사유를 이러한 극단적 의미에서의 포스트모더니즘과 동일시하는 학자를 찾기는 어렵다. 반면 포스트모던한 사유의 긍정적 의미를 살려나가고자 많은 학자가 다원적이며 복합적인 사회 변화의 양상을 포착하기 위한 개념인 포스트모더니티 post-modernity 의 특징에 주목하려 한다. 포스트모더니티 개념은 모더니티와 현대화에 대한 사회학 이론이나, 경제결정론과 계급중심주의를 강조한 이른바 정통 마르크스주의 이론이 해명하지 못했던,

다양하며 서로 모순적이기도 한 복잡한 사회현상들을 이해하는 데 도움을 준다. 이런 관점에서 보면 포스트모더니즘이 사회적·문화적 복수성과 정치적 개방성의 사고를 열어놓았다는 점을 긍정적으로 평가할 수 있겠다(톰슨, 2000: 282).

기든스는 좀 더 적극적으로 모더니즘 또는 모더니티(현대성)/포스트모더니티(탈현대성)에 관한 논쟁이 인식론 논쟁에서 벗어나야 한다고 보며, 사회과학적 인식 속에서 현대성의 본질을 다시 살펴보아야 한다고 주장한다. 그는 현대성에 대한 제도적 분석에 주목하면서 현대사회가 탈현대성의 시대로 접어들고 있다기보다는 현대성의 결과들이 더욱 급진화·보편화되는 시대로 옮아간다고 진단한다. 기든스는 전통적 사회질서와 현대적 사회제도 간의 불연속성을 해명하고자 하는데, 그것은 변화의 속도와 범위, 현대적 제도 특유의 속성(특유한 질서 원리)에서 비롯되었다(기든스, 1991b: 17~22). 기든스는 현대성을 네 가지 제도적 차원에서 분석하는데, 공업주의, 자본주의, 감시(행정적 집중화), 군사력(폭력 수단에 대한 통제)이 그것이다. 이러한 현대성의 제도적 차원들의 배후에는 역동성의 세 가지 원천, 즉 시간과 공간의 분리, 이탈disembedding, 그리고 성찰성이 자리 잡고 있다. 여기서 이탈은 특정한 장소에 착근(귀속)되어 있는 상태를 벗어나는 것을 말한다.

기든스가 말하는 현대성의 네 가지 제도적 차원은 기본적으로 이성과 과학의 발전에 힘입어 형성되어온 현대사회의 중요한 제도적 특성들을 보여준다. 오늘날 이러한 제도들이 환경 파괴, 불평등과 상품화, 시장근본주의, 감시 권력, 전쟁 등 다양한 부정적 양상을 보여준다는 점에서 역사의 진보에 대한 단순한 믿음은 더 이상 유지되기 어렵다고 하겠다. 그리고 이는 모더니티 논쟁과 포스트모더니즘의 출현을 낳는 계기가 되었다고 볼 수 있다.

어쨌든 포스트모더니즘은 계몽주의적 사고에 대한 거부, 다양한 현실적 중심 권력에 대한 거부 논리를 보여주는 긍정적 측면이 있는 반면에, 인식론적 상대주의와 불가지론에 의존하고 있어 어떤 것에 대한 저항이나 비판의 정당성을 이성에 근거해 주장하지 못한다는 한계를 지니고 있다. 모든 이성적 질서, 합리성의 근거를 부정함으로써 스스로 설 땅을 잃어버리게 된 것이다. 그러므로 현대성 논쟁에서 포스트모더니즘의 문제의식을 수용하는 동시에 비판의 합리적 근거를 제시하려는 많은 학자가 현대사회의 변화된 특성으로서 포스트모더니티(탈현대성)에 주목하며 모더니티(현대성)의 한계에 대한 성찰로 나아가려고 한다.

5. 보드리야르의 포스트모더니즘과 복지

오늘날 포스트모더니즘을 보여주는 대표적인 사상가로는 보드리야르를 들 수 있다. 그는 처음에 마르크스주의자로 출발했으며, 마르크스주의적 관점에서 자본주의 소비사회에 대해 비판적 분석을 제시했다. 그러나 초기부터 마르크스주의의 경제결정론적 경향에는 비판적이었다. 그는 『사물의 체계Le système des objets』(1968)에서부터 기호와 상징의 자율성에 주목하기 시작했고, 『소비의 사회La societe de consommation』(1970)에서는 소비가 지니는 상징적·기호적 가치 또는 이데올로기적 의미를 강조했다. 이러한 마르크스주의의 경제 또는 생산 중심의 논리에 대한 비판은 『생산의 거울Le Miroir de la production』(1973)에서 체계적으로 제시되었다. 마르크스주의가 생산의 담론에 갇혀 있다면, 자신은 '생산의 담론'과 '표상의 담론'이 거울 관계라는 점을 이해하며 정치경제학의 체계가 상상적인 것 속에서 반영·재생산되는 현실을 파악하려 한다고 선언한다(보드리야르, 1994a: 10~11). 이러한 비판적 시각은 이후에 '시뮬라크라'(모사물, 재현물) 개념을 제시하면서 점차 절대적 진리의 거부, 재현의 불가능성, 중심의 해체를 주장하는 포스트모더니즘적 사고를 수용하는 방향으로 나아갔다.

초기 보드리야르의 소비사회와 복지에 대한 비판은 기본적으로 마르크스주의적 관점에 기초한 것이었지만, 마르크스주의의 경제/생산 중심적 논리에서 벗어나려 했다는 점에서 포스트모던한 사유의 단초를 보여준다고 할 수 있다. 보드리야르는 대중매체, 특히 TV를 통한 커뮤니케이션의 증폭과 소비사회의 만개라는 포스트모던한 시대적 변화를 반영하면서 소비의 상징적·기호적 가치와 이데올로기적 효과에 주목하려 했다. 그래서 보드리야르는 '복지'를 소비사회의 자기 정당화 이데올로기라고 규정한다.

보드리야르는 『소비의 사회』에서 소비 이데올로기와 복지에 대한 비판적 분석을 본격화했는데, 그 비판의 핵심은 '행복의 계량화'와 '성장과 풍요에 의한 불평등의 포섭'이다. 보드리야르는 계량가능한 가시적 기준으로 제시되는 현대사회의 행복 개념이 바로 '평등 신화의 현대적 양상'이라고 규정한다. 행복의 이데올로기적 힘은, 사회적·역사적으로 보면 현대사회에서 '행복 신화'가 '평등 신화'를 집대성하고 구체화한 것이라는 사실에서 유래한다. 행복이 무엇보다도 평등이라는 의미와 이데올로기적 기능을 갖고 있다는 사실은 몇 가지 중요한 결과를 낳는다. 행복이 평등주의 신화의 담당자가 되기 위해서는 '계량가능한 것'이 되지 않으면 안 된다. 행복은 사물과 기호로 측정될 수 있는 복리나 물질적 안락이어야 한다. 그러므로 내면적인 즐거움으로서 행복이라는 의미는 소비의 이상에서 곧바로 제외된다. 소비가 이상으로 삼는 행복은 우선 평등(또는 구별)의 요구이며, 이를 위해서는 항상 눈에 보이는 기준들에 '비춰보아서' 의미를 지녀야 한다(보드리야르, 1991: 52~53).

보드리야르에 따르면 '복지 혁명'은 이제 사물/기호 속의 행복에 따른 형식적 평등을 추구하는 것이며, 따라서 복지 혁명은 곧 평등 신화의 현대적 실현이 된다. 복지 혁명은 시민혁명 또는 실제로 실현될 수 없는 인간 평등을 원칙으로 삼는 모든 혁명의 후계자이며 유언집행인이다. 민주주의의 원리는 사회적 기회, 궁극적으로는 행복을 위한 실제적 평등으로부터 사물과 사회적 성공 및 그 밖에 행복의 명백한 기호 앞 평등으로 이전되었다. 이는 사회적 지위/생활수준의 민주주의이고, TV, 자동차, 스테레오 세트의 민주주의이며, 외관상으로 구체적이지만 실은 형식적인 민주주의다. 여기에는 사회적 모순과 불평등이 존재함에도 불구하고 헌법에 들어 있는 형식적 민주주의와 일치한다. 이 두 개의 민주주의 ― 사회적 지위/생활수준의 민주주의와 헌법상의 형식적 민주주의 ― 는 서로에게 알리바이 역할을 하며 결합해 진정한 민주주의와 평등의 부재를 전면적으로 은폐하는 민주주의 이데올로기가 된다(보드리야르, 1991: 53~54).

이처럼 보드리야르에게 복지는 행복의 지표로서 사물과 기호로 측정할 수 있는 형식적 평등을 제공하는 지표다. 그러므로 형식적 평등의 외양을 통해 실질적 불평등을 은폐하게 된다. 평등 신화에서 복지 개념은 '욕구' 개념과 결합한다. 모든 인간은 욕구와 충족의 원칙 앞에서 평등하다. 모든 인간은 사물과 재화의 사용가치 앞에서 평등하기 때문이다. 복지와 욕구의 상호 보완적인 신화는 불평등의 객관적·사회적·역사적 의미를 흡수해 없애버리는 강력한 이데올로기적 기능을 지니게 된다. "복지국가와 소비사회의 모든 정치활동은 양에 의한 자동적 평등화와 최종 단계에서의 균형(모든 사람을 위한 전면적인 복지)의 시각에서 재화의 양을 증대시킴으로써 내부 모순을 극복하려는 노력이다"(보드리야르, 1999: 54~55). 복지 이데올로기가 재화와 기호의 형식적 평등이라는 '세속화된' 신화의 담당자라면, '소비사회가 평등한 사회인가 불평등한 사회인가? 그 사회는 실현된 민주주의인가 아니면 실현 중인

민주주의인가?'라는 방식으로 제기되는 문제는 틀린 것이 된다. 소비의 평등화라는 말을 사용해 문제를 제기하는 것은 진정한 문제들과 그 문제들에 대한 논리적·사회학적 분석을 이미 사물과 기호의 추구로 대체하는 것이기 때문이다(보드리야르, 1991: 54~55).

평등·불평등의 문제는 부와 빈곤의 문제와 연관되어 있었는데, '풍요로운' 사회의 새로운 구조가 불평등한 재분배에도 불구하고 이 문제를 흡수해 버렸다. 성장의 원칙은 틀린 것이 아니다. 이는 균질화의 원칙이며, 사회 전체를 균질화하는 경향이 있다. 이 단계에서 제기되는 근본적인 문제는 '빈곤'의 문제인데, 이상주의자들은 빈곤이 '남은 찌꺼기'이며 성장의 증가를 통해 머지않아 흡수될 것이라고 예상한다. 성장은 풍부함이며, 풍부함은 민주주의가 된다는 것이다. 사람들은 "사회계급의 하층에 있는 사람들은 자신에게도 그 여하한 형태로 재분배하는 것보다 생산을 가속적으로 증대하는 것이 더 유익하다"라고 말하는데, 이 말은 그럴듯하지만 틀렸다. 경제성장이 절대량으로서는 '모든 사람'에게 좀 더 많은 소득과 재화에 대한 접근을 가능하게 하지만, 경제성장의 중심 자체에 확립되는 것은 '왜곡의 과정'이며, 성장에 구조와 그 진정한 의미를 주는 것은 이러한 '왜곡 비율'이기 때문이다(보드리야르, 1991: 56~57). 결국 성장과 풍요의 계산 가능한 양적 논리는 불평등과 빈곤의 문제마저 부차적인 것으로 만들고, 하층계급도 성장의 지속만이 이러한 모든 문제를 궁극적으로 해결할 수 있는 원리라는 생각을 받아들이게 만든다. 그리고 양적인 물질적 풍요를 제공하는 복지 혁명은 바로 이러한 성장 원리를 수용하도록 만드는 이데올로기적 기능을 하게 된다.

모든 사회는 사회적 차이와 차별을 만들어내는데, 사회라고 하는 이 구조적 조직체는 (특히) 부의 이용과 분배에 기초를 두고 있다. 어느 한 사회가 우리의 공업사회처럼 성장단계에 들어갔다고 해서 이 과정이 조금도 변화되는 것은 아니다. 어느 의미로는 자본주의(일반적으로는 생산지상주의) 체계는 이 기능적 '고저차이'와 불균형을 모든 수준에서 합리화하고 보편화하며 그 극한에 도달하게 했다. …… 일정한 유형의 사회적 관계와 모순, 즉 예전에는 보수주의 속에서 지속되었던 일정한 유형의 '불평등'이 오늘날에는 성장 속에서, 또 성장을 통해서 재생산되고 있다(보드리야르, 1991: 59).

성장 사회는 전체적으로 '민주주의의 평등주의적 원칙'(이것은 풍부함과 복지의 신화에 의해 떠받쳐지고 있다)과 '특권 및 지배 질서의 유지'라는 근본적 지상명령 사이의 타협에서 생긴다. 기술의 진보가 성장 사회를 만드는 것이 아니다. 이 기계론적 견해가 미래의 풍부함에 대한 소박한 전망을 부추기고 있지만, 오히려 기술적 진보의 가능성을 가져오는 것은 이 모순된 이중 규정인 것이다. 또한 이 모순된 이중 규정은 현대사회에서 어느 정도의 평등주의적·민주주의적·'진보적' 과정의 출현을 명령하고 있다(보드리야르, 1991: 60). 이는 자본주의적 민주주의 사회가 지니는 민주주의의 평등주의와 자본주의의 차별주의 간 모순적 공존과, 그 속에서 작동하는 성장 원리의 지배 이데올로기적 기능을 지적하고 있는 것으로 보인다. 성장은 복지와 물질적 풍요를 통해 형식적 평등을 제공하는 듯 보이지만 실질적으로는 불평등을 은폐하면서 동시에 재생산한다는 것이다.

성장 사회에서 단순한 부나 소득 자체의 의미는 더 이상 중요하지 않은 듯 보인다. 그래서 보드리야르는 사회적 차별과 권력이 이제 다른 곳으로 이전되었다는 점을 주시한다. 부자가 과소 소비(대중용 자동차를 이용)를 하는 모습은 더 이상 사람들의 눈길을 끌지 않지만, 이는 더 미묘한 효과를 노리고 있다는 것이다. 그들은 소비 양식과 스타일을 통해 자신을 다른 사람들과 극도로 구별하고, 또 자신을 극도로 드러낸다. 과시에서 검소함(극도로 과시적인)으로, 양적인 과시에서 차이를 만드는 것으로, 돈에서 교양으로 이행함으로써 부자는 자신의 특권을 절대적으로 유지하는 것이다(보드리야르, 1991: 61~62). 이는 피에르 부르디외 Pierre Bourdieu 의 '구별짓기 distinction' 개념을 떠올리게 한다. 오늘날 계급적 차이는 경제자본의 차이를 넘어 문화자본의 차이를 통해 드러나고 있는데, 지배계급은 문화적·상징적 구별짓기를 통해 자신들의 특권을 유지하려 한다는 것이다. 그렇지만 동시에 이러한 문화적 차이를 '사적인 취향'으로서 자연적인 것으로 받아들이도록 해 실질적인 계급적 차이를 은폐할 수 있게 된다.

그런 점에서 보면 '경제적 특권율의 경향적 저하' 이론이라고 부를 수 있는 이러한 주장은 신뢰하기 어렵다. 돈은 위계상의 특권으로, 권력 및 문화의 특권으로 끊임없이 변신하기 때문이다. 돈이 더 이상 결정적 요소가 아니라는 것은 인정할 수 있지만, 문제는 오히려 (경제적) 불평등이 더 이상 문제되지 않는다는 사실 자체가 하나의 문제를 만든다는 점을 사람들이 보지 못하는 데 있다. 그러므로 임금철칙, 즉 자본주의 사회에서 노동자의 임금은 노동자와 그 가족의 생활에 필요한 최저 비용일 뿐이며, 따라서 노동자의 빈곤은 영원히 계속된다는 데이비드 리카도 David Ricardo 의 법칙이, 풍요를 제공해주는 소득·소비의 분야에서 훨씬 더 폭넓은 사회 분야로 어떻게 이동하는지를 보는 것이 중요하다. 이 법칙은 이제 훨씬 더 폭넓은 사회 분야에서 보다 교활하게 더욱 결정적인 것이 되고 있기 때문이다(보드리야르, 1991: 62).

지금까지 보았듯이 보드리야르가 『소비의 사회』를 집필할 때까지는 마르크스주의의 경제주의·생산중심주의 논리에 비판적이었고 마르크스주의적 혁명의 가능성에 대해 비관적 태도를 보여주었지만, 여전히 마르크스주의의 영향하에 있었다고 할 수 있다. 계급적 관점을 바탕으로 좀 더 다양한 분야에서 교묘하게 작동하는 불평등의 원리를 폭로하려 한 것이다. 보드리야르는 마르크스주의와 함께 프로이트의 정신분석학, 구조주의의 영향을 받아 생산의 분석에서 표상(기호, 상징 등)의 분석으로 나아가려 했다고 할 수 있다. 『생산의 거울』에서 그는 『소비의 사회』의 주장을 확인하며 다음과 같이 말한다.

> 이제 체계는 상징적인 것의 영역에서 자신을 위협하는 매우 심각한 전복에 대한 구실로서 경제적인 지시(복지, 소비, 게다가 노동조건, 임금, 생산성, 성장)를 사용하는 것이다. 그리하여 이 부분적인 모순들과 더불어, 경제의 영역은 오늘날 통합의 이데올로기적 요인으로 작용한다(보드리야르, 1994a: 134).

> 소비의 전략에는 다른 것이 문제가 되고 있다. 즉, 지출하고 소비하는 가능성을 제시함으로써, 사회적인 재분배(이제는 더 이상 노동력의 엄격한 경제적 재생산으로 정의되지 않는 사회보장제도·수당·임금)를 조직함으로써, 그리고 광고와 인간관계 등을 세상에 내놓음으로써, 체계는 상징적인 참여의 환상(받아들여지고 획득되는 어떤 것은 역시 재분배되고 반환되고 전부 제공된다는 환상)을 창조했다(보드리야르, 1994a: 139~140).

그런데 보드리야르의 이러한 마르크스주의적이고 급진 좌파적인 면모는 후기로 가면서 그 색채가 점차 옅어졌고, 1977년 이후에는 자신을 기존의 정치 스펙트럼상에 위치 짓는 것을 거부하기에 이른다(주은우, 1994: 18). 『시뮬라크르와 시뮬라시옹-Simulacres et Simulation』(1981)에서 보드리야르는 완전히 새로운 단계로 접어든 사회(포스트모던 사회)를 묘사하면서, 포스트모던 사회에서는 사물이 기호로 대체되며 현실의 모사나 이미지, 시뮬라크르들이 실재를 지배·대체한다고 보았다. 실재와 재현의 관계가 역전되고, 원본이 없어진 시뮬라크르들이 실재보다 더 실재 같은 극실재hyper-reality를 생산하면서, 시뮬레이션(시뮬라시옹)은 사회적 질서를 지배하고, 모델이 현실적인 것에 선행하며, 사회가 극실재로 구성된다고 보았다(톰슨, 2000: 281, 305~306).

　　미디어 속에서의 의미의 내파와 실재와 모델의 혼동, 정치적 스캔들과 암살을 통한 권력의 생존에 대한 강박, 전쟁과 핵의 시뮬라크르를 통한 존재하지 않는 질서의 시뮬레이션, 모든 시뮬라크르가 돌아옴으로써 원인과 결과를 구분할 수 없고 긍정과 부정이 서로를 생산하고 겹치며 의미가 뫼비우스의 띠와 같이 뒤틀리는 시뮬레이션의 지옥, 이런 것들이 보드리야르가 묘사하는 포스트모던 사회이다. 보드리야르는 사회와 계급, 계급 갈등에 대한 이전의 이론들을 의문시하는데, 왜냐하면 이러한 범주들은 시뮬레이션 사회에서는 내파되었기 때문이다(주은우, 1994: 20).

　　이제 의미를 결여한 포스트모던의 세계는 허무주의의 세계다. 포스트모던 시대에는 재현과 역사와 비판이 불가능하다(주은우, 1994: 18~21)

　　이처럼 후기의 보드리야르에게는 소비와 복지에 대한 이데올로기 비판이 더 이상 중요한 관심거리가 되지 못한다. 소비 이데올로기, 복지와 평등 신화에 대한 비판조차 이제 참과 거짓, 실재와 재현 간 구분에 기초하는 합리주의적·모더니즘적 사고일 뿐이다. 또한 기호와 상징 속에서 시뮬레이션이 지배하는 포스트모던 시대에 이데올로기 비판은 권력의 극사실성/극실재성(사실/실재의 불가능성)을 공고히 해줄 수 있을 뿐이다.

　　복지에 대한 보드리야르의 포스트모던한 사유는 소비사회에서 경제적·물질적 차원을 넘어서는 상품의 상징가치와 그 지배 이데올로기 효과를 사고할 수 있도록 하는 새로운 사유의 차원을 제공했다고 볼 수 있다. 이는 마르크스주의가 지닌 생산 중심적 사고의 한계를 넘어설 수 있게 했다. 그런데 이러한 긍정적인 면이 후기에 가서는 실재와 재현의 구분마저 포기함으로써 점차 사라지고, 인식론적 상대주의와 불가지론의 한계에 빠져들었다는 사실은 포스트모던한 사유의 한계를 보여준다고 하겠다.

6. 신자유주의 사회와 포스트주의: 복지는 누구의 편인가?

전체적으로 보면 보드리야르는 후기로 가면서 새로운 시대에 대한 일반적인 이론이나 포괄적인 정치 전략을 발전시키는 것이 불가능하다는 결론에 도달한 것으로 보이는데, 이는 푸코의 시각보다 훨씬 극단적이라고 할 수 있다. 푸코 역시 총체적 이론이 환원주의적이며 강압적인 성격을 띤다고 거부했지만, 권력이 작동하는 다양한 담론과 제도적 실천에 대한 미시 분석을 보여주었다. 이것은 권력에 저항하는 적극적인 정치 전략을 개발하는 데 도움을 줄 수 있다(톰슨, 2000: 281).

그런데 복지에 한정해보면 초기 보드리야르의 시각은 포스트모더니즘으로 분류되기 어렵겠지만, 경제적 생산이나 제도에 주목하는 전통적 관점에서 벗어나 소비사회가 낳은 다양한 표상에 주목하는 가운데 복지의 지배 이데올로기 효과를 폭로하려 했다는 점에서는 복지에 대한 포스트주의적 시각을 보여주었다고 할 수 있겠다. 그리고 푸코 역시 복지(국가)를 사목 권력의 현대적 양상으로 보며 개별화하는 통치 테크닉을 폭로한다는 점에서 복지를 바라보는 또 다른 시각을 보여주었다고 하겠다.

오늘날 '신자유주의적 통치성'이라 불리는 것은 사람들을 '개별화하는 권력'의 전형적인 형태라고 할 수 있다. 신자유주의적 통치성은 개인을 신자유주의적 주체로 구성하고, 개인이 스스로를 주체로 여기며 책임지는 개별화된 삶을 내면화하도록 한다. 통치성의 관점에서 보면 '복지국가 체제'나 '신자유주의 체제'나 개별화하는 권력이 작동한다는 점에서는 현대 국가의 통치형식들이라고 규정할 수 있다. 그러나 복지국가가 개별화된 돌봄을 추구한다면 신자유주의는 개별화된 자기 책임을 부과한다. 그런 점에서 통치성의 차별적 형식들에 주목해 바람직한 새로운 주체성의 형식을 사고하는 것이 필요하다.

한편 보드리야르의 소비사회 비판 역시 개인을 양적·물질적·가시적 행복에 매몰되도록 하고, 소비(풍요) 이데올로기를 내면화하도록 함으로써 실질적 불평등을 정당화하는 현대 자본주의 사회에 대해 비판적인 시각을 보여준다. 이러한 시각은 현대사회가 발전시켜온 복지제도가 자본주의를 정당화하는 원리로 작동하고 있는 것은 아닌지를 근본적으로 의심할 수 있도록 한다. 단순한 물질적 만족을 넘어 상징과 기호의 영역에서 작동하는 허위의식의 형성에 주목함으로써 불평등을 정당화하는 지배 이데올로기의 교묘하고 은밀한 작용을 성찰할 수 있도록 하는 것이다.

물론 복지에 대한 이러한 비판 양식들이 지배 이데올로기 또는 통치 테크닉으로서의 복지(국가)에 주목함으로써 현대 국가와 자본주의 체계에 대한 근원적 비판을 제공하기는 하지만, 복지국가의 현실적인 성과를 무시하도록 한다는 점에서 전적으로 지지하기는 어려울 것이다. 이는 정통 마르크스주의의 입장에서 사회민주주의와 복지국가를 비판하는 관점에 대해서도 마찬가지다. 말하자면 복지국가는 사회주의혁명을 저지하려는 수동 혁명이거나 개혁주의일 뿐이며 문제의 근원적인 해결책이 될 수 없다는 것인데, 그럼에도 서구 사회에서 복지국가의 발달이 자본주의의 발전에 따른 경제적 불평등을 완화하고 개인의 삶의 질과 안전을 향상시켜왔다는 점은 무시할 수 없다. 따라서 중요한 것은 복지(국가)에 대한 이러한 급진적 관점을 통해 복지에 대한 매너리즘적 수용에서 벗어나는 일이며, 복지의 문제를 외부의 시각에서 좀 더 근원적으로 사유하도록 해 복지(국가)에 대한 새로운 상상력을 끊임없이 자극하는 것이라고 할 수 있겠다.

참고문헌

글룩스만, 미리엄(Miriam Glucksmann). 1983. 『구조주의와 현대마르크시즘』. 정수복 옮김. 한울.

기든스, 앤서니(Anthony Giddens). 1991a. 『사회이론의 주요쟁점』. 윤병철·박병래 옮김. 문예출판사.

_____. 1991b. 『포스트모더니티』. 이윤희·이현희 옮김. 민영사.

김종엽. 1997. 「자아정체성과 정치: 푸코와 기든스를 중심으로」. ≪경제와 사회≫, 35호, 51~88쪽.

김태수 엮음. 1990. 『구조주의의 이론』. 인간사랑.

김형효. 1990. 『구조주의의 사유체계와 사상』. 인간사랑.

리오타르, 장프랑수아(Jean-François Lyotard). 1992. 『포스트모던의 조건』. 유정완 옮김. 민음사.

박소진. 2009. 「'자기관리'와 '가족경영' 시대의 불안한 삶」. ≪경제와 사회≫, 84호, 12~39쪽.

보드리야르, 장(Jean Baudrillard). 1991. 『소비의 사회』. 이상률 옮김. 문예출판사.

_____. 1994a. 『생산의 거울』. 배영달 옮김. 백의.

_____. 1994b. 『아메리카』. 주은우 옮김. 문예마당.

소쉬르, 페르디낭 드(Ferdinand de Saussure). 1990. 『일반언어학 강의』. 최승언 옮김. 민음사.

앙사르, 피에르(Pierre Ansart). 1992. 『현대 프랑스 사회학』. 정수복 옮김. 문학과지성사

이혁구. 2000. 「권력의 장치로서의 사회복지」. ≪한국사회복지학≫, 43권, 328~357쪽.

_____. 2003. 「푸코의 권력학으로 본 사회복지학의 새로운 지평 모색」. ≪상황과 복지≫, 15권, 81~110쪽.

정태석, 2002. 『사회이론의 구성』. 한울.

주은우. 1994. 「역자 서문」. 장 보드리야르 지음. 『아메리카』. 주은우 옮김. 문예마당.

톰슨. 2000. 「사회적 다원주의와 포스트모더니티」. 스튜어트 홀 외 지음. 『모더니티의 미래』. 전효관·김수진 외 옮김. 현실문화연구.

푸코, 미셸(Michel Foucault) 외. 1994. 『미셸 푸코의 권력이론』. 정일준 편역. 새물결.

한인숙. 2000. 「포스트모더니즘, 복지정책 그리고 여성」. ≪한국행정학보≫, 34권 4호, 1~18쪽.

후이센, 안드레아스(Andreas Huyssen). 1990. 「포스트모더니즘의 위상정립을 위해」. 정정호·강내희 엮음. 『포스트모더니즘론』. 터.

Bourdieu, Pierre. 1977. *Outline of Theory of Practice*. Cambridge University Press.

페미니즘과 복지
울스턴크래프트와 콜론타이

제9장

송다영

1. 페미니즘의 정의와 문제의식

페미니즘feminism(여성주의)은 성차별에 대해 변화와 시정을 요구하는 모든
사상과 운동을 말한다. 즉, 페미니즘은 여성 종속과 차별을 해소하기 위한
지향성을 공유하지만, 사실 하나의 이론이라고 하기는 어렵다. 오히려 복수
의 페미니즘으로 보는 것이 옳다. 제인 프리드먼Jane Freedman 은 "페미니즘은
하나의 통합된 개념이 아니라 여러 사상과 현실의 여러 행동으로 구성된 다
양하고 복수적인 조각들의 묶음이다"(프리드먼, 2002: 17)라고 정의한 바 있
다. 또한 페미니즘은 단순히 성별로서의 여성이 경험하는 차별과 억압을 해
소하는 데 관심을 둔 것이 아니며, 오히려 사회구조 내 여러 차별의 구조화
기제와 이를 넘어설 수 있는 방안에 집중한다. 즉, 사회적 소수자들이 '인간'
으로서 본연의 권리를 향유하지 못하는 원인으로 계급, 인종, 민족, 능력, 성
적 지향, 국적 및 기타 여러 형태의 사회적 차별과 배제를 논의한다.[1] 그중에

---

1   여성주의자 대다수가 여성해방운동뿐 아니라 시민 권리, 게이 권리, 장애인 권리를 위

서도 여성주의는 생물학적 성, 사회문화적 젠더 관계, 섹슈얼리티에 관한 사회 통념 등으로 인해 겪는 이중·삼중의 차별을 드러나게 하며, 이를 해소하기 위해 다양한 이론과 사상을 적극적으로 결합한다(여성문화이론연구소, 2015; 훅스, 2010; 로버, 2005). 따라서 페미니즘은 '남성 반대' 혹은 '대對남성 투쟁'이 아니라 사회적으로 배제된 여러 유형의 소수자가 차별과 불평등을 넘어 진정한 인권을 누리며 살아갈 수 있는 방법을 찾아가도록 옹호하는 데 핵심을 두고 있다. 최근 페미니즘에 대한 남성의 무차별적 혐오나 공격은 페미니즘을 협소하게 인식한 데서 비롯되었다고 볼 수 있다.

　페미니즘은 19세기에 여성이 정치적·경제적·사회적·문화적으로 불공평한 대우를 받고 있다는 문제의식에서 시작되었다. '페미니즘féminisme'이라는 용어를 최초로 도입한 사람은 1837년 이상주의적 사회주의자 샤를 푸리에Charles Fourier다. 그는 이미 1808년에 여성의 권리 신장이 모든 사회 진보의 기초가 되어야 한다고 주장했다. 진보적 자유주의자였던 존 스튜어트 밀John Stuart Mill은 『자유론On Liberty』(1859)을 출간한 이후 『여성의 예속The Subjection of Women』(1869)이라는 책을 통해 여성 종속이 인류 발전에 커다란 장애가 된다고 역설하며 여성의 해방을 주창했다. 이러한 사조 가운데 1848년 뉴욕의 세니커폴스Seneca Falls에서는 여성의 참정권 운동이 일어났으며, 이후 20세기 초의 러시아 혁명, 제1차 세계대전 당시 여성의 노동 참여를 기반으로 여성의 권리에 대한 요구들이 거세지기 시작했다. 그러나 여성의 권리 향상과 해방을 위한 페미니즘은 늘 편협하게 받아들여졌다. 때로는 분파주의자로, 때로는 이기주의자로 공격당했다. 실제로 1960년대 말과 1970년대 초까지 여성운동 활동가도 스스로를 인권활동가로 칭했지 페미니스트라고

한 운동에 적극적으로 지지하고 동참한다.

하는 데 주저했다.

  그렇다고 페미니즘이 역사적으로 대규모 공백기를 거쳤다거나 실체가 없었다는 것은 아니다. 19세기 이후 현재까지 많은 페미니스트가 이론적 작업과 실천 활동을 함께해오고 있다. 페미니즘은 왜 여성이 남성에 비해 사회적 지위가 낮고, 혜택을 적게 받는지에 대한 원인과 구조를 분석하는데, 이것들을 어떻게 진단하고 어떤 대안적 정책을 추구하는가에 따라 각기 다른 페미니스트로 분류된다. 이제까지의 페미니즘을 분류해보면 자유주의 페미니즘, 마르크스주의 페미니즘, 사회주의 페미니즘, 급진주의 페미니즘으로 나뉜다.[2] 최근 들어서는 정신분석 페미니즘(문화 페미니즘), 실존주의 페미니즘, 포스트모더니즘 페미니즘, 에코 페미니즘까지 다양하다(훅스, 2010; 재거, 1999; 홈스트롬 엮음, 2012; 콜론타이 외, 2015; 미스·시바, 2000). 페미니즘의 여러 이론적 갈래에서 보이는 것처럼, 페미니즘은 사회적 사상·이론과 지속적으로 결합하면서 어떻게 여성이 종속적·차별적 지위를 벗어나 해방을 이루어나갈 것인지 고민하고 있다.

  페미니즘은 "모든 인간은 평등하다(여성과 남성은 평등하다)", "모든 인간은

---

2 페미니즘의 시초는 자유주의에 근원을 두고 있다. 자유주의 페미니즘은 여성의 차별과 종속이 관습적·법적 제한에 있다는 것을 강조한다. 이들은 여성의 종속을 넘어서기 위해 여성에게도 남성과 동등한 교육 기회와 시민권을 주어야 한다고 주장한다. 마르크스주의 페미니즘은 조건의 평등이 없는 기회의 평등은 무의미하다고 역설하며 계급적 지배와 사적 소유를 근간으로 한 자본주의의 구조적 불평등이 해소되어야 여성 억압도 사라진다고 본다. 급진적 페미니즘은 여성에 대한 남성의 지배를 근간으로 하는 가부장제적 지배 구조가 사라지지 않는다면 성 평등이 실현되지 않는다고 보며 출산, 양육 등에서 여성의 역할에 대한 근본적인 변혁을 주장한다. 사회주의 페미니즘은 기본적으로 마르크스주의처럼 자본주의 안에서의 여성 억압 구조를 강조하지만 이를 넘어서기 위해서는 사회적 젠더 관계의 변화를 동시에 수반해야 한다고 본다.

동등한 지위와 자격을 향유할 권리가 있다(여성은 남성과 동등한 지위와 자격을 가져야 한다)", "모든 인간은 시민으로서 누려야 할 권리를 갖는다(여성은 남성과 같은 시민의 권리를 가져야 한다)" 등과 같이 어찌 보면 아주 당연해 보이는 명제들이다. 페미니즘은 근대국가의 형성과 함께 성별에서 이미 동등한 시민권이 실현되었다고 보는 입장들에 대해 다른 목소리를 제기한다. 아직도 여성이 남성에 비해 저임금과 빈곤층의 다수를 차지하고, 의사 결정 및 정치 세력 그룹에서 소수에 불과하며, 여성의 특성(임신, 출산, 양육)이 수용되기보다는 차별과 배제의 원인이 되는 사회에 대항해 페미니즘은 강하게 질문한다. 과연 여성은 근대 시민사회의 온전한 시민인가? 만약 그렇지 않다면 어떻게 여성은 시민사회의 온전한 구성원이 될 수 있는가? 복지국가는 여성해방에 어떤 기여를 해왔나? 이 장은 이러한 질문들에 대한 답을 '근대 페미니즘의 어머니'라 불리는 메리 울스턴크래프트Mary Wollstonecraft에서부터 시작해보고자 한다.

2. 최초의 여성주의자, 메리 울스턴크래프트

1) 메리 울스턴크래프트의 삶

메리 울스턴크래프트(1759~1797)는 모두가 인간의 권리는 남성의 권리라고 생각하고 있을 때, 자신의 대표적인 저작 『여성의 권리 옹호The Vindication of the Rights of Women』에서 인간의 권리에는 여성도 포함되어야 함을 최초로 역설했다. 울스턴크래프트는 계몽주의 시대의 뛰어난 이론가·저술가이자, 여성 평등을 실현하기 위한 신념을 실천하며 살아간 활동가다. 그녀는 상당한 재력가 집안의 딸이었지만 남성(아버지/남편)에게 의존하지 않고 가정교사와 같은 직업활동으로 생계를 꾸렸으며, 여성 교육을 위해 친구, 동생과 함께 학교를 운영하기도 했다. 급진적 정치철학자 윌리엄 고드윈William Godwin과 결혼한 이후에도 서로 경제적 독립과 이념적 자유를 위해 독자적인 집필 공간을 두는 등 당시 사회의 규범과 동떨어진 선진적인 삶을 살았다. 울스턴크래프트는 당대의 대표적인 급진주의 계열 잡지 ≪애널리티컬 리뷰Analytical Review≫에 서평, 번역문, 에세이 등을 꾸준히 기고했으며, 『메리, 하나의 픽션Mary, A Fiction』과 같은 소설뿐만 아니라 『딸들의 교육의 관한 성찰Thoughts on the Education of Daughters』, 『인간의 권리 옹호A Vindication of the Rights of Man』, 『프랑스 혁명의 기원과 진전에 관한 역사적이고 도덕적인 관점An Historical and Moral View of the Origin and Progress of the French Revolution』 등을 출간했다. 1759년에 영국 런던에서 태어난 그녀는 1797년 38세의 나이에 출산 후 산욕열로 사망했다.

2) 울스턴크래프트와 『여성의 권리 옹호』

18세기 유럽에서는 계몽주의의 영향하에 '모든 인간은 자유롭고 평등해야 한다'는 천부인권 이념이 분출하고 있었다. 그러나 이때 인간이란 남성을 지칭했을 뿐 여성은 남성에게 예속되는 것을 당연시했다. 당시 유럽은 봉건주의 사회의 최종 단계였던 동시에 자본주의 사회의 맹아 단계였다. 절대왕정의 전제정치 속에서 신분과 경제적 부의 수준에 따라 소수 상류층에게는 특권이 주어졌지만, 대다수의 자유는 억압되었다. 이에 따라 계몽주의 사상가들은 기존 절대왕정의 질서를 비판하며, 모든 인간의 시민으로서 권리를 적극적으로 옹호했다. 그러나 오랫동안 내재한 관습적 남녀 관계나 여성에 대한 부정적 인식에 관해서는 그다지 문제 삼지 않았다. 계몽주의는 새로운 사회의 인간상으로서 생계를 타인에게 의존하지 않는 독립적 개인, 합리적 이성과 행동 수준을 갖춘 개인을 상정했다. 이는 이성적이고 합리적인 존재로서 남성을 근간에 두고 있었다. 봉건적 사회질서의 개혁을 강조했던 계몽주의자들에게 남녀 간 구분이나 성별 관계의 예속과 종속은 '사회질서'의 불합리에 속하지 않았으며, 자연적인 속성에 의한 것일 뿐이었다. 따라서 '이성적이고 성숙한 남성'이 '나약하고 감정적이며 미성숙한 여성'의 대표자가 되어 지배하는 것을 자연적인 순리라고 여겼다. 여성을 독립적이고 주체적인 존재로 놓는 것은 자연적 질서를 붕괴하는 것으로 간주되었다. 가장 급진적인 계몽사상가로 꼽히는 장자크 루소Jean-Jacques Rousseau(1712~1778)조차 여성이 남성을 위한 존재라고 언급한 것은 계몽주의자들의 한계를 분명하게 보여준다. 여성 교육을 주창했던 루소는 여성의 교육을 가정교육에 한정했으며, 여성의 의무를 "남성을 위한 쉼터와 휴양 공간을 주는 것과 같이 남성들을 기쁘게 하고 남성에게 유익한 존재가 되는 것"이라고 말했다(페이트만·쉐인리 엮음, 2004: 173). 메리 울스턴크래프트는 주류 계몽주의 사상가들의 모순에 반기를 들면서 여성도 이성적 존재이며, 평등한 교육과 정치 참여의 기회 보장 같은 보편적 인간의 권리를 향유할 수 있어야 한다고 주장했다.

울스턴크래프트의 대표적 저작인 『여성의 권리 옹호』는 루소를 포함한 계몽사상가의 모순과 한계를 중점적으로 비판한다(Wollstonecraft, 1995). 울스턴크래프트는 여성이 "남성을 위해 태어난 존재"가 아니라 "남성과 똑같은 인간이며 스스로 독립적인 개인"임을 주장했다. 다만 여성은 사회가 요구하거나 사회가 자연스럽게 받아들이는 모습("순종적이고 나약하며 미성숙한")으로 되어간다고 보았다(페이트만·쉐인리 엮음, 2004: 173). 이런 점에서 그녀의 주장은 시몬 드 보부아르Simone de Beauvoir가 『제2의 성 Le Deuxième Sexe』에서

했던 주장을 2세기나 앞서 제시한 것으로 보인다. 열세 장으로 구성된 『여성의 권리 옹호』에서는 당시 사회에 팽배했던 여성 전반에 대한 편견들이 검토되었고, 이러한 편견이 생겨나는 구조와 이를 극복하기 위한 방안들이 제시되었다. 이는 현재 시각에서 보면 상당히 단순하다. 그녀의 주장에 따르면 여성이 평등하게 독립적·주체적 존재가 되려면 여성에 대한 사회적 편견을 극복해야 하고, 이를 위해서는 여성 스스로의 의식 변화가 요구되며, 이를 실현하려면 평등한 교육이 필요하다. 또한 가정 내에 국한되어 있던 여성의 역할을 사회적 경제활동과 정치 참여로까지 확대해야 한다고 주장했다. 동시에 그녀는 당시 "사치와 허영에 물들어 의존적이고 감정적으로" 살아가는 (귀족층) 여성에 대해 비판적 입장을 견지했다. 어릴 때부터 결혼만을 목표로 삼으며 자라나고, 결혼 이후에는 아내와 어머니로서 의무를 다하지 않은 채 다른 남성들과 어울리며 사치를 일삼는 여성을 극도로 혐오했다. 남성에게 온전히 의존하면서 허영에 물든 여성은 사회적으로뿐만 아니라 울스턴크래프트에게도 문제 그룹이자 변화 대상이었다. 다만 전자가 이것을 여성의 자연적 속성으로 인식한 데 비해, 울스턴크래프트는 여성에게 이성이 없는 것이 아니라 이성을 계발할 기회가 없었을 뿐이며 그로 인해 열등한 존재로 취급되었다고 보았다.

『여성의 권리 옹호』 12장은 당시 전통적인 교육 체제가 지닌 문제점들에 대한 구체적 비판이 들어 있으며, 결론에서는 가정교육과 공공교육의 장점을 포함하는 통학제commute 학교 설립과 남녀공학의 실시를 제창하는 등 근대사회 운영의 큰 틀을 제시한다. 또한 경제적·정신적으로 남편에게 완전히 종속된 결혼은 "일반적이고 합법적인 매춘"이라고 지적하면서, 남성으로부터 경제적·정신적 독립을 주장한다. 여성도 직업활동을 통해 재능과 능력을 펼칠 수 있어야 한다고 지적하며, 경제적 참여와 이를 통한 시민으로서의 의무 수행을 통해 여성이 사회적 개인이자 시민으로서 인정받는 동시에, 여성 자신이 대표자가 되는 여성의 독립적 참정권이 필요하다고 역설했다. 실제로 여성참정권 논의가 20세기 초에 진행되었다는 점을 고려하면 그녀의 급진성을 가늠할 수 있다. 울스턴크래프트의 이러한 주장은 당시 엄청난 공격을 받았다. '페티코트 입은 하이에나', '철학적 탕녀' 등은 울스턴크래프트의 후반부 삶을 내내 따라다녔던 꼬리표였다(통, 1995; 김용민, 2004).

흥미로운 점은 울스턴크래프트가 『여성의 권리 옹호』를 집필하기 바로 직전에 『인간의 권리 옹호』를 저술했는데, 그 책은 상당한 평가를 받으며 철학자이자 저술가로서 그녀의 입지를 높였다는 것이다. 『인간의 권리 옹호』는 영국의 철학자 에드먼드 버크Edmund Burke 의 주장, 즉 귀족이든 평민이든 모든 인간이 자연권으로서 평등을 누려야 한다는 프랑스 혁명의 사상은 지나치게 급진적이며 권리는 일정하게 과거로부터의 지위에 연결된다는 주장을 반박하고 있다. 버크는 인간의 권리를 앞세워 과거 자체를 부정해서는 안 되며, 점진적 개혁이 더 나은 사회를 이룰 수 있다고 주장했다. 이는 자연적 권리로서의 인권을 부정하고 영국 내 세습 군주정을 옹호함을 의미했다. 울스턴크래프트는 인간이 신성불가침의 권리를 지닌다는 점과 과거의 세습적 차별에서 벗어날 것을 강력하게 역설했다. 그녀는 영국의 헌정 제도보다는 프랑스 혁명에서 추진하는, 민의에 기반을 두고 선출된 대표자와 그를 통한 국정 운영, 대토지 분할과 경제적 재분배 등을 주장했다. 가족 내 세습이나 상속의 폐단도 사라져야 한다고 지적했다. 이 책에서 그녀는 여성이 남성과 동등한 자격이나 권리를 가져야 한다고 직접적으로 주장하지 않았지만, 모든 인간은 성별과 관계없이 생득적으로 동등한 권리를 가진다는 시각을 바탕으로 하고 있었다. 당시 그녀가 집필한 『인간의 권리 옹호』는 상당한 사회적 여론과 공감대를 만들어냈다(한정숙, 2012a).

울스턴크래프트는 『인간의 권리 옹호』를 내놓은 지 열 달 후에 『여성의 권리 옹호』를 출간했다. 『여성의 권리 옹호』는 『인간의 권리 옹호』의 주장을 젠더 관계로 확대한 것이다. 울스턴크래프트가 이 책을 쓰기로 결정한 계기는 1791년 의회에 여성 교육은 오로지 가정교육에 국한되어야 한다는 의견이 제출된 것을 보고 반박할 필요성을 느꼈기 때문이다. 그녀는 여성도 남성과 같은 이성적·합리적 존재이므로 동등한 권리가 있으며, 당시 여성이 지녔던 문제들은 교육과 권리의 확대를 통해 사라질 수 있다고 역설했다.[3] 그러나 이 책은 『인간의 권리 옹호』와 동일한 논리를 적용한 것임에도 지식인과 대중 모두에게 무차별적 공격을 받았다.[4]

---

[3] 『여성의 권리 옹호』의 구성은 다음과 같다. 1장은 인간 권리에 대한 일반론, 2~5장은 여성의 본성에 대한 기존 논의 반박, 6~8장은 사회적 통념이 여성의 삶에 미치는 부정적 결과, 9~12장은 교육의 필요성을 제안하면서 부모로서의 의무, 여성 교육, 국민교육 방안 제시, 13장은 여성관의 강요에 묶인 여성 현실에 대한 분석 등으로 이루어져 있다. 이 책은 원래 두 권으로 계획되었으나 그녀가 두 번의 자살 시도 이후 출산 후유증으로 사망하면서 완성되지 못했다.

[4] 앞서 언급했듯이 '페티코트 입은 하이에나', '철학적인 탕녀'는 그녀가 받아야 했던 반응이었다. "인간은 이성적 존재다", "남자는 이성적 존재, 여성은 감정적 존재라는 이분법은 잘못되었으며, 여성도 남성과 같이 이성을 가진다", "현실 속 여성이 약하고 남성보다 열등한 것처럼 보일 수 있지만, 이는 사회화 과정이 만들어낸 것이다", "여성의 어리석음은 천부적으로 갖고 태어난 것이 아니라 남성이 주도하는 전제적 사회의 유제일 뿐이다", "여자는 여성적 자질(부드러움, 고분고분함, 애완견 같은 애정)을 강요받음으로써 비주체적이고 사리 분별이 없는 여성으로 만들어질 뿐이다"와 같은 논제를 사회에 던졌다. 그녀는 계몽주의자 루소가 『에밀(Emile)』에서 여성 교육의 필요성을 말했지만, 독립적 존재로서가 아니라 남자 에밀의 짝이 될 처녀 소피가 받아야 할 교육의 원칙을 제시함으로써 편협한 관점을 보여준 것이라고 지적한다. 또한 남성이 여성에 대한 경제적 부양을 책임지며 여성은 남성에게 성적 교환을 하는 결혼제도가 떠받치고 있는 전통적 가족제도의 허상을 비판한다. 그리고 여성이 남성에게서 (경제적 예속으로부터) 벗어나 스스로 독립해 살아갈 수 있는 주체가 되어야 함을 강조했다.

이러한 비판의식 위에서 울스턴크래프트는 남녀의 동등한 권리를 위해 다음과 같이 제안한다(Wollstonecraft, 1995; 한정숙, 2012a). 첫째, 여성을 변화시키기 위한 방안으로 교육의 중요성을 역설한다. 교육을 통해 여성이 남성의 이성에 의존하지 않고 자신만의 세계를 계발할 수 있도록 해야 한다. 이를 위해서는 여성만 모아놓고 성 역할에 바탕을 둔 한정된 교육 내용을 가르치는 폐쇄적인 기숙학교보다는 남녀공학의 열린 교육 방식이 좋으며, 이를 통해 여성도 정치·문학·과학에 정진하고 사회활동 분야에 활발히 참여할 수 있도록 해야 한다. 둘째, 여성이 직업을 가짐으로써 경제적 독립을 할 수 있도록 만든다. 그녀는 여성의 직업이 단순히 가정교사, 간호사처럼 일정한 성 역할로 특정화된 직업에만 제한되는 것을 문제시했다. 직업의 성별 경계를 넘어 여성도 의사, 농장 운영자, 자영업자 등 다양한 분야에 참여할 수 있도록 해야 한다는 것이다. 셋째, 교육을 통해 여성은 훌륭한 어머니, 좋은 아내, 바른 시민이 될 수 있다고 보았다. 울스턴크래프트는 책 전반을 통해 합리적 교육은 여성 개인의 발전에만 머무는 것이 아니라 좋은 아내, 훌륭한 어머니가 될 수 있는 기반으로 작용한다는 점을 여러 번 적시한다. 또한 자녀를 보모 같은 고용인의 손에서 자라게 하지 말고, 사고가 성숙될 때까지는 그들을 이끌어주며 이후에는 독자적 사고를 존중해주어야 한다고 주장한다.

3) 울스턴크래프트의 한계와 기여

울스턴크래프트는 여성 권리 운동이 일어나기 거의 1세기 전에 여성의 권리를 옹호한 선진적인 철학자이자 활동가다. 그러나 주로 당시 귀족층 여성에게서 나타나는 허영과 사치, 과도한 사랑에 대한 집착 등을 관찰·분석했기 때문에 이로 인한 한계에서 자유롭지 못했다. 부르주아지 여성을 여성 일반과 등치함으로써 당시 팽배했던 남성 전반의 여성 비하 의식을 한편으로 공유했으며, 기층 여성의 삶과 권리라는 주요 의제를 전면화하지 못했고, 여성 내부의 계급적 차이를 치밀하게 분석하지 못했다. 결국 남성에게 경제적으로 의지하며 살아가는 부르주아지 여성에게만 가능했던 의미 있는 삶은 '좋은 어머니'였다. 여성 개인의 각성을 위해 제기된 여성 교육의 필요성은 '좋은 어머니'가 되기 위한 목적으로 축소되었다. 아무도 여성의 권리를 이야기하지 않던 시기에 여성의 자립을 논의했던 그녀의 급진적 논의도 책의 후반부에서는 갑자기 기세가 꺾여 자녀 교육론으로 선회한다. 이로 인해 울스턴크래프트의 논의는 페미니즘 분야보다 부부학, 부모학, 교육학으로 계승되는 아이러니한 결과로 이어졌다. 당시 남성 중심적이고 전제군주정의 사회 분위기에서 그녀가 지닐 수 있는 인식의 한계일 수도 있으며, '여성'의 '어머니'로서 정체감이 얼마나 이중적이고 모순적일 수 있는지 보여주는 단면이기도 하다. 이후 학자들은 이것을 울스턴크래프트의 역설 paradox 로 부른다.

그런데도 울스턴크래프트는 여성의 차별과 억압을 문제시하고, 이를 넘어 여성의 권리를 옹호한 최초의 여성주의자임이 자명하다. 『여성의 권리 옹호』는 발표 당시에 호응보다는 공격이나 혐오가 강했고, 그녀의 죽음과 함께 약 2세기 정도 묻혔다. 그러다가 20세기 초반이 되어서야 그녀는 재평가되었다. 여성을 온전한 인간으로 간주하지 않았기 때문에 독립적 존재보다는 남성의 부속품이자 예속적 존재로 여겼던 당대에 『여성의 권리 옹호』를 집필했다는 것은 그 자체만으로도 혁명적 발상이었다. 이는 계몽주의 사상과 프랑스 혁명기를 거치며 부상한 천부인권론과 자연권의 개념을 온전히 완성했을 뿐 아니라 19세기 이후 확대된 자유주의와 그것에 바탕을 둔 주체로서의 '개인'을 부상시켰다. 그녀는 프랑스 시민혁명 이후 여성을 철저히 배제하고 남성만의 공화정 체계를 만들어가던 시대에 항거한 철학자이자 활동가였다.

프랑스 혁명 이후 여성의 정치적 참여를 보장하라고 요구하며 여성인권선언문을 작성한 올랭프 드구즈Olympe de Gouges(1748~1793), 교육을 통한 여성의 각성과 이를 바탕으로 정치적·경제적·사회적 권리를 보장하라고 요구한 메리 울스턴크래프트는 각각 프랑스와 영국에서 새로운 시대정신을 만들어 나간 근대 페미니즘의 선구자다.[5] 그들의 사상은 세니커폴스에서 여성참정권을 요구하는 대규모 여권주의 운동(1848)과 여성참정권, 차별을 전제하지 않는 교육, 결혼에서의 평등을 주장하는 존 스튜어트 밀의 『여성의 예속』으로 이어지면서 자유주의 페미니즘의 초석이 되었다. 여성이 있어야 할 곳은 교회, 집, 부엌뿐이라고 강력하게 믿었던 18세기 말 유럽 사회에서 여성은 단지 '여성'일 뿐 아니라 '인간'임을 천명하고, 인간으로서 기본 권리와 지위를 찾을 수 있도록 불씨를 지핀 것은 울스턴크래프트가 이뤄낸 가장 중요한 업적으로 평가할 수 있다.

---

5 두 여성 모두 마녀사냥을 당하다 죽음을 맞았다는 점은 우연이 아니다. 두 여성 모두 남성의 지배 체제를 거스르는 명제를 던졌으며, 그로 인해 비난과 질타, 심지어 형벌을 감내해야 했다. 올랭프 드구즈는 "자신의 성별에 적합한 덕성을 잃어버린 사람"으로 문제가 있을 뿐만 아니라 공화정을 위협하는 인물로 간주되어 단두대에서 처형되었다. 프랑스 혁명을 이끌어온 여성운동가 드구즈가 전제군주정 부패의 상징인 마리 앙투아네트(Marie Antoinette)와 함께 처형되었다는 것은 아이러니가 아닐 수 없다. 이는 당시 새로운 지배 세력으로서 남성(시민)이 가졌던 인식을 상징적으로 보여준다. 그들은 시민의 생득적 권리를 부정하고 세습정치로 회귀하려는 절대왕정은 물론, 남성의 권리를 넘보려는 여성도 용납할 수 없었던 것이다. 단두대에 올라 처형된 올랭프 드구즈가 "여성이 사형대에 오를 권리가 있다면 의정 연설 연단 위에 오를 권리도 당연히 있다"라고 말한 점은, 여성이 정치적 참여를 통해 권리를 확보하는 것에 대한 그녀의 갈망을 보여준다. 울스턴크래프트도 『여성의 권리 옹호』 출간 이후 사회로부터 거센 비난과 욕설을 견뎌야 했으며, 이는 그녀의 심신을 지치게 했다.

3. 여성의 경제적 독립과 알렉산드라 콜론타이

1) 알렉산드라 콜론타이의 삶

자유주의 여성주의자들의 활동 덕분에 1860년대 말부터 1870년대에 이르러 여성도 베스투제프 류민(고등교육) 강좌를 들을 수 있게 되었으며, 중등교육의 기회도 확대되었다. 교육의 확대는 권리 증진에 대한 의식을 통해 여성을 혁명 활동에 참여하도록 이끌었다(한정숙, 2012b). 유럽의 다른 나라와 비슷하게 러시아 차르 체제도 여성의 삶을 억압했다. 이에 많은 여성이 차르 체제를 넘어 평등한 사회를 지향하는 데 나섰다. '붉은 장미'라는 별칭을 가진 알렉산드라 미하일로브나 콜론타이 Александра Михайловна Коллонтай(1872~1952)는 러시아 혁명기 사상가이자 노동운동가, 페미니스트 운동가로 성장해간 여성이다. 차별과 폭거에 항거하는 페미니즘의 정신을 가진 그녀는 제국주의를 비판했으며, 반전운동과 핀란드 독립을 지지하는 활동 등에도 적극적으로 참여했다.[6] 블라디미르 레닌 Владимир Ленин 과 함께 러시아 혁명을 이끌었으며, 후생복지 인민위원(1917), 여성담당 위원(1919), 외무위원(1922)을 역임했다. 말년에는 레닌과 이오시프 스탈린 Иосиф Сталин 노선에 대한 적극적 반대로 갈등이 심화되면서 연방정부로부터 축출되어 노르웨이, 스웨덴, 핀란드 등 북유럽 등지에서 외교관과 소설가로 다양한 활동을 벌였다. 콜론타이는 러시아의 부유한 귀족 집안의 딸이었으나, 스위스 유학 중 잠시 귀국했을 때 크론호름 직물공장의 여성 노동자들과 아이들의 참상을 보고 여성 노동운동을 시작했다. 그녀는 여성해방에서 다른 무엇보다도 여성의

---

6   이와 같은 활동으로 그녀는 1950년대 노벨 평화상 후보로 거명되기도 했다.

경제적 독립을 역설했으며, 여성의 노동 참여를 위한 근간으로 가사노동과 자녀 양육의 사회화를 주장했다. 러시아 혁명의 주요 인물로 활동하면서 여성 노동조합운동(제노텔)을 형성하고, 다양한 여성 복지 후생을 요구하는 여성 권리 신장 운동을 펼쳤다. 또 여성의 경제적·정치적 평등뿐 아니라 결혼과 연애, 성의 문제를 페미니즘 관점에서 비판적으로 제기했는데, 가족제도의 허구를 비판하며 남녀등등을 기반으로 하는 자유연애론을 설파했다(김정미, 2011). 시대를 앞서간 콜론타이의 사상들이 커다란 논란을 일으켰음은 자명하다.

2) 콜론타이와 노동자로서 여성의 권리

콜론타이는 프리드리히 엥겔스Friedrich Engels, 아우구스트 페르디난트 베벨 August Ferdinand Bebel을 계승하는 마르크스주의를 기반으로 둔 사회주의 페미니스트다(판스워드, 1986; 콜론타이 외, 2015). 그녀는 일차적으로 자본주의와 가부장제의 상호 관계에 관심을 기울였다. 직물공장에서 여성 노동자들의 참상과 아이들의 죽음을 본 콜론타이는 자신의 사회적 특권을 공개적으로 포기하고 사민당에 입당했으며, 이후 여성의 인권 향상과 여성해방운동을 이끌었다. 혁명 시기 여성 노동자들의 참여에도 불구하고, 대부분의 멘셰비키와 볼셰비키가 여성의 역량을 무시하며 외면했기에 콜론타이는 홀로 여성 노동자 조직화를 이끌어갔다. 여성은 집에서 가사를 돌봐야 한다고 생각하는 기독교 세력과 멘셰비키, 일부 볼셰비키조차 여성의 노동자로서의 권리라는 콜론타이의 주장에 부정적이었다. 1907년 콜론타이는 직물노조와 수공업 여성 노동자들과 함께 '여성 노동 상호부조협회'를 조직했다. 남성 노동자들과 지도층은 이에 대해 분파주의·편향주의로 규정하면서 비판의 수위를 높였다. 그들은 수동적이고 교육 수준도 낮은 '바바들'(러시아 여성을 낮추어 부르는 말)은 혁명 세력이 될 수 없다고 조롱했다. 이에 콜론타이는 여성의 관심과 욕구를 외면하면서 계급투쟁을 이룰 수 없다고 항변했다. 그녀는 노동자들과 함께 숙식하고, 직접 대화를 시도하면서 여성 노동자의 세력화를 이끌어나갔다. 그녀는 노동하는 여성의 권리를 대변하는 단체를 만들었으며, 여성의 노동자로서의 세력화를 강력하게 주도해나갔다.

또한 콜론타이는 남성의 편견 못지않게 여성해방을 저해하는 요인으로서 부르주아 여성의 위선적인 여권 신장을 비판하며 대대적인 이론적 공방을 벌였다. 1908년 부르주아 여성 지식인들과 일부 귀족 여성이 '러시아 여성당'을 창당하려 하자, 콜론타이는 직접 이론 논쟁을 주도하면서 이들의 창당을 무산시켰다. 콜론타이는 부르주아 여성운동이 여성 일반의 고통을 외면한 채 자신들만이 겪는 특별한 문제, 예컨대 부르주아 남성과 똑같은 지위와 정치적 위상을 확보하는 일 등에만 관심을 기울인다고 비판했다(판스워드, 1986). 콜론타이는 여성 노동자와 빈민 여성의 경제적 독립 없이 여성해방은 이루어지지 않으며, 장시간 노동과 육아의 이중 부담에 시달리는 여성 노동자의 권리를 대변하기 위해 여성 노동단체를 설립해야 하고, 이를 위해서는 보다 많은 여성이 노동과 사회활동에 참여해야 한다고 주장했다.

콜론타이는 '신여성론new women project'에서 이제까지 여성이 남성의 부속품이자 애장품과 같은 위치에 불과했다고 비판하며, 새로운 신여성은 결혼제도나 연애의 굴레에서 벗어나 자신의 직업을 갖고 생활을 영위할 수 있는 독신 여성이라고 보았다(판스워드, 1986; 콜론타이, 1988). 그녀는 신여성으로서 독신 여성을 결혼이나 연애를 삶의 목표로 두고 살아가는 노처녀와 다른 유형으로 분류했다. 또 신여성은 남편의 그림자로 살아가며 종속적인 역할에 만족했던 여성과 달리 스스로의 삶을 독자적으로 꾸려나가는 여성을 의미했다. 신여성론은 콜론타이가 지속적으로 추구했던 여성상이자 당시의 다른 여성들과는 다르게 살 수 있었던 이유이기도 했다. 귀족층 여성임에도 노동자 남성과 감행했던 결혼과 이혼, 경제이론가 표트르 마슬로프 Piortr Maslov 와의 동거와 헤어짐, 그리고 17살 연하 파벨 디벤코 Pavel Dybenko 와의 결혼을 전제하지 않은 오랜 동거는 콜론타이 스스로가 자신의 삶을 개척하는 신여성으로서 만들어간 삶의 여정일 수 있다.

콜론타이가 여성해방의 가장 중요한 골자로 삼은 것은 여성의 경제적 자립이었다. 남성으로부터 경제적으로 독립하지 않은 여성은 평등해지기 힘들다는 것이었다. 그녀는 여성에게도 남성과 똑같은 의무와 노동권을 부여하도록 지속적으로 요구했으며, 1921년 인민위원회에서 노동권 보장안을 통과시켰다. 그녀는 생애에 걸쳐 명목적 평등에 집중한 자유주의 여성주의와도 싸웠지만, "여성문제를 별도로 제기하는 것은 분파주의"라는 사회주의 운동 세력과도 싸웠다(콜론타이 외, 2015). 그녀는 여성 종속의 핵심적 요인이 경제적 요인이며, 생물학적 요인은 부차적 요인일 뿐이라고 정리한다. 그러나 여성이 진정으로 평등해지는 것은 경제적 요인 이외에도 젠더를 둘러싼 가부장제적 사회질서가 전면적으로 변화해야 가능하다고 주장했다(한정숙, 2012b). 이에 따라 그녀는 경제적 요인 이외에 여성 종속을 지속시키는 사회적 기제들도 다양하게 비판했다. 1917년 러시아 혁명이 성공한 후 콜론타이는 더 집요하게 여성해방론에 관심을 기울였다. 여성문제는 단지 계급의 문제이므로 자본주의적 생산 질서를 재편하면 자연스럽게 해소된다는 사회주의자들의 주장에 맞서 그녀는 여러 책을 집필했다. 여성 억압의 구조와 해결방안을 담은 가장 대표적인 저작은 『여성문제의 사회적 기초 The Social Basis of the Woman Question』와 『공산주의와 가족 Communism and the Family』이다. 여성의 경제적 자립과 사회적 평등을 실현하기 위해 제시한 몇 가지 중요한 골자들을 정리하면 다음과 같다(김정미, 2011; Kollontai, 1977).

첫째, 여성을 어머니, 아내, 성적 파트너로만 묶어놓지 않고 주체적이며 독립적인 노동자로 성장시키는 것이 진정한 여성해방의 첫걸음이라고 보았다. 이를 위해서는 "여성도 일하라"는 선언적 명제가 아니라 여성의 노동자화를 실질적으로 보장할 수 있도록 가사노동이 사회화되어야 한다고 주장했다. 이제까지는 가사노동과 자녀 양육이 온전히 여성의 역할로 묶여 있었기 때문에 여성의 노동자화가 가능하지 않았다. 그러므로 가사노동의 사회화가 여성의 노동자화를 위한 선제 조건이라는 것이다. 그녀는 새로운 사회가 여성이 가사노동에서 벗어나 사회활동에 효과적으로 참여할 수 있게 도와야 한다고 역설했다. 이를 위해 대중식당, 공동 세탁소, 특별 수선 가게 등의 설치가 제안되었다. 그녀는 이런 것들이 여성의 개인 여가와 자신에 대한 투자를 늘릴 수 있게 할 것이라고 예언했다.

둘째, 아동 양육에 대한 무상보육을 주장했다. 그녀는 국가가 공동체 양육을 통해 모든 계층의 아동을 질병, 기아, 범죄 등으로부터 안전하게 보호할 수 있어야 한다고 주장했다. 아동은 보육시설과 유치원에서 경험이 풍부한 교사들에 의해 잘 돌봐질 수 있다고 보았다. 또 이러한 무상보육이 아동뿐 아니라 장애인과 노인에 대한 보호에도 동일하게 적용되어야 한다고 지적했다. 그렇게 되었을 때 여성해방의 기초가 이루어질 수 있다고 강력히 주장했다. 콜론타이는 자녀 양육의 사회화에 대해 일반인이 갖는 반감을 고려하는 가운데, 국가가 자녀 양육에 수반되는 경제적 부담과 물리적 지원을 담당함으로써 부모가 자식 키우는 기쁨을 온전히 느낄 수 있다는 점을 강조했다. 아동 보육의 목적은 부모가 모두 일터로 나갔을 때 열악한 환경과 위험에 노출되는 아동을 국가가 잘 보호해줌으로써 질 좋은 성장을 보장하는 데 있다는 것이다. 더 나아가 콜론타이는 초등학교 이후부터 무상교육, 무상급식,

무상의복, 무상 교과서 등이 제공되어 모든 노동자·빈민·서민의 자녀가 고르게 성장할 수 있는 기회를 제공해야 한다고 주장한다.

셋째, 노동여성에 대한 모성보호를 강력히 주장했다. 그녀는 출산이 부르주아들이 미화하는 것만큼 축복이 아니며, 기층 여성에게 고통이나 장애일 수 있음을 환기시켰다. 노동자 여성에게 출산은 작업장에서 해고될 위험을 높이는 것이므로 임신 사실을 숨겨야 하며, 이로 인해 질병과 가난에 시달릴 확률을 높인다. 특히 하층민 여성은 임신한 상태에서 일을 하는데, 이때 건강에 나쁜 유해환경이나 근로조건에 그대로 노출되므로 아기가 허약하게 태어나고 제대로 살지도 못한 채 파리처럼 죽어간다는 것이다. 그녀는 단지 국가를 위해 임신·출산을 장려하고 미화하기보다는 기층 여성이 마음 놓고 임신·출산할 수 있는 환경과 여건을 우선적으로 제공해야 한다고 주장했다. 이를 위해 콜론타이는 인민위원회에 출산휴가, 임신 중 고용 유지, 산전 보호체계를 강력히 요구했으며, 1922년에 모성보호 권리를 획득했다.

넷째, 콜론타이는 남성으로부터 여성의 경제적 독립을 주장하면서 미혼모와 자녀에 대한 국가의 보호를 주장했다. 그녀는 합법적으로 결혼한 여성이든 아니든 국가가 보호해주어야 하며, 보육시설과 유아원 이용에 어려움이 없도록 만들어 여성이 노동자와 어머니로서의 의무를 병행할 수 있어야 한다고 보았다. 남편 없이 출산하는 것이 죄가 되지 않도록 해야 하며, 태어난 생명은 축복 속에 보호되어야 한다는 것이 그녀의 입장이었다. 또 미혼모에 대한 사회의 강력한 부정적 편견과 낙인을 없애야 당시 만연한 영아 살해나 유기를 줄일 수 있다고 주장했다.

다섯째, 여성이 남성에 대한 의존성을 탈피할 수 있도록 해야 하며 이혼에 대한 권리를 획득해야 한다고 보았다. 가정 내에서 약자의 인권이 묵살되고, 심지어 아동과 노인에 대한 학대와 폭력 속에서도 권력을 가진 남성에게 의존해 살아야 하는 것은 부르주아식 가족제도라고 비판하면서, 여성에게 이혼할 수 있는 자유를 허용해야 한다고 주장했다. 그녀는 부르주아식 가족제도가 여성이 무급 가사노동과 성적 착취, 남성의 부정과 폭력을 참고 견디게 하는 하나의 억압 기제로 작동되고 있으며, 여성이 이를 넘어 자유롭게 선택하며 살 수 있는 권리를 회복해야 한다고 역설했다. 그녀가 보기에 결혼이나 전통적 가족 관계는 소유권에 바탕을 둔 억압적이고 이기적인 과거의 유물이었다. 이에 대한 해결 방안으로 콜론타이는 여성이 집안의 대표가 될 수 있는 '가족법' 제정을 주도한다(한정숙, 2014b). 이 가족법에는 부부의 법적 평등, 여성의 재산권 행사의 자유, 이혼의 자유 보장, 자녀 양육비의 문제 등이 포함되었다.

궁극적으로 콜론타이는 여러 가지 여성문제를 전담하는 정치기구인 제노텔을 설립했고, 제노텔이 여성의 권리를 신장하는 데 요구되는 집단적 결사체로서의 역할을 하도록 유도했다. 그녀는 제노텔을 볼셰비키당의 하부조직으로 놓을 경우 상명하복식 정당 논리에 의해 여성이 단순 동원될 수 있는 문제를 우려했다. 이에 따라 제노텔을 당의 하부조직이 아닌 독립 기구로서 조직화되도록 했다. 콜론타이는 제노텔이 "어떤 영역이든 여성문제가 제기되는 곳이면 어디서든지 주도권을 쥐고 활동하는 것"이라는 강령을 채택하도록 추진했으나 거센 반발에 부딪혀 도입되지 못했다.

이러한 그녀의 주장과 실행은 많은 여성 노동자에게 꿈과 희망을 주었으나, 수많은 사회주의자와 부르주아지 여성에게서 사회 체계를 위협한다는 공격을 받았다(김정미, 2011). 그녀는 '여자 레닌', '급진주의자', '과격분자', '분열주의자', '미친 여자 볼셰비키'라고 조롱당했다. 1918년 콜론타이는 여러 공격과 비난에도 불구하고 자신의 여성해방론을 정책으로 실현하려 했다. '가족법' 제정과 제노텔의 설립 등으로 외견상 그녀의 주장은 실현되는 듯 보였다. 그러나 여성의 가정 이탈, 가사노동의 성별 분담에 대해 엄청난 불편함을 느꼈던 남성 볼셰비키들의 반발은 강력했으며, 콜론타이의 남성편력을 문제 삼아 처벌을 요구하기까지 했다. 그러나 가사노동의 사회화나 성 평등에 대해 그녀와 동일한 입장을 취했던 레닌의 지지 아래 처벌받지 않았다.[7] 콜론타이는 지속적으로 『붉은 사랑 Василиса Малыгина』, 『위대한 사랑 Большая любовь』과 같은 소설을 출간하면서 당시의 사회적 인식을 변화시키고자 했다. 그러나 남성 볼셰비키들의 반발은 거셌고, 레닌과도 사회주의 건설 방식을 둘러싼 이념적 대립으로 결별했다. 이후 1922년에 콜론타이는 제노텔의 대표직에서 강제로 추방당했으며, 명맥만 유지되던 제노텔은 스탈린의 집권 후 1930년에 국가 분열을 조장한다는 명목으로 강제해산되었다. 이때 제노텔 조직원들과 많은 페미니스트가 유배형이나 사형에 처해졌는데, 그 중심에 서 있던 콜론타이가 처형되지 않고 외국의 대사로 임명된 것은 역사적 의구심으로 남아 있다.[8]

---

7 다만 레닌과 콜론타이는 남녀 간 자유로운 결합, 자유로운 성 도덕관에 대해서는 완전히 상이한 시각을 가졌고, 이는 상호 불화의 씨앗이 된다. 레닌은 자유연애가 반계급적이며 퇴폐적이라고 규정한다. 이에 대해 콜론타이는 가부장제 사회에서 남성의 축첩과 불륜은 문제시하지 않은 채 남성과 여성의 자유로운 사랑과 연애를 문제시하는 것은 봉건적 사고에 기인한다고 비판한다. 이후 콜론타이가 1920년 볼셰비키 세력 강화를 위해 독일과 연합하며, 당에 의한 중앙집중 관리 체계를 강화한 레닌을 공개적으로 비판하고 반대 세력을 규합하면서 둘의 관계는 벌어진다(한정숙, 2012b).

8 '여자 레닌'으로 불렸던 콜론타이가 외국 대사로 나간 것을 유배로 해석하는 시각도 있다. 한편 스탈린 집권 후 진행된 피의 숙청에서 콜론타이가 살아남은 것에 대해 몇 가지 해석이 있다. 첫째, 그녀가 여성이라는 점이다. 그러나 다른 페미니스트들이 처형된 것을 비추어보면 타당치 않다. 둘째, 스탈린은 의외로 콜론타이와 공존을 선택하려 했다는 것이다. 이는 첫째로 외교 관계에서 러시아 내부의 억압을 외부로 보이고 싶지 않았을 뿐 아니라, 둘째로 콜론타이가 소비에트를 대표하는 외교관으로서 외부에서 얻은

콜론타이는 제노텔 대표에서 강제 해임되고 주요 공직에서 밀려난 이후에도 여성주의에 관한 논의를 지속해나갔다. 그녀는 스웨덴 공사와 노르웨이 공사를 거쳐 1923년에 노르웨이 대사로 임명되었으며, 세계 최초의 여성 외교관이라는 명예를 얻는다. 그녀는 연방정부로부터 추방된 상황에서도 자유롭고 동등한 사랑의 이상과 가치를 알리는 일을 계속했다. 1923년에 발표한 『날개 달린 에로스에게 길을 Дорогу крылатому Эросу』[9]을 통해 여성 노동자가 경제적 자립과 사회적 예속 상태에서 벗어나게 된다면 남성과 자유롭고 동등하게 사랑하는 것이 가능하다고 역설했다. 새로운 사회에서 남녀 간 사랑은 상호 평등하므로 남성이 독점하고 여성이 노예적 굴종을 해야 하는 관계가 없으며, 사랑하는 사람끼리 교류하며 영적·정신적·심리적 잠재력을 높여가는 동료애적 사랑이라는 것이다. 그녀는 이것을 '날개 달린 에로스'로 묘사했다. 반면 자신의 쾌락을 위해 타인의 성을 희생시키거나 육체와 쾌락만을 탐하는 사랑을 '날개 없는 에로스'로 칭했으며, 이러한 사랑은 부르주아지 남성에 의한 여성 지배의 한 단면이라고 말했다. 이렇듯 남녀 간 동등한 사랑과 동지애에 기반을 둔 그녀의 이상적 애정론은 엄청난 비난과 공격을 받았다. 하지만 그와 동시에 계급 문제의 틀 안에서 사랑과 결혼의 문제를 고

신뢰와 위상, 선전 효과를 무시할 수 없었기 때문이라는 것이다.

9 콜론타이는 1918년에 『새로운 도덕과 노동계급(New Moral and Labor Class)』에서 '에로스적인 동지애'를 개념화한다. 에로스적 동지애란 사랑과 동지의 연대로 형성된 공동체를 말한다. 그녀는 결혼만을 궁극의 가치로 여기는 것이 자본의 논리이자 봉건 유제라고 비판하면서, 결혼하지 않고도 행복한 삶을 살아갈 수 있음을 제시한다. 자본주의하에서 생계 부양자인 남성은 여성을 '가사노예'나 어머니, 아내, 연애 상대로밖에 인식하지 않기 때문에 남녀 간 동등한 동반 관계는 성립되지 않는다고 보았다. 콜론타이는 여성 노동권과 경제적 독립이 보장된 새로운 사회에서야 비로소 남녀 간의 자유롭고 등등한 연애가 성립될 수 있다고 본다.

민하고, 여성의 관점에서 성적 도덕과 연애·결혼을 재해석한 페미니즘의 관점은 젊은 층이나 기층 여성에게 상당한 영향을 미쳤다(한정숙, 2012b). 콜론타이의 사상을 따라 새로운 정치적 지향과 삶의 방식을 만들어가는 콜론타이스트들이 형성되기 시작했다. 또 그녀는 대사 재임 중에도 간헐적으로 국내에 있을 때는 여성 권리를 확보하기 위한 운동에 계속 노력을 기울였다. 그녀는 1936년에 '가족법' 개정을 위한 논의에 참여했으며, 여성이 남성에게 의존하는 것을 막기 위해 국가가 독신 여성이나 고아 등을 지원하는 데 일반 기금을 형성해야 한다고 주장했다.

물론 그녀의 많은 작업은 스탈린 치하에서 거의 공개되지 않았다. 그녀의 페미니즘 인식은 분파주의와 분열주의로 공격당했고, 많은 출판, 팸플릿, 논문이 금기시되었다. 1952년에 사망할 때까지 그녀의 책과 글은 상당한 제한을 받았다. 이른바 콜론타이의 여성주의는 기피 대상이었다. 소련에서 1972년에 편찬된 『콜론타이 저작선집』(외국어 번역본은 『콜론타이 저작의 영역 선집(Selected Articles and Speeches)』)에는 그녀가 상당히 깊이 있게 해석한 섹슈얼리티, 사랑, 결혼, 가족제도에 대한 기고나 논문이 한 편도 없었다. 이는 그녀의 '여성주의'적 편향성이 위험하며 일반 대중에게 전파되어서는 안 된다는 암묵적 전제가 당시에 깔려 있었음을 보여준다(한정숙, 2012b). 스탈린이 사망하고 체제가 유연해진 1970년대 이후 콜론타이의 사상과 실천은 재조명되기 시작했으며, 그녀에 대한 연구는 최근 들어 다양해지고 있다.

3) 콜론타이의 한계와 기여

콜론타이는 참정권 운동이나 여성의 법적 지위 향상에 힘을 쏟았던 자유주의 여성주의와 맞서면서 기층 여성의 문제들을 전면화하고, 이를 더 나은 사회 체계 속에서 해결하려 했던 페미니스트 이론가이자 혁명가였다. 즉, 콜론타이는 여성 개인의 성공이나 지위 상승에 머물지 않고 사회구조 속에서 여성 종속으로부터 벗어날 방법을 이론적으로 정립했다. 그녀의 페미니즘 주장 중에는 지금도 받아들이기 어려운 급진적 측면이 있다는 점을 고려하면, 100년 전 당시로서는 매우 파격적이었다고 할 수 있다. 그러나 콜론타이는 오늘날 복지국가의 가장 중요한 정책 의제인 여성의 사회적 노동권, 모성권, 아동 양육 및 가사노동의 사회화, 여성의 재산권 보장을 위한 여러 정책적 단초를 제안했다는 점에서 페미니즘의 한 획을 그었다고 평가할 수 있다. 또한 콜론타이는 여성해방이 자본주의를 넘은 사회주의사회에서 가능하지만, 자연스럽게 얻어지는 것은 아니므로 여성이 자신의 권리를 위해 다시 편견·기득권에 갇힌 남성과 지배 그룹에 맞서 싸워야 한다고 역설했다. 여기에 자신과 같은 엘리트 여성의 역할이 기여를 할 것이라고 보았다. 그녀는 여성 내부의 계급적 차이를 간과하지 않았으며, 동시에 여성 간 연대를 만들어나갈 필요성을 몸소 보여주었다. 무엇보다도 콜론타이는 여성해방을 이루려면 사회 체계·구조·제도와 같은 외적 변화에만 머물지 않고, 생활 안에 내재된 섹슈얼리티·심리·의식·문화를 포함한 젠더 관계의 변화가 수반되어야 한다고 역설했다는 점에서 상당히 선진적인 이론가이기도 하다.

콜론타이가 여성 노동자의 권리 향상과 여성해방을 위해 요구한 많은 정책 제안과 실천적 노력은 그녀가 공직에서 밀려난 이후 제대로 이행되지 못했다는 아쉬움이 있다. 그럼에도 여성의 자율성과 독립적 삶에 대한 열망이 콜론타이에게 지속되었던 것은 분명하다. 콜론타이는 여성 내부의 계급적 차이를 직시하면서도 이를 메울 수 있는 연대 방안을 제시했고, 여성의 노동자화와 조직화가 이루어질 때 여성의 권리가 온전하게 실현될 수 있음을 확실히 보여주었다. 동시에 진정한 사회 구성원으로서 여성의 지위를 확보하기 위해 경제적 독립의 추구와 더불어 성, 가족, 사랑, 의식, 문화 등에서 사회적 젠더 관계를 재구성하려는 노력을 기울이며 해결책을 모색했다는 점에서 새로운 페미니즘의 장을 열었다고 볼 수 있다.

4. 여성의 시민권과 복지국가

1) 복지국가와 여성 사회권 제약

메리 울스턴크래프트는 남성과 동등한 시민으로서 여성의 권리를 제창한 최초의 페미니스트다. 정치적 권리를 더 강조했던 프랑스의 올랭프 드구즈에 비교하면 그녀는 보편적 시민으로서의 기본권, 교육받을 권리, 일할 권리, 사회적 성원으로 인정받을 권리를 강조했다. 둘 다 프랑스 혁명에 여성들이 적극적으로 참여했는데도 혁명 이후 정권에서 완전히 배제되는 것에 분노했다. 여성은 교육을 받더라도 남성의 파트너로서 그들을 기쁘게 해야 한다고 말하는 계몽주의자들 앞에서, 울스턴크래프트는 여성이 남성과 마찬가지로 온전한 인간이자 개인이어야 함을 설파했다. 천부인권은 남성과 마찬가지로 여성에게도 적용된다는 것이다. 그녀의 이러한 천부인권 사상은 이후 복지국가의 시민권 논쟁에도 유사하게 적용된다.

실제로 많은 복지 관련 연구는 토머스 험프리 마셜Thomas Humphrey Marshall (1893~1980)이 1950년에 정립한 '시민권' 정의를 바탕으로 깔고 있다. 마셜은 근대 자본주의와 민주주의의 발달 과정을 시민권 확대의 과정이라고 말한다. 『시민권과 사회계급Citizenship and the Social Class』(1950)에서 마셜은 국가가 개인에게 부여한 (혹은 반드시 보장해야 할) 세 가지 권리를 언급하는데, 이는 시민적 권리, 정치적 권리, 사회적 권리로 나뉜다. 첫째, 시민적 권리는 자유에 관한 것이다. 여기에는 신체의 자유, 발언과 사상 및 신앙의 자유, 재산을 소유하고 계약을 맺을 수 있는 자유 등이 들어 있으며 법 앞에서의 평등과 같은 정의를 포함한다. 이는 자유로운 시민이 자신의 권리를 행사할 수 있게 한다는 점에서 공민권civil right이라고 불린다. 근대 시민사회의 도래는 그동안 자유를 속박했던 경제 외적인 강제(예: 봉건제, 노예)를 벗어날 수 있게 했다는 것이다. 둘째, 정치적 권리는 정치권력을 지닌 기구를 선출하고 그 기구에 참여할 수 있는 권리를 말한다. 정치적 힘을 발휘할 수 있는 권리로서, 참정권political right으로 칭해진다. 전통적으로 소수의 귀족이나 특권층에게만 허용되던 권리가 노동자 계급을 포함한 일반 시민에게도 주어졌다는 점에서 민주주의의 진전이라고 볼 수 있다. 이에 따라 자연스럽게 대중적 정당이 출현하게 된다. 셋째, 사회적 권리는 일정 수준 이상의 경제적 부, 안정적인 삶과 문명화된 생활을 영위할 수 있는 권리로서, 사회권social right 또는 복지권으로 불린다. 통상 사회권과 가장 밀접한 제도는 교육, 고용, 연금 등과 같은 사회보장 관련 제도다. 마셜은 시민권의 발달단계를 논의하면서 첫째, 18세기에는 공민권(법 앞에서의 평등, 개인적 자유, 언론·사상·종교의 자유, 재산 소유와 계약 체결의 자유 등), 둘째, 19세기에는 참정권(선거권, 피선거권을 통해 공적 영역에 참여할 수 있는 권리), 셋째, 20세기에는 사회권(건강, 교육, 고용, 적정한 생계가 보장될 수 있는 권리)이 실현되어왔다고 본다.

마셜은 무엇보다도 근대사회의 주체로서 '개인'을 강조했으며, 개인은 그어떤 상황에서도 사회와 국가에 우선해야 함을 강조했다. 모든 개인은 태어나면서부터 선천적으로 자연권 또는 인권을 가지고 있기 때문이다. 그는 개인의 권리가 절대로 국가에 의해 침해될 수 없으며, 국가의 가장 중요한 목표 중 하나는 개인이나 개인의 권리를 보호하는 것이라고 역설했다. 그러나 마셜의 시민권도 앞선 사상가들과 마찬가지로 남성 중심성을 넘어서지 못하는 한계가 있었다. 마셜의 시민권 이론은 근대 시민사회 역사의 궤적을 분석하면서 '시민'이 누려야 할 권리에 관한 통찰을 제공했지만, 그에게 시민은 앞선 사상가들과 비슷하게 남성일 뿐이었다.

실제 여성의 권리 보장은 그의 이론과 거리가 멀다(월비, 1996). 우선 공민권·참정권·사회권이 18~20세기에 걸쳐 시민에게 보장되었다고 했지만, 여성에게는 전혀 그렇지 않았다. 여성은 19세기 후반 또는 20세기 초반이 되어서야 시민적 권리나 정치적 권리를 위한 캠페인을 벌였고, 20세기에 비로소 참정권을 얻게 되었다. 시민혁명을 거친 유럽 사회는 물론 미국에서도 20세기가 넘어서야 여성의 참정권이 인정되었다. 세계 최초로 여성참정권이 인정된 나라는 뉴질랜드(1893)이며, 호주(1902)가 뒤를 잇는다. 유럽 대륙에서는 핀란드가 1906년에 최초로 여성의 투표권을 인정했으며, 영국에서는 1928년, 이탈리아에서는 1945년, 프랑스에서는 1946년, 스위스에서는 1971년에 인정되었다. 자유민주주의를 주창하는 미국에서는 (백인 여성에 한해) 1920년, (흑인을 포함하면) 1965년에 이르러서야 온전한 여성참정권이 주어졌다. 또 여성은 정치적 권리를 얻고 나서도 시민적 권리를 얻지 못했다(월비, 1996: 171). 여성은 법률적으로 언론·사상·종교의 자유, 재산 소유와 계약 체결의 자유를 가질 권리가 있었음에도 현실적으로는 제대로 된 권리를 행사하지 못했다. 우리나라의 경우, 여성의 재산 소유는 1991년 '민법' 개정으로 이혼 시 재산분할권이 도입된 이후에 명문화되었다.[10] 최근 들어서야

---

10 물론 이것이 제대로 집행이 되는지는 별개의 문제다. 현행 우리 '민법'은 "부부가 혼인 성립 전에 그 재산에 관해 따로 약정을 하지 아니한 때에는 부부의 일방이 혼인 전부터 가진 고유재산과 혼인 중 자기의 명의로 취득한 재산은 그 특유재산으로 한다, 부부의 누구에게 속한 것인지 분명하지 아니한 재산은(즉 가재도구 등 별로 재산가치가 나가

(2005년 호주제 폐지 이후) 부부 공동명의제가 조금씩 확산되면서 여성도 재산 소유와 계약 체결의 권리를 갖는 경향이 높아지고 있다. 울스턴크래프트가 1792년에 주장한, 여성에게도 정치적 참여의 기회를 보장하고, 교육을 통해 직업을 갖거나 자영업을 운영할 수 있게 함으로써 자신의 재산을 형성하며 (남성에게 예속되지 않고) 독립적인 삶을 살 수 있도록 해야 한다는 내용이 거의 200년이 지나서야 어느 정도 이루어지고 있다는 점은 아이러니가 아닐 수 없다.

여성주의자들이 복지국가의 역할과 관련해 많은 논의를 집중하는 부분은 사회권이다. 사회권은 인간으로서 '먹고살아갈 수 있는' 기본적 생활을 영위할 권리를 말하기 때문에 복지국가 차원에서 매우 중요한 의제다. 복지국가는 시민권과 참정권을 이루어낸 근대 시민국가를 계승해 최종적으로는 인간으로서 최적화된 삶을 누릴 수 있도록 하는 데 중점을 두고 있다. 복지국가는 자본주의의 도래 이후 생겨난 노동자로서의 이중성과 이로 인한 모순, 즉 봉건제에서 벗어나 자신의 의지에 따라 일할 수 있는 자유와 자신의 노동력을 팔지 않으면 살아갈 수 없는 제약으로부터 벗어날 수 있게 함으로써 인간

지 않는 재산) 부부의 공유로 추정한다('민법' 제829조, '민법' 제830조)"라고 규정한다. 이에 따라 결혼 후 남성 명의로 취득한 재산은 남성의 특유재산으로 인정한다. 다만 1991년 '민법' 개정으로 이혼 시 재산분할청구권이 인정되어('민법' 제839조의 2항), 여성도 재산을 분할할 권리가 생겼다. 이러한 '민법' 개정은 상당한 진전임에 분명하나, 실제로 여성이 재산분할을 청구할 경우에는 여성이 부부의 공동재산 형성이나 재산의 유지에 어떤 역할과 기여를 했는지 입증해야 하는 추가적 절차가 있다.

결혼 후 획득한 재산이나 부동산 등의 명의는 남성이 가지는 경우가 많다. 이에 따라 여성은 결혼생활 내에서 부(富)를 함께 이용하고 누릴 수 있지만 본인 소유의 특유재산에 대한 독자적 권리를 갖지 못한다. 이로 인해 여성은 결혼 관계를 유지하는 동안에 기본적인 삶을 영위할 수 있지만 결혼을 벗어나는 순간 권리가 박탈되는 모순적 상황에 놓인다.

으로서의 기본적 권리를 향유할 수 있게 하는 제도와 구조를 만들어냈다. 복지국가는 사회보험과 각종 수당을 체계화해 사람들이 노령, 질병, 실업, 상해 등의 이유로 일을 하지 못하는 시점에도 인간으로서 기본적인 생활을 영위할 수 있도록 했다. 복지국가는 자본주의 사회에 내재된 자본가의 노동자 억압 또는 예속을 완화할 수 있는 제도적 장치를 통해 인간으로서 누려야 할 생활, 즉 사회권을 보장하려는 노력을 하고 있다. 여성주의자들은 사회권의 확대가 여성에게도 동등하게 이루어지고 있는지에 대해 의문을 제기한다. 그들의 주된 질문은 복지국가에서 여성이 사회 구성원으로서 남성과 동등한 수준의 사회권을 누리고 있는가? 만일 평등한 수준의 사회권을 누리지 못하고 있다면 그 원인은 무엇인가? 더 나아가 복지국가는 여성의 사회권 보장을 위해 어떤 역할과 기여를 하고 있는가(혹은 해야 하는가)? 등이다.

전반적으로 복지국가는 제도적 지원을 통해 사회의 불평등을 완화하는 데 기여해왔고 여성의 삶의 질도 일정하게 향상시켜왔다. 그런데 문제는 복지국가에서도 성별 불평등을 초래하는 근본적 원인과 구조가 지속되고 있어 여성이 온전한 평등과 사회권을 누리지 못한다는 점이다(Borchorst and Siim, 1987; Hermes, 1987). 콜론타이는 가사노동의 사회화, 돌봄의 사회화를 통해 여성이 온전하게 노동할 수 있는 권리를 확보해야 하며 여성을 둘러싼 사회적 편견과 제약을 넘어서야 한다고 주장한 바 있다. 그러나 여전히 여성은 가사노동과 가정 내 아동·노인·장애인에 대한 돌봄 노동을 책임지고 있으며, 이 때문에 노동시장에 참여하지 못하는 여성의 경제적 의존과 그로 인한 불평등이 복지국가에서도 지속되고 있다. 노동시장에 참여해도 여성은 임신과 출산에 대한 권리가 보장되지 않아 노동을 지속적으로 수행하기 어렵다. 그 결과 여성의 노동은 경쟁적이지 못한 부분에 주로 집중되고, 저임금이거나 정규적이지 않은 일들로 배제되어왔다. 이러한 노동시장 내 차별과 배제는 여성을 이차적·부차적 노동자로 정체화하고, 임신·출산·양육과 노인 돌봄의 문제로 노동시장을 떠나게 했다가 다시 저임금 노동자로 재진입시키는 악순환 구조를 만들어낸다. 노동시장에서 여성의 낮은 지위, 저임금, 불안정한 노동 현실은 여성이 (결혼, 임신, 출산 이후) 남성의 경제적 피부양자이자 의존자가 되도록 만든다(소콜로프, 1990). 육아휴직과 보육 서비스처럼 돌봄의 사회화가 실질적으로 작동하지 않는 한 여성은 일할 때 제약을 안을 수밖에 없다. 따라서 여성은 남성에게 경제적으로 의존하는 피부양자가 되고, 배우자에 의해 유기·방임, 또는 폭력을 당하는 경우에도 이를 감내해야 하는 불평등한 처지에 놓인다. 결국 복지국가에서조차 여성은 전통적인 가부장제 구조와 자본주의 사이의 긴장, 즉 가족 구성원을 돌보는 자와 임금노동자로서의 이중성 때문에 온전한 사회권을 가질 수 없는 구조적 모순에 빠져있다. 따라서 성별 분업에 기반을 둔 젠더 불평등을 해소할 수 있는 방안을 적극적으로 모색하지 않는다면 복지국가에서도 여성은 온전한 시민의 권리를 보장받지 못한다.

20세기 이후 복지국가의 발달은 다양한 차원에서 사회 전반의 삶의 질을 증진했으며, 모든 사회 구성원의 권리를 증진·향상시키기 위한 지향성을 분명히 했다. 여성의 삶은 어느 정도 개선되었고, 성차별적 요소들도 어느 정도는 해소되어왔다(Borchorst and Siim, 1987; Hermes, 1987). 그러나 대부분의 복지국가는 의도했든 아니든 세 가지 차원에서 여성의 기본적 권리를 배제했다. 첫째, 남성＝생계 부양자이자 노동자, 여성＝피부양자이자 가족 돌봄자라는 이원화된 성별 분업 모델을 기준으로 해왔기 때문에 여성의 임노동자화를 가능케 하는 정책 지원에 무관심했다. 즉, 이윤 추구가 제일의 목표인 자본주의 사회에서 여성이 가진 특수성(임신, 출산, 양육)을 어떻게 자본가 그룹과의 충돌을 최소화하는 가운데 해결해나갈지에 대한 정책 차원의 민감성sensitivity이 부재했다. 고등교육이 제공되고 노동시장의 진입 기회가 확대되면서 수많은 여성이 노동시장으로 대거 유입된 것은 전 세계적 현상이다. 그러나 복지국가는 '기회의 평등'이라는 명목적 평등의 길은 열었으나 '조건의 평등'처럼 실질적 평등을 보장할 수 있는 방안을 적극적으로 고려하지 않았다(Fraser, 1997). 생물학적 기능에 의해 수행할 수밖에 없는 임신·출산·양육의 시점은 여성의 삶을 이원화했으며 모순에 빠지게 했다. 여성은 생물학적 기능을 수행하면서도, 노동자로서 그들의 권리를 보장하는 정책이 복지국가에 부재한 탓에 출산·양육을 위해 직장을 떠나야 하는 선택 아닌 선택을 해야 했다. 여성이 아이를 낳아 기르는 시점에 노동시장을 이탈하는 것은 개인적 선택처럼 보이지만, 사실은 노동자로서 여성의 권리를 보장하지 못한 복지국가의 정책적 유기인 셈이다.

둘째, 복지국가는 주로 노동시장의 이중성으로 생겨나는 권리의 제약 해소를 중심 이슈로 삼았기 때문에, 노동자로서 남성의 삶에 생겨날 수 있는 문제에만 집중했다. 복지국가는 주로 노동자로서 직면하는 사회적 위험(은퇴, 질병, 실업, 산업재해)을 대비하는 데 초점을 맞추고, 가사노동, 양육, 가족 내 돌봄 역할 때문에 노동시장에 아예 편입되지 못하거나 노동시장과 가족 내 역할을 오가며 주변부의 불안정한 노동자로서 생계를 꾸려가는 여성을 복지 정책의 포괄 범위 밖에 놓이게 했다. 여성은 노동시장에 들어가지 못하거나, 들어가더라도 비정규직이나 한시적 계약직 같은 불안정한 취업 지위 때문에 최소 가입기간 같은 조건을 충족하지 못함으로써 사회보험 수급권을 갖지 못하는 경우가 많다. 예를 들어 연금은 기여분과 가입기간에 기반을 두고 있어 여성은 최소 가입기간을 채우지 못하거나 낮은 임금수준으로 인해 낮은 수준의 연금밖에 받지 못한다. 고용보험 제도는 고용 기간이 길고 안정적이며 임금수준이 높은 남성 정규직 노동자에게는 적합하지만, 시간제·비정규·영세 자영업·무급 가족종사자 등으로 일하는 대다수 여성은 이 제도에서 배제되거나 최저한도의 혜택밖에 받지 못한다.

셋째, 복지국가는 남성 가장 중심의 가부장제적 가족을 넘어 다양한 유형의 가족 형태와 그들의 삶이 가진 취약성을 보완·지원하는 정책에 미흡했다. 이는 남성 가장으로부터 벗어난 여성의 삶을 빈곤과 사회적 배제로 내몰았다. 이미 알렉산드라 콜론타이는 미혼모, 한부모, 비혼 여성처럼 싱글single로 살아가는 여성이 제대로 된 삶과 사회권을 보장받을 때 여성해방이 이루어질 수 있음을 역설했다. 근대 시민국가 이후 자유권의 신장은 사람들에게, 특히 남성 가장에 종속되어 살아가던 여성에게도 이혼의 자유를 허락했다. 근대 시민국가는 폭력에서 벗어날 자유, 방임과 유기로부터 벗어날 자유, 배우자의 부정을 참지 않을 자유를 허용했으며, 근래에 들어서는 파탄 난 결혼 관계를 종결할 수 있는 자유도 용인하기 시작했다. 이후 자의적이든 타의적이든 전통적 (남성 중심의) 가족제도에서 벗어나 살아가는 여성들이 늘고 있다. 그러나 남성 생계 부양자 모델을 기반으로 한 사회구조와 복지 체계 때문에 이들 여성은 기본적 삶을 영위할 수 없는 위험에 처해 있다. 즉, 남성 부양자 모델에 기초한 복지국가의 사회보장제도 안에서 여성이 사회적 위험으로부터 보호받는 주된 방식은 남성을 통한 것이었다. 대부분의 여성이 갖는 수급권은 합법적 결혼을 통해, 배우자의 피부양자로서, 즉 남편의 권리로부터 파생되는 권리에 기반을 두고 있었다. 윌리엄 헨리 베버리지William Henry Beveridge는 이것을 "기혼 여성의 특수한 보험 지위"라고 칭했다. 즉, 여성은 결혼하면 새로운 사회적 지위를 얻게 되는데, 이는 남편의 권리를 기반으로 규정된다고 보았다. 성별 분업 구조가 전제된 베버리지 이념형을 근간으로 하는 복지국가하에서 대다수 여성은 자신의 독자적인 권리를 갖지 못한 채 '독립적 시민'인 남성 배우자의 아내로서의 지위를 통해 사회보장제도에 편입되어야 했다. 이에 따라 여성의 사회권은 온전한 개인의 권리가 아니라 남성 배우자의 권리에 부속되며, 여성은 그 권리로부터 파생된 수급권만을 부분적으로 공유하는 반쪽의 권리를 갖게 되었다. 이는 여성을 남성 중심의 결혼제도에 종속되도록 하는 기제가 되었다. 현실적으로 여성이 국가에서 제공받는 파생 권리는 가족(배우자) 수당, 소득공제, 유족연금 등으로 제도화되어 왔다. 여성의 안정된 삶이 안정적이고 정규적인 직업을 가진 남편과 결혼 관계를 맺음으로써만 보장되는 복지국가 사회보장제도는 가부장제적 가족 관계를 (의도하지는 않았더라도) 강화하는 결과를 초래했다. 결혼 관계가 전제되었을 때만 여성이 사회권을 향유할 수 있는 사회구조는 그들에게 불행하고 불평등하며 심지어 폭력적이기도 한 결혼(가족) 관계를 벗어날 자유를 허용하지 않기 때문이다. 반면 독립적 시민으로서의 남성과 결혼 관계를 유지하는 조건하에서는 최소한도의 삶을 보장받았다. 전업주부인 여성은 독자적인 연금 수급권이 없더라도 남성 배우자의 연금에 기대어 살거나 (사별 시에는) 남편의 연금을 유족연금으로 물려받을 수 있었다. 유족연금은 그 자체로 기본 생활을 보장하는 사회권으로서 지위를 가졌지만, 남성 생계 부양자-여성 피부양자 구도를 형성하는 결혼을 전제했을 때만 가능하다는 점에서 성별로 동등한 연금이라고 보기는 힘들다. 또 많은 여성이 '피부양자'라는 명칭으로 남성 배우자의 계층적 지위를 함께한다는 점은 이들 존재의 의존성을 보여준다. 결혼이 전제되었을 때 피부양자의 지위는 결혼이 전제되지 않았을 때의 지위 박탈로 이어지기 때문이다. 이는 결국 베버리지 이념과 생계 부양자 모델을 기반으로 둔 복지국가에서 결혼 관계를 벗어난 여성이 사회권에서조차 배제되는 현실로 이어지고 있다. 한부모와 미혼모에게서 두드러지게 나타나는 빈곤과 이들의 과도한 공공부조 의존 현상은 복지 체계의 편향이 빚어낸 결과로 보인다.

여성주의자들은 이러한 현실과 모순을 종합하면서 복지국가가 여성의 근본적인 불평등을 해소하지는 못한 것으로 평가한다(Orloff, 1993; Lister, 1997). 즉, 남성 생계 부양자 모델의 복지국가 기반을 전면적으로 재편하지 않음으로써 오늘날 복지국가 대부분은 젠더에 따라 구조적으로 이분화된 복지 체계를 갖게 되었다고 비판한다. 사회보장 체제에서 기여분과 근로소득에 기초한 사회보험을 주로 남성과 비빈곤층이 권리로서 누리는 반면, 자산 조사에 기반을 둔 공공부조는 권리보다 시혜의 성격이 강하고 낙인을 수반하기까지 하는데, 이는 주로 여성과 빈곤층에게 집중되어 있다(Sainsbury ed., 1994; Sainsbury, 1996, 1999; Fraser, 1994). 남성이 통상 자신의 유급 노동과 기여분을 전제로 한 권리로서 사회보험을 수급받는 데 비해, 여성은 주로 가족의 보호를 받지 못하거나 결혼 관계가 깨진 후 빈곤 그룹으로 밀려났을 때 사후적으로 국가의 도움을 받는다는 점에서 복지국가 속 남녀의 사회보장 수급권은 상당히 비대칭적이라 할 수 있다. 설령 여성이 사회보험을 수급받더라도 독립적 시민으로서의 권리가 아닌 결혼 관계에 기반을 둔 피부양자 지위에 의거하기 때문에 수급 수준은 낮을 수밖에 없으며, 결혼이라는 매개를 잃어버리면 권리도 없어진다는 점에서 보편적인 권리가 되지 못한다. 남성 배우자와의 결혼 관계 속에 있지 않은 한부모, 미혼모, 독신 여성(노인)이 보편적 권리로서의 사회보장이 아니라 빈곤 그룹으로서 공공부조를 받는 대상이 되는 원인은 여기에 있다. 공공부조는 사회보험이나 사회 서비스와 함께 사회보장제도의 한 축이지만, 복지국가에서 차지하는 위상은 다르다. 공공부조는 대개 스스로 자립할 능력이 없고 다른 추가적 자원도 없음을 증명해야 받을 수 있는 최후의 안전망으로서 성격을 띤다. 공공부조 수급자는 대개 일할 능력이 없어 (많은 경우 일할 의사가 없는 것으로 오도되기도 한다) 국가 복지에 의존해 살아갈 수밖에 없는 존재로 간주된다. 가장 고질적인 복지의 병폐로 지적되는 '복지 의존welfare dependency'과 '복지모welfare mom'는 결국 성별 측면에서 여성이 더 많이 감내해야 하는 부정적 낙인이 되고 있다. 남성 생계 부양자 모델에 기반을 둔 복지 체제로 인해 독립적 시민으로서 사회권을 갖지 못한 기혼 여성은 결국 남성 의존을 벗어나더라도 국가의 복지에 의존해서 살아야 하는 이등 시민이 되고 있다.

2) 복지국가 유형화와 여성주의 논의: 탈상품화, 탈가족화, 탈젠더화[11]

모든 복지국가가 동일한 방식·수준의 삶과 권리를 보장하지는 않는다. 오히려 자본가와 노동자 간의 세력화 정도, 정당, 이념적 지향 등에 따라 상이한 방식의 복지국가 모습을 보여준다. 요스타 에스핑 안데르센Gøsta Esping-Andersen은 마셜의 시민권과 복지국가 논의를 접목하면서 사회권 개념을 정교화했다. 그는 자본주의 사회에서 개인이 노동시장에 의존하지 않고도, 즉 노동력을 상품화하지 않아도 적정 수준의 삶을 유지할 수 있는 정도를 '탈상품화'에 기반을 둔 시민적 권리로 정의하며, 여기에 관련된 국가-시장 관계를 중심으로 복지국가 유형화를 시도했다(Esping-Andersen, 1990). 에스핑 안데르센은 탈상품화·계층화 수준을 근거로 세 가지 유형(사회민주주의, 자유주의, 보수조합주의)을 제시했다. 이에 여성주의 학자들은 에스핑 안데르센의 복지국가 유형화가 기본적으로 여성의 삶을 배제했고, 복지 체제의 한 축인 '가족'을 통한 복지를 고려하지 않음으로써 불완전한 논의에 그쳤다고 비판했다(Orloff, 1993; Lewis, 1992; Sainsbury, 1996; Leira, 2002). 여성주의자들은 복지국가 유형 분석이 시장과 국가 간 역학 이외에 또 하나의 복지 체계로서

---

11 복지국가 유형화와 여성주의 논의는 송다영(2013)의 내용으로 구성했다.

가족을 포함해야 한다고 보았다. 탈상품화 논의는 특히 가족 내 돌봄의 성별 분업에 내재된 젠더 역학을 포괄하지 않았기 때문에 성별로 편향된 결과를 제시했다. 이들은 탈상품화의 한계를 지적하면서 '탈가족화'와 '탈젠더화' 개념을 제시한다.

앤 올로프Ann Orloff는 에스핑 안데르센의 노동자·시민권·탈상품화 개념이 남성 노동자를 표준으로 한 개념이고, 성별 분업 사회구조 속에서 노동시장에 편입되지 않은 여성을 원천적으로 배제했다고 비판한다(Orloff, 1993). 올로프는 복지 레짐 논의가 사회 내 젠더 관계를 고려해야 비로소 완전해질 수 있다고 역설했다. 소득의 차이에 따라 계층화가 발생하듯, 젠더 관계도 계층화되어 있다는 것이다. 올로프는 노동력을 상품화하지 않아도 생활을 영위할 수 있는 것이 복지국가의 탈상품화 효과라면, 가족 내 무급 돌봄 노동 때문에 노동시장에 진입하지 못한 여성이 (남성) 가장의 소득에 의존하지 않고도 생활을 영위할 수 있도록 해야 한다고 주장한다. 이를 위해 올로프는 복지국가 논의에 '유급 노동에의 접근성'과 '독자적으로 가구를 유지할 수 있는 능력'을 포함할 것을 제안했다(Orloff, 1993). 여성주의 관점에서 유형화를 시도한 제인 루이스Jane Lewis는 '남성 = 생계 부양자, 여성 = 양육자'라는 성별 관계가 한 국가 내에서 어떻게 제도화되는지에 초점을 두고 성별 노동시장 내 지위, 가족 내 무급 노동에 대한 보상, 여성의 탈가족화 지원 정도를 통합적으로 분석했다(Lewis, 1992). 이를 바탕으로 루이스는 유형별 정책적 맥락과 특성에 따라 강한 남성 생계 부양자 모델(영국, 아일랜드), 온건한 남성 생계 부양자 모델(프랑스), 약한 남성 생계 부양자 모델(스웨덴)로 구분했다.

돌봄 문제에 대한 탈가족화와 탈젠더화 논의는 낸시 프레이저Nancy Fraser와 다이앤 세인즈버리Diane Sainsbury를 통해 본격화된다(Fraser, 1994; Sainsbury, 1999). 프레이저는 유급(시장)노동과 무급(돌봄)노동 간 조합을 중심으로 복지국가를 유형화하는데, 보편적 생계 부양자 모델universal breadwinner model , 동등한 돌봄 제공자 모델caregiver-parity model , 보편적 돌봄 제공자 모델universal caregiver model 이 그것이다(Fraser, 1994). '보편적 생계 부양자 모델'은 여성도 남성처럼 노동시장 참여가 늘어나며 노동시장을 통한 사회보장 수급권 비율이 높아지고 있지만 돌봄에 대한 사회정책적 개입은 없는 국가로, 미국이 여기에 속한다. '동등한 돌봄 제공자 모델'은 가정 내에서 이루어지는 돌봄을 중요한 가치로 인정하고 돌봄 수당을 통해 보상하는 국가에서 나타나는데, 독일이 여기에 해당한다. 이는 남녀 간 역할 차이를 인정하고 돌봄 제공자로서의 지위를 동등하게 하는 것이다. '보편적 돌봄 제공자 모델'은 남녀 모두 노동자이자 돌봄 제공자로서 역할을 수행할 수 있도록 정책적 지원을 하는 국가로, 노동시간의 감소와 돌봄을 위한 보편적 서비스가 제공되는 특징이 있다. 스웨덴이 이에 속한다.

세인즈버리는 여성주의 관점과 주류 복지체제론의 통합을 시도하면서 사회권의 수급 자격이 개인 또는 가족에게 주어지는지, 수급권 자격이 전통적인 성별 분업을 기반으로 하는지, 돌봄에 대한 국가 책임의 정도, 유급 노동에 대한 성별 접근성 정도 등에 따라 남성 부양자 모델male-breadwinner regime , 분리된 성 역할 모델separate gender roles regime , 개별화된 소득-돌봄자 모델individualized earner-carer model 로 분류했다(Sainsbury, 1996). '남성 부양자 모델'은 엄격한 성별 분업 이데올로기와 남성 가장을 중심으로 한 사회보장 수급권, 부부 합산 과세, 남성에게 유리한 노동시장, 돌봄의 사적 책임, 돌봄 노동에 대한 무보상 등을 특징으로 한다. '분리된 성 역할 모델'에서는 성별 분업 이데올로기, 가족 수급권(여성은 돌봄 제공자로서, 남성은 생계 부양자로서의 수급권), 부부 합산 과세, 남성에게 유리한 노동시장, 돌봄 노동에 대한 보상이 이루어진다. '개별화된 소득-돌봄자 모델'에서는 남성과 여성 모두 소득자인 동시에 돌봄 제공자가 될 수 있고, 수급권이 시민권과 거주에 기초해 개인에게 주어지며, 개별 과세, 양성 모두에게 유리한 노동시장, 국가의 돌봄 책임 분담, 돌봄 서비스 제공과 돌봄 노동 보상이 이루어진다. 프레이저와 세인즈버리는 각각 분류 기준과 명칭이 조금씩 다르지만 돌봄 노동, 가족, 여성을 둘러싸고 젠더화된 사회적 관계를 드러낸다(Fraser, 1994; Sainsbury, 1999).

여성주의자들의 비판을 인정한 에스핑 안데르센은 탈상품화 개념으로만 복지 체제를 설명하는 데 한계가 있음을 인정하고 복지체제에 대한 재논의에 여성, 가족, 돌봄을 통합해 '탈가족화' 개념을 추가했다(Esping-Andersen, 1990). 에스핑 안데르센은 탈가족화 지표로서 GDP 대비 가족에 대한 모든 서비스 지출 비중(의료 제외), GDP 대비 아동이 있는 가족에 대한 현금 급여 지출 비중, 3세 이하 아동을 위한 공공보육시설 비중, 65세 이상 노인을 위한 방문 서비스 비율 등을 제시했으며, 탈가족화 기준을 고려했을 때도 탈상품화만을 고려한 1990년 논의의 복지국가 유형화와 크게 달라지지 않았음을 보여주었다. 그런데 그의 논의는 가족의 돌봄 부담 완화 문제를 고려했지만 가족-노동시장 내 젠더 관계를 충분히 고려하지 않음으로써 현실을 설명하는 데 한계를 나타냈다. 즉, 가족 지원 서비스 구성 방식(가족 지원이 현금 중심인가, 아니면 서비스 중심인가), 현금 급여 제공 대상(누가 현금 급여를 받는가), 휴가 이용의 성별 비율(누가 휴직을 사용하는가) 등에 내재된 젠더 관계에 관한 고민은 배제되었다.

사회적 돌봄 정책에 초점을 맞추어 복지국가 유형을 분석한 시그리드 라이트너Sigrid Leitner는 탈가족화 이외에도 탈젠더화 관점에 따라 정책 결과에 차이가 날 수 있음을 역설한다(Leitner, 2003). 라이트너는 아동·노인 돌봄 정책을 선택적 가족주의, 명시적 가족주의, 탈가족주의, 암묵적 가족주의 등으로 분류했다. 선택적 가족주의는 가족 돌봄에 대한 보상과 돌봄의 탈가족화를 동시에 보장하는 것이고, 명시적 가족주의는 돌봄에 대한 경제적 보상이 주를 이루는 방식이며, 탈가족주의는 돌봄의 탈가족화만 보장하고, 암묵적 가족주의는 가족 돌봄이나 탈가족화에 대한 사회적 개입 정도가 약하고 보장되지 않는 방식을 말한다. 라이트너는 아동 돌봄에 대해서는 가족화 방편으로 부모 휴가와 탈가족화 방편으로 3세 이하 보육시설 아동 비율을, 노인 돌봄에 대해서는 가족화 방편으로 노인 돌봄에 관한 현금 급여와 탈가족화 방편으로 재가 요양 서비스 이용률을 지표로 삼아 국가별 유형을 분석한다. 또한 탈젠더화 기준을 추가함으로써 가족화 정책이 여성에게만 한정되어 있을 때와 남녀 모두 가족 돌봄을 할 수 있도록 유도하는 경우를 구분했다. 가족화 정책을 펴더라도 남녀가 공유하는 방식으로 돌봄 제공자(주로 여성)의 경제적 독립이 보장되고, 일-돌봄 간 선택의 여지가 높을 경우에는 탈젠더화를 추구하는 유형으로(스웨덴), 그렇지 않으면 성별화된 가족화 유형(프랑스)으로 구분했다. 라이트너의 유형화는 사회정책을 만들어가는 과정에서 젠더 관점을 어떻게 수용하는지에 따라 국가-시장-가족 간 역학이 상당히 달라질 수 있음을 보여준 논의로서 의미가 있다.

여성주의자들의 비판은 기존의 복지국가 논의에서 제외되었던 여성을 포함할 수 있게 만들었으며, 여성이 처해 있는 특수한 상황을 고려해 추가적인 사회적 권리를 논의케 함으로써 남성과 동일한 맥락에서 여성을 배치할 수 있게 했다. 이들의 논의는 복지국가의 사회권이 탈상품화와 동시에 탈가족화, 탈젠더화를 성 통합적으로 이루려고 할 때 온전히 가능해진다는 점을 환기했다는 데 의의가 있다.

〈표 3〉 복지국가 유형화와 젠더 관점

연구자	분류 기준	유형화				비고
에스핑-안데르센(1990)	사회보장 정도, 국가 책임 정도	자유주의 국가 영국, 미국	보수조합주의 국가 프랑스, 독일	사민주의 국가 스웨덴, 덴마크		탈상품화만을 기준으로 분류
루이스	사회보장 정책 수급권, 공적 서비스 지원	강한 생계 부양자 모델 아일랜드, 영국	온건한 생계 부양자 모델 프랑스	약한 생계 부양자 모델 스웨덴		탈가족화에 대한 관점 결합. 그러나 남성 부양 정도에 따임 초점
프레이저	돌봄 노동 급여 기준	보편적 생계 부양자 모델	동등 돌봄 제공자 모델	보편적 돌봄 제공자 모델		유급 노동 vs 돌봄 노동에 대한 보상을 중심으로 유형화
세인즈버리	젠더 관계, 수급 원리, 성별 분업, 정책 기본 이념	남성 생계 부양자 모델	성 역할 분리 모델	개별화된 성 역할 공유 소득 돌봄자 모델		유급·돌봄 노동과 젠더 관계를 고려해 유형화. 앞의 2개 유사성 존재
에스핑-안데르센(1999)	가족 지출 비중, 현금 급여 서비스	자유주의 호주, 캐나다, 뉴질랜드, 영국, 미국	보수주의 오스트리아, 벨기에, 프랑스, 독일, 이탈리아	사민주의 덴마크, 핀란드, 노르웨이, 스웨덴		탈상품화와 탈가족화 고려. 그러나 젠더 관계 미고려
라이트너	서비스 지출, 휴직 급여, 현금 급여	명시적 가족주의 (성별화)	암묵적 가족주의 (성별화)	탈가족주의 (성별화)	선택적 가족주의 성별화된 가족주의 / 탈젠더화된 가족주의	돌봄 정책 유형화에 초점. 탈젠더화/성별화를 추가

자료: Esping-Andersen(1990, 1999), Lewis(1992), Fraser(1994), Sainsbury(1996), Leitner(2003)를 참고해 필자가 정리함.

3) 성 평등한 복지국가를 위한 성 통합적 정책 지향

그동안 복지국가는 여성의 노동시장 참여와 경제적 독립을 보장할 수 있도록 하거나 성별 분업에 근간을 둔 전통적인 사회보장 체계를 개선하는 데 일정한 기여를 했다. 앞으로도 복지국가는 성 불평등의 문제나 여성의 권리를 견인하는 데 일정한 기여를 할 것으로 전망된다. 그러나 그 방법과 전망을 어떻게 찾아나갈 것인지는 앞으로 여성주의자들이 지속적으로 고민해야 할 주제다. 앞서 살펴본 바와 같이 복지국가 유형별로 사회권을 실현하기 위한 정책적 노력과 방식은 다르며, 임신·출산·양육의 문제를 둘러싼 노동권과 가족권의 보장 방식도 다르다. 임신·출산·양육을 여성 개인이나 가족의 영역에 한정한 복지국가 유형들은 여성의 부담을 가중시키고 여성을 가족 돌봄의 역할에서 벗어나지 못하게 함으로써 권리를 한정시킨다. 자유주의 복지국가는 가족 내 역할과 부담을 완화하기 위한 지원을 거의 하지 않은 채 가족에게 맡기고, '실패한 가족'이 되었을 때만 사후적으로 개입함으로써 여성의 삶에 제약을 주고 있다. 여성은 가족과 노동시장의 긴장을 유지하며 이중고를 짊어지고 살아가거나, 결혼 관계가 해체되면 빈곤층으로 전락하는 경우가 많다. 보수주의 복지국가에서는 가족에 대한 지원이 이루어지고 있지만 여성을 어머니이자 보살피는 자로 한정하며, 이들의 노동 단절에 따른 손실을 보완해주는 수당이나 급여(예: 양육 수당, 연금 크레디트)에 집중된다. 이는 여성의 돌봄 부담과 긴장을 완화했다는 긍정적 기여에도 불구하고, 여성을 반쪽 노동자, 반쪽 돌봄자로 제약함으로써 남성과는 다른 권리를 가진 시민으로 이원화한다. 이에 비해 사민주의 국가는 보편적인 사회권을 실현해나가는 과정에서 여성도 그러한 권리를 동일하게 누릴 수 있도록 많은 정책적 노력을 기울여왔다. 우선 성 평등의 핵심이라 할 수 있는 여성 노동권을 보장하고자 고용정책과 사회복지 정책의 결합을 통해 여성의 취업률과 취업의 질을 일정 수준 이상으로 유지했다. 동일노동 동일임금 제도를 통한 남녀 임금격차 감소, 높은 수준의 공공보육 서비스와 출산·육아 휴직 보장을 통한 일·가족 양립 사회 기반 구축, 탄력근무제 도입, 아버지 할당제 papa's quota 와 같은 남성의 육아 활동 참여를 위한 제도적 지원을 강화함으로써 남녀가 함께 돌보는 사회 조성 등이 그것이다.

근래에는 노동시장만큼이나 인구구조, 가족구조가 대대적인 변화를 겪고 있다. 1990년대 이후 자본주의의 고도화와 경제위기의 상시화 속에서 사회복지 재원 삭감의 필요성이 증대되는 가운데 노동을 통한 자립이 다시 강조되고 있다. 복지국가들은 복지 제공의 기반을 유지하면서 노동을 강조하고 있다. 고령화가 가속화되면서 더 많은 복지 재원이 필요해졌으며, 가족의 결합 단위가 제도의 강제가 아닌 개인 간 애정으로 바뀌면서 가족구조는 단혼 – 핵가족 중심에서 이혼, 결혼, 동거, 싱글로 다원화되는 복수혼·개인화 방식으로 변하고 있다. 사회구조 전반의 이러한 변화 속에서 여성이 전통적인 돌봄자 역할에 한정되거나 제약을 받는 것에서 벗어나, 노동자이자 돌봄자로서의 권리를 동시에 누릴 수 있도록 전환해가는 일은 시대적 명제다. 따라서 향후 복지국가는 성 평등적 지향을 더 강화해야만 사회 구성원의 절반이 권리적 제약을 받는 데서 자유로워질 수 있다. 앞으로 복지국가가 지향해나가야 할 방향을 정리해보면 다음과 같다.

첫째, 복지국가는 노동시장에서의 성 평등을 위한 전략으로 여성을 온전한 노동자로서 인정하고 수용하는 정책을 활성화해야 한다. 즉, 남성=생계부양자, 여성=가족 돌봄자라는 성별 노동분업을 넘어 여성과 남성 모두 노동시장에서는 일하는 노동자이자, 가족의 영역(개인의 영역)에서는 가족을(스스로를) 돌보고 살아가는 사람이라는 대전제를 바탕으로 해야 한다. 또한 노동시장 내에서 성별 위계, 즉 고용 안정성(정규직-비정규직)과 임금(고임금-저임금) 등에서의 위계를 완화할 수 있는 적극적인 평등 조치가 요구된다. 노동시장에서의 성 평등은 여성 차별 구조 완화에 근본적인 영향력을 미친다. 노동시장에서의 성 평등은 여성의 경제활동 참여를 증가시키는 동시에 고용 평등, 임금격차 해소 등을 통해 여성과 남성이 대등한 노동자로서 위상을 갖게 한다. 여성이 임신·출산·양육 때문에 언젠가는 떠날 반쪽 노동자로 인식되며 노동시장에서 저임금·임시직 노동자로 존재하는 한, 여성은 노동시장과 가족 내 돌봄을 동시에 짊어지는 이중 부담을 지고 살아가거나 노동시장과 가족을 전전하며 반쪽짜리 권리를 가진 노동자가 되는 것 중에 하나만 양자택일적으로 골라야 하는 단속적 상황에 노출된다. 이는 장기적으로 여성을 빈곤에 취약한 그룹이 되도록 만든다. 복지국가의 재원이 노후 여성 빈곤의 사후 지원을 위해 사용되기보다는 여성이 제대로 일할 수 있게 하는 환경을 조성하는 데 쓰인다면 누구에게나 축복이 될 수 있다.

둘째, 노동시장의 성 평등을 가능하게 하는 기반을 조성하는 것인데, 이는 우선적으로 돌봄 노동의 사회화다. 전통적으로 여성이 남성과 달리 노동시장에서의 권리를 제약받았던 근간에는 가족 내 돌봄 노동이 있다. 여성의 교육 기회가 확대되고 사회 진출이 보장된 사회에서 여성은 남성과 다르지 않은 노동자로서의 조건을 지닌다. 그런데도 여전히 지속되는 여성의 가족 돌봄 의무가 여성을 남성과는 다른 조건으로 위치 지우는 제약을 주고 있다. 따라서 가족 내 돌봄의 사회적 책임 공유, 돌봄 노동의 사회화가 필요하다. 이를 위해 사민주의 복지국가들은 아동, 노인, 장애인을 위한 각종 서비스와 제도를 도입했다. 보육 서비스, 재가 서비스, 육아휴직 제도의 정착이 그것이다. 또한 이들 국가는 돌봄 사회화를 일자리 정책과 연결해나가면서 복지와 고용을 연동시켰다. 즉, 아동·노인·장애인 돌봄, 교육, 사회 적응 등을 위한 사회 서비스 일자리를 통해 취업여성의 이중 부담을 줄여나가는 동시에, 노동시장으로 진출한 여성의 고용 기회 기반을 마련했다. 가족 내에서 이루어지던 돌봄을 사회화하고 공적 영역의 일자리로 만듦으로써 여성이 노동시장에 참여할 수 있는 조건이 창출되었으며, 여성의 높은 취업률을 유지시키는 기반이 구축되었다. 이를 통해 여성은 돌봄으로 인한 제약, 즉 아동이나 노인을 돌보기 위해 노동시장을 이탈하거나 사회적 노동을 포기하는 강제된 선택으로부터 자유로워졌다. 일하는 여성의 증가가 노동의 수적 증가를 통해 복지 재원의 증가는 물론, 맞벌이로 자녀를 키워나갈 수 있는 경제적 조건을 충족시키면서 안정된 생계를 꾸릴 수 있는 가족이 늘어나고 출산율도 올라가기 시작했다. 이처럼 선진 복지국가의 돌봄 노동 사회화는 기본적으로 사회 안전망이자 사회권 보장으로서 의의가 있다. 돌봄 노동의 사회화는 아동·노인·장애인에게는 가족 형태(맞벌이−홑벌이, 양부모−한부모, 제도혼−사실혼 등)와 관계없이 적정한 수준의 돌봄을 받을 수 있는 권리를 주고, 여성에게는 돌봄에 대한 근심 없이 일할 수 있는 권리를 부여하며, 남성에게도 가족 부양의 경제적 부담을 덜고 노동시장으로부터 자유로울 수 있는 권리를 갖게 한다는 데 의미가 있다. 여성의 노동자화는 차별과 배제의 사회적 기제를 넘어 평등과 통합을 이루게 함으로써 사회의 긍정적 선순환을 선도하고, 나아가 높은 출산율과 경제참가율을 지속시켜 복지국가의 근간을 강화할 수 있다는 점에서 원원win-win의 대표적 전략이라 평가된다.

셋째, 여성의 노동자화를 보장하는 것과 동시에 요구되는 것이 가족화다. 여성과 남성이 모두 노동자로서의 권리를 누리는 것은 사회권의 필요조건이기는 하지만 충분조건은 될 수 없다. 노동시장에서 노동을 하지 않고도 적정한 수준의 삶을 유지할 수 있는 것이 사회권이라면 임신·출산·양육의 시기에 절대적으로 아동을 돌봐야 할 때 '유급 노동을 하지 않을 권리(또는 자유)'

가 바로 사회권의 핵심이다. 따라서 가족 구성원을 돌볼 수 있는 권리를 보장하는 가족권이 노동권과 함께 동반되어야 하겠다. 육아휴직의 제도화, 실질적 소득대체율 보장, 기타 돌봄을 위한 가족휴직 제도화 등이 그것이다. 성 평등 복지국가에서 성 통합적 정책의 핵심은 일을 할 수 있는 자유, 가족을 돌볼 수 있는(또는 가족과 개인의 안녕과 안위를 유지할 수 있는 시간이 허용되는) 자유가 성별에 관계없이 보장되는 사회를 만들어가는 것이다.

여성주의자들은 이 두 가지 자유를 동시에 가질 수 있도록 하는 전략을 통해서만 여성이 남성과 동등한 사회적 시민권을 가질 수 있다고 역설한다(Lister, 1997; Fraser, 1997). 노동권과 가족권(다르게는 탈상품화와 탈가족화), 둘 중 어느 한 권리만을 가지는 것은 불완전하고, 부분적이며, 모순적이어서 온전한 평등을 누릴 수 없다. 여성에게 노동자로서의 삶과 어머니로서의 삶이 동시적이고 동전의 양면처럼 존재하므로 어느 한 쪽의 권리만 보장하는 것은 다른 쪽의 권리를 외면하고 배제하는 것이기 때문이다. 이는 남성에게도 동일하게 적용되어야 한다. 보편적 생계 부양-돌봄자 모델로 전환되어 성별에 관계없이 사회와 가족에서의 권리 · 책임이 공유될 때, 개인적 차원에서는 안정적 삶이, 국가적 차원에서는 안정적인 사회적 재생산이 보장되어 복지국가가 지속 가능한 사회로 나갈 수 있게 된다.

6. 맺음말

이제까지 페미니즘은 여성에 대한 차별 철폐와 종속적 지위로부터의 해방을 강조했다. 두 세기 전의 메리 울스턴크래프트는 여성에게 남성과 동등한 수준의 교육을 받을 권리, 직업을 가질 권리, 정치에 참여할 권리, 자기 자신의 재산을 소유할 권리가 보장되어야 한다고 주장했다. 울스턴크래프트는 조건보다 기회의 평등을 강조한 자유주의 페미니스트로서의 경향이 강했다. 한 세기 전 알렉산드라 콜론타이는 기회의 평등 이외에도 '조건의 평등'이 실현되지 않으면 여성해방이 실현되지 않는다고 지적하며, 궁극적으로 '결과의 평등'을 통한 온전한 여성해방을 주창했다. 콜론타이는 사회주의 도래 이후에도 사라지지 않는 여성 불평등을 척결하기 위해 가사노동과 돌봄의 사회화를 주장했으며, 다양한 차원에서 벌어지는 여성에 대한 사회문화적 경시화와 여성을 주체적 개인으로 인정하지 않는 사회문화 구조 전반을 개혁하고자 상당한 노력을 기울인 이론가이자 실천가였다. 그녀의 이론과 저작은 이후 복지국가에서 여성의 지위와 권리를 신장시키기 위한 방법론으로 활용되었다. 여성에게도 남성과 동일하게 일할 수 있도록 노동시장 참여를 보장하고, 이를 위한 사회적 기반으로서 가사·돌봄 노동의 사회화 전략과 일하면서도 가족을 돌보고 살아갈 수 있게끔 하는 가족화 전략은 현재 복지국가가 달성해나가야 할 중요한 과제가 되었다. 여성이 한 사회의 온전한 사회 구성원으로서 살아가도록 지원하는 정책은 결국 노동과 생활의 균형·유지라는 사회권 실현과 맥락을 같이하고 있다.

이제 성 평등은 다른 경로를 찾아나서야 할 시점이다. 지금까지 성 평등은 여성이 남성과 같은 수준으로 올라서거나 변화하는 것을 의미했지, 반대로 남성이 여성과 같아지는 것을 의미하지는 않았다(여성문화이론연구소, 2015; 정희진, 2013; 한국여성연구소, 2014). 사회의 변화와 페미니즘의 영향 속에서 여성은 (아직 완전하지는 않아도) 노동시장으로, 정치적 영역과 같은 공적 영역으로 진출했다. 반면 남성은 여성의 공적 영역 진출과 달리 사적 영역으로 진출하지 않았다. 성 평등을 위해 남성은 여성이 그동안 수행해왔던 가족의 영역, 돌봄 영역 내 분담으로 진출하지 않고 있다. 이는 단기적으로 일과 가

정의 불균형·비대칭으로 이어지고, 인간으로서 기본적으로 누려야 할 '관계와 생활의 기쁨'으로부터 유리된 파편화를 가속시키며, 장기적으로는 사회의 지속 가능성 근간을 흔들고 있다. 이중 생계 부양자 모델로의 전환이 이루어지지 않으면 가구별로 적정 수준의 생계를 유지하기 어려운 상황이 되고 있다. 이제 남성이든 여성이든 성별에 관계없이 일을 해야 하는 사회가 되었다. 이에 따라 전통적으로 여성에게 과도한 책임이 지워진 양육·보호·돌봄의 부담이 사회적으로 분담되고 성별로 재배치되지 않는다면 출산 파업과 저출산 문제는 해결되기 어렵다. 에스핑 안데르센도 성별 관계 변화의 필요성을 언급하면서, 이제 남성도 여성의 삶의 경로를 공유해야 한다고 역설한다(Esping-Andersen, 2002). 이는 여성주의자들이 그동안 줄기차게 주장해온 보편적 생계 부양자-돌봄자 모델 사회로의 전환을 의미한다. 남녀 누구든, 어떤 가족 유형이나 상이한 성 지향성을 지니든 상관없이 일하고 돌보며여가와 생활을 즐길 수 있는 삶을 보장하는 것, 이것이 사회권의 시작이자목표점이다.

참고문헌

김용민. 2004. 「메리 울스턴크래프트의 페미니즘 재조명」. ≪아시아여성연구≫, 43집 2호, 108~135쪽.

김정미. 2011. 『세계사 여자를 만나다』. 아름다운사람들.

로버, 주디스(Judith Lorber). 2005. 『젠더불평등』. 최은정 외 옮김. 일신사.

미스(Maria Mies)·시바(Vandana Shiva). 2000. 『에코 페미니즘』. 손덕수·이난아 옮김. 창작과비평사.

소콜로프, 나탈리(Natalie Sokoloff). 1990. 『여성노동시장이론: 여성의 가사노동과 시장노동의 변증법』. 이효재 옮김. 이화여자대학교 출판부.

송다영. 2013. 「여성주의 관점에서 본 생애주기별 복지와 돌봄 패러다임」. ≪페미니즘 연구≫, 13권 1호, 93~129쪽.

여성문화이론연구소. 2015. 『페미니즘의 개념들』. 동녘.

월비, 실비아(Sylvia Walby). 1996. 『가부장제 이론』. 유희정 옮김. 이화여자대학교 출판부.

재거, 앨리슨(Alison Jaggar). 1999. 『여성해방론과 인간본성』. 공미혜 옮김. 이론과실천.

정희진. 2013. 『페미니즘의 도전』. 교양인.

콜론타이, 알렉산드라(Alecksandra Kollontai). 1988. 『붉은 사랑』. 김제헌 옮김. 공동체.

콜론타이, 알렉산드라(Alecksandra Kollontai) 외. 2015. 『마르크스주의자들의 여성해방론』. 정진희 편역. 책갈피.

통, 로즈머리 퍼트남(Rosemarie Putnam Tong). 1995. 『페미니즘 사상: 종합적 접근』. 이소영 옮김. 한신문화사.

판스워드, 비어트리스(Beatrice Farnsworth). 1986. 『알렉산드라 콜론타이』. 신민우 옮김. 풀빛출판사.

페이트만(C. Pateman)·쉐인리(M. Shanley) 엮음. 2004. 『페미니즘 정치사상사』. 이남석·이현애 옮김. 이후.

프리드먼, 제인(Jane Freedman). 2002. 『페미니즘』. 이박혜경 옮김. 이후.

한국여성연구소. 2014. 『젠더와 사회: 16개의 시선으로 읽는 여성과 남성』. 동녘.

한정숙. 2012a. 「근대 페미니즘의 출발: 메리 울스톤크래프트, 『여권의 옹호』」. 한정숙 엮음. 『여성주의 고전을 읽다』. 한길사.

_____. 2012b. 「사회주의 혁명에서 여성해방을 꿈꾸다: 알렉산드라 콜론타이, 『여성문제의 사회적 기초』 외」. 한정숙 엮음. 『여성주의 고전을 읽다』. 한길사.

홈스트롬, 낸시(Nancy Holmstrom) 엮음. 2012. 『페미니즘, 왼쪽 날개를 펴다: 사회주의 페미니스트 35인의 여성/노동/계급 이야기』. 유강은 옮김. 메이데이 출판사.

훅스, 벨(Bell Hooks). 2010. 『페미니즘: 주변에서 중심으로』. 유은진 옮김. 모티브북.

Borchorst, A. and B. Siim. 1987. "Women and the advanced welfare state-A new kind of patriarchal power?" in A. Sasson(ed.). *Women and the State*. London: Hutchinson.

Esping-Andersen, G. 1990. *The Three Worlds of Welfare Capitalism*. New York: Policy Press.

_____. 1999. *Social Foundations of Postindustrial Economies*. New York: Oxford University Press.

_____. 2002. *Why We Need a New Welfare State*. Oxford University Press.

Fraser, N. 1994. "After the family wage: Gender equity and the welfare state." *Political Theory*, 22(4), pp.591~618.

_____. 1997. *Justice Interrupts: Critical Reflections on the 'Postsocialist' Condition*. New York: Routledge.

Hermes, H. 1987. "Women and the welfare state: The transition from private to public dependence." in A. Sasson(ed.). *Women and the State*. London: Hutchinson.

Jaggar, A. 1983. *Feminist Politics and Human Nature*. Rowman & Littlefield.

Kollontai, A. 1977. "The Social Basis of the Woman Question." translated by Alix Holt. *Selected Writings of Alexandra Kollontai*. Allison & Busby.

Leira, A. 2002. *Working parents and the welfare state*. Cambridge University Press.

Leitner, S. 2003. "Varieties of familialism: The caring function of the family in comparative perspective." *European Societies*, 5(4), pp.353~375.

Lewis, J. 1986. "Feminism and welfare." in J. Mitchell and A. Oakely(eds.). *What is Feminism?* Oxford: Blackwell.

_____. 1992. "Gender and the development of welfare regimes." *Journal of European Social Policy*, 2(3), pp.159~173.

Lister, R. 1997. *Citizenship: Feminist Perspective*. Bashingstoke: Macmillan.

Marshall, T. 1950. *Citizenship and Social Class*. Cambridge University Press.

Orloff, A. 1993. "Gender and social right of citizenship: The comparative analysis of gender relation and welfare state." *American Sociological Review*, 58(3), pp.303~328.

Sainsbury, D.(ed.). 1994. *Gendering Welfare State*. London: Sage.

_____. 1996. *Gender, Equality and Welfare States*. Cambridge University Press.

_____. 1999. "Gender and social democratic welfare states." in D. Sainsbury(ed.). *Gender and Welfare State Regimes*. Oxford University Press.

Sasson, A.(ed.). 1987. *Women and the State*. London: Hutchinson.

Wollstonecraft, M. 1995(1792). *The Vindication of the Rights of Women*. London: Everyman.

제10장 **생태주의와 복지국가**

한동우

1. 생태주의란 무엇인가

1) 생태주의의 등장

생태학 ecology 이라는 용어는 19세기 말 독일의 생물학자 에른스트 해켈 Ernst Haeckel 에 의해 처음 사용되었다고 알려져 있다. "개체발생 ontogeny 은 계통발생 phylogeny 을 반복한다"라는 명제로 유명한 그에 따르면 생명체는 개별적으로 이해되기보다 다른 생명체와의 관계 속에서 이해되어야 한다. 생태학은 모든 개체가 생명의 주체인 동시에 다른 모든 개체의 환경이 되며, 개체들 간의 이러한 관계를 통해 생태계를 이룬다는 점을 강조한다. 이러한 관점에서 생태학은 생물학의 분파로서 출발했을지라도 사회과학을 포함한 거의 모든 학문 영역에 걸쳐 거대 이론 또는 담론으로서의 지위를 갖는다.

생태주의와 생태학은 종종 같은 의미로 사용되지만 이 두 개념은 명백히 분리·이해되어야 하며, 두 개념의 의미에 대한 상이한 이해를 근거로 사용되어야 한다. 생태주의는 어떤 현상에 대한 사유의 틀로서 생태학을 도입하는 철학 혹은 이념 체계라고 할 수 있다. 생태주의의 등장은 생태학의 등장과 달리 사회조건의 변화에서 영향을 받았다. 생태주의의 등장에 가장 중요한 영향을 미친 조건은 지구온난화와 이로 인한 기후변화로 대표되는 생태 위기다. 현실에서 기후변화의 양상은 자연재난과 이에 수반된 2·3차 재난의 발생 빈도와 강도가 증가하는 것인데, 지구온난화가 인간의 활동에 직간접으로 기인한다는 점을 고려할 때 이러한 재난은 문자 그대로 자연재난이라고만 부를 수도 없는 형편이다.[1] 자연재난은 장소와 대상을 특정하지 않는다는 점에서 '민주적'(벡, 2010)이라고 할 수 있으나, 재난의 영향은 사회적으로 매우 불평등하게 미친다. 한국에서 2000~2008년에 발생한 풍수해에 대한 자료를 분석한 결과에 따르면(추장민·공성용·백승아, 2011), 소득분위가 낮은 지역일수록 사회경제적 여건이 상대적으로 열악하게 나타났다. 울리히 벡 Ulrich Beck 은 지구온난화가 단순히 기후변화일 뿐 아니라 사람들의 사고방식, 생활 방식, 소비습관, 법률, 경제 등 우리 삶의 전 영역을 변화시킨다고 주장한다(벡, 2010). 이러한 관점에서 기후변화는 인간이 살고 있는 지구 환경의 변화로 인식되는 것이 아니라, 사회 안에 자리 잡은 세계 내적 문제로 파악된다(벡, 2010). 벡은 지구적 기후 위험이 '코스모폴리탄 관점'을 취하며 국제적 권력관계를 재편함으로써 새로운 글로벌 지형을 등장시킨다고 지적한다. 그는 기후변화가 지구의 종말적 대재앙과 확연히 다르고, '기후 정의'의 문제로부터 '사회적 카타르시스'를 통해 새로운 규범적 지평을 지구화하

---

1   문제는 이러한 재난의 증가가 인간 생활에 심대한 영향을 미친다는 점이다. 자연재난으로 인한 피해는 경제적 손실로 환산되기도 하는데, 예를 들어 1995년 미국 시카고 지역에서 발생한 이상 고온으로 739명이 사망했으며, 2003년 유럽의 이상 고온으로 2만 7000명이 사망했는데, 프랑스에서만 1만 4000명이 사망했다. 2005년 미국 플로리다에서 발생한 태풍 카트리나는 1000억 달러 이상의 피해를 낸 것으로 알려져 있다.

는, 세상의 변화를 가져오는 '해방적 파국'의 개념에서 기후변화를 고찰할 필요가 있다고 주장한다.

기후변화는 지구적 위험이 증가하는 현상으로, 그 영향이 단위 국가 내부에 국한되지 않는다. 1972년에 로마클럽의 『성장의 한계 Limits to Growth』 보고서가 발간되면서 기후변화 개념은 새로운 의미를 구축하게 되었다. 이 보고서의 핵심은 인류 문명이 유한한 자연자원 고갈의 대가라는 점을 경고하는 것이었으며, 화석연료에 전적으로 의존하는 인류 문명은 성장을 지속할 수 없다는 점이었다. 1987년 유엔의 환경과 개발을 위한 세계위원회 World Commission on Environment and Development: WCED 의 '브룬틀란 보고서 Brundtland Report'는 산업사회가 지구의 자원을 엄청난 속도로 고갈시키고 있으며, 이 때문에 스스로 지탱할 수 있는 가능성이 없다는 점을 경고하면서, '지속 가능한 개발 sustainable development'이라는 개념을 제안했다. 이는 "미래 세대의 요구의 가용성을 약화시키지 않으면서 현재의 요구에 대응하는" 개발을 의미한다. 1992년 리우 환경정상회의 United Nations Conference on Environment and Development: UNCED, Rio Summit 에서는 지속 가능한 개발을 구체적으로 실현하기 위한 국제사회의 공조 방안을 논의하고 27개의 구체적인 원칙을 수립했다. 지속 가능한 개발과 관련해 국제사회는 현재와 같은 방식의 개발이 저개발 국가의 국민들을 계속해서 빈곤 상태에 머물게 할 것이라는 점에 동의하고, 이를 해결하기 위해 세계적 차원의 정의가 필요하며, 그 실현을 통해 저개발 국가의 국민들도 선진국처럼 빈곤을 벗어나야 한다는 점에 합의했다. 윌리엄 M. 래퍼티 William M. Lafferty 와 제임스 메도크로프트 James Meadowcroft 는 "지속 가능한 개발이란 인류 복지를 증진하고, 기본적인 필요를 충족시키며, 환경을 보전하고, 우리 미래 세대의 운명을 배려하며, 부자와 가난한 자 사이에서 형평을 이루고, 의사 결정의 모든 단계에 적극적으로 참여하는 등 상호 의존적인 활동을 의미한다"라고 주장했다(Lafferty and Medowcroft, 2000: 19).

지속 가능한 개발이라는 개념은 녹색운동가들을 포함해 성장을 반대하는 세력과 친시장주의 세력이 타협할 수 있는 지점을 만들어주었다. 지속 가능성이라는 개념으로 인류가 파국으로 치닫지 않을 수 있다는 희망을 제공했고, 개발을 포기하지 않음으로써 시장주의자들의 권력을 유지시켰기 때문이다. 지속 가능한 개발이 기후변화로 인한 문제들의 직접적인 해결책이 되는 것은 아니지만 상당한 정도로 연관되어 있는 것은 분명하다. 이러한 관점에서 볼 때, 지속 가능한 개발은 기후변화의 본질을 설명하거나 이를 극복하기 위한 대안으로서 실질적인 해석의 틀을 제공해주지 못하는 정치적 수사로 전락했다고 할 수 있다.

생태주의적 성찰은 실로 전방위적이다. 기후변화를 불러온 직접적 원인을 화석연료 남용으로 인한 이산화탄소 배출량의 증가로 가정할 경우 연료 효율성 제고, 이산화탄소 저감 방법, 대체에너지 개발 등의 논의로 귀결된다. 그런데 이는 여전히 경제성장에 대한 욕망을 유지한 채 기술공학적 방식으로 문제를 해결하려는 시도이며, 생태위기의 본질을 유예하는 정도의 효과밖에 얻을 수 없다는 비판과 한계에 직면한다.

이산화탄소 배출량 증가를 지구의 산소 배출량 감소와 관련짓게 되면 환경위기에 관한 성찰이 열대우림지역 훼손에 관한 논의로 귀결되는 경향이 있다. 아마존 유역과 동남아시아 열대우림지역 개발이 산소 배출량을 감소시켜 대기 중 이산화탄소 농도를 증가시킨다는 주장은 개발에 대한 성찰로 이어지는데, 지속 가능한 개발과 환경정의 environmental justice 가 이러한 논의의 상징적 개념들이다. 이 두 개념 역시 생태위기의 본질과는 거리가 있다. 지속 가능한 개발은 '개발'을 '지속'한다는 점에서 문제의 본질을 우회하는 개념이며, 환경정의는 '정의롭게' '환경'을 사용한다는 점에서 개발에 따르는 책임을 분산시키는 의미² 외에 특별한 의미를 찾기 어렵다.

생태위기에 대한 성찰은 근대성modernity에 대한 성찰로 이어진다. 생태위기는 인간과 자연에 대한 이분법적 사고를 토대로 자연을 대상화·도구화한 결과로 초래되었으며, 이러한 이분법적 사고는 근대국가의 토대를 형성하는 사유 체계다. 생태주의 입장에서 보면 인간 중심적 사고anthropocentricism와 자연을 도구화하는 태도는 자본주의와 사회주의 모두에서 차이가 없다.

인간을 둘러싼 환경Person-In-Environment: PIE은 사회적으로 구성된 실체인 동시에 물리적으로 주어진 현실이다. 레나 도미넬리Lena Dominelli는 사회복지학에서 전통적으로 중요하게 강조해온 '환경 속의 인간' 개념이 사회적·정치적 맥락을 지나치게 강조함으로써 인간을 둘러싼 물리적 환경을 무시해왔다고 주장한다(Dominelli, 2012).³ 사회복지적 관점에서 환경의 정의를 사회적이고 정치적인 것으로부터 지구 생태계earth ecosystem로 확장하게 되면 자연환경을 다루는 영역과 사회환경을 다루는 영역 사이의 구분이 모호해진다. 다시 말해 인간을 둘러싼 환경을 생태적 관점에서 보면 사회환경과 자연환경은 뚜렷한 경계가 없이 혼재하는(상호 영향을 주고받는) 조건이 된다. 이러한 관점에서 기후변화로 인한 자연환경의 변화는 사회문화적 환경의 변화를

---

2 예를 들어 「교토 의정서(Kyoto Protocol)」는 국가 간에 할당된 탄소 배출권을 인정함으로써 무분별한 환경 파괴를 지양하고, 개발의 대가를 저개발 국가에 재분배한다는 취지를 지녔다. 그러나 이 역시 개발에 대한 욕망을 자제한 것이라기보다는 저개발국에 대한 금전적 보상을 통해 선진국(developed countries)의 개발을 지속하겠다는 욕망이 반영된 것으로 보아야 한다. 게다가 미국은 「교토 의정서」에 합의하지 않았다.

3 도미넬리는 신자유주의적 자본주의가 인간과 지구 모두에서 실패했음을 지적한다. 그녀는 기존의 지배적인 경제 시스템에 대항하는 주체로서 엔지오(NGO)의 역할을 특히 강조하며, 사회복지사들이 참여할 수 있는 지역 기반의 대응자(community-based responder) 역할을 제안하고 있다(Dominelli, 2012).

동반하거나 동시에 일어나는 것으로 이해될 수 있다.

종종 기후변화에 대한 사회정책적 접근은 인간에게 주어진 조건으로서 기후변화에 대해 문명사회가 어떻게 대응할 것인가를 중심으로 이루어진다. 즉, 기후변화 또는 그로 인한 문제 역시 사회정책이 일반적으로 다루고 있는 여타의 사회문제처럼 인식되어 특정한 정책이나 제도를 통해 대응할 수 있는 것처럼 여겨진다. 이 장에서는 기후변화가 인간 활동을 통해 일어나는 것으로 이해할 뿐 아니라 인간의 활동 그 자체의 다른 속성으로 이해한다. 따라서 기후변화는 단순히 주어진 것이 아니며, 그 자체가 인간 사회의 변화로 이해되어야 함을 지적하려 한다.

2) 심층생태주의와 사회생태주의

생태주의는 사회이론이나 경제이론만큼 그 스펙트럼이 다양하다. 기존의 자본주의 체제 안에서도 환경문제의 개선이 가능하다고 보는 환경자유주의 또는 표층생태주의 shallow ecology 를 비롯해 심층생태주의 deep ecology , 사회생태주의 social ecology , 생태사회주의 eco-socialism , 생태마르크스주의 eco-marxism , 생태페미니즘 eco-feminism 등이 있다.[4] 홍성태(2004)는 이를 다시 반동적 생태주의, 개혁적 생태주의, 근본적 생태주의로 구분해, 신맬서스주의를 반동적 생태주의에, 생태사회주의[5]와 생태마르크스주의를 개혁적 생태주의에, 그

---

4   생태사회주의와 생태마르크스주의는 환경문제의 발생 원인으로서 자본주의 경제체제를 지목한다. 이들의 차이는 마르크스의 이론에서 생태주의적 논리를 찾는 정도의 차이라고 할 수 있다. 즉, 마르크스가 생태주의적 함의를 주요하게 다루었다고 이해하는 것이 생태마르크스주의이고, 이에 대해 소극적으로 이해하는 것이 생태사회주의다(김호기, 2006).

리고 심층생태주의와 사회생태주의를 근본적 생태주의로 구분하고 있다. 이 절에서는 그중에서 현대의 생태주의를 대표하고 있는 심층생태주의와 사회생태주의를 다루고자 한다.

심층생태주의는 아르네 네스Arne Næss가 표층생태주의, 즉 자본주의 질서 체제 안에서도 충분히 환경문제 개선이 가능하다고 보는 생태주의에 반대하는 개념으로 제시한 사상이다(Næss, 1973). 즉, 인류가 살아남기 위해서는 인간 중심적 세계관으로부터 생태 중심적 세계관으로의 변화가 있어야 한다는 것이다. 그가 비판하는 인간 중심적 세계관은 르네 데카르트René Descartes의 인간과 자연의 이분법적 세계관을 의미한다. 이러한 이분법적 사유 체계는 인간에게서 자연을 분리해 인간의 이익을 위해 자연을 이용·착취하는 것을 용인한다. 네스는 관계적·전체적 관점을 선호하며, 생태계에 존재하는 모든 것은 자기를 실현할, 즉 생존하고 번성하며 자기 나름의 형태에 도달할 평등한 권리를 갖는다는 생명평등주의를 주장하면서 다양성과 상호 의존성, 공생의 원리를 추구한다. 조지 세션스George Sessions에 따르면 '생태학적 자아'는 자신과 다른 사람의 일체감을 터득한 후에 다시 자신과 다른 생물종들의 일체감을 경험하고, 나아가 무생물과도 일체의식을 경험함으로써 인간의 정신적 성숙 단계에서 최고 경지에 이르는 상태라고 주장한다(송명규, 2003에서 재인용). 생태위기의 해결은 자연과 인간이 하나의 생물권을 구성하는 동등한 존재라는 의식 전환을 통해서만 가능하다고 주장한다. 심층생태주의

---

5 홍성태(2004)에 따르면 생태사회주의는 자본주의의 생태 파괴적 본성을 강조한다. 또한 전체주의 체제인 현실 사회주의도 심각한 생태 파괴를 야기했다는 점, 국가와 시장은 해체될 수 없으며 새로운 방식으로 이용되어야 함을 지적한다. 사회생태주의가 환경문제의 원인을 인간 사회 안의 지배 관계에서 고찰한다면, 생태사회주의는 자본주의(산업주의)에서 그 원인을 찾는다는 데 차이점이 있다.

는 그 이론이 지나치게 넓고 선언적이며, 자연의 내재적 가치가 도출되는 대자아실현과 생명 중심적 평등주의라는 규범이 직관에 호소한다는 점, 그리고 자기가 내재적 가치를 갖는다고 해서 그것이 곧 동일화와 생명 중심적 평등을 통해 나 이외의 다른 존재도 내재적 가치를 갖는다고 연결되는 것은 논리적 비약이라는 비판이 있다(이윤희, 2005). 구승회(2001)도 심층생태주의는 자연에 초자연적인 의미를 부여한 '노골적인 신비주의'이며, 범신론이고, 인간에 대한 극도의 적개심을 나타내는 인간 멸시의 '유사 종교'라고 비판한다.

심층생태주의에서 인간중심주의를 비판하는 논거에 대해 이해하지 못할 바는 아니나, 현실에서 어떤 생명체가 자기 중심적으로 사고하는 대신 생명 중심적으로 사고한다는 점은 상상하기 어렵다. 오히려 모든 생명체는 자기 중심적으로 사고하고 행동할 수밖에 없다는 한계를 인정해야 한다. 게다가 심층생태주의의 낭만성romanticism은 현실 문제에 대한 대면과 직시를 방해할 가능성이 있다. 이른바 지구를 하나의 생명체로 인식한다든지(예를 들어 대지를 어머니로 보는 가이아 이론), 인간을 지구에 기생하는 생명체로 인식하는 것은 현재의 생태위기를 진단하고 해결하는 데 어떠한 구체적인 해결책을 제시할 수 없음이 분명하다. 생태위기는 인간의 사고 내에서 구성된 개념이고, 따라서 인간이 없으면 생태위기가 없다는 주장은 오히려 지극히 당연하다. 그것은 생태위기의 해결이 아니라 생태위기 개념 자체를 성립시키지 않는 것일 뿐이다. 생태위기는 전적으로 인간의 위기이기 때문이다.

사회생태주의는 머리 북친Murray Bookchin에 의해 발전된 사상으로, 기계론적이고 이분법적인 세계관 부정, 사회문제 해결에 대한 생태 중심적 방법 채택, 위계와 지배 관계의 근절 등에서 심층생태주의와 많은 부분을 공유하고 있으나 다른 점도 분명히 존재한다. 무엇보다 북친은 생태문제가 사회문제에서 발생한다고 보며, 이 생태문제를 해결하기 위해 사회에서 인간들 사이의 문제가 먼저 해결되어야 한다고 주장한다. 즉, 생태계 파괴 같은 문제는 인간이 자연을 지배한 결과인데, 이처럼 인간에 의한 자연 지배는 인간 사회 내 인간의 인간 지배에, 그리고 그것은 남성에 의한 여성 지배, 도시에 의한 농촌 지배에 원인이 있다고 본다. 따라서 북친은 생태문제를 해결하기 위해 사회 안에 존재하는 인간 사이의 모든 지배 고리를 끊어야 한다고 주장해 생태아나키즘으로 불리기도 한다. 상당한 수준의 사회비판과 변혁을 주장하는 그의 생태 사상을 사회생태주의[6]라고 한다. 사회생태주의에서는 모든 구성원의 참여로 협치가 이루어지고, 네가 없으면 나도 없다는 공생 논리를 터득하는 가운데 타인이 행복해야 나의 행복도 있음을 인식하게 된다.

사회생태주의는 인간에 의한 인간 지배가 자본주의 사회의 필연적 산물이기에 자본주의와는 타협할 수 없고, 자본주의의 타파만이 오늘날 온 인류가 직면한 생태문제 해결의 유일한 방법이라며 현대사회가 '역사적 전환점'에 있음을 주장한다. 이런 점에서 사회생태주의는 근본주의적 생태주의 분파로

---

6 '사회생태주의'라는 용어 대신 '사회생태론'을 사용하고 있는 구승회는 다음과 같이 말한다. "사회생태론, 사회생태주의, 사회생태학 이런 세 단어는 사실 영어의 'social eco-logy'라는 같은 단어의 번역어다. 한국에서는 아마 다른 환경운동의 이념과 비교하면서 말하다 보니 그렇게 된 것이 아닌가 싶다. 다시 말하면, 심층생태학이 말 그대로 순수하게 학문 분과를 지칭하기보다는 '심층생태운동'으로 출발했듯이, 사회생태학 역시 여기에 대한 유비(喩比)로 사회생태론으로 쓰고, 생태(적)사회주의(ecosocialism, eco-logical socialism)와 비교함에 있어서는 '사회생태주의'라고 쓰게 되면서 각기 상이한 번역어가 나오지 않았나 싶다. '사회생태주의'라는 말은 분명 이데올로기 시대의 산물로서 정치적인 뉘앙스가 풍긴다. 북친은 환경 또는 생태문제가 정치적·이데올로기적 수단으로 사용되는 것을 반대했다. 반대로 '사회생태학'이라 하면 엄밀하게 학적 토대가 마련된 생태학의 하부 분과쯤으로 생각되는데, 사회생태론이 과연 글자 그대로 '과학적(wissenschaftlich)'인지는 아직 논란의 여지가 있다. 따라서 나는 좀 중립적인 의미의 '사회생태론'이라 번역해서 쓰고자 한다"(구승회, 1998).

이해될 수 있으나, 지구 생태 파괴의 역사에는 좌우가 따로 없었다고 비판한다는 점에서 전통적 좌파와는 명확히 선을 긋는다. 사회생태주의에서는 현재의 자본주의나 사회주의 체제에서 계급이 없어진다고 생태위기가 해소될 것으로 보지 않는다. 계급이 없어진 사회에 또 다른 형태의 지배가 찾아올 것이기 때문이다. 또한 모든 인간을, 자본가나 노동자의 구분 없이, 환경 파괴의 똑같은 범죄자로 인식하는 심층생태주의에도 동의하지 않는다. 사회생태주의는 빈곤층이나 사회적 약자, 제3세계 국가가 지배층과 제1세계가 발생시킨 각종 문제의 희생양임을 분명히 한다. 오히려 심층생태주의가 인간을 종으로 환원해 분석하는 과정에서 인간과 돌을 같은 수준으로 이해하게 해, 생태주의가 비판하는 기계론적 합리주의 또는 과학주의적 환원론의 오류에 스스로 빠진다고 비판한다.[7]

2. 복지국가 비판: 대안적 이론 패러다임과의 접점을 찾아서

1) 한계에 부닥친 복지국가: 체제에 내재된 한계

복지국가의 위기 혹은 그 이후의 재편에 관련된 논의가 시작된 지는 이미 30년을 넘어서고 있다. 20세기에 급속히 성장해온 복지국가는 선진 산업국

---

7 북친은 심층생태주의자들을 인간혐오주의자들이라고 맹비난한다. 이것은 심층생태주의의 사상적·학문적 바탕의 역할을 하는 ≪어스 퍼스트!(Earth First!)≫에 "에이즈는 인구를 줄여서 지구에 가해지는 압박을 줄여주기 때문에 하나의 축복"이라는 내용이 올라오는 등 지구 환경 파괴의 주범으로 인구수를 지적하고 있기 때문이다(송명규, 2003에서 재인용).

가의 상징으로 여겨졌고, '복지국가'는 많게는 국민총생산GNP의 3분의 1을 투입하는 핵심 제도다. 1970년대 말 이후 복지국가의 견고성에 대한 질문은 끝없이 제기되어왔으며, 경제성장을 토대로 이룩해온 복지국가 황금기에 대한 의구심은 계속 커지고 있다. 20세기 말 이후 인구학적 분포의 급격한 변화, 제조업 부문의 고용 감소, 여성의 경제활동 참여 증가 등은 산업사회에서 복지국가가 전제했던 조건들을 근본적으로 변화시키는 가운데 위기감을 증폭해왔다(Taylor-Gooby, 2004). 이는 어떠한 방식으로든 복지국가의 체제를 변화시켜야 할 필요성을 촉구한다. 게다가 복지국가의 물적 토대를 이룬 경제개발과 성장은 지역 경제, 공동체, 가족이 국가와 기업의 지배를 받지 않고 스스로 자립할 수 있는 능력을 제거하는 과정이었다는 비판(Goldsmith, 1994)이나, 복지국가의 사회 서비스 제도들이 가족과 같은 비공식 영역을 지나치게 합리화함으로써 결과적으로 개인과 가족의 사적·비공식적 관계를 해체할 수 있다는 지적(Gorz, 1999)은 현재의 복지국가 체제 개혁·재편 논의에서 반드시 고려해야 할 사항이다. 경제성장, 좌파의 정치적 권력, 제도의 속성 등으로 복지국가의 팽창을 설명하던 여러 이론의 정합성이 더 이상 유효하지 않다(Pierson, 1996)는 주장은 상당한 설득력이 있다.

경제성장과 이로 인한 축적 체제의 유지는 복지국가의 존립 기반이다. 아이러니컬하게도, 인간의 복지를 유지·확대하기 위한 복지국가 체제는 다시 인간과 자연환경을 포함한 생태계를 심각하게 오염시키고 불가역적으로 파괴한 대가로 성립한다. 자연환경을 포함한 모든 생태 체계는 경제발전을 위해 인간이 활용할 대상으로 인식되며, 인간은 자연환경을 포함한 생태 체계로부터 더 많이 얻어내고자 노력할 수밖에 없다. 이 과정에서 자원의 고갈과 생태 체계의 불가역적 파괴가 필연적으로 뒤따른다. 복지국가는 경제발전 과정에서 발생하는 사회문제, 즉 소득, 의료, 교육 등에 우선적인 관심을 두고 있는 반면, 생태계 전체에 영향을 미치는 환경문제에는 소홀했다. 특히 극우파와 보수주의는 규제받지 않는 시장을 강조하면서 환경 파괴를 무시해 왔다. 그 결과 생태계의 내일은 불투명해진 채 인간 사회에 막대한 영향을 주고 있다. 지구온난화 등으로 기후가 변하고 있으며, 이는 인간 생존 조건 의 근본적인 변화를 일으켜 인류의 지속 가능성이 위협받는 상황이다.

그런데 복지국가의 위기 혹은 재편에 관한 논의는 사실상 체제regime로서 복지국가의 지속 가능성에 관한 논의에 불과하다. 다시 말해 복지국가가 근 본적(선언적)으로 지향하는 목표인 행복 추구, 불평등 해소, 빈곤 해결 등을 효과적으로 달성하는 데 실패하고 있다는 성찰에서 비롯된 것이라기보다는, 정치경제적으로 안정적인 상태를 달성한 복지국가 체제를 신자유주의 이데 올로기의 지배하에서도 유지할 수 있느냐를 반성하는 것이 그 핵심이라고 할 수 있다. 즉, 제2차 세계대전 이후 이른바 황금기를 거치며 팽창된 복지 국가의 지형이 1970년대 말 두 번에 걸친 석유위기와 이에 따른 신자유주의 적 정치 이념의 확산으로 인해 재정적 실효성과 정치적 정당성을 위협받게 되고, 새롭게 등장하는 사회적 위험에 대응하는 데 한계를 드러냄으로써, 정 치체제의 지속 가능성이 약화되었다는 성찰로부터 비롯된 것이라고 할 수 있다. 복지국가의 재정적 실효성과 정치적 정당성에 대한 위험이 정치체제 로서 복지국가의 한계로부터 비롯된 것이라고 한다면, 신사회적 위험으로부 터의 위기는 일종의 외부성externality의 위기라고 할 수 있다.

2) 모순적 순환의 아이러니

(1) 공적연금제도의 재정위기

복지국가의 재정적 실효성과 정치적 정당성에 대한 위협은 지속적인 일자

〈표 4〉 주요국 제조업 취업자 비중　　　　　　　　　　　　　　　　　　　　(단위: %)

구분	한국	덴마크	프랑스	독일	이탈리아	일본	스페인	영국	미국
1995	33.4*	27.4*	24.5	38.3	34.1*	33.8	30.2	27.3*	24.0*
1996	32.6	27.0	24.0	35.4	33.5	33.3	29.8	27.3	23.8
1997	31.4	28.8	23.6	34.8	33.3	33.1	30.1	26.7	23.9
1998	28.0	27.0	23.1	34.5*	33.2	32.0	30.7	26.5	23.6
1999	27.5*	28.7	22.8	34.1	32.9	31.7	31.0	25.8	23.1*
2000	28.1	28.4	22.5	33.7	32.4	31.2	31.2	25.2	23.0
2001	27.5	25.4	21.1	33.1	32.1	30.5	31.5	24.6	22.5
2002	27.3	24.5	20.6	32.5	32.1	29.7	31.3	23.9	21.6*
2003	27.6	24.1	20.3	31.9	32.2	29.3	30.8	23.3	20.0
2004	27.2	23.7	19.9	31.5	31.0	28.4	30.6*	22.0	20.0
2005	28.6	24.1	19.8	30.0	31.1	27.9	29.9	22.3*	19.8
2006	28.1	23.6	19.4	29.8	30.5	28.0	29.7	22.1	19.9
2007	25.7	23.5	19.2	30.1	30.5	27.9	29.4	23.0	19.8
2008	25.3	22.9	19.1	30.0	30.0	27.3	27.9	21.9	19.1
2009	24.4	18.8	18.4	28.9	29.7	28.9*	24.8	19.8	17.6
2010	24.9	17.9	18.0	28.5	29.1	28.1	23.2	19.2	17.2
2011	24.8	18.2	17.8	28.4	28.8	24.8	21.9	19.1	17.3
2012	24.5	18.0	-	28.4	28.1	25.9	20.8	19.1	17.3

주 1) 제조업에는 광업, 제조업, 건설업, 수도·전기 사업을 포함함.
　 2) *는 시계열이 단절되는 시점.
　 3) 프랑스는 1988~2009년 추정 값.
자료: 한국노동연구원, 『KIL 해외노동통계』(2014).

리 감소와 이에 따르는 사회보험 재정 운용상의 어려움과 밀접하게 관련되
어 있다. 제2차 세계대전 이후 30년 동안 서구 산업국가들은 완전고용(또는
목표로서의 완전고용)과 지속적인 경제성장을 토대로 축적된 산업자본을 기반
삼아 복지국가를 확장해왔다. 특히 제조업 부문의 높은 고용률은 사회 내 고

<그림 1> 주요국 제조업 취업자 비중

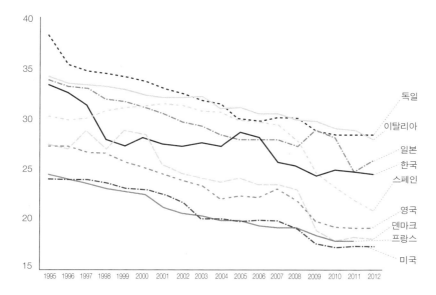

용 안정성을 유지하고, 소득 불평등 정도를 낮게 유지하는 데 도움이 되었
다. 그러나 1990년대 중반 이후 대부분의 서구 복지국가에서 제조업 부문
고용률은 현저히 감소하고 있다(표 4 참조).

제조업 부문의 고용률 하락은 안정적인 세수 확보와 사회보험료 징수의
기반이 취약해진다는 것을 의미하며, 이 추세가 지속적으로 이어질 경우 복
지국가의 재정적 실효성이 위협받을 수밖에 없다. 재정적 실효성에 대한 위
협은 통상 조세수입 증가, 채권 발행, 통화팽창 등의 전략을 통해 대응하는
데, 조세수입 증가는 정치적 정당성을 위협하는 가장 중요한 요인이 된다.
채권 발행은 상환 조건과 기간을 어떻게 정하느냐에 따라 달라지지만 궁극
적으로는 국가의 부담으로 작용하기 때문에 장기적으로는 조세수입 증가를
통해서만 해결할 수 있는 문제다. 따라서 이 역시 정치적 정당성을 위협하게

된다. 통화팽창은 단기적 효과를 통해서 복지 수요를 충족할 수는 있지만, 물가 상승이라는 자연스러운 부작용과 연결되므로 결국 실효가 없거나 매우 미약한 것으로 볼 수 있다. 복지국가의 재정적 위기와 이에 수반되는 정치적 정당성 위기는 결국 민영화와 혼합경제 방식으로의 출구를 선택하게 되고, 이는 복지국가의 정치적 토대를 이루었던 좌파의 정치적 영향력을 축소하는 결과를 낳게 된다.

제조업 부문 고용률 하락의 원인은 대기업 노동자들의 임금 상승과 관련되어 있다. 복지국가의 토대를 이루었던 좌파의 정치적 영향력은 제조업 부문 노동자들의 임금 상승을 주도했는데, 이러한 임금 상승이 역설적으로 대기업의 생산 기반을 '저개발 국가'로 이전[8] 시키는 결과를 낳음으로써 노동자들에게는 일자리 축소로, 복지국가 체제에는 재정 기반 약화로 귀결되었다. 이는 복지국가 정치의 아이러니라고 할 수 있다. 그런데 상대적으로 임금이 낮은 저개발 국가로 생산 기반을 외부화한 대기업들은 이윤율을 극대화하기 위해 저임금을 기반으로 한 대량생산을 주도하게 되는데, 이러한 기업들의 활동은 지구적 생태위기의 중요한 원인이 된다. 저임금을 기반으로 하는 대량생산 체제하에서는 기업이 상품에 대한 유효수요를 창출하려는 유혹을 받게 된다. 따라서 기업들은 정보의 비대칭성을 최대한 활용해 과도한 광고와 홍보로 상품에 대한 수요를 일으키고자 하며, 이는 자연스럽게 화석연료의 과도한 사용으로 이어진다. 또한 외부화된 생산 기반으로부터 국가 간 물류가 활성화되면서 상품의 이동거리가 증가하는 것도[탄소발자국(carbon footprint)] 지구온난화를 가속하는 원인이 된다.

사회보험의 재정위기는 다른 측면에서의 글로벌 위험과 관련된다. 공적

---

8   생산 시설 이전 혹은 주문자 상표부착 방식(OEM)의 생산.

연금 기금의 투자와 관련된 문제가 바로 그것인데, 예를 들어 한국의 국민연금 기금은 2015년 7월 현재 560조 원에 이른다. 국민연금 기금은 향후 30년 동안 지속적으로 증가할 것으로 예측되는데,[9] 현시점에서 기금액은 2015년 정부 예산 375조 원의 1.5배이며, 상장기업 시가총액 1470조 원(2015년 10월)의 38%에 해당하는 어마어마한 규모다(국민연금공단, 2015). 현재 국민연금 기금의 80%가량이 금융 부문에 투자되고 있는데, 기금의 안정적 운용을 위해서 자본시장에 투입되는 것은 자본주의 체제하에서 필요 불가결한 조치이며, 이는 단지 하나의 이유에서다. 대부분의 국가에서 소득 대비 연금기여율과 연금 급여액의 소득대체율 사이에 커다란 차이가 있기 때문에 이 차이를 메우기 위해서는 기금 적립금의 과실fruit을 키우는 수밖에 없다. 한국의 경우 소득의 9%를 연금보험료로 40년 동안 납입하고, 60세 이후에 소득대체율 50% 이상의 연금 급여를 평균 25년 동안 받는다고 할 때, 소득 대비 기여율은 3.6배(9/100×40)이고, 연금 급여액의 소득대체율은 10.25배(50/100×25)가 되어, 단순한 계산만으로도 연금 기금이 파산할 수밖에 없다는 결론이 나온다. 게다가 연금보험료를 납부해야 할 젊은 층의 수가 점차 줄어들고 있다는 점은 공적연금제도의 앞날을 더욱 불안하게 한다. 공적연금제도는 모든 사람을 강제로 가입시키는 사회보험 방식으로 운용된다. 이 자체가 자본주의 시장경제체제의 원리에 위배되거나, 이를 제도적으로 보완한 것이다. 즉, 공적연금제도는 자본주의의 필연적 폐해를 가입자들의 연대 의식을 통해 극복하려는 노력이라고 할 수 있다. 그런데 이 공적연금제도를 유지하기 위해 다시 자본주의의 핵심이라고 할 수 있는 자본시장에 기금 적립금을 투

---

9 보건복지부(2013)의 국민연금 재정추계 결과에 따르면 기금액이 최고 수준에 이르는 것은 2043년으로 2010년 불변가격으로 1084조 원에 이른다.

자한다는 것 자체는 일면 모순적으로 보일 수 있다.

공적연금제도를 유지하기 위해 자본시장에 적립금을 투자하는 행위가 모순적인 이념 간의 병존compatability을 보이는 것인지 아닌지는 논외로 하더라도, 더욱 심각한 것은 시장의 상황이 점점 더 모순적인 상황으로 변화한다는 점이다. 거시적으로는 투자 여력 또는 성장 탄력성이 남아 있는 제조업 부문의 규모가 점차 줄어들고 있다. 제조업 분야의 투자수익률이 하락한다는 것은 공적연금 기금의 투자수익률이 함께 떨어진다는 의미다. 물론 새로운 산업 부문에 대한 투자를 과감하게 시도해볼 수도 있으나, 연금 기금의 성격상 위험부담이 높은 자본에 대한 투자는 연금 기금의 안정성을 심각하게 위해할 수 있기 때문에 매우 조심스러운 결정이 되어야 한다. 또한 안정적인 투자처를 찾는다고 해도 어마어마한 연금 기금의 규모가 특정 산업 부문에 집중된다면 시장의 작동 원리를 교란시킬 것이 자명하다.

한국의 자본시장 규모가 얼마나 빨리 성장할 수 있을지 모르지만 560조원의 적립금을 투자할 곳은 국내에 존재하지 않는다. 그렇다면 주로 저개발 국가의 자본시장에 대한 공략이 다음 수순이다. 2015년 7월 현재 국민연금 적립금 중 해외 주식과 채권에 투자된 금액은 68조 원으로 기금 전체의 12%에 달하는데, 이는 2007년의 9%에서 지속적으로 증가한 결과다. 특히 해외 주식 부문에 대한 투자는 2007년에 5조 2000억 원에서 2015년에 49조 원으로 무려 10배가량 증가한 것이며, 기금 총액 대비 비율은 2%에서 8.8%로 급등한 것이다. 여기에는 더 복잡한 문제가 결부된다. 사회보장제도가 (적어도 지금까지는) 필연적으로 단위 국가를 기반으로 설계되는 것이지만, 자국민의 노후 소득을 안정화하기 위해서 저개발 국가의 시장을 착취하는 것이 도덕적으로 용인되는 것인가 하는 문제가 제기될 수 있다. 이러한 현상은 지구화된 자본시장에서 이미 일어나고 있는 일이다. 전 세계의 금융시장과 부동산 시장을 휘젓고 있는 대규모 투기 자본의 실질적인 전주들은 아마도 노후 소득을 보장받기 위해 기업연금에 가입한 미국의 노동자들이다. 미국 노동자들의 노후 소득을 안정화하는 대가로 한국의 부동산 시장이나 주식시장이 요동치는 일을 '사회복지'라는 명분으로 수용할 수 있는 한국인이 얼마나 되겠는가. 세계 금융시장에서 투기 자본의 폭력성은 이미 여러 차례 경험된 바 있다. 그 자본의 주인이 노동자들이라는 점은 자본주의와 사회보장제도 사이의 모순이 아닐 수 없으며, 이러한 모순적 상황은 한국에서도 전혀 예외가 아니라는 것이다. 게다가 저개발 국가의 투자수익률마저 저하된다면 연금 기금은 어디로 가야 할 것이며, 수십 년 동안 보험료를 납부한 노동자들의 노후 소득은 또 어떻게 된다는 말인가.

문제는 연금 기금의 주인을 국가로 보느냐, 개별 가입자로 보느냐 하는 것이다. 공적연금 기금 적립에서 국가는 아무런 기여도 하지 않는다. 다만 공무원의 경우 국가가 고용주가 되므로 고용주가 부담해야 할 연금기여금의 절반을 납부하는데, 이는 실질적으로 피고용인에게 지불해야 할 임금을 연금보험료로 납부하는 것이기 때문에 국가의 기여라고 하기 어렵다. 이때 국가는 공적연금 운용의 관리·운영과 지도·감독을 하는 것으로 책임을 다한다고 할 수 있다. 연금 기금을 투자한 기업의 경영이나 지배 구조에 대해 발언권을 행사하는 것은, 그것이 간섭이든 권리 행사든 뚜렷한 하나의 목적을 갖는다. 바로 투자 금액의 과실분을 늘리려는 것이다. 국민연금 기금이 기업의 지배 구조에 대해 지금보다 더 적극적으로 권리를 행사한다면, 그것은 기업의 경영 투명성과 합리성을 높여 궁극적으로 더 많은 이윤을 창출하기 위한 것이다. 결국 연금 기금의 주주권 행사는 기금 가입자의 수급권을 보호하기 위해 정당한 행위다. 이러한 주주권 행사를 통해 기업 경영의 효율성과 투명성이 증가한다면, 이는 기업의 경영 성과를 높이는 데 기여할 것이고,

거시적으로는 한국 경제의 지속적인 성장을 담보하는 조건이 될 수도 있다.

피터 드러커Peter Drucker는 『보이지 않는 혁명The Unseen Revolution』에서 미국을 "연금사회주의 국가pension socialist state"라고 불렀다. 자본주의의 최첨단에 서 있는 미국이 사회주의 국가라고? 그러나 연금제도의 생태계를 알게 되면 왜 그렇게 불렀는지 이해할 수 있다. 공적연금제도를 포함한 모든 사회정책과 제도는 복잡한 생태계 속에 놓여 있으며, 종종 그 생태계는 자기모순적 순환의 아이러니 속에 놓여 있는 것이다.

(2) 복지국가의 정치 공간 분절화[10]

사회의 문제를 개인의 자격 문제로 환원시켜온 복지국가의 제도들이 자신이 분절화한 개인들의 집합에 의해 다시 변형 또는 확대되어간다는 점은 매우 모순적이다. 개인들은 분절화된 정치 공간의 외부에서 제도의 편익을 중심으로 이합집산 방식을 통해 정치적 연대를 반복하게 되고,[11] 제도는 급격한 변화 또는 폐기에 이르는 특이점singularity에 도달하기 전까지 거의 불가역적인 팽창으로 치닫게 된다. 한편 선거의 규칙과 장치를 통해 경쟁자들 사이에서 안정적인 협력 구조를 제공받는 정치 엘리트들(Przeworski, 2001)은 종종 이러한 제도들로 발생한 이익을 공유[12]할 수 있기 때문에(Weingast, 1997) 내부 정치 공간에서 자신들의 권력을 유지·재생산하기 위해 제도를 유지하

---

10 이 부분은 한동우·최혜지, 「복지국가는 사적영역을 어떻게 식민화하는가: 정치의 분절화와 탈정치화」, ≪한국사회복지학≫, 67권 2호(2015), 173~176쪽을 발췌 후 재작성한 것이다.

11 무임승차를 위한 엿보기 또는 다른 사람들을 체계적으로 배제하려는 시도들도 포함된다.

12 정부 실패(government failure)를 구성하는 핵심적 상황으로, '통나무 굴리기(log-rolling)'라고도 한다.

려고 하며, 제도의 대상자들은 정치 공간의 주변부에서 제도의 수급권을 획득하거나 유지하기 위한 권력 게임에 몰두하게 된다(김윤태·유승호·이훈희, 2013; 홍경준·김민성·김사현, 2013). 세분화된 사회문제와 인구 집단을 대상으로 확장되어가는 복지제도에 (적어도 부분적으로) 기인하는 이익집단 정치는 반복지 정치 anti-welfare politics 로 귀결될 가능성이 높다.

복지국가의 제도들을 둘러싼 정치 공간의 분절화는 노동시장이나 상품시장의 분절화와 닮은꼴이다. 분절된 공간 안에서 규범이나 교환 방식은 따로 존재하며, 별개로 작동한다. 내부 정치 공간은 정치 엘리트들의 지위 투쟁 공간이며, 주변화된 정치 공간은 제도 수급자들의 지위 투쟁 공간이 된다. 적어도 두 개로 분절된 정치 공간 사이에는 소통이나 교환이 거의 일어나지 않으며, 투표에 의한 선거 방식으로만 구현되는 대의민주주의 representative democracy 의 형식적 합의에 따라 유지될 뿐이다. 이렇게 되면 개인과 가족의 복지 수준은 정치 엘리트들의 이익과 잠정적으로 집단화한 수급 권력자들의 이익 사이에서 균형을 이루게 된다. 이것이 이 장에서 '탈정치화 depoliticization' 라고 부르게 될 현상이다.

제도의 설계와 시행에 필수적으로 수반되는 대상자에 대한 범주화는 정치 주체로서의 개인들을 이해관계에 따라 특정한 제도적 진영에 포함하도록 요구한다. 한국 건강보험의 피부양자 범위에 관한 가입자의 행위 분석을 시도한 한 연구(왕혜숙, 2013)는 특정한 제도가 규정해놓은 대상자의 범위가 대상자들의 지위 투쟁을 통해 변형된다는 점을 분명하게 밝히고 있다. 즉, 일단 설정된 제도는 대상자들의 이해관계에 따라 변형되며, 이는 역설적으로 제도에 관한 대상자들의 행위를 규정한다는 것이다. 서구 복지국가들에서 우파 정당과 반복지적 이익집단들이 생성하는 반복지 정치 요인들의 상호작용을 분석한 연구(최종호, 2012)에서, 이익집단 중심의 반복지 정치가 복지국가의 사회지출 비율과 탈상품화 정도를 낮춘다고 나타난 것은 이러한 가정을 실증적으로 뒷받침한다.

서구에서 적대적 세력 간의 갈등이 마치 없는 것처럼 은폐되고, 합의와 타협을 신격화하는 탈정치적 관점이 유행처럼 등장하고 있음을 지적한 샹탈 무페Chantal Mouffe의 통찰은(Mouffe, 2005), 한국의 정당정치에서도 재현되고 있다(안병진, 2006). 이렇게 되면 대의민주주의 체제하에서 유권자들의 정치적 이해관계를 대변해야 하는 대의원(국회의원)들은 정작 지지 세력의 이익을 대변하기보다는 중위 투표자median voters들의 이익을 대변함으로써 지지자들의 효용이 감소되는 결과를 낳게 된다.[13] 투표에 의한 선거로 의사 결정을 하는 대의민주주의 방식에서 중위 투표자 문제는 국가 영역에서의 비효율을 초래하므로 전형적인 '정부 실패' 현상이다. 자신의 정치적 이익이 효율적으로 대변되지 않는다고 느끼는 유권자들은 정당정치에 대한 신뢰를 감소시키고, 이러한 태도는 전반적인 투표 참여율의 감소로 나타난다. 유권자들의 '정당일체감'이 투표 참여 동기를 결정하는 가장 중요한 요인이라는 연구(김민정·홍지영, 2011)나, 민주주의 제도에 대한 신뢰가 낮고 선거의 대의 기능이 낮다고 평가할수록 투표 참여가 낮아진다는 연구(허석재, 2013)는 정당정치에서 자신의 정치적 정체성을 확인하기 어려운 중위 투표자들이 탈정치화되는 현상을 실증한다. 탈정치화한 유권자들의 입장에서는 투표를 통해 자신의 이익을 관철하기보다는 이익집단 정치에 참여하는 쪽을 선택할 가능

---

13 "다수결에 의한 선거에서는 대부분 중위 투표자들의 선호에 따라 결정이 이루어진다"라는 중위 투표자 정리(median voter theorem)에 관해서는 Anthony Downs, "An Economic Theory of Political Action in a Democracy," *Journal of Political Economy*, 65(1957), pp.135~150; Randall G. Holcombe, *Public Sector Economics* (Upper Saddle River: Pearson Prentice Hall, 2006), p.155 참고.

성이 높아진다.

이러한 관점에서, 몇몇 예외적인 국가를 제외한 OECD 주요 회원국들의 투표 참여율이 제2차 세계대전 이후 현재까지 점점 감소하는 추세를 보이고 있는 것은 놀라운 일이 아니다. 제2차 세계대전 이후부터 1980년대 중반까지 90%를 상회하는 투표 참여율을 보였던 오스트리아는 1990년대 이후 급격하게 투표율이 하락하면서 2013년에는 74.9%를 기록했다. 이외에도 투표율 감소는 독일, 프랑스, 스위스, 이탈리아 등의 유럽 대륙 국가들에서 보편적으로 나타나고 있으며, 미국, 영국, 캐나다 등 자유주의 국가들에서도 투표율 감소는 전혀 예외적인 현상이 아니다(표 5 참조). 스칸디나비아 반도 국가들의 경우 제2차 세계대전 직후와 최근의 투표율 차이가 거의 없는 것으로 나타나지만, 대체로 1980년대까지 투표율이 증가하다가 그 이후에 제2차 세계대전 직후의 수준으로 다시 감소하는 경향을 보이는 것에 유의할 필요가 있다.

분절된 정치 공간의 주변부에서 탈정치화한 개인들은 정치적으로 연대할 동력을 상실한다. 특정 복지제도의 수급 자격을 중심으로 재구성되는 주변부 권력은 제도의 유지와 확장에 기여하는 방식으로 재생산된다. 외부성의 위기와 결합한 복지국가의 근대성은 개인의 사적 공간을 체제 유지에 부합하는 방식으로 조절한다. 그에 따라 결과적으로 복지제도의 경로 의존성은 제도 수급권자들의 권력화 과정을 매개로 강화된다. 개인의 일대기는 복지국가의 제도를 중심으로 재편되고 재구조화된다.[14] 자연스럽게 개인의 '좋은 삶'은 복지제도 대상으로서 급여 수급 여부와 그것에 의해 결정되는 '복지 수준'으로 환원된다.

---

14 박근혜 정부의 '생애주기별 맞춤형 복지제도'는 이러한 기획의 전형적 예라 할 수 있다.

〈표 5〉 OECD 주요 국가[1] 투표 참여율(1945~2012)[2]

(단위: %)

연도\국가	1945~1948	1949~1952	1953~1956	1957~1960	1961~1964	1965~1968	1969~1972	1973~1976	1977~1980	1981~1984	1985~1988	1989~1992	1993~1996	1997~2000	2001~2004	2005~2008	2009~2012
노르웨이	76.4	82.0	79.3	78.3	79.1	85.4	83.8	80.2	82.9	82.0	84.0	83.2	75.9	78.3	75.5	77.4	76.4
스웨덴	82.7	79.1	79.6	77.4	83.9	89.3	88.3	90.8	90.7	91.5	89.9	86.7	86.8	81.4	80.1	82.0	84.6
덴마크	86.3	81.9	80.8	83.7	85.5	88.6	87.2	88.7	88.7	87.8	86.7	82.9	84.3	86.0	87.2	84.5	87.7
핀란드	74.9	74.6	79.9	75.0	85.1	84.9	82.2	73.8	75.3	75.7	72.1	68.4	68.6	65.3	66.7	65.0	67.4
네덜란드	93.1	95.0	95.5	95.6	95.1	95.0	79.1	88.0	87.0	81.0	85.8	80.3	78.8	73.2	79.1	80.4	75.4
아일랜드	74.3	75.3	76.5	71.3	70.6	75.1	76.9	76.6	76.3	76.2	73.3	68.5	65.9	65.9	62.6	67.0	70.1
오스트리아	94.3	96.8	95.8	94.2	93.8	93.8	91.8	92.9	92.2	92.6	90.5	86.1	82.5	80.4	84.3	78.5	78.8
프랑스	79.8	80.2	82.7	77.2	68.7	81.1	81.3	81.3	71.6	70.9	78.5	66.2	68.9	68.0	60.3	60.0	55.4
독일	78.5	78.5	86.0	87.8	87.7	86.8	86.7	90.8	88.6	89.1	84.3	77.8	79.0	82.2	79.1	77.7	70.8
스위스	74.7	69.8	68.7	68.5	64.5	63.8	56.4	52.4	48.1	48.9	47.5	46.0	42.3	43.2	45.2	48.3	49.1
이탈리아	89.1	83.9	83.9	93.7	92.9	92.8	93.2	93.4	90.4	89.0	88.9	87.4	86.1	81.4	81.4	83.6	80.5
영국	72.6	83.6	76.8	78.7	77.2	76.0	72.2	78.9	76.0	72.8	75.4	77.8	71.5	71.5	59.4	61.4	65.8
미국	-	-	-	-	-	89.7	70.3	58.2	57.0	61.1	54.9	56.0	57.6	51.6	45.3	47.5	41.6
캐나다	76.3	74.8	67.9	75.1	80.1	75.9	77.2	71.0	75.7	75.3	75.3	69.6	69.6	67.0	60.9	64.9	61.4
한국	-	91.1	91.1	87.8	72.1	76.1	73.2	71.4	77.1	78.4	84.6	71.9	63.9	57.2	60.0	46.0	54.3

주 1) 국가 선정은 의도적임. 투표 참여가 강제적이거나, 참여하지 않을 경우 부가적 이익에서 배제시키는 국가들(예: 벨기에, 그리스, 터키, 칠레, 오스트레일리아 등)은 포함하지 않았음.

주 2) 국가별로 총선 실시 연도와 주기가 다르기 때문에 1945년 이후 4년 단위로 기간을 합치고, 각 단위별 최초 수치를 그 구간의 대표치로 표시했음.

자료: http://www.idea.int/vt/

(3) 경로 의존과 제도 의존

복지국가가 당면한 외부성 위기는 전통적인 복지국가 시스템이 가정하고 있는 사회 - 경제적 조건이 변화(고령화, 저출산, 여성 취업률 증가 등)함에 따라 복지국가 시스템 자체의 정합성이 약화된 데서 오는 문제다. 외부성 위기에 대한 복지국가의 대응은 주로 사회 서비스 제도를 강화하는 것으로 귀결되어왔다. 한국에서도 2007년 노인장기요양보험제도의 도입을 비롯해 주로 돌봄 영역에서 사회 서비스를 확장해오고 있으며, 2012년 '사회보장기본법' 개정을 통해서는 사회 서비스 영역을 대폭 확대해 제도화했다.

공적 영역에서 서비스 산업의 발전은 그럴듯한 일자리를 가진 맞벌이 부부의 가사노동 책임을 저소득 미숙련 여성 노동자들과 이주여성 노동자들에게 전가하는 제도적 또는 사회적 폭력으로 이해될 수 있다. 이것이 부분적으로는 사회복지의 문제를 노동권에 대한 피상적 인식을 기반 삼아 해석하려 했기 때문일 수도 있다. 산업화 초기부터 지금까지 여성을 가사노동에서 해방시키려 했던 시도는 결국 가사노동을 가족 모두의 공동 노동으로 인식하도록 하는 것이 아니라, 더 가난한 여성을 고용함으로써 가사노동 수요를 해결하는 방식으로 진행되었다. 또는 저임금 일자리에 취직한 대가로 퇴근 후 밤늦게 다시 가사노동을 착취당하는 형국이 되었다. 노동권에 대한 피상적 인식은 "일하고 싶은 사람은 누구나 일할 수 있어야 한다"라는 복지국가의 완전고용 테제로부터 비롯되었거나 그것으로 귀결되었다. 그러나 이는 현실적으로 불가능한 것이고, 앞으로는 더욱 난망한 꿈이 되어버렸다.

사적 영역의 과도한 공식화는 인간이 지닌 타인에 대한 보살핌 능력이나 공동체를 지향하는 의지를 과소평가하거나 부정한다. 진화생물학자들은 인간의 이러한 의지박약이 유기체로서 인간이라는 '기계machine'가 어찌해볼 수 없는 유전자 놀음의 결과일 뿐이라는 일종의 허무주의로 정당화할지 모른다. 그러나 이타주의나 공동체 지향은 지금도 많은 개인에게서 증명되는 인간의 독특한 행동양식이며, 사회를 구성하는 일차적인 재료라는 점에 여전히 많은 학자가 동의하는 것도 부정할 수 없는 사실이다(크로포트킨, 2005; 리프킨, 2010). 인간 행동의 공동체 지향성을 지지하는 행동주의 경제학자들의 실험들도 이러한 이론들을 지지한다. 대니얼 카너먼Daniel Kahneman 등 (Kahneman, Knetsch and Thailer, 1986a, 1986b)의 실험에 따르면 일반적으로 예측되는 바와 달리 시장에서의 개인은 자신의 이익을 극대화하는 방식으로만 행동하는 것이 아니라 사회 내에서 공정성이 확보되는 방향으로 협조하는 경향을 보인다. 시장에서의 개인은 종종 무임승차자들free riders에 대해 협력적인 처벌과 응징을 하기도 하는데, 그 과정에서 자신이 입게 될 손해를 충분히 예측할 수 있는 상황에서도 이러한 행동을 한다는 것이다. 이러한 이론들에 따르면 사회 내 개인들은 자신들의 이익을 극대화할 뿐 아니라 사회 전체의 지속 가능성을 유지하려는 속성이 있다는 것을 알 수 있다.

사회문제를 해결하는 방식으로서의 제도화는 보편적 욕구와 문제에 대해 공식적인 기구와 재정을 통해 대응한다는 장점에도 불구하고, 그 제도가 지닌 자체의 완결성 때문에 제도 실패institution failure를 낳게 될 가능성이 있다.[15] 이러한 의미에서 제도 실패는 일종의 정부 실패다. 정부는 본질적으로 정치적 속성과 관료주의적 속성이 있다. 정치조직으로서 정부는 주로 중위 투표자들의 문제와 요구에 우선적으로 반응하게 되며, 반대 정파와의 정치게임log-rolling으로 인해 정치적 지지자들의 입장을 대변하거나 반영하기 어

---

15 에스핑 안데르센은 복지국가의 지속 가능성에 대해 논의하면서 복지국가가 위기를 맞을 수 있다는 점은 복지국가가 태동하던 시기부터 이미 예견되었던 것이라고 말한다. 물론 최근의 위기는 복지국가 내부의 제도상 실패라기보다는 외부적 충격에 기인하는 것이다(Esping-Andersen, 1998).

럽다는 딜레마에 빠지는 경우가 많다.[16] 관료 조직으로서 정부는 조직 자체의 이익을 수호하려 하거나, 조직 간 갈등을 조정하는 과정에서 실패를 경험한다. 1990년대 초반 김대중 정부에서 보육 정책의 주무 부서를 여성부로 이관한 것이나, 사회복지관 서비스 전달 체계와 내용상 다를 것이 별로 없는 건강가정지원센터를 별도로 설립해 서비스 전달 체계를 의도적으로 중복시킨 것은 지역사회의 요구를 합리적으로 수용한 결과라기보다는 정부 조직 자체의 이익과 갈등을 우선적으로 고려한 결과다. 정부 실패의 일종으로서 제도 실패는 사회문제 해결에 실패했다기보다는 해결에 드는 비용을 과도하게 사용하는 것이며, 이는 결국 정부의 비효율로 귀결된다.

사회제도는 막대한 재정과 인력이 투입되기 때문에 한번 만들어지고 나면 여간해서는 폐지나 근본적 변화가 불가능하다. 제도를 수립하고 유지하는 데 드는 매몰 비용-sunk cost 이 워낙 커서 그러한 비용을 상쇄하고도 남을 만큼의 효용이 예측되지 않는 한 제도는 유지되기 마련이다. 그러나 특정한 제도는 그 제도가 설계되고 만들어지던 당시의 사회적 맥락하에서만 유효하다. 다시 말해 제도를 정당화하는 사회적 맥락이 극적으로 변화하는 경우 초기의 제도는 대응 능력을 상실하게 된다. 사회문제에 대한 대응 방안을 변경해야 하는 경우, 대부분 포괄적-합리적 의사 결정comprehensive-rational decision making 을 하지 못하고,[17] 제한된 범위 내에서의 점증적인 변화만을 시도하게 된

---

16 정치적 반대자들의 입장을 반영하지 못하는 것도 물론이다. 진보 성향의 노무현 정부가 오히려 한·미 FTA를 추진하거나 미국이 주도하는 전쟁에 한국군을 파병한 사례는 정치적 지지자들의 입장을 대변하지 못한 정부 실패의 전형적 사례라고 할 수 있다. 이명박 정부가 복지 정책 수립에 관해 모순적인 결정을 내리고 있는 것도 같은 예라고 할 수 있다.

17 경로 의존(path dependence) 또는 막대한 매몰 비용 때문이다.

다.[18] 이럴 경우 제도를 유지하기 위한 거래비용-transactional cost 이 당초에 예측했던 것보다 훨씬 많이 들고, 결과적으로 제도의 실패를 낳게 된다.

사회 서비스 제도는 개인과 가족의 경제활동과 상호부조뿐 아니라 돌봄, 자녀 양육, 노인 부양, 노동력 재생산을 위한 가사노동과 여가활동 등 생활의 거의 모든 영역을 제도의 대상으로 삼는다. 특히 여성의 경제활동 참여율이 높아지면서 비공식 영역의 재생산 노동은 가족의 책임에서 사회의 책임, 엄밀히 말하면 제도의 책임으로 이전되고 있다. 비공식 영역의 재생산 노동이 제도화되면 일차적으로는 경제적 효율성이 높아질 것으로 예상할 수 있다. 이른바 노동의 재생산 과정에 경제적 이성economic reason 이 발휘되는 것이다. 제도화는 개인 간의 공간을 공식화·합리화한다. 개인과 가족 내의 공간이 합리화되면 개인과 가족의 문제는 제도의 소유물이 된다. 제도의 관심은 특정 개인과 가족의 문제가 제도에 부합하는 욕구에 해당되는지 아닌지를 판별하는 것이다. 따라서 개인은 자신을 둘러싼 그물망으로부터 단절되고, 극단적으로는 이기적이고 배타적인 가족공동체 안으로 후퇴(Beck, 2002)하거나 철저히 개인 차원의 경력 쌓기에 몰두하게 된다. 이렇게 되면 개인은 더 이상 사회의 문제나 정치 현상에 관심을 갖지 않게 되고, 개인화·탈정치화된다(기든스, 1998). 1970년대 이후 유럽에서 새롭게 등장한 개인주의적 경향은 신자유주의의 영향을 배제할 수 없다 하더라도, 아이러니컬하게 복지국가의 풍요로부터 오는 생활양식의 다양화와 문화적 다원주의의 결과로 볼 수도 있는 것이다(정태석, 2007). 탈정치화한 개인은 더 이상 공동체의 구성원으로서 자기 정체성을 갖지 못하거나 약화되고, 가족 내부로 후퇴하며,

---

18 혼합관조 모형(mixed scanning) 또는 제한된 합리성 모형(limited rationality model)
    이라고 한다.

사회는 국가의 힘을 등에 업은 정치 엘리트들에 의해서만 운영된다.

고도로 합리화된 사회에서 개인은 자신의 문제와 욕망을 주체적으로 인식하기 어려워진다. 따라서 자신의 문제와 욕망이 해결되었는지 확인할 방법도 없다. 단지 제도의 대상으로 선정되었는지, 그에 따라 법과 규정에 부합하는 서비스를 받았는지만 확인할 수 있을 뿐이다. 자신의 문제와 욕망을 관료 조직과 제도에 위임한 개인은 제도 의존institution dependent적 인간이 된다. 제도 의존은 타자화된 제도와 주체적 개인 사이의 소외의 문제가 되는 것이다.

3. 생태주의로의 전환: 제도 의존에서 상호 의존으로

1) 사회생태주의

생태위기는 본질적으로 생태 복원력의 감소 또는 말소를 의미한다. 이는 생태적 순환의 단절을 의미하며 항상성homeostasis의 파괴를 뜻한다. 생태계 없이 사회도 인간도 존재할 수 없다. 이에 생태주의는 통합적인 시각을 강조하면서 순환과 균형, 참여와 자립 등을 작동 원리로 삼아 지속 가능성을 추구하고 있다. 이 절에서는 '사회생태주의'의 관점으로 사회복지를 조망하고자 한다.[19] 테리 쇼Terry Shaw는 생태주의적 관점이 복지이론으로 자리 잡기 위해서는 우선적으로 생태주의 복지이론이 현재의 복지이론에서 어디에 위

---

[19] 심층생태주의와 사회생태주의의 비교를 통해 사회과학의 준거이론으로서 사회생태주의의 적합성을 논증한 내용은 이 장의 앞부분에 있다. 일반적 수준의 생태 담론의 스펙트럼에 대해서는 문순홍, 『생태학의 담론』(아르케, 2006) 참조.

치하는지, 그리고 생태주의 복지이론의 내용이 무엇인지에 대해서 답해야 한다고 주장한다(Shaw, 2008). 다음에서는 이 두 가지 틀에서 사회생태주의의 복지이론으로서의 가능성을 탐색하고자 한다.

1987년 '브룬틀란 보고서'와 1992년의 「의제 21 The Agenda 21 agreement」 등은 생태적 관점이 사회정책에 적극 도입되어야 할 필요성을 역설한 초기 자료들이다. 일찍이 닐 길버트Neil Gilbert와 해리 스펙트Harry Specht가 사회 체계 유지의 기능으로 생산기능, 통제기능, 통합기능, 사회화 기능, 그리고 상호부조 기능에 대해 논하는 가운데 사회복지 정책에서 생태적 관점을 인정했다는 점은 눈여겨볼 만하다(Gilbert and Specht, 1974). 한국에서도 최근 다양한 학문 영역에서 생태주의적 관점을 도입하려는 시도가 늘고 있다(김만호, 2002; 이성영, 2011; 방영준, 2003; 박영미, 2004; 이윤희, 2005; 반경남, 2006; 김농율, 2006; 정지웅, 2008). 이성영(2003)은 생태주의의 핵심을 다양성, 평등성, 관계성과 총체성, 순환성과 진보성으로 주장하고 있다. 김만호(2002)는 평등성·상호 보완성·자율성·연대성을 생태주의 이념으로 소개하면서 복지 이념으로의 가능성을 모색하며, 이준상·김만호(2004)는 순환성·총체성·다양성·자립을 생태주의의 주요 관점으로 소개하고 있다. 박영미(2004)는 기존의 복지 개념을 생태복지 개념으로 확장해야 한다고 주장하고 있는데, 그 내용을 살펴보면 인간존엄에서 생명존엄으로, 평등에서 다양성으로, 자유에서 주체성으로, 사회연대에서 상호관련성으로의 확장을 시도하고 있다. 최경구(2006)는 환경복지국가론에서 공기·물·땅의 자연환경 정화와 소득·의료·주택·교육의 사회환경을 보장하는 지속 가능성의 패러다임을 주장하고 있어 전통적 관점에서 진일보한 관점을 보이고 있다. 그는 도덕적·자연순환적 생활 방식이 환경오염을 방지하고 복지적 기본 욕구를 해결함으로써 지속 가능한 발전을 이룰 수 있으며, 이를 위해 사회정의의 실현, 환경 정당과 정치에의 참여, 그리고 환경복지국가 간 협치의 필요성을 제기했다. 아울러 지금까지 지구 공해 문제의 일차적 책임이 선진국에 있다고 지적하면서 선진국은 환경기술의 이전, 복지적 원조 등을 통해 전 지구적 협치가 가능하도록 지원할 책임이 있다고 주장한다. 한동우(2009)도 제도 의존에서 벗어나 인간의 능력과 보살핌 의지를 강조하고, 지역사회의 역량에 초점을 맞추며, 비화폐적 교환의 중요성을 강조하는 생태주의 패러다임인 상호 의존interdependence 패러다임으로의 전환을 주장하고 있다.

2) 복지이론으로서 사회생태주의의 위치

쇼(Shaw, 2008)는 생태주의적 관점과 전통적 사회복지 관점의 비교를 위해 T. 피츠패트릭T. Fitzpatrick과 C. 콜드웰C. Caldwell이 소개한 3층 구조의 행태로 설명하고 있다.

〈그림 2〉에서 볼 수 있듯이 그들은 '공산주의 – 민주사회주의 – 사회민주주의 – 제3의 길 – 우파'라는 전통적 이념의 스펙트럼을 가운데 층에 위치시키고, 그 위층에는 '제도주의 – 다원주의 – 제3의 길 – 보수주의 – 급진적 우파'라는 사회복지의 관점을, 제일 아래층에는 '생태사회주의 – 생태사회복지 – 생태자본주의'라는 생태주의 관점을 놓고 있다. 여기에서 생태자본주의는 현재의 환경문제를 어쩔 수 없이 생기는 부산물로 보고 현재의 자본주의 시스템 안에서 해결이 가능한 것으로 이해하는 표층생태주의 또는 환경개량주의와 같은 개념이어서, 생태사회주의나 사회생태주의와는 근본적 차이를 보인다. 하층의 맨 왼쪽에 있는 생태사회주의는 욕구 충족에 필수적인 자원의 공평한 재분배를 이루는 동시에 환경을 보호할 수 있는 강한 정부를 주장한다. 이들은 소비사회에서 보존사회를 지향하고 있다. 그 중간에 생태사회복

<그림 2> 생태주의적 관점과 전통 주류 관점의 비교

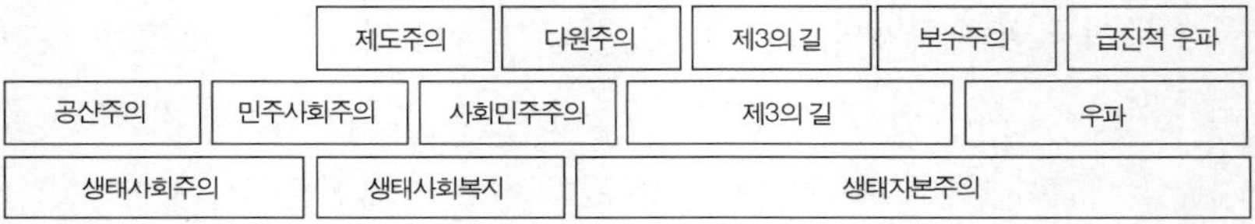

	제도주의	다원주의	제3의 길	보수주의	급진적 우파
공산주의	민주사회주의	사회민주주의	제3의 길		우파
생태사회주의	생태사회복지		생태자본주의		

자료: Shaw(2008)에서 재인용.

지가 존재한다.

그러나 이러한 설명은 생태주의적 관점과 기존의 복지 관점들을 처음으로 도식화해 비교했다는 점에서 그 의의를 찾을 수 있으나 너무 개괄적이어서 정교하게 설명하지 못하고 있다. 앞서 말한 '생태사회주의'가 심층생태주의와 사회생태주의, 그리고 생태마르크스주의를 모두 포괄하는 개념인지도 모호하고, 무엇보다 생태사회복지를 생태사회주의와 생태자본주의 사이에 위치시키면서 하나의 이념으로 설명하기에는 상당히 무리가 있다고 생각한다. 오히려 생태사회복지는 사회복지에 생태주의적 관점을 접목하려는 모든 관점을 아우르는 포괄적 개념으로 이해하는 편이 옳을 것이다. 또한 생태주의를 기존의 경제이론이나 사회복지 이념의 틀, 즉 좌와 우의 틀로 이해한다는 점에서 그 정확성에 의문이 있다. 생태주의, 특히 심층생태주의와 사회생태주의는 좌와 우의 모든 이념이 지구 생태계를 파괴해온 것을 비판하고 있으며, 무엇보다 심층생태주의와 사회생태주의는 좌에서 우로 이어지는 일직선상의 이념 스펙트럼에 위치 지을 수 없기 때문이다. 이러한 이념 스펙트럼과 심층생태주의·사회생태주의는 공간상에서 위치와 방향, 즉 축이 다르다고 생각한다. <그림 3>은 정치/경제 관점과 인간/사회 관점, 그리고 자연 관점을 각각의 축으로 삼아 현대 생태주의 사상을 입체적으로 표현한 것으로, 맨 아래에 전통적인 관점과의 비교를 시도했다. 이에 따르면 사회생태주의와

〈그림 3〉 생태주의 사상의 분포

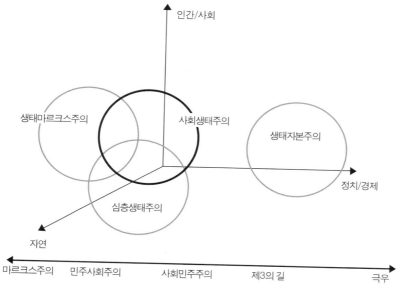

자료: 김형준·한동우(2009: 121~134).

심층생태주의 모두 정치/경제 관점에서는 왼쪽에 위치하나 인간/사회 관점
에서 커다란 차이를 보이고 있음을 알 수 있다. 향후 다양한 생태주의 관점
을 어떻게 모형화할 것인지에 대한 계속적인 연구가 필요하다고 하겠다.

3) 복지이론으로의 사회생태주의의 가능성

사회복지의 새로운 관점으로, 특히 지역사회 복지의 관점에서 관심을 가
지고 살펴보아야 할 것은 바로 사회생태주의가 추구하는 사회상이다. 사회
생태주의는 계층 없는 사회를 추구할 뿐 아니라 욕구를 충족하는 데 사회적·

자연적 진화를 자각하며 행동하는 자유로운 인간을 위한 윤리를 추구하고, 이러한 윤리가 보장되는 사회를 지향한다. 북친은 이러한 사회를 리버테리언libertarian 사회라 부르며 지역자치주의를 주장한다.[20] 그는 인간 욕구에 대한 충족과 생태계의 요청에 응해 공유와 협력에 근거한 새로운 윤리를 목표로 삼는 공동체 사회를 주장한다. 이런 사회에서는 풀뿌리 정치, 즉 소규모 지역자치주의를 실현하는 방도로 지역주민 모두가 참여하는 직접민주주의를 제시하고 있다. 다시 말해 인간 사회 내의 지배 구조가 자연에 대한 인간의 지배를 합리화한다는 것을 비판한다는 점에서, 탈지배성은 사회생태주의의 가장 대표적인 특성이라고 할 수 있을 것이다. 지배는 다양성을 억압하는 구조이며, 이를 탈피하는 방도로서 지역을 중심으로 한 지역민들의 참여와 연대의 개념이 주요하게 부상되고 있다. 이를 통해 사회복지의 새로운 관점으로서 사회생태주의의 가능성을 탐색해볼 수 있을 것이다.

(1) 탈지배성과 다양성

빅 조지Vic George와 폴 윌딩Paul Wilding이 새로운 관점에서 소개한 녹색주의는 경제발전과 국가 주도의 서비스 제공 방식에 문제의식을 느낀다(조지·윌딩, 1994). 국가 주도 방식은 획일적 방식으로 상품을 대량생산하는 산업자본주의 생산 체제와 매우 유사하다. 이러한 방식으로 생산된 서비스는 소수의 품목들에 비해 우위를 차지하면서 결국 다양성을 가로막는다.

다양성은 자신의 자율성을 인정하는 만큼 타인의 자율성을 인정하다는 뜻

---

20 북친의 리버테리언적 개념은 보수주의 경제학자 로버트 노직(Robert Nozick)의 개념과는 근본적으로 다르다. 노직이나 프리드리히 하이에크(Friedrich Hayek)가 주장하는 리버테리언주의(자유지상주의)는 자유방임주의에 가까운 개념으로 극단적 자유주의와 근접해 있다.

이다. 즉, 개별 존재의 창조성과 공평성을 존중하는 것이라고 할 수 있다. 따라서 다양성은 획일적이고 집중된 권력과 제도를 비판하며 새로운 생활 방식으로서 독자적인 특성을 존중한다(이준상·김만호, 2004).

복지국가에서 비복지를 해결하는 방법은 이러한 관점에서 다양성을 위협하고 있다. 지나칠 정도로 획일적이며 대량으로 추구되는 공급 방식의 개입은 다양한 욕구를 충족시키는 데 어려움이 있다. 따라서 사회복지의 공급 주체가 다양화될 필요가 있으며, 인간의 욕구뿐 아니라 사회환경과 자연환경을 아우르는 생태계의 욕구도 파악해야 할 것이다.

(2) 지역성과 참여

사회생태주의는 소규모 지역에서의 자치를 실현하는 방도로 직접민주주의를 제시한다. 이는 공유와 협력에 근거한 윤리를 바탕으로 인간의 욕구를 충족하고 생태계의 요청에 응하는 공동체 사회를 지향함을 의미한다. 즉, 지역의 자원을 이용해 지역의 문제를 해결하고 예방한다. 지역에는 그 지역만의 독특한 문화와 생활양식이 존재하며 이러한 특성을 최대한 반영해야 하는데, 그 과정에서 지역 자원의 참여가 생태주의적 생활 방식의 중요한 요소가 된다. 참여를 통해 지배와 위계질서에 변화를 줄 수 있게 된다. 그래서 사회생태주의는 기존 정치 세력들과의 협력이나 국가기구 활용을 거부한다. 즉, 제도권 안으로의 진출을 거부하고 새로운 의식과 생활 스타일에 의거한 새로운 운동의 건설을 추구한다. 이를 위한 수단으로 공동체 건설과 시민 포럼이라는 두 가지 전략을 선택하고 있다(문순홍, 2006).

현재 한국의 지역사회 복지 실천에서도 제도 중심의 공식적인 개입 방법에서 이른바 '자연주의'라는 이름의 실천 개입이 시도되고 있다(한덕연, 2010). 이들은 복지국가의 과도한 제도 중심 개입 방법이 공급자와 수혜자의 구분을 명확히 나누고, 수혜자의 의존감이 더욱 깊어지면서 결국 인간의 존엄성을 지키려는 최소한의 의지마저 꺾어놓는다고 지적한다. 사회생태주의에서는 이러한 공급자–수혜자 구분을 지배와 피지배로 이해하면서 이러한 접근에 반대한다. 공급자가 수혜자가 되기도 하고 수혜자가 공급자가 되기도 하는 순환적 구조를 바탕으로 한 실천 방법은 사회생태주의의 주요한 실천 도구가 될 것이다. 누구나 일시적 어려움에 빠질 수 있는데, 그때 도움을 받을 수 있는 사회, 그리고 이것이 국가나 지방정부 차원의 공식적 도움이 아니라 그물망처럼 연결된 지역사회의 도움으로서, 이를 통해 문제를 해결하는 사회가 사회생태주의가 추구하는 리버테리언적 지역자치주의일 것이다.

(3) 상호부조와 연대

북친은 세계를 구성하는 요소들이 서로 돕는 방식으로 자신을 보호·유지한다고 본다. 이는 사회생태주의가 철학적으로 만물은 상호 간에 돕는다고 주장한 표트르 크로폿킨 Пётр Кропо́ткин 의 아나키즘에 그 뿌리를 두고 있음을 알려준다. 동물 세계에서 같은 종들 사이에 쉽게 발견되는 상호부조와 협동이라는 연대의 방식은 인간 세계에서도 유효하며, 이러한 상호부조와 연대를 통해 생태계의 종들이 보존되고 지속되는 것이다.

비사회적 동물들보다 사회적 동물들이 훨씬 번성했다는 크로폿킨의 발견에서도 알 수 있듯 인간과 인간, 그리고 인간과 자연 사이에는 연대성이 있어야 생존이 가능하다는 것이 생태주의의 관점이다. 이러한 생존을 위해 억압과 차별을 부정해야 하며 각각의 개체가 상호 연관성을 가져야 하는 것이다. 이는 미래를 대비해 생태적으로 지속 가능한 발전을 이루게 한다. 이러한 상호 연관성은 상호 협력으로 이어지도록 만드는데, 이때 서로 다른 문화와 의식에 따른 타자의 다양성과 차이점을 수용하는 자세가 필요하다. 이러한 상호 보완성을 통해 자신의 불완전성을 보충하며 생존하게 되는 것이다.

한국 사회에서 전통적 복지는 혈연관계를 중심으로 한 상호부조가 지배적이었고, 유교와 불교의 영향을 받아 백성들이 스스로 상부상조하는 민간 시혜 활동으로 발전했다. 특히 조선시대 이후로는 민간에서 두레와 계, 향약 등이 행해지며 호혜성에 바탕을 둔 상부상조의 전통이 강화되었다. 공동 노동을 위한 마을 성인 남자들의 작업 공동체인 두레는 공동체 의식 함양을 통해 공동부조의 기능을 수행했으며, 협동 생활을 익히게 함으로써 사회 통합의 기능을 하기도 했다. 이를 통해 마을 구성원들은 민주주의적 방식으로 질서 있는 작업 활동을 수행했으며, 노동력 결핍자를 우선시해 생계를 배려하는 등 공동체 의식을 가지고 마을 생활을 했다. 이렇게 상부상조하면서 키워간 공동체 의식은 지역사회 복지에 시사점을 준다(이한별, 2004).

이러한 상호부조와 연대는 한 국가의 수준을 넘어 전 지구적 차원에서 요구되는 원리이기도 하다. 과거 선진국의 경제발전에 후진국의 희생이 있었음을 잊지 않는다면, 후진국의 발전을 위한 선진국의 역할이 무엇인지 잘 알 수 있다. 즉, 다른 나라의 행복 없이는 자국의 행복도 없고, 타인의 행복 없이는 나의 행복도 없다는 높은 의식 수준이 필요하다. 환경의 보고라 할 수 있는 제3세계 국가들이 경제난을 극복하고자 무차별적으로 환경을 파괴하는 데는 선진국의 책임이 있으며, 이들 국가의 환경보호는 선진국을 포함한 모든 인류의 생존에 중요한 사안이므로, 선진국의 자원·기술 이전은 연대 의식의 표출로서 꼭 필요한 일이라 할 수 있다.

4) 상호 의존 패러다임으로서 사회생태주의

인간 사회가 그 자체로 하나의 시스템이라면, 거기에서 발생하는 문제를 해결하는 방식은 그 시스템에 적합한 것이어야 한다. 그것은 시스템이 가진 기능과 역량을 유지하고 회복하는 방식이어야 한다. 최근 사회복지뿐 아니라 정치철학에서 중요한 이념적 토대를 구성하고 있는 생태 담론은 바로 이런 점을 강조하는 것이다. 인간이 구성하고 있는 사회는 다분히 자연 발생적이다. 생태 체계 내에서 생명체들이 공동체를 형성하는 방식과 모양은 일종의 프랙탈fractal[21]이다. 사적 영역에서 가족이 형성되는 원리는 결국 지역공동체가 형성되는 원리와 방법을 복제한다. 그래서 모든 인류 문명에서 국가 이전에 공동체community가 존재하는 것이다. 물론 지구상에는 미처 근대국가의 형식을 갖추지 못한 지역이 있지만, 공동체는 어디에나 존재한다. 레스터 M. 살라먼Lester M. Salamon 등의 지적(Salamon and Anheier, 1992)을 굳이 인용할 필요도 없이 국가 이전에 시민사회가 존재해왔다는 것은 이러한 현상에 대한 다른 표현이라고 할 수 있다.

복지는 인간이 가족과 사회를 형성하는 원리에 충실한 방향으로 달성되어야 한다. 그것은 반드시 일정 수준의 제도를 필요로 한다는 점이 서구의 복지국가 경험이 주는 교훈이며, 복지와 관련한 매우 중요한 유산이다. 그러나 그 제도 역시 인간 사회 구성의 기본 원리를 재확인하고 이를 회복하는 방식으로 구축되어야 한다. 스웨덴의 복지국가 형성 과정이 사회민주주의 정치이념의 역사적 성과물이라는 점을 강조한 셰리 버먼Sheri Berman의 지적은 매우 의미 깊다(버먼, 2010). 버먼에 따르면 스웨덴이 사회민주주의 정치철학을 제도적으로 구현하고, 그 결과로 가장 진보적인 복지국가를 형성할 수 있었

---

[21] 자기 유사성(self-similarity)이라고도 한다. 전체(whole)는 단편화된 부분들(fragmented parts)로 나뉠 수 있고, 이 부분들은 대체로 전체의 모양을 닮았다는 이론을 개념화한 것이다. 대표적인 논의로는 Briggs(1992: 148) 참고.

던 것은 "시장에 대한 국가의 통제와 공동체주의적 호소에 기반을 둔 좌파의 전략" 때문이었다. 시장에 대한 국가의 개입이 가장 적극적으로 전제되는 스웨덴의 복지국가에서도 그 바탕에는 공동체주의를 기반으로 한 시민사회가 있다는 것이다.

상호 의존은 생태계의 구성 원리를 함축하는 개념이다. 상호 의존은 공동체의 어떤 구성원이 다른 구성원과 떨어져서는 생존할 수 없는 일방적 의존관계와는 다르다. 상호의존관계에서 참여자들은 정서적·경제적·생태적으로 서로 의지하며, 서로에게 책임을 갖는다. 따라서 상호의존관계는 협력적이고 자율적인 참여자들 사이에서 발생한다(Noddings ed., 2005; Gilligan, 1982). 정치철학적 개념으로서 상호 의존의 사회 구성 원리는, 근대국가 이후에는 국가와 시장의 존재를 정당화하는 정치 논리와 빈번히 대치해왔다. 복지국가 역시 국가의 역량과 주도를 비교 우위에 두는 복지 체제다. 따라서 복지국가의 성장을 설명하는 이론에서는 하나같이 국가 주도의 제도주의가 확인된다. 국가 중심의 제도화는 사회복지제도와 서비스에 대한 인간의 욕구를 확대 재생산한다. 그것이 제도의 기초가 되기 때문이다.

상호 의존 패러다임에서의 복지 체제는 제도와 서비스에 대한 인간의 욕구에 초점을 맞추기보다는 인간의 능력과 보살핌의 의지를 강조한다. 이는 제도화가 질병 모델을 전제로 하는 것과는 달리, 상호 의존 패러다임에서는 건강 모델health model을 전제로 하기 때문이라고 할 수 있다. 건강 모델은 사회문제가 발생하는 조건에 초점을 맞춘다. 따라서 사회문제의 해결을 위해 그러한 문제가 발생하지 않도록 예방하고, 사회의 구조와 조건을 변화시키는 데 관심을 둔다. 제도화가 의학적 은유를 사용해 문제 해결 중심의 접근을 하는 것과 달리, 상호 의존 패러다임은 문제에 대항할 수 있는 능력을 가족과 지역사회에 담으려 한다. 정치철학자들과 사회학자들은 이러한 역량을 사회자본-social capital 으로 규정하기도 한다. 사회자본은 공동체의 문제를 해결하기 위한 제도를 만드는 데 핵심적인 구성요소다. 물론 특정한 제도를 통해 사회자본의 양이 더 많이 축적될 수도 있다. 요컨대 사회자본과 제도는 상보적 관계를 갖는다고 할 수 있다. 무엇보다 중요한 것은 사회자본이 시장, 즉 모든 상품과 서비스가 화폐를 매개 삼아 거래되는 곳을 중심으로 형성되지는 않는다는 것이다. 시장경제의 역동성이 공동체적 형태에 의존하면서 동시에 그 공동체를 파괴하고 있다는 앤서니 기든스-Anthony Giddens 의 지적(기든스, 1998)은 매우 의미심장하다. 관료화된 제도와 정치조직을 중심으로 서비스가 제공되는 국가 영역에서 사회자본의 형성이 어렵다는 점은 앞에서 논의한 바 있다.

상호 의존 패러다임은 지역사회의 역량에 초점을 맞춘다. 한국의 경우, 엄청나게 빠른 속도로 전통 지역사회가 해체되어가지만(이미 거의 해체되었다고 볼 수도 있지만) 아무런 희망이 없는 것은 아니다. 오히려 지금은 세계화·지구경제화를 지지하는 세력과 지역공동체를 보호하기 위해 일하는 사람들 사이에 명백한 구분이 존재한다. 이러한 정치적 환경은 사회복지에서 상호 의존 담론 또는 생태주의적 담론을 형성할 수 있는 좋은 기회가 될 수도 있다(김형준·한동우, 2009). 상호 의존 패러다임은 비화폐적 교환의 중요성을 강조한다. 사적 영역에서 호혜적 관계를 통해 교환되던 서비스가 화폐경제 속에 편입되면 개인과 개인의 관계는 더 이상 상호 의존적이 아니다. 화폐는 임금노동에 의해서 획득되고, 그러한 서비스를 구매하기 위해 다시 노동시장으로 내몰려야 한다면 상호 의존 패러다임은 성립할 수 없다. 이러한 관점에서 지역사회 내의 자원활동, 지역화폐, 조합운동 등은 매우 중요한 실험이라고 할 수 있다. 물론 이러한 활동 역시 제도권 내에 편입되어 있다는 점은 다시 극복해야 할 문제이기도 하다.

한국 사회에서 경쟁적으로 전개되는 복지국가 담론들은 결과적으로 한국 사회를 지금보다 더 나은 복지국가로 향하게 할 것임이 틀림없다. 이 과정에서 중요한 것은 복지국가가 (다른 선진 복지국가들의 경험에서 명백히 나타나듯이) 공학적 설계에 기초한 제도들 위에 존재하는 것이 아니라, 기초적인 생산력을 보유한 사회 구성원들이 상호 의존하는 시민사회의 토대 위에 존재한다는 점을 고려해야 한다는 것이다.

4. 맺음말

　　현대의 많은 비복지를 해결해온 복지국가는 경제성장을 전제로 그 기반 위에서 발전해왔으며, 생산성의 극대화라는 논리 앞에서 윤리와 창의성을 가로막아 왔다. 그 결과 국가 주도의 획일적인 문제 해결 방법이 도입되고, 지역공동체는 와해되어 자조 능력을 소진했다. 지역사회는 공식적인 개입 없이 더 이상 어떠한 문제도 해결할 수 없게 된 것이다. 계층 간 혹은 국가 간 불평등은 심화되었으며, 환경 파괴는 묵인되어 인류를 포함한 온 생태계가 몸살을 앓고 있다.

　　이 장에서 우리는 그동안 사회복지를 설명해왔던 이론들과 그 한계를 점검하고 새로운 문제를 설명해줄 수 있는 이론으로 사회생태주의에 주목했다. 사회생태주의는 기계론적 사고와 자연과 인간에 대한 분리적 사고가 오늘날 인간과 사회, 자연 모두의 생존을 위협하는 원인이 되었다고 지적하며 통합적 시각을 강조하는 생태주의 관점의 하나로서, 생태계 문제의 원인으로 인간과 사회 내의 지배 구조에 주목한다. 물론 사회생태주의에는 한계[22]도 있지만 인류 사회의 비복지의 해법과 그 원인을 진단하는 데 주요한 원리를 제공해준다고 할 수 있다. 무엇보다 사회생태주의에 내재한 핵심 개념인 탈지배성과 다양성, 지역성과 참여, 그리고 상호부조와 연대라는 특성은 사회복지의 지향과 실현 방도에서도 매우 밀접한 관계에 있음을 알 수 있다. 또한 사회생태주의는 무엇보다 사회복지의 새로운 틀로 활용될 수 있다.

생태적 관점을 가진 복지 정책의 핵심 목표는 누구든지 자기를 실현하면서도 타인과 미래 세대의 복지를 희생하지 않는 지속 가능한 사회를 구현하는 것이라 할 수 있다. 이에 복지이론은 철저하게 전일주의holism 관점일 필요가 있다. 사회의 모든 구성물이 서로 연결되어 있으며 이들의 상호부조와 협동으로 생태계가 유지되고 있음을 인식할 때만이 비로소 현세대의 욕구와 열정을 충족하기 위해 미래 세대의 가능성을 희생시키지 않을 수 있을 것이다. 또한 현세대와 다음 세대가, 그리고 인간과 자연환경이 상호 의존하고 있다는 인식하에 만들어진 사회복지 프로그램은 지속 가능한 사회를 위해 작동하게 될 것이다.

---

22 앞에서 살펴본 바와 같이 생태사회 구현을 위한 사회생태주의의 전략은 지역에 기반을 둔 지역민에 의한 직접민주주의다. 이는 소규모의 집단에서 가능성이 있으며 그것이 실천으로 나타난 형태가 생태 공동체라고 불리는 생태지역주의다. 이에 대해서 홍성태 (2004)는 국지적으로는 가능할 수 있으나 사회 전체적으로는 그 파급력이 적으며, 실현되기 어렵다고 주장한다. 오히려 그들의 선도적인 실천이 가끔씩은 엘리트주의 또는 서클주의의 성격을 띠고 있음을 비판한다. 방영준(2003)도 사회생태주의가 인간을 낙관적이고 계몽된 존재로 인식하고 있으며 그들이 제시하는 생태 공동체가 지나치게 이상적이라고 비판했다.

참고문헌

구승회. 1998. 『아나키·환경·공동체』. 모색.

_____. 2001. 『생태철학과 환경윤리』. 동국대학교출판부.

국민연금관리공단. 2015. 『국민연금 공표통계(안), 2015년 7월말 기준』.

기든스, 앤서니(Anthony Giddens). 1998. 『제3의 길』. 한상진·박찬욱 옮김. 생각의 나무.

김농율. 2006. 「사회생태주의의 기독교 윤리적 수용 연구」. 호남신학대학교 대학원 석사학위논문.

김만호. 2002. 「지역사회복지에서 생태주의 이념의 특성과 유효성」. ≪복지행정논총≫, 12권 2호, 39~58쪽.

김민정·홍지영. 2011. 「정치적 역동성의 결정요인: 유권자의 투표참여 동기에 대한 교차국가 분석」. ≪정치정보연구≫, 14권 1호, 241~267쪽.

김연명. 2010. 「한국 복지국가 담론의 지형과 과제 토론문」. 『한국 복지국가 담론의 지형과 과제』. 2010년도 제3회 비판과대안을위한보건복지연합학술대회 자료집(별도 유인물).

김윤태·유승호·이훈희. 2013. 「한국의 복지태도의 정치적 역동성: 탈계급성과 정치적 기회의 재평가」. ≪한국학연구≫, 45권, 183~212쪽.

김형준·한동우. 2009. 「사회복지의 대안적 이론체계로서의 사회생태주의」. ≪상황과 복지≫, 29호, 121~134쪽.

_____. 2012. 「사회생태주의적 관점에서의 한국 복지국가담론 비판과 대안」. ≪상황과 복지≫, 36호, 39~74쪽.

김호기. 2006. 「민주화·세계화 이후의 대안 민주주의 논의」. 신영복·조희연 엮음. 『민주화·세계화 이후 한국 민주주의의 대안 체제 모형을 찾아서』. 성공회대학교 사회문화연구소.

리프킨, 제러미(Jeremy Rifkin). 2010. 『공감의 시대』. 이경남 옮김. 민음사.

문순홍. 2006. 『생태학의 담론』. 아르케.

_____. 2006. 『정치생태학과 녹색국가』. 아르케.

박영미. 2004. 「복지개념의 생태주의적 접근」. ≪한국사회와 행정연구≫, 15권 1호, 333~354쪽.

반경남. 2006. 「생태주의적 관점으로 본 초등학교 사회교과서 분석」. 성공회대학교 대학원 석사학위논문.

방영준. 2003. 「사회생태주의의 윤리적 특징에 관한 연구: 머레이 북친을 중심으로」. ≪윤리연구≫, 53권, 285~308쪽.

버먼, 셰리(Sheri Berman). 2010. 『정치가 우선한다』. 김유진 옮김. 후마니타스.

벡, 울리히(Ulrich Beck). 2010. 『글로벌 위험사회』. 박미애·이진우 옮김. 길.

보건복지부. 2013. 『국민연금재정계산 보고서』. 보건복지부 연금정책국 국민연금정책과.

부르디외, 피에르(Pierre Boudieu). 2004. 『구별짓기: 문화와 취향의 사회학』. 최종철 옮김. 새물결.

송명규. 2003. 「심층생태학과 사회생태학의 논쟁에 대한 비판적 고찰」. ≪한국도시행정학보≫, 16집 3호, 45~61쪽.

신동면. 2010. 「정의로운 복지국가」. 『한국 복지국가 담론의 지형과 과제』. 2010년도 제3회 비판과대안을위한보건복지연합학술대회 자료집, 130~140쪽.

안병진. 2006. 「탈정치론의 시대: 참여정부와 뉴라이트의 탈정치론과 공화주의적 대안 모색」. ≪동향과 전망≫, 67호, 93~126쪽.

오스트롬, 엘리너(Elinor Ostrom). 2010. 『공유의 비극을 넘어』. 윤홍근·안도경 옮김. 랜덤하우스.

왕혜숙. 2013. 「가족 인정 투쟁과 복지정치: 한국의 의료보험 피부양자 제도의 변화과정을 중심으로」. ≪한국사회학≫, 47집 4호, 67~106쪽.

우석균. 2010. 「어떻게 '복지국가'로 갈 것인가?: 세 가지 복지국가론에 대한 비판적 검토 토론문」. 『한국 복지국가 담론의 지형과 과제』. 2010년도 제3회 비판과대안을위한보건복지연합학술대회 자료집(별도 유인물).

이성영. 2011. 「초등 중학년의 읽기 학습과업」. ≪한국초등교육≫, 45권, 154~178쪽.

이윤희. 2005. 「생태중심사고에 의한 현대건축 표현 특성에 관한 연구」. 연세대학교 대학원 박사학위논문.

이준상·김만호. 2004. 「생태주의 관점에서 사회복지이념의 분석적 고찰」. ≪사회복지정책≫, 20권, 323~350쪽.

이한별. 2004. 「한국의 생태공동체 연구: 지역사회복지에 미치는 영향을 중심으로」. 동국대학교 대학원 석사학위논문.

이혜경. 2010. 「지구화시대의 한국 복지국가의 가능성」. 『한국 복지국가 담론의 지형과 과제』. 2010년도 제3회 비판과대안을위한보건복지연합학술대회 자료집, 103~119쪽.

장석준. 2010. 「삼차원 복지국가」. 『한국 복지국가 담론의 지형과 과제』. 2010년도 제3회 비판과대안을위한보건복지연합학술대회 자료집, 123~129쪽.

정구현. 2011. 「한국 비영리조직 연구의 과거, 현재, 미래」. 한국비영리학회 2011년도 춘계학술대회 기조연설.

정지웅. 2008. 「사적 영역의 상업화·합리화로서 사회서비스 비판」. 2008년도 한국사회복지학회 추계학술대회 자료집.

정태석. 2007. 『시민사회의 다원적 적대들과 민주주의』. 후마니타스.

조영훈. 2013. 「생태주의의 도전과 복지국가의 변화」. ≪사회복지정책≫, 40권 3호, 1~24쪽.

조지(Vic George) · 윌딩(Paul Wilding). 1994. 『이데올로기와 사회복지』. 남찬섭 옮김. 한울.

주대환. 2010. 「한국에서의 복지정책: 가능성과 전략」. 『한국 복지국가 담론의 지형과 과제』. 2010년도 제3회 비판과대안을위한보건복지연합학술대회 자료집, 141~155쪽.

최경구. 2006. 「환경복지국가연구: 지속가능성의 패러다임과 사회복지의 역할」. ≪사회복지정책≫, 24권, 337~360쪽.

최종호. 2012. 「이익집단 반복지정치의 경험적 분석: 서구 선진민주주의 18개국의 사례를 중심으로」. ≪한국정치학회보≫, 46집 2호, 187~214쪽.

최혜지. 미간행. 「이주민의 사회적 배제와 민족 계급화: 세대 간 전이와 민족 계급화를 중심으로」. 아산사회복지재단.

추장민 · 공성용 · 백승아. 2011. 「저소득계층의 기후변화 적응역량강화를 위한 정책방안 연구 II」. 한국환경정책평가연구원.

카프라, 프리초프(Fritjof Capra). 2007. 『새로운 과학과 문명의 전환』. 구윤서 · 이성범 옮김. 범양사.

크로포트킨, 표트르(Pyotr Kropotkin). 2005. 『만물은 서로 돕는다』. 김영범 옮김. 르네상스.

한덕연. 2010. 『복지요결』. http://welfare.or.kr.

한동우. 2009. 「사회복지의 개념」. 김성천 외 지음. 『사회복지의 원리와 실제』. 학지사.

_____. 2012. 「복지국가와 시민사회: 제도의존을 넘어서」. ≪한국사회복지조사연구≫, 30권, 57~77쪽.

_____. 2013a. 「지역기반의 복지공급체계: 사회복지기관의 역할과 네트워크」. ≪한국사회복지행정학≫, 15권 3호, 285~311쪽.

_____. 2013b. 「복지국가는 왜 빈곤을 없애지 못하는가: 제도화의 논리와 한계」. ≪한국사회복지조사연구≫, 36권, 1~25쪽.

허석재. 2013. 「민주주의에 대한 불만과 투표참여: 전환모형 접근」. ≪민주주의와 인권≫, 13권 1호, 111~141쪽.

홍경준. 2010. 「한국 복지국가 담론을 구성하는데 고려해야 할 점들은 무엇인가 토론문」. 『한국 복지국가 담론의 지형과 과제』. 2010년도 제3회 비판과대안을위한보건복지연합학술대회 자료집(별도 유인물).

홍경준 · 김민성 · 김사현. 2013. 「보육정책 이슈에 대한 수익자 집단의 인식과 복지정치」. ≪사회복지연구≫, 44권 2호, 265~291쪽.

홍성태. 2004. 『생태사회를 위하여』. 문화과학사.

Alexander, G. 2001. "Institutions, path dependence, and democratic consolidation," *Journal of Theoretical Politics*, 13(3), pp.249~270.

Beck, U. 1992. *Risk Society: Towards a New Modernity*. Sage Publications.

_____. 2002. *Indiuidualization: Institutionalized Indiuidualism and its Social and Political Consequences*. London: Sage.

Bradshaw, J. 1977. "The concepts of social needs." in N. Gilbert and H. Specht(eds.). *Planning for Social Welfare*. Englewood Cliffs, NJ: Prentice Hall.

Briggs, John. 1992. *Fractals: The Patterns of Chaos*. London: Thames and Hudson.

Datta, L. 1976. "The impact of the Westinghouse/Ohio evaluation on the development of project Head Start: An examination of the immediate and longer-term effects and how they came about." in C. C. Abt(ed.). *The evaluation of social programs*. Beverly Hills, CA: Sage.

Diener, E. and E. M. Suh(eds.). 2000. *Culture and subjective well-being*. Cambridge, MA: MIT Press.

Dominelli, L. 2012. *Green Social Work: From Environmental Crises To Environmental Justice*. Cambridge: Polity Press.

Esping-Andersen, G. 1998. "The sustainability of welfare state into the 21st century." paper presented at the Fundacion Campalans, Barcelona(February. 1998).

Fitzpatrick, T. 2005. *New Theories of Welfare*. Palgrave Macmillan.

Friedlander, W. and R. Z. Apte. 1980. *Introduction to Social Welfare*. Englewood Cliffs: Prentice Hall.

Fukuyama, F. 1995. *Trust: The Social Virtues and the Creation of Prosperity*. New York: Free Press.

Garces, E., D. Thomas and J. Currie. 2002. "Longer-Term Effects of Head Start." *The American Economic Review*, 92(4), pp.999~1012.

Giddens, A. 1994. *Beyond Left and Right*. Cambridge: Polity.

Giddens, A., U. Beck and S. Lash. 2004. *Reflexive Modernization: Politics, Tradition and Aesthetics in the Modern Social Order*. Stanford University Press.

Gilbert, N. and H. Specht. 1974. *Dimentions of Social Welfare Policy*. Prentice-Hall.

Gilbert, N. and P. Terrell. 2010. *Dimensions of Social Welfare Policy*. Allyn and Bacon.

Gilligan, C. 1982. *In A Different Voice*. Cambridge: Harvard University Press.

Goldsmith, J. 1994. *The Trap*. New York: Carrol and Graf.

Gorz, A. 1999. *Reclaiming Work: Beyond the Wage-Based Society*. Polity Press.

IPCC. 2007. "Section 2.4: Attribution of Climate Change." *Climate Change 2007: Synthesis Report* in IPCC AR4 SYR.

Kadushin, A. 1972. *Developing Social Policy in Conditions of Dynamic Change*. International Council on Social Welfare.

Kahneman, D., J. Knetsch and R. Thailer. 1986a. "Fairness as a Constraint on Profit Seeking: Entitlements in the Market." *American Economic Review*, 76, pp.728~741.

_____. 1986b. "Fairness and the Assumptions of Economics." *Journal of Business*, 59, pp.285~300.

Lafferty, W. M. and J. Meadowcroft. 2000. *Implementing Sustainable Development: Strategies and Initiatives in High Consumption Societies*. Oxford University Press.

Lee, V. E., J. Brooks-Gunn, E. Schnur, F. R. Liaw. 1990. "Are Head Start Effects Sustained? A Longitudinal Follow-up Comparison of Disadvantaged Children Attending Head Start, No Preschool, and Other Preschool Programs." *Child Development*, 61(2), pp.495~507.

Lee, V. E. and S. Loeb. 1995. "Where Do Head Start Attendees End up? One Reason Why Preschool Effects Fade out." *Educational Evaluation and Policy Analysis*, 17(1), pp. 62~82.

Mouffe, C. 2005. *On the Political*. New York: Routledge.

Næss, A. 1973. "The Shallow and the Deep, Long-Range Ecology Movement." *Inquiry*, 16, pp.95~100.

Noddings, N.(ed.). 2005. *Educating Citizens for Global Awareness*. New York: Teacher's College Press.

Parsons, T. 1951. *The Social System*. London: Routledge.

Pierson, P. 1996. "The New Politics of the Welafe State." *World Politics*, 48(2), pp.143~179.

Popple, P. and L. Leighninger. 2002. *Social Work, Social Welfare, and American Society*. Allyn and Bacon.

Przeworski, A. 2001. *Democracy and the Market*. New York: Cambridge University Press.

Putnam, R. 2000. *Bowling Alone: The Collapse and Revival of American Community*. Simon and Schuster.

Romanyshyn, J. M. 1971. *Social Welfare: Charity to Justice*. New York: Random House.

Salamon, L. M. and H. K. Anheier. 1992. *In Search of the Nonprofit Sector II: The Problem of Classification, Johns Hopkins Comparative Non-profit Sector Project.* Baltimore: Johns Hopkins Institute for Policy Studies.

Shaw, T. 2008. "An Ecological Contribution to Social Welfare Theory." *Social Development*, 30(3), 2008 International Consortium for Social Development.

Talberth, J. and C. Cobb. 2006. *The Genuine Progress Indicator.* Oakland: Redefining Indicator.

Taylor-Gooby, P. 2004. "Open Markets and Welfare Values." *European Societies*, 6(10), pp. 29~48.

Weingast, B, R. 1997. "The Political Foundations of Democracy and the Rule of the Law." *American Political Science Review*, 91, pp. 245~263.

Zigler, E. and J. Styfco. 1994. "Head Start: Criticisms in a Constructive Context." *American Psychologist*, 49(2), pp. 127~132.

찾아보기

지은이

김윤태는 고려대학교 인문대학 사회학과 교수이다. 고려대학교와 케임브리지 대학교 대학원을 졸업하고, 런던 정경대학(LSE)에서 사회학 박사 학위를 취득했다. 현재 고려대학교 공공정책연구소 사회정책연구센터 소장으로 활동하고 있다. 저서로『한국의 재벌과 발전국가: 고도성장, 독재, 지배계급의 형성』,『복지국가의 변화와 빈곤정책: 금융위기에 대응하기』,『빈곤: 어떻게 싸울 것인가』(공저) 등이 있다. 엮은 책으로『한국 복지국가의 전망』,『세계의 정치와 경제』(공편) 등이 있다.

박종현은 경남과학기술대학교 경제학과 교수이다. 연세대학교 경제학과에서 학부와 대학원을 거쳐 박사 학위를 취득했다. 현재 ≪생협평론≫ 편집위원장으로 활동하고 있다. 저서로『케인즈 & 하이에크』,『한국형 모델』(공저) 등이 있으며, 역서로는『미국의 고등교육』(공저) 등이 있다.

송다영은 인천대학교 사회과학대학 사회복지학과 교수이다. 연세대학교 영문학과와 이화여자대학교 여성학과 대학원을 졸업하고, 펜실베이니아 대학교에서 사회복지학으로 박사 학위를 취득했다. 한국사회정책학회 편집위원장을 역임했고, 현재는 한국가족학회 연구위원장, 한국여성연구소 부소장으로 활동하고 있다. 저서로『새로 쓰는 여성복지론: 쟁점과 실천』(공저),『가족정책: 복지국가의 새로운 전망』(공저),『젠더와 사회』(공저),『성평등 정책의 이론과 현실』(공저) 등이 있다.

신광영은 현재 중앙대학교 사회학과 교수이다. 서울대학교 사회학과를 졸업하고, 미국 미네소타 대학교에서 사회학 석사와 미국 위스콘신 대학교(매디슨)에서 사회학 박사 학위를 받았다. 저서로는『동아시아의 산업화와 민주화』,『한국의 계급과 불평등』,『한국 사회 불평등 연구』,『스웨덴 사회민주주의』등이 있으며, 엮은 책으로『서비스 사회의 구조변동』,『세계화와 생애과정의 변동』,『한국사회학의 미래』등이 있다.

신정완은 성공회대학교 사회과학부 교수이다. 서울대학교 경제학과를 졸업하고, 서울대학교 대학원에서 경제학 박사 학위를 취득했다. 저서로『복지국가의 철학』,『복지자본주의냐 민주적 사회주의냐』등이 있다.

이상호는 동국대학교 다르마칼리지 조교수이다. 고려대학교와 고려대학교 대학원을 졸업하고, 동 대학원에서 경제학 박사 학위를 받았다. 논문으로는 「센의 '능력'과 사회정의: 롤즈의 정의관에 대한 비교를 중심으로」, 「사회정의와 한국경제: 센의 정의관과 그 시사점을 중심으로」 등이 있으며, 역서로『불평등의 재검토』(공역) 등이 있다.

이정우는 경북대학교 경제통상학부 명예교수이며, 한국미래발전연구원의 이사장을 맡고 있다. 서울 대학교 경제학과와 동 대학원을 졸업했으며, 하버드 대학교에서 경제학 박사 학위를 받았다. 저서로 는『불평등의 경제학』,『약자를 위한 경제학』,『불평등 한국, 복지국가를 꿈꾸다』(공저) 등이 있다.

정태석은 전북대학교 사범대학 일반사회교육과 교수이다. 서울대학교 사회학과에서 학부와 석사 및 박사 과정을 졸업하고, 사회학 박사 학위를 취득했다. 현재 비판사회학회, 한국환경사회학회 등에서 임원으로 활동하고 있으며, 저서로는『행복의 사회학』,『시민사회의 다원적 적대들과 민주주의』,『사 회이론의 구성』,『사회학』(공저) 등이 있다.

한동우는 강남대학교 사회복지대학원 교수이다. 연세대학교와 대학원을 졸업하고, 동 대학원에서 문학박사 학위(사회복지학 전공)를 취득했다. 현재 아름다운재단 기부문화연구소 부소장직을 맡고 있다. 저서로『한국의 사회복지』(공저),『한국의 사회복지행정』(공저) 등이 있다.

홍훈은 연세대학교 경제학부 교수이다. 연세대학교 경제학부와 대학원을 졸업하고, 미국 뉴욕 사회 과학대학(New School for Social Research)에서 경제학 박사 학위를 취득했다. 한국사회경제학회 회 장을 역임했다. 저서로『맑스 경제사상의 구조와 한계』,『마르크스와 오스트리아학파의 경제사상』, 『경제학의 역사』,『신고전학과 경제학과 행동경제학』 등을 출간했다. 역서로는『미국의 고등교육』 이 있다.

한울아카데미 1917

복지와 사상
복지국가 이데올로기의 역사적 전환

ⓒ 김윤태 외, 2016

엮은이 | 김윤태
지은이 | 김윤태·박종현·송다영·신광영·신정완·이상호·이정우·정태석·한동우·홍훈
펴낸이 | 김종수
펴낸곳 | 한울엠플러스(주)

편집책임 | 최진희
편집 | 정경윤

초판 1쇄 인쇄 | 2016년 8월 11일
초판 1쇄 발행 | 2016년 8월 25일

주소 | 10881 경기도 파주시 광인사길 153 한울시소빌딩 3층
전화 | 031-955-0655
팩스 | 031-955-0656
홈페이지 | www.hanulmplus.kr
등록번호 | 제406-2015-000143호

Printed in Korea.
ISBN 978-89-460-5917-7 93330(양장)
      978-89-460-6204-7 93330(학생판)

※ 책값은 겉표지에 표시되어 있습니다.
※ 이 책은 강의를 위한 학생용 교재를 따로 준비했습니다.
   강의 교재로 사용하실 때는 본사로 연락해주기 바랍니다.